OCÉANO ATLÁNTICO

0   100   200
Kilómetros

FRANCIA

MAR CANTÁBRICO

La Coruña
Oviedo
Santander
Bilbao
San Sebastián
León
Pamplona
ANDORRA
Burgos
Valladolid
ESPAÑA
Zaragoza
Barcelona
Salamanca
Segovia
Ávila
PORTUGAL
Madrid
Río Tajo
Toledo
Valencia
Lisboa
ISLAS
BALEARES
Córdoba
Alicante
Sevilla
Río Guadalquivir
MAR MEDITERRÁNEO
Granada
Malaga
Almería
Cádiz
Algeciras
Estrecho de Gibraltar

ÁFRICA DEL NORTE

ISLAS CANARIAS

0   40   80
Kilómetros

TENERIFE

GRAN CANARIA

CHARLANDO

A CONVERSATIONAL APPROACH TO BEGINNING SPANISH

SYS STRANDNES INMAN

The University of Akron

CHARLANDO

A CONVERSATIONAL APPROACH TO BEGINNING SPANISH

HOLT, RINEHART AND WINSTON, INC.

New York
Philadelphia
London

Chicago
Montreal
Sydney

San Francisco
Toronto
Tokyo

Publisher   *Vincent Duggan*
Associate Publisher   *Marilyn Pérez-Abreu*
Developmental Editor   *Kathleen DiNuzzo Ossip*
Project Editor   *Isolde C. Sauer McCarthy*
Production Manager   *Priscilla Taguer*
Design Supervisor   *Renée Davis*
Text Design and Layout   *Delgado Design, Inc.*
Drawings   *Axelle Fortier*
Photo Research   *Rona Tuccillo*
Cover Art   *Courtesy of Jim Inman and Jack Houser*

Photographic and other credits appear at the end of the book.

Library of Congress Cataloging-in-Publication Data

Inman, Sys Strandnes.
    Charlando : a conversational approach to beginning Spanish / Sys
Strandnes Inman.
        p.   cm.
    Includes index.
    ISBN 0–03–002303–3
    1. Spanish language—Conversation and phrase books—English.
    2. Spanish language—Text-books for foreign speakers—English.
    I. Title.
    PC4121.I37 1988
    468.3'421—dc19   87–21337
                            CIP

ISBN 0-03-002303-3

Printed in the United States of America

8 9 0 1 2   039   9 8 7 6 5 4 3 2 1

Holt, Rinehart and Winston, Inc.
The Dryden Press
Saunders College Publishing

PREFACE

Have you ever wished you could find a beginning Spanish text that would:

* reduce the grammar content to practical and achievable levels;
* simplify grammatical explanations for easier student understanding;
* expand the number and variety of exercises;
* use personalized exercises that encourage students to talk about themselves and their experiences;
* provide small-group activities to simulate real language situations;
* offer the instructor the option of conducting all classroom exercises with students' books closed; and
* use the chapter theme and vocabulary throughout each chapter?

Well, if you have, *Charlando* is for you. *Charlando* has all of the above features and more.

Charlando reduces the grammatical syllabus to a practical and achievable level. Not all verb tenses must be learned in the first year of language study. The reduced grammatical syllabus in *Charlando*, sufficient for functional communication, allows more time for acquisition of a more practical and realistic group of verb tenses. This increased practice of a reduced syllabus and a more realistic pace of study will enhance student confidence in the use of the language.

Grammatical explanations are simplified to be easily understood, even by those students with weak backgrounds in English. Since the students can study and understand the grammar explanations outside of class, the instructor can limit time spent on grammar to the minimum necessary to answer students' questions and more time can be devoted to language acquisition activities.

While the exercises in *Charlando* are ample, the accompanying Instructor's Manual provides an abundance of exercises and classroom activities for the instructor with extra class time. The instructor can select those exercises that are most compatible with his or her personality and teaching preferences and no longer needs to spend hours creating extra exercises for class use.

Exercises in *Charlando* are conversational. Exercises are personalized to explore various aspects of the students themselves, and students are asked to respond on the basis of their own feelings and knowledge. The exercises are also graded in difficulty so that students develop progressively from control of form and structure to situational and conversational application and ultimately to creative usage.

The use of small-group activities is suggested in *Charlando* to enrich student relationships with one another and expand the variety of classroom experiences. The small-group approach creates a more relaxed setting in which students are less intimidated by the possibility of making errors. Small groups allow students to participate more frequently than in instructor-directed exercises and permit students to interact with other students in realistic conversational situations.

Charlando is compatible with the traditional open-book format for conducting class exercises. However, all of the exercises in *Charlando* are also designed for a closed-book approach.

The theme and vocabulary introduced in the beginning of each chapter are used consistently throughout the exercises, captions, and grammar explanations of each chapter. This systematic re-entry of vocabulary ensures that it is learned by the end of each chapter.

In essence, *Charlando* is a unique text created for those instructors who want to emphasize conversational proficiency and teach the essentials of Spanish.

Text Organization and Accompanying Materials

Charlando begins with three **Lecciones preliminares** which introduce the students to a great deal of simple vocabulary but very little grammar. Because students start speaking Spanish on the first day of class, they develop early a sense of accomplishment and self-confidence that helps promote enthusiasm about learning Spanish. Twenty-two **Lecciones** follow the **Lecciones preliminares.**

A. LESSON ORGANIZATION

Every **Lección** can be divided into four progressive steps, each one serving as a stepping stone to the next: **Introducción, Gramática y práctica, Comunicación,** and **Actividades.**

1. INTRODUCCIÓN The **Lección** topic and theme are introduced through photographs and captions. Other introductory materials include:

a. **Objetivos de la lección** These objectives state the theme and the grammatical points covered in the **Lección.**
b. **Notas culturales** Cultural notes on the **Lección** theme describe Hispanic culture and contrast Hispanic and English customs.
c. **Vocabulario** A vocabulary drawing and a vocabulary list precede a vocabulary exercise in each **Lección.**
d. **Pronunciación** Pronunciation principles such as the sound of letters, the written accent, linking, and intonation are presented in the first five lessons.

2. GRAMÁTICA Y PRÁCTICA The second step of each **Lección** consists of three or four different grammar sections. Each grammar section is followed by its own set of related practice exercises (**Práctica**). Since the grammar explanations are sufficiently simplified to be studied and understood by the student at home, very little further explanation will be required in class. The second half of the text has several optional grammar sections (**Gramática opcional**). These optional sections are the last item in the chapter and have their own related **Prácticas,** but the optional grammar points are not integrated with other exercises in the remainder of the text.

3. *COMUNICACIÓN* The third step of the **Lección** consists of exercises which synthesize, practice, and reinforce all grammar and vocabulary introduced in the **Lección.** This section also serves as an informal review of the vocabulary and grammar points from previous lessons.

4. *ACTIVIDADES* This section is designed to build the student's conversational independence and self-confidence in an informal and relaxed atmosphere. Students may be divided into groups of two or three to use the language in both structured and nonstructured activities, but instructors who prefer not to use student groups can conduct these exercises in the traditional instructor-directed format. Composition exercises are also included in this section.

5. *DESCRIPCIÓN Y CONVERSACIÓN* Each **Lección** ends with a conversational drawing (or crossword puzzle in three early chapters) which is based on the lesson theme and vocabulary. Students can be asked to describe the drawing, or to prepare questions or write a composition about it. The Instructor's Manual provides questions about the drawing for the instructor's use in class or on tests.

6. *LECTURAS CULTURALES* Eight cultural readings in Spanish are included in the text. Questions for comprehension and activities for conversation and composition follow each reading.

B. ACCOMPANYING MATERIALS

1. *INSTRUCTOR'S MANUAL* An Instructor's Manual suggests teaching ideas and techniques and contains a sample test bank. In addition, it includes a unique section of exercises—about 75 pages total—covering every lesson. Since this text frequently uses names of famous people, places, and things and brand names of products, the Instructor's Manual identifies such references in case instructors are unfamiliar with some of these names.

2. *LAB MANUAL/WORKBOOK* A combination Lab Manual/Workbook, accompanied by cassette tapes for use in language laboratories, offers a variety of exercises to help students to further develop communication skills.

ACKNOWLEDGMENTS

In preparation of this text, I received generous support from The University of Akron and Dean Claibourne E. Griffin. My friend and colleague, Jan Houser, class-tested the manuscript for three years, offered helpful suggestions, and supported me throughout the project. Her husband, Jack Houser, generously gave valuable assistance in computer usage and programming. Beatriz Arze de Houmard and Silvia Garzia-Edwards made many important contributions in the development of cultural materials used in the text.

Editors Kathleen DiNuzzo Ossip and Isolde C. Sauer McCarthy worked diligently on the development and production of the manuscript into a finished text. Vincent

Duggan initiated my relationship with Holt, Rinehart and Winston, and Marilyn Pérez-Abreu directed the publication of the text.

The following reviewers offered both praise and criticism in an effort to create a better finished product: Gary Anderson, Southwestern College; Douglas Benson, Kansas State University; Rose Caparros, State University of New York at Stony Brook; Frank G. Carrino, State University of New York at Albany; Camen Coracides, Scottsdale Community College; James Davis, Howard University; Agnes Dimitriou, St. Mary's College; Marvin D'Lugo, Clark University; Beatriz Faust, Houston Community College; Rosa M. Fernández, University of New Mexico; Deane Hetric, Southern Connecticut State University; Anthony Lamb, Purdue University, Calumet; Lizette Laughlin, University of South Carolina; James Lee, University of Illinois, Urbana-Champaign; Ann St. Claire Lesman, Northern Virginia Community College, Alexandria; Francisco Martínez-Yanes, Glassboro State College; Eduardo Peniche, Central Virginia Community College; Keith Saver, California State University, Fresno; Consuelo del Valle Teichert, Pensacola Junior College; Eduardo Zayas-Bazán, East Tennessee State University.

Though all the people named above were instrumental in the development of this text, I want to express particular appreciation to my students. They have urged me over the years to write my own book and enthusiastically encouraged me to complete this text. Most of all, I am grateful to my husband, Jim, for all his help and encouragement, and to my children, Zachary and Elisa, for their patience and understanding during the writing of this text.

To all of you, many thanks!

S.S.I.

CONTENTS

UNIDAD II

UNIDAD III

TO THE STUDENT

If you are like most students, you are most interested in the prospect of being able to *speak* a foreign language. The ability to speak Spanish is particularly attractive. Millions of Spanish-speaking people live throughout the United States, and many students wish to travel to Spanish-speaking countries. Recognizing this natural practical appeal of speaking Spanish, *Charlando* has been designed to emphasize the acquisition of conversational ability.

Charlando's exercises are set in the context of the student's world. Your beliefs, feelings, and knowledge form the background and context within which Spanish is to be practiced. The exercise questions may ask about your family, car, or favorite TV show. You know the answer, but must learn to answer in Spanish. There are many things you can do to make the most of your first year of studying a foreign language. Below are some suggestions for successful language learning:

A. MAKING THE MOST OF STUDY TIME

Consistency is the key to successful language learning; acquiring a second language requires daily study and practice. It is better to study a little every day than to study for longer periods less frequently.

1. PREPARE FOR EVERY CLASS; DON'T GET BEHIND. Everything you learn in a language builds on previous material; if you get behind, catching up is not as simple as borrowing someone else's notes.

2. READ YOUR ASSIGNMENT MORE THAN ONCE. Take a break between readings to do something else. Let the material "settle" between readings.

3. REVIEW REGULARLY. Because past vocabulary and grammatical structures serve as building blocks for further learning, it is a good idea to review regularly previously learned material.

4. STUDY WITH SOMEONE ELSE. Study with a friend, a classmate, or in a small group as often as possible. Studying and practicing the language aloud improves pronunciation and listening comprehension.

5. PAY CLOSE ATTENTION TO SPELLING. A change of a single letter or a wrong accent can result in a totally different word: *papa* (potato)/*papá* (dad), *puerto* (port)/*puerta* (door), *hablo* (I speak)/*habló* (he spoke) . . .

B. LEARNING VOCABULARY

Learning vocabulary is an important and necessary part of learning a foreign language. Many people find vocabulary cards very helpful, especially when they make the cards themselves. Following are some suggestions to help you get the most out of your vocabulary cards.

1. MAKE YOUR OWN VOCABULARY CARDS. The act of writing your own cards begins the learning process. Get in the habit of making them when you first start a lesson. Write the Spanish word on one side of an index card in one color and the English equivalent on the other side in a different color. In one corner, identify each vocabulary card by the chapter (**Lección**) number in which it was first introduced. You can also develop your own coding system in order to identify each word by category or part of speech (V = verb, N = noun, AJ = adjective, X = expression, M = miscellany). For easy handling, put the cards on loose-leaf binder rings according to lesson or part of speech.

2. STUDY YOUR VOCABULARY CARDS. Look at the Spanish side of the card and say the word aloud several times as you think of its meaning. Turn the card over and check your answer. Then, follow the same process beginning with the English side. Before turning the card, say the Spanish word aloud and write it out; turn the card over and check your spelling. Repeat all the cards that you misspelled or did not know.

3. PRACTICE VOCABULARY ANYTIME, ANYWHERE. Carry your current vocabulary cards with you. Any time you have a few spare minutes, review your cards. You'll be surprised how much vocabulary you can learn while just waiting somewhere for a friend, a class, or a phone call.

C. MAKING THE MOST OF CLASSROOM ACTIVITIES

Your best opportunity for exposure to spoken Spanish will most likely be in class. Following are some suggestions to help you get the most out of classroom activities.

1. BE PATIENT. You will not become fluent right away, but with regular preparation and attendance, you *will* learn to communicate in Spanish.

2. BE WILLING TO MAKE MISTAKES. Do not become discouraged by mistakes you make; we all make errors and you will not be alone. Learning from your mistakes is a necessary part of learning a foreign language.

3. PAY CLOSE ATTENTION TO YOUR INSTRUCTOR. Learn to pronounce Spanish accurately by listening to your instructor.

4. PAY ATTENTION WHEN SOMEONE ELSE IS ANSWERING. When someone else is answering in class, try to think of the answer before it is given. Then check yourself against the answer.

D. LISTENING FOR COMPREHENSION

Developing good listening skills is essential for successful language acquisition. Concentrate when listening to someone speaking Spanish. Listen for key words and the main idea. Pay attention to gestures and body language which help convey the speaker's message. Take advantage of any opportunities that expose you to the language; make friends with a Spanish-speaking person, listen to Hispanic records or radio stations, and watch Hispanic movies or television programs.

E. READING FOR COMPREHENSION

You will find readings in Spanish throughout *Charlando.* Developing good reading habits will result in better comprehension and less wasted time. One way to get the most out of a reading is first to skim the reading for general ideas and clues for comprehension. Then read it without looking up unfamiliar words or phrases. Finally, read it slowly and carefully while looking up unfamiliar words and phrases.

S.S.I.

CHARLANDO

A CONVERSATIONAL APPROACH TO BEGINNING SPANISH

LECCIÓN PRELIMINAR 1

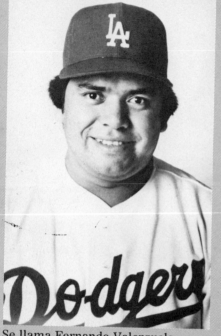

La señora es jugadora de golf.
Es de los Estados Unidos y se llama Nancy López.

Se llama Fernando Valenzuela.
Es beisbolista y es de México.

El señor es de los Estados Unidos.
Se llama Henry Cisneros y es político.

Julio Iglesias es de España.
Es cantante.

UNOS HISPANOS FAMOSOS

Se llama Ricardo Montalbán.
Es actor y es de México.

La señorita se llama Charo.
Es de España.
Es cantante.

Objetivos de la lección
(Lesson objectives)

Tema y cultura (Theme and culture)
1 To talk about some well-known Hispanics, their occupations and origins

Gramática (Grammar)
2 To use es (*he, she, it is*)

Pronunciación (Pronunciation)
3 To pronounce Spanish vowels and diphthongs

Some famous Hispanics

Vocabulario *(Vocabulary)*

Verbo
es   *he, she, it is*

Sustantivos
el **actor**/la **actriz**   *actor/ actress*
el **beisbolista**/ la **beisbolista** *baseball player*
el **cantante**/la **cantante** *singer*
la **ciudad**   *city*
el **estado**   *state*
el **jugador**/la **jugadora** *player (of a game or sport)*
el **jugador**/la **jugadora de golf**   *golfer*
la **lección**   *lesson*
la **madre**   *mother*
la **mujer**   *woman*
el **nombre**   *name*
el **padre**   *father*
el **país**   *country*
el **político**/la **política** *politician*
el **señor**   *Mr., sir, gentleman*

la **señora**   *Mrs., woman, lady*
la **señorita**   *Miss, young woman*

Adjetivos
mi   *my*
su   *your, his, her*

Artículos
el[1]   *the (m)*
la[1]   *the (f)*

Interrogativos
¿cuál?   *which?*
¿de dónde?   *from where?*
¿qué?   *what?*
¿quién?   *who?*

Países
  España   *Spain*
los **Estados Unidos (EE.UU.)**   *The United States (U.S.)*
  México   *Mexico*

Miscelánea
de   *of, from, about*
no   *no, not*
sí   *yes*
y   *and*

Expresiones
¿Cómo se llama él?   *What is his name?*
¿Cómo se llama ella?   *What is her name?*
¿Cómo se llama usted?   *What is your name?*
¿Cuál es su nombre?[2]   *What is your name?; What is his name?; What is her name?*
Me llamo...   *My name is . . .*
Se llama...   *Your name is . . . ; His name is . . . ; Her name is . . .*

NOMBRES Y PERSONAS *(Names and people)*

Me llamo...   *My name is . . .*
No me llamo Pancho Villa.   *My name is not Pancho Villa.*
Se llama...   *Your (his, her) name is . . .*
¿Cómo se llama?   *What is your (his, her) name?*
¿Cómo se llama su padre?   *What is the name of your father?*
¿Cuál es el nombre de su madre?   *What is the name of your mother?*
Mi padre (madre) se llama...   *The name of my father (mother) is . . .*

[1]Spanish has several words for the English word *the*. **El** and **la** both mean *the*. **El** is used before singular masculine nouns and **la** is used before singular feminine nouns. The concept of masculine *(m)* and feminine *(f)* nouns will be discussed in **Lección preliminar 2.**

[2]This is a slightly more formal way of asking a person's name. Both **¿Cómo se llama?** and **¿Cuál es su nombre?** will be used in this text.

PRÁCTICA/ COMPRENSIÓN *(Practice/ comprehension)*

Study the pictures and information at the beginning of this chapter and do the following exercises.

A.   ¿Cierto o falso?

Your instructor will read the following statements aloud. Indicate whether they are true or false by saying **Es cierto** or **Es falso.**

> MODELO   Charo es de los Estados Unidos.
> **Es falso.**

1. Julio Iglesias es cantante.
2. Nancy López es beisbolista.
3. Henry Cisneros es político.

4. Charo es política.
5. Ricardo Montalbán es de España.
6. Fernando Valenzuela no es actor.

B.   Cambios—¿Cuál es su profesión? (Changes—What's his/her profession?)

Your instructor will read a question. After it is answered, your instructor will make a slight change in the original question and ask it again. Thereafter the questions will be shortened and will consist only of the next change.

> MODELO   INSTRUCTOR   ¿De dónde es Julio Iglesias?
> STUDENT A   **Es de España.**
> INSTRUCTOR   ¿De dónde es Nancy López?
> STUDENT B   **Es de los Estados Unidos.**
> INSTRUCTOR   ¿y Ricardo Montalbán?
> STUDENT C   **Es de México.**

1. ¿Quién es actor? ¿Quién es político? ¿y cantante? ¿jugadora de golf? ¿beisbolista?
2. ¿Quién no es político? ¿Quién no es actor? ¿cantante? ¿jugadora de golf? ¿beisbolista?
3. ¿Qué es Charo? *(profession)* ¿Qué es Fernando Valenzuela? ¿y Julio Iglesias? ¿Ricardo Montalbán? ¿Nancy López? ¿Henry Cisneros?

PRÁCTICA/ CONVERSACIÓN *(Practice/ conversation)*

A.   Cambios—Nombres

1. ¿Cómo se llama usted? ¿Cómo me llamo? ¿y cómo se llama él *(another student)*? ¿Cómo se llama ella? ¿su *(your)* madre? ¿su *(your)* padre?
2. ¿De qué país es su padre? ¿De dónde es su madre? ¿y Nancy López? ¿Ricardo Montalbán? ¿Charo? ¿Henry Cisneros?

el nombre de un actor de los Estados Unidos? ¿Cuál es el nombre de una
los Estados Unidos? ¿y de un beisbolista? ¿de una cantante? ¿de un jugador

—Ciudades, estados y países

Following are some **charlas**—groups of related questions forming an informal conversation or "chat." Your instructor may ask you to answer all or part of the questions in each **charla.**

1. ¿Es su madre de España? ¿De qué país es su madre? ¿De qué estado es su madre? ¿De qué ciudad es? ¿Quién es de España?

2. ¿Qué es España, un país o un estado? ¿Es Miami una ciudad? ¿Qué es California? ¿Qué es México? ¿Quién es de México?

PRONUNCIACIÓN: LAS VOCALES Y LOS DIPTONGOS
(Pronunciation: vowels and diphthongs)

Though Spanish and English use practically the same alphabet, the sounds of Spanish are somewhat different from the sounds of English. In general, Spanish pronunciation is more predictable than English pronunciation. Since the pronunciation of a letter in Spanish is much more uniform than in English, the spelling of a Spanish word will almost always tell you exactly how it should be pronounced. Like the English alphabet, the Spanish alphabet is divided into *vowels* and *consonants*.

I. VOWELS

Spanish has five basic *vowel* sounds represented by the letters **a, e, i, o, u.** Spanish vowel sounds are shorter than English vowel sounds. English speakers should avoid making Spanish vowels too long by adding a glide to them. In addition to being open and clear, Spanish vowels are also very short and concise (tense). Spanish vowel sounds are easy to master since their sound is fairly consistent from one word to another.

a Similar to the *a* sound in *father*—shorter, more open and tense.
  Ana   fama   mapa   banana

e Similar to the *e* sound in *ballet*, but short and tense (no vowel glide)
  ese   Elena   Teresa   clase

i Similar to the *i* sound in *machine*—only shorter
  Felipe   Misisipí   mi   cine

o Similar to the *o* sound in *so*—only short and tense; without the glide that follows the *o* in English
  loco   Ramón   modelo   solo

u Similar to the *u* sound in *flu*—only shorter and more concise
  Susana   mucho   uno   Cuba

II. DIPHTHONGS

In Spanish there are two *weak vowels* (**u, i**) and three *strong vowels* (**a, e, o**). When two weak vowels or one weak and one strong vowel are pronounced in one syllable, they form what is called a *diphthong*. In a diphthong, the stress falls on the strong vowel (of a strong-weak vowel combination) or on the second of the two weak vowels (of a weak-weak vowel combination).

    Alicia   cueva   ciudad   oficio   auto

Two strong vowels, however, constitute two separate syllables.

    leal   preocupa   desear

PRÁCTICA/ PRONUNCIACIÓN

A. Vamos a repetir
Repeat the vowels in Spanish several times gradually increasing your speed.

B. Vamos a pronunciar
Pronounce the following words stressing the vowel in bold print.

a	m**a**no	s**a**no	m**a**la	m**a**pa	f**a**ma
e	**e**se	**e**ste	t**e**me	n**e**ne	m**e**ses
i	f**i**n	L**i**nda	s**i**n	s**i**	l**i**ma
o	l**o**co	s**o**lo	m**o**no	c**o**co	c**o**do
u	l**u**na	pl**u**ma	m**u**ndo	l**u**nes	**u**no

C. Verso infantil
Practice the following children's verse several times, gradually increasing your speed.

A E I O U	*A E I O U*
¿Quién me dice mu?	*Who says "moo" to me?*
¿Un pato? ¡No! ¿Una vaca? ¡Sí!	*A duck? No! A cow? Yes!*
A E I O U	*A E I O U*

D. Diptongos
Listen to your instructor and practice saying the following Spanish words.

    ciudad   continuo   cien   seis   Alicia   auto

LECCIÓN PRELIMINAR 2

¡Hola, Alfredo!
¿Qué hay de nuevo?

¿Cómo se llama usted, señorita?
Me llamo Margarita.

EXPRESIONES

ÚTILES

¡Hasta luego, amigo!
Adios, Francisco. Hasta mañana.

Objetivos de la lección

Tema y cultura
1 To use greetings and courtesy phrases

Gramática
2 To understand the use of nouns and articles

3 To count from 1 to 10

Pronunciación
4 To pronounce Spanish consonants

Useful expressions

Vocabulario

Sustantivos

el **amigo**/la **amiga**   *friend*
el **antónimo**   *antonym*
   (opposite meaning)
la **clase**   *class; kind (type)*
el **estudiante**/la **estudiante**
   student
la **frase**   *sentence*
el **número**   *number*
el **presidente**/la **presidenta**
   president
el **profesor**/la **profesora**
   professor, instructor,
   teacher

Adjetivos

brillante   *brilliant*
cierto(-a)[1]   *true*
excelente   *excellent*
falso(-a)[1]   *false*
grande   *big, large*
importante   *important*
inteligente   *intelligent,*
   smart
popular   *popular*

Expresiones de cortesía (Courtesy phrases)

adiós   *goodbye*
así, así   *so-so*
bien   *well, fine*
buenas tardes (noches)
   good afternoon (night)
buenos días   *hello, good*
   day
de nada   *you're welcome*
gracias   *thank you*
hasta luego (mañana)
   see you later (tomorrow)
hola   *hi*
mal   *badly*
por favor   *please*
¿Qué hay (de nuevo)?
   What's new?
¿Qué tal?   *How's it*
   going?

Números

 0 **cero**
 1 **uno**
 2 **dos**
 3 **tres**
 4 **cuatro**
 5 **cinco**
 6 **seis**
 7 **siete**
 8 **ocho**
 9 **nueve**
10 **diez**

Artículos

los/las   *the* (m and f)
un(a)[1]   *a, an, one* (m and f)
unos/unas   *some* (m and f)

Miscelánea

al   *to the (before a*
   masculine singular noun)
del   *from the, of the*
   (before a masculine
   singular noun)
más   *more; plus*
menos   *less, fewer; minus*
o   *or*
por   *times*
   (multiplication); per

GRAMÁTICA Y PRÁCTICA
(Grammar and Practice)

I. NOUNS AND ARTICLES

(Los sustantivos y los artículos)

NOUNS

All Spanish nouns (including those referring to non-living things and to ideas) are either masculine or feminine.

[1]The (**-a**) or (**a**) after certain adjectives (descriptive words) indicates the feminine form of those adjectives. Masculine and feminine forms of adjectives will be explained in **Lección 1.**

A. Most Spanish nouns which end in **-o** are masculine. Most nouns ending in **-a** are feminine.

MASCULINE		FEMININE	
estado	político	jugadora	señora
número	antónimo	señorita	profesora

There are a few exceptions. Learn them individually. Some common exceptions are:

MASCULINE				FEMININE	
mapa	*map*	problema	*problem*	mano	*hand*
día	*day*	programa	*program*	foto	*photo*

B. All nouns which end in **-ción, -sión, -tión, -dad, -tad** and **-umbre** are feminine.

lección   comprensión   ciudad   costumbre

C. The gender (masculine or feminine) of all other nouns must be learned individually.

nombre *(m)*   **golf** *(m)*   **clase** *(f)*   **frase** *(f)*

D. Most nouns which refer to persons have the same gender as the person to whom they refer.

MASCULINE		FEMININE	
amigo	*male friend*	amiga	*female friend*
hombre	*man*	mujer	*woman*
señor	*mister, sir, man*	señorita	*miss, young woman*
profesor	*male professor*	profesora	*female professor*

E. Some nouns which indicate profession or current occupation or activity can refer to both men and women. The Spanish word for *the* (**el, la**) tells whether the word is masculine or feminine.

MASCULINE		FEMININE	
el artista	*male artist*	la artista	*female artist*
el estudiante	*male student*	la estudiante	*female student*
el turista	*male tourist*	la turista	*female tourist*

F. Nouns are made plural by adding **-s** if they end in a vowel and **-es** if they end in a consonant.

señora	**señoras**	**señor**	**señores**
clase	**clases**	**lección**	**lecciones**

Exception: nouns ending in **-z** change **-z** to **-c** and add **-es**.

actriz   **actrices**

MISCELÁNEA

Capitalization in Spanish

The first word in a sentence, as well as proper nouns referring to persons or places, is capitalized in Spanish just as in English. In Spanish, abbreviated titles (**Sr., Srta., Dr.**) are capitalized. However, non-abbreviated titles (**señor, señorita, doctor**) are not capitalized in Spanish.

Julio Iglesias no es de México.	*Julio Iglesias is not from Mexico.*
Buenas tardes, señorita Juárez.	*Good afternoon, Miss Juárez.*

PRÁCTICA

**A. ¡Todos juntos!—Vamos a cambiar al plural
(Everyone together!—Let's change to the plural)**

Make the following nouns plural.

MODELO   político
         políticos

1. señor   3. ciudad   5. beisbolista   7. país
2. profesor   4. actriz   6. estudiante   8. expresión

B. Equivalentes femeninos

Give the feminine counterparts of the following words. Some words will remain the same.

MODELO   novio
         novia

1. profesor   3. actor   5. amigo   7. estudiante
2. presidente   4. señor   6. padre   8. beisbolista

THE DEFINITE ARTICLE

In English there is only one definite article, *the.* In Spanish there are four forms of the definite article depending on whether the noun is masculine or feminine, singular or plural: **el, la, los, las**. The definite article is placed in front of the noun.

MASCULINE	**el** estado	**los** estados
FEMININE	**la** frase	**las** frases

The use of the Spanish definite article is generally the same as that in English. There are, however, some important exceptions:

A. *THE DEFINITE ARTICLE USED WITH TITLES* In Spanish, the definite article is used with titles (**señor, señora, señorita, profesor, doctor, presidente...**) when you are talking or asking about such an individual.

   ¿Es el profesor Pérez de México?   *Is professor Pérez from Mexico?*
   La señorita Guzmán es de Madrid.   *Miss Guzmán is from Madrid.*

   However, the definite article is not used with titles if you are speaking directly to the person with the title.

   ¡Hola, profesor Pérez!   *Hi, professor Pérez!*
   Adiós, señora Vargas.   *Goodbye, Mrs. Vargas.*

B. *THE DEFINITE ARTICLE USED WITH A GENERAL STATEMENT* In English, the definite article is not used when one makes a general statement about a thing or an idea. However, in such a case the definite article must be used in Spanish.

   La comida es esencial.   *Food is essential.*
   El amor es importante.   *Love is important.*

C. *THE DEFINITE ARTICLE USED IN CONTRACTIONS* A *contraction* is the combining of two words. In English, the speaker or writer has the option of *is not* or the contraction *isn't.* In Spanish, contractions are obligatory, but limited to only two situations. When the preposition **a** *(to, at)* precedes the definite article **el**, they contract (combine) to **al**. Similarly, the preposition **de** *(of, from)* and **el** contract to **del**. There are no other contractions in Spanish.

   a + el = al   de + el = del

   ¿Es grande la capital del país?   *Is the capital of the country big?*

PRÁCTICA

A.   Artículos definidos
Repeat the following nouns according to the model.

> MODELO   mujer
> **la mujer   las mujeres**

1. amigo   3. clase   5. actor   7. político
2. lección   4. señorita 6. profesor 8. expresión

B.   Charlas—Un poco de todo... (A little bit of everything . . .)
Your instructor may ask you to answer all or part of each of the following **charlas** (informal conversations or "chats").

1. ¿Cuál es el nombre del presidente de los Estados Unidos? ¿Es... del estado de Utah? ¿De qué estado es? ¿Es popular?
2. ¿Es el amor *(love)* importante? ¿Es la comida *(food)* importante? ¿Cuál es más importante, el amor o la comida?

THE INDEFINITE ARTICLE

The English indefinite articles are *a* and *an*. The plural of *a* and *an* is *some*. In Spanish, the indefinite article, like the definite article, has four forms and must agree in gender and number with the noun it precedes.

	SINGULAR		PLURAL	
MASCULINE	**un número**	*a number*	**unos números**	*some numbers*
FEMININE	**una silla**	*a chair*	**unas sillas**	*some chairs*

The use of the Spanish indefinite article is generally the same as in English. There are, however, some important exceptions:

A.   **THE OMISSION OF THE INDEFINITE ARTICLE BEFORE CERTAIN NOUNS** In Spanish, the indefinite article is not used when one is merely identifying by category a person's profession, vocation, nationality, religion or political beliefs.

Eddie Murphy es actor.	*Eddie Murphy is an actor.*
¿Quién es católico?	*Who is a Catholic?*

However, if you modify (describe, elaborate upon) the noun, then the indefinite article must be used.

¿Quién es un cantante excelente?	Who is an excellent singer?
Pancho es un estudiante popular.	*Pancho is a popular student.*

In Spanish, descriptive words (**excelente, popular...**) are usually placed after the word they describe. You will learn more about this in Lección 1.

B. *THE OMISSION OF THE INDEFINITE ARTICLE WITH A* **DE** *PHRASE*
When a noun is followed by a prepositional phrase starting with **de** + a category to which the noun belongs, native speakers often omit both the definite and the indefinite article.

Ada es amiga de los estudiantes.	*Ada is a friend of the students.*

PRÁCTICA

A. El artículo indefinido
Repeat the following nouns according to the model.

MODELO   país
          un país   unos países

1. amiga	**3.** número	**5.** lección	**7.** actor
2. frase	**4.** madre	**6.** presidente	**8.** mujer

B. Cambios—¿Cuál es su profesión?
Your instructor will read a question. After it is answered, your instructor will make a slight change in the original question and ask it again. Thereafter, the questions will be shortened and will consist of only the next change.

1. ¿Es cantante Arnold Palmer? ¿Qué es Arnold Palmer? *(profesión)* ¿Qué es Ted Kennedy? ¿y Meryl Streep? ¿Lorenzo Lamas? ¿Tina Turner? ¿Geraldine Ferraro?

2. ¿Quién es un actor brillante? ¿Quién es un jugador de golf excelente? ¿una actriz popular? ¿un político importante?

II. CARDINAL NUMBERS 0–10
(Los números cardinales cero a diez)

Practice saying the following numbers aloud and writing them.

0	**cero**	*6*	**seis**
1	**uno (un, una)**	*7*	**siete**
2	**dos**	*8*	**ocho**
3	**tres**	*9*	**nueve**
4	**cuatro**	*10*	**diez**
5	**cinco**		

❋ When you are simply counting, the word **uno** *(one)* is used. **Un** is used before a masculine noun, and **una** is used before a feminine noun. **Un** and **una** can mean *a (an)* or *one.*

un profesor	*one professor/a professor*
una amiga	*one friend/a friend*

❋ The following words will help you practice your numbers in Spanish: **más** (+), **menos** (−) and **por** (×).

PRÁCTICA

A. Todos juntos, ¿qué número es más grande?

For each of the following pairs of numbers, decide which of the two is larger.

> MODELO   ¿tres o uno?
> **tres**

1. ¿cinco o cero?
2. ¿cero o seis?
3. ¿ocho o dos?
4. ¿cinco o diez?
5. ¿diez o uno?
6. ¿siete o cuatro?

B. ¿Cuánto? (How much?)

Following the model, give the correct answers to the following math problems.

> MODELO   ¿dos más seis?
> **ocho**

1. ¿cinco más tres?
2. ¿siete menos cuatro?
3. ¿nueve menos dos?
4. ¿diez menos seis?
5. ¿uno por uno?
6. ¿cuatro por cero?
7. ¿nueve menos cero?
8. ¿seis más cuatro?
9. ¿dos más tres?

PRONUNCIACIÓN: LAS CONSONANTES
(Consonants)

There are 25 *consonants* in the Spanish alphabet, some of which have sounds which are different from those in English. Read about the Spanish consonants below and practice using them in the exercises that follow.

b, v   The letters **b** and **v** are pronounced alike in Spanish. At the beginning of a word, they sound much like the English *b*, but less explosive (this means that you will not feel a puff of air if you hold your hand to your mouth). In other positions they are softer (somewhere between *b* and *v* in English). The Spanish **b** and **v** are never pronounced like the English "vee."
   novio   vocabulario   vino   bebes

c   Before an **e** or **i**, the letter **c** is pronounced like an English *s* in *sit*.[1]
   Alicia   cien   gracias   posición
   Before **o, a** and **u**, the Spanish **c** has a *k* sound as in *can*.
   casa   Cuba   inca   cinco

ch   In Spanish, **ch** is considered one letter. It generally has the same sound as in English.
   cha cha chá   chico   mucho   chocolate

d   At the beginning of a word or after consonants, **d** is similar to the English *d* in *done*, only less explosive. Place the tip of your tongue against your upper teeth and not against the roof of your mouth.
   Dulcinea   doce   San Diego   anda
   In all other positions, especially between vowels, **d** is very soft, like the *th* in the English word *they*.
   nada   ciudad   estudiante   médico

f   Like the *f* in the English word *five*.
   fabuloso   famoso   elefante   gafas

g   Before **e** or **i**, the **g** is similar to the English *h*, as in *hand*.
   general   mágico   inteligente   urgente
   In other positions it is hard, as in *goat*.
   goma   ganas   pago   gusto   guapo

h   Always silent as in *hour*.
   hace   hotel   ahora   Hernando

j   Similar to the English *h* sound as in *how*.
   jardín   Josefina   jota   junio

---

[1]In Spain, **c** before **e** or **i** and **z** are pronounced like the *th* in *thirty*.

k Very similar to English *k*, only less explosive. In Spanish, the letter **k** appears only in words of foreign origin.

   kilo   kilómetro   Kansas   kiosko

l Pronounced like English *l* in *like*. Avoid the gargling of the **l** (the "uhhl" sound) as is often done in English words like *hotel*.

   Linda   ángel   mal   loco

ll In Spanish, **ll** is considered one letter. It is similar in sound to the English *y* sound in *yes*.[2]

   llama   ella   allí   camello

m Similar to *m* in English, as in *man*.

   mamá   música   mis   muchacha

n Similar to *n* in English, as in *not*.[3]

   mano   canción   número   nunca

ñ Similar to the English *ni* in *onion*.

   señora   mañana   año   España

p Similar to English *p* except never exploded or aspirated; that is, it is not accompanied by a puff of air.

   papá   plano   lámpara   alpaca

q The letter **q** is pronounced like the English *k* and is found only in the combinations **que** and **qui**, in which the **u** is silent. (These combinations should sound like *Kay* and *key* in English, only much shorter and without the glide which occurs at the end of the English word *Kay*).

   queso   que   quince   bloque   quien   Quito

r The Spanish **r** is produced by briefly tapping the tongue against the gumridge behind the upper teeth. This sound is similar to the English *dd* or *tt* in the words *ladder* or *butter*.

   para   cara   aroma   pero   toro   María   Eduardo   pero

rr The Spanish **rr** is considered one letter. It is produced by several rapid taps of the tongue against the gumridge behind the upper teeth and is always trilled, a sound similar to that of a person imitating the purring of a cat. When a word begins with **r**, it is pronounced **rr**.

   perro   corre   cigarro   rico

s Similar to *s* in English, as in *sent*.

   seda   esta   libros   rosa

t The **t** is pronounced with the tip of the tongue touching the back of the upper teeth. In Spanish the **t** is never explosive as is often the case in English.

   típico   todo   importante   inteligente

v See letter **b**.

w Occurs only in words or names from other languages.

   Wáshington   Walter

x The letter **x** before a consonant is generally pronounced as the English *eks* or just *s*.

   explicar   texto   exquisito   extra

---

[2] In Spain **ll** is pronounced like English *ly*.

[3] Note that **n** sounds like **m** before **b, v, m** and **p** (**un burro, un vaso, un minuto, un perro**).

Before a vowel, the Spanish **x** is pronounced like *egs*. The word **México** and **mexicano** are exceptions since the **x** in those is pronounced like an English *h*.

    examen   existencia   oxígeno   exigir

In Spanish, the syllable **ex** is never pronounced *egz* as in the English word *exam*.

y   At the beginning of a word, it is generally similar to the English *y* in *yellow*. Elsewhere, it it pronounced like the Spanish **i**.

    Yucatán   yanqui   hay

z   Like *s* in English, as in *sit*.[1]

    taza   lápiz   Zaragoza   Arizona

PRÁCTICA/ PRONUNCIACIÓN

A. Vamos a pronunciar
Pronounce the following words.

feliz	favor	sale	chicos	inteligencia	tonto
general	difícil	montan	hotel	discusión	hallar

B. Trabalenguas
Try saying the following Spanish tongue twisters.

1. Porque poco coco como, poco coco compro.
2. Pepe Pescador pescó pocos pescados porque perdió su palo de pescar.
3. Erre con erre cigarro, erre con erre barril, rápido corren los perros tras el ferrocarril.

LECCIÓN PRELIMINAR 3

Esta escuela (school) es rural y los estudiantes son (are) indios. Debido a (Due to) problemas económicos y geográficos rara vez (rarely) hay suficientes libros, lápices o cuadernos. Pero no hay falta (lack) de entusiasmo porque (because) el maestro (teacher) tipico de estas escuelas es muy dedicado a su profesión; en muchos casos (cases) aún más que (even more than) el maestro de la ciudad. ¿Y los estudiantes? Pues (Well), en general, muy inteligentes y trabajadores (hard working).

EN LA CLASE

La escuela privada es para el estudiante de la ciudad. El estudiante aquí lleva *(wears)* uniforme, lo cual *(something that)* indica que *(that)* hay dinero *(money)* en la familia. En estas escuelas el estudio es difícil pero hay estudiantes brillantes y trabajadores así como *(as well as)* maestros interesantes. En su opinión, ¿dónde hay más oportunidades para el futuro, en la escuela privada o en la escuela rural?

Objetivos de la lección

Tema y cultura
1 To talk about the classroom and its contents

Gramática
2 To use correct word order, punctuation and negation
3 To use **hay** *(there is, there are; is there?, are there?)*

Pronunciación
4 To use written accents correctly and understand word stress

In the classroom

NOTAS CULTURALES

The school systems in Hispanic countries are very different from those of the United States. Generally speaking, Hispanic education is more traditional and less flexible than in the United States. Hispanic school systems are very centralized. In each country the Ministry of Education determines and controls the general curriculum, the choice of textbooks and the placement and salaries of teachers. Although the educational systems vary from one Hispanic country to another, pre-college education is usually divided into two parts:

A. La escuela primaria (sometimes called **colegio**[1]) is equivalent to the United States elementary education and consists of five to seven years of a general, traditional curriculum. Elementary education is mandatory and free throughout the Hispanic world.

B. La escuela secundaria (also called **liceo, instituto** or **colegio**) consists of approximately six years of instruction and is equivalent to United States secondary education (junior and senior high school combined). Most students are 13 or 14 years old when they start **la escuela secundaria**. Hispanic secondary education is highly specialized and divided into several tracks. Students must make career decisions at a fairly early age by choosing which track of secondary education to follow. Some common divisions or tracks are **la escuela comercial** (business and commercial training), **la escuela normal** (teacher training and certification), **la escuela tecnológica** (vocational training), and **el instituto** or **el liceo** (university preparatory). Upon completion of **el instituto** or **el liceo**, students receive what is called **el bachillerato**, a degree which is equivalent or often superior to a United States high school diploma. Students who wish to enter a university are often required to attend an additional year or two of preparatory school called **preparatoria**.

[1]**Colegio** is a general word meaning primary or secondary school. **Colegio** is never used to refer to the English word *college* (meaning university or higher education).

Vocabulario

Verbo
hay *there is, there are; is there?, are there?*

Sustantivos
el **bolígrafo** *ballpoint pen*
el **borrador** *eraser*
la **cosa** *thing*
el **cuaderno** *notebook*
el **escritorio** *desk*
el **horario** *schedule*
el **lápiz** (los **lápices**) *pencil (pencils)*
la **lengua** *language*
el **libro** *book*
la **mano** *hand*
el **mapa** *map*
la **mesa** *table*
la **palabra** *word*
el **papel** *paper*
la **pared** *wall*
la **pizarra** *chalkboard, blackboard*
la **pluma** *pen*
la **puerta** *door*
el **reloj** *clock, watch*
el **semestre** *semester*

la **silla** *chair*
el **sinónimo** *synonym (word with the same meaning as another word)*
la **tiza** *chalk*
la **universidad** *university*
la **ventana** *window*

Adjetivos
difícil *difficult*
ese/esa *that (m and f, used before nouns)*
este/esta *this (m and f, used before nouns)*
fácil *easy*
fascinante *fascinating*
interesante *interesting*
mucho *much*
muchos *many*
pocos *few; a few*

Interrogativos
¿**cómo**? *how?*
¿**cuánto**? *how much?*
¿**cuántos**? *how many?*

Lenguas[1]
el **español** *Spanish*
el **francés** *French*
el **inglés** *English*

Miscelánea
ahora *now*
allí *there*
aquí *here; in here*
en *in, on; at (+ a place)*
eso *that (in general)*
esto *this (in general)*
muy *very*
que *that*
también *too, also*
tarde *late*
temprano *early*

Expresiones
¿**Cómo es...**? *What's ... like?*
¿**Cómo se dice...**? *How do you (does one) say ...?*
En su opinión,... *In your opinion, ...*
¿**Qué significa...**? *What does ... mean?*

[1]The names of languages are not capitalized in Spanish.

PRONUNCIACIÓN: ACENTUACIÓN
(Word stress and the written accent)

I. WORDS ENDING IN A VOWEL, N OR S

Words which end in a *vowel, n* or *s* are stressed on the next to the last syllable.

    cosa   plumas   nombre   amigo   señores   estado

II. WORDS ENDING IN ANY OTHER CONSONANT

Words which end in a *consonant,* except *n* or *s,* are stressed on the last syllable.

    actriz   animal   popular   mujer   borrador

III. ALL OTHER WORDS

All words which do not conform to the above rules must have a written accent (**acento**) on the syllable which is stressed.

    sinónimo   lápiz   bolígrafo   fácil   inglés   político   allí

A written accent is also used to differentiate between two words which have the same spelling but different meanings.

    el *the*   él *he*   si *if*   sí *yes*

PRÁCTICA/ PRONUNCIACIÓN

A. Pronounce the following words stressing the correct syllable according to the rules of word stress.

    1. fenomenal   **3.** lunes   **5.** Europa   **7.** hambre   **9.** vivir

    2. cuidar   **4.** reloj   **6.** central   **8.** ustedes   **10.** delicioso

B. Pronounce the following words stressing the syllable in bold print. Then decide which words need a written accent.

1. vista	**4. lee**	**7.** cui**da**do	**10.** a**ni**mal	**13.** cho**co**late
2. es**tan**	**5. fe**a	**8. an**gel	**11.** vol**ve**mos	**14.** can**cion**
3. lunes	**6.** Ma**ri**a	**9.** mag**ni**fico	**12. jo**venes	**15.** A**li**cia

FRASES ÚTILES PARA LA CLASE (Useful phrases for the class)

A. *FRASES PARA EL ESTUDIANTE*
Learn the following phrases and be able to use them when addressing your instructor or other students.

Presente.	*Present.*
Tengo una pregunta.	*I have a question.*
No comprendo (No entiendo).	*I don't understand.*
No sé.	*I don't know.*
Más despacio, por favor.	*More slowly (slower), please.*
Repita, por favor.	*Repeat, please.*

B. *FRASES PARA EL PROFESOR*
Your instructor will use the following common phrases in class. Learn to recognize and to respond to each one.

Abra(n)[1] ⎡ **su libro.**
⎣ **la ventana.**

Open ⎡ *your book(s).*
⎣ *the window.*

Cierre(n) ⎡ **su libro.**
⎣ **la puerta.**

Close ⎡ *your book(s).*
⎣ *the door.*

Conteste(n)	*Answer*	**Pronuncie(n)**	*Pronounce*
Escriba(n)	*Write*	**Escuche(n)**	*Listen*
Lea(n)	*Read*	**Prepare(n)**	*Prepare*
Repita(n)	*Repeat*	**Estudie(n)**	*Study*

[1]The (**n**) is used when the instructor is addressing more than one student.

Cambie(n)	al singular. al plural. al afirmativo. al negativo.	Change	to the singular. to the plural. to the affirmative. to the negative.

¿Hay preguntas?	*Are there (any) questions?*
Pase(n) a la pizarra.	*Go to the board.*
Para la próxima clase...	*For the next class . . .*
Más alto, por favor.	*Louder, please.*
Otra vez, por favor.	*Once more (again), please.*

GRAMÁTICA Y PRÁCTICA

I. WORD ORDER, PUNCTUATION AND NEGATION
(El orden de las palabras, la puntuación y la negación)

WORD ORDER AND PUNCTUATION

Subjects normally precede verbs in statements. To form a question simply invert the word order by placing the subject directly after the verb. A subject is commonly placed at the end of a question.

El profesor es de México.	*The professor is from Mexico.*
¿Es el profesor de México? **¿Es de México el profesor?**	*Is the professor from Mexico?*

In Spanish an inverted question mark is placed at the beginning of a question.

¿Es fascinante el libro?	*Is the book fascinating?*

Likewise, an inverted exclamation point is placed at the beginning of an exclamation.

¡Sí, el libro es fascinante!	*Yes, the book is fascinating!*

❋ A *tag* question is a question formed by adding an interrogative word or phrase to the end of a statement. In Spanish the two most common question tags are **¿no?** and **¿verdad?** Either one may be used to express the English *right?, doesn't he/*

she?, don't you/they?, etc. The inverted question mark is placed immediately before the tag question itself, and not at the beginning of the sentence.

La clase es grande, ¿no?	*The class is big, right?*
Charo habla español, ¿verdad?	*Charo speaks Spanish, doesn't she?*

NEGATION

The negative word **no** *(not)* is placed directly before the verb in questions as well as in statements.

¿No es interesante el profesor?	*Isn't the professor interesting?*
La pizarra no es grande.	*The blackboard is not big.*

When answering a yes/no question negatively, the word **no** will appear twice: at the beginning of the sentence, as in English, and again before the verb.

¿Es Charo de Panamá?	*Is Charo from Panama?*
No, Charo no es de Panamá.	*No, Charo is not from Panama.*
No, no es de Panamá.	*No, she is not from Panama.*

MISCELÁNEA

Expresiones importantes

Below are two important ways of asking and answering questions in Spanish. Be able to use these phrases when asking or answering questions in class. Use the format given in the following examples.

A. **¿Qué significa...?** *(What does . . . mean?)*

¿Qué significa *gracias*?	*What does* gracias *mean?*
***Gracias* significa *thank you*.**	Gracias *means* thank you.

B. **¿Cómo se dice... (en español)?** *(How do you/does one say . . . in Spanish?)*

¿Cómo se dice *hi* (en español)?	*How does one (do you) say* hi *(in Spanish)?*
Se dice *hola*.	*You say (one says)* hola.

PRÁCTICA

A. Cambios—Palabras esenciales para la clase

1. ¿Cómo se dice *desk* en español? ¿Cómo se dice *pen*? ¿y *big*? ¿*late*? ¿*door*? ¿*chalk*? ¿*word*?

2. ¿Qué significa **pared**? ¿Qué significa **horario**? ¿y **cosa**? ¿**temprano**? ¿**borrador**? ¿**cuaderno**? ¿**lengua**?

B. ¿Sí o no?

Your instructor will read the following statements aloud. Decide whether they are true or false and rephrase them according to the model. Start out with **Sí,...** or **No,...**

> MODELO PROFESOR Esta universidad es grande.
> ESTUDIANTE **Sí, esta universidad es grande.**
> **No, esta universidad no es grande.**

1. Esta clase es muy pequeña.
2. Esta clase es temprano.
3. **Más** es el antónimo de **menos**.
4. Me llamo...
5. Hay seis estudiantes en esta clase.
6. **Tarde** es el sinónimo de **temprano**.

II. THE VERB FORM HAY
(There is, there are; is there?, are there?)

Hay is a unique impersonal verb form meaning *there is, there are; is there?, are there?* in the sense of *there exist(s); does/do there exist?*. **Hay** has no expressed subject in Spanish and may be followed by singular or plural nouns. When negative, **no** precedes **hay**.

¿No hay dos pizarras aquí?   *Are there not two chalkboards here?*
Hay muchos estudiantes allí.   *There are a lot of students there.*

In Spanish the use of an article with **hay** is the same as with the English *there is, there are; is there?, are there?*. If what follows **hay** is singular, then **un** or **una** is used. If what follows **hay** is plural, most native speakers will omit the use of an article or use **unos/unas**.

Hay un libro aquí.   *There is a book here.*
Hay libros aquí.   *There are books here.*
Hay unos libros aquí.   *There are some books here.*

MISCELÁNEA

Uses of *hay* and *es*

Do not confuse **hay** *(there is, there are)* with **es** *(it is, is)*. **Hay** simply establishes the existence of something. **Es** gives further information about its subject.

Hay un lápiz aquí.   *There is (there exists) a pencil here.*
El lápiz es grande.   *The pencil is big.*

PRÁCTICA

A.   Cambios—Cosas de la clase

    1. ¿Qué hay en su mesa? ¿Qué hay en mi mesa? ¿en la pizarra? ¿en la pared? ¿en su cuaderno? ¿en las sillas?

    2. ¿Hay un libro aquí? ¿Hay una pizarra? ¿un reloj? ¿ventanas? ¿estudiantes? ¿un(a) profesor(a)?

B.   Charlas—¿Qué hay en esta clase?

    1. ¿Hay una, dos o tres pizarras en esta clase? ¿Hay palabras en la pizarra ahora? ¿Cuántos borradores hay allí? ¿Hay tiza también? ¿Hay tiza en su mesa también? ¿Es la tiza importante en una clase?

    2. ¿Hay un cuaderno en su mesa? ¿Hay palabras en su cuaderno? ¿Hay palabras en español allí? ¿Hay palabras en inglés también? ¿y en francés? ¿Es importante su cuaderno?

C.   Ejercicio de memoria—Contestar y recordar (Memory exercise— Answer and remember)

This type of exercise involves two students. Your instructor will ask the first student (A) a question. Later, a second student (B) will be asked to recall what was answered.

MODELO	PROFESOR	*... (Estudiante A)*, ¿qué hay en la mesa?
	ESTUDIANTE A	**Hay un libro en la mesa.**
	PROFESOR	*... (Estudiante B)*, ¿qué dice... (A)?
		(... (Student B), what does . . . (A) say?. ...)
	ESTUDIANTE B	**Que hay un libro en la mesa.**
		(That there is a book on the table.)

    1. ¿Hay cinco pizarras en la clase?   **3.** ¿Dónde hay un reloj?

    2. ¿Cuántas puertas hay en la clase?   **4.** ¿Qué hay en mi escritorio?

La escuela técnica es también importante para el estudiante hispano. Hay programas interesantes, unos difíciles y otros fáciles. Es una educación popular porque muchas veces *(often)* significa un trabajo *(job)* en el futuro.

COMUNICACIÓN Y ACTIVIDADES

I. COMUNICACIÓN

A.   Cambios—¿Cómo es la clase de español?

1. ¿Cuántas paredes hay? ¿Cuántos(-as) profesores (profesoras) hay? ¿y borradores? ¿papeles en mi mano? ¿ventanas? ¿plumas en su mesa? ¿libros en mi mano? ¿plumas en su mano?

2. ¿Cómo es su libro de español, fácil, difícil o así, así? ¿Cómo es su horario? ¿y esta clase? ¿su clase de inglés? ¿su profesor(a) de inglés?

B.   Charlas—Estudiantes y profesores

1. ¿Hay muchos o pocos estudiantes en esta clase ahora? En su opinión, ¿hay estudiantes inteligentes y fascinantes aquí? ¿Hay muchos estudiantes interesantes aquí? ¿Hay un estudiante de México aquí?

2. ¿Hay dos profesores (profesoras) en esta clase? ¿Cuántos(-as) hay? ¿Hay un(a) profesor(a) de inglés aquí? ¿Qué hay? ¿Hay más profesores o hay más estudiantes? ¿Hay personas importantes aquí? ¿Hay personas brillantes? ¿Hay personas importantes, brillantes y fascinantes?

II. ACTIVIDADES

A.   Charlas para grupos o para la clase (Informal conversations or "chats" for groups or for the class)

Read the following sets of questions outside of class. Be able to answer them with your book closed. The instructor may ask these questions in class or require that students ask them of each other in small groups. If done in groups, divide the questions evenly. Each set of questions should be answered by only one student. Only the student asking the questions should have his (her) book open.

1. ¿Cómo se dice *chalkboard*? ¿Cuál es el antónimo de **sí**? ¿Qué significa **reloj**? ¿Es **fácil** el antónimo de **difícil**?

2. ¿Cómo se dice *also*? ¿Cómo se dice *eraser*? ¿Qué significa **temprano**? ¿Qué significa **muy**?

3. ¿Cuántas pizarras hay aquí? ¿Cuántos relojes hay? ¿Es grande su mesa? ¿Qué cosa no es grande en esta clase?

4. ¿Qué cosas hay en esta clase? ¿Cuál es el nombre de este libro? ¿Hay muchos o pocos estudiantes en esta clase? ¿Es esta clase fácil o difícil?

5. ¿Cuál es el nombre de esta universidad? ¿Es importante esta universidad? ¿Es grande? ¿Es excelente también?

6. ¿Hay más estudiantes o más profesores en esta universidad? ¿Hay profesores interesantes aquí? ¿Hay profesores brillantes también? En su opinión, ¿quién es un(a) profesor(a) popular?

B. ¿Cómo es esta clase?

Prepare four sentences describing your classroom and the things and people in it. Use this chapter's vocabulary. The sentences may be affirmative or negative, but keep them short and simple. You may use a few notes, but maintain eye contact and do not simply read your sentences aloud.

DESCRIPCIÓN Y CONVERSACIÓN— UNA CLASE DE ESPAÑOL

Study the following drawing. You may be asked to prepare questions, answer questions and/or write a short composition about it.

En España hay una gran variedad de razas *(races)*. En el norte *(north)* hay gente rubia *(blonde people)* de origen celta *(Celtic)*. ¿Y en el sur *(south)*? Pues *(well)* allí, la mayoría *(majority)* es de origen árabe con pelo y ojos negros *(black hair and eyes)*. Es obvio que *(that)* esta bonita señorita es del norte del pais, ¿no?

Esta mujer india es del Perú en Sudamérica. Es morena y su ropa *(clothing)* es típica de su región. Sin duda *(without a doubt)* ella es muy trabajadora; no sólo trabaja en casa *(she works not only at home)* sino *(but)* también en el campo *(field)*, con los hijos *(children)*, en fin *(in short)* con todo el trabajo en general.

¿CÓMO ES USTED?

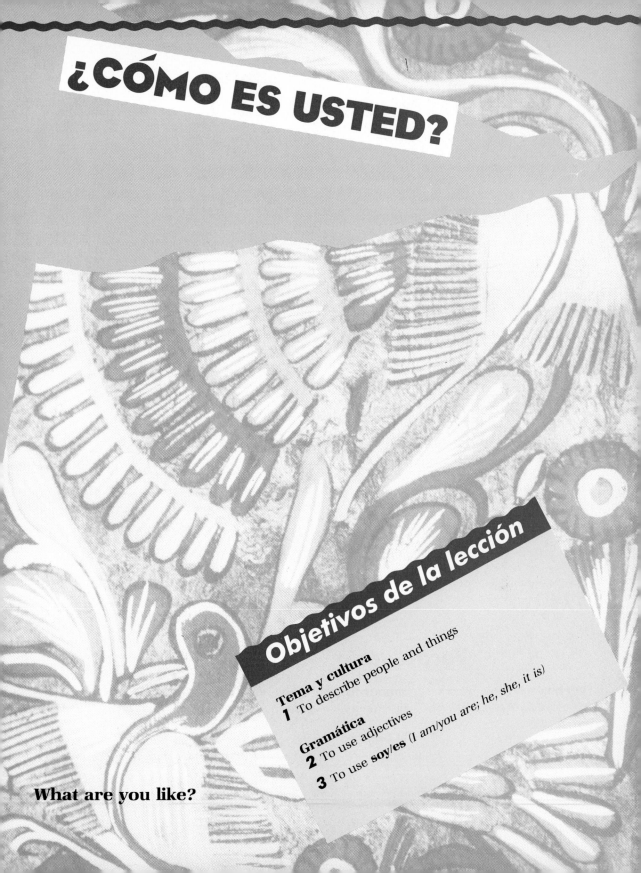

Objetivos de la lección

Tema y cultura
1 To describe people and things

Gramática
2 To use adjectives
3 To use **soy/es** (I am/you are; he, she, it is)

What are you like?

NOTAS CULTURALES

Spanish uses a variety of words or terms to indicate where a person is from.

A. Latinoamérica—Brazil and the Spanish-speaking countries of the Western Hemisphere (New World).

B. Hispanoamérica—Spanish-speaking countries of the Western Hemisphere.

C. hispano(-a), hispanoamericano(-a)—A person born in **Hispanoamérica**.

D. americano(-a)—Person born in the Western Hemisphere, but commonly a person from the United States since more specific terms are available for persons from Hispanic countries (**peruano(-a), mexicano(-a), salvadoreño(-a), venezolano(-a)...**) and Canada. Many Spanish Americans do not favor this usage since they also consider themselves Americans.

E. norteamericano(-a)—Person born in North America (Mexico, the United States, and Canada), but primarily a person from the United States since **mexicano(-a)** and **canadiense** are available for persons from Mexico and Canada.

F. estadounidense—Person born in the United States (derived from the words **Estados Unidos**).

G. gringo(-a)—European, or any foreigner, but mainly a person from the United States.

H. mexicano-americano(-a)—American of Mexican descent. Some prefer to be called **chicano(-a)**; others do not like the latter term.

Vocabulario

Verbos
es *you are (singular); he, she, it is*
soy *I am*

Sustantivos
el **esposo**/la **esposa** *husband/wife*
el **hombre** *man*

el **novio**/la **novia** *boyfriend; fiancé; groom/ girlfriend; fiancée; bride*
la **persona**[1] *person*
el **problema** *problem*

[1]The word **persona** is feminine and takes the feminine form of an adjective even if the person in question is male (**Bill Cosby es una persona divertida.** but **Bill Cosby es divertido.**)

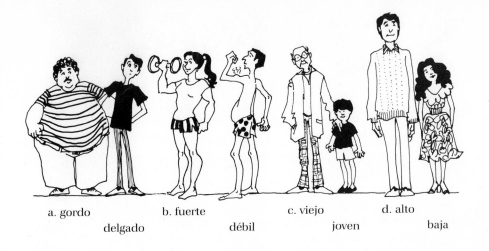

a. gordo   b. fuerte   c. viejo   d. alto
    delgado   débil   joven   baja

Pronombres
él   *he*
ella   *she*
usted, Ud., Vd.
   (abbreviations of usted)[2]
   you (singular)
yo   *I*

Adjetivos
aburrido   *boring*
alto   *tall; high*
antipático   *not nice,*
   unpleasant (persons)
bajo   *short (stature); low*
barato   *inexpensive,*
   cheap
bonito   *pretty*
bueno   *good*
caro   *expensive*
conservador/conservadora
   conservative
creador/creadora
   creative
débil   *weak*
delgado   *slender, slim*
desconocido   *unknown*
divertido   *amusing, funny,*
   fun
estudioso   *studious*

famoso   *famous*
fantástico   *fantastic*
favorito   *favorite*
feo   *ugly, unattractive*
fuerte   *strong*
gordo   *fat*
guapo   *good-looking,*
   handsome (persons)
joven   *young*
lento   *slow*
liberal   *liberal*
malo   *bad*
moreno   *brunette*
nuevo   *new*
otro   *other, another*
pequeño   *small*
perezoso   *lazy*
pobre   *poor*
rápido   *fast*
rico   *rich*
rubio   *blonde*
serio   *serious*
simpático   *likeable, nice*
   (persons)
típico   *typical*
tolerante   *tolerant*
trabajador/trabajadora
   hardworking
viejo   *old*

Adjetivos de nacionalidad
alemán/alemana
   German
chino   *Chinese*
español/española
   Spanish
francés/francesa   *French*
inglés/inglesa   *English*
italiano   *Italian*
mexicano   *Mexican*
norteamericano   *North*
   American
ruso   *Russian*

Países
Inglaterra   *England*
Italia   *Italy*

Miscelánea
con   *with*
de mediana edad
   middle-aged
si   *if*

[2]**Usted (Ud., Vd.)** means *you*, singular *(s)*. It is used when you address one person only. The plural *(pl) you* (meaning *all of you* or *you all*) will be learned in **Lección 9.**

Práctica
de
vocabulario

Antónimos
Give the opposite of the words given below.

MODELO   bueno
           malo

1. serio	**4.** guapo	**7.** rico	**10.** interesante	**13.** rápido
2. bajo	**5.** rubio	**8.** gordo	**11.** simpático	**14.** famoso
3. viejo	**6.** caro	**9.** liberal	**12.** bonito	**15.** grande

GRAMÁTICA Y PRÁCTICA

I. ADJECTIVES— FORMATION AND POSITION
(La formación y la posición de los adjetivos)

An *adjective* is a word that modifies (describes) a noun or a pronoun. In Spanish, an adjective must agree in gender (masculine or feminine) and number (singular or plural) with the noun it modifies.

FORMATION OF ADJECTIVES

A.   *ADJECTIVES ENDING IN* **-O** Adjectives that end in **-o** are made feminine by changing the **-o** to **-a (bajo/baja, delgado/delgada...)**.

Juan es alto; Ada es baja.   *Juan is tall; Ada is short.*
Mi madre es delgada pero mi   *My mother is slender but my father*
   padre no es delgado.   *is not slender.*

B.   *ADJECTIVES NOT ENDING IN* **-O** Adjectives not ending in **-o** are usually the same in the masculine and the feminine forms.

El español es fácil pero la filosofía   *Spanish is easy but philosophy is*
   es difícil.   *difficult.*
Pepe es brillante pero Ana es más   *Pepe is brilliant but Ana is more*
   interesante.   *interesting.*

Exception: Adjectives of nationality that end in a consonant (**francés, español...**), and adjectives that end in **-dor, -or, -án, -ón,** or **-ín** are made feminine by adding **-a**.

Aquí hay un hombre español y una mujer francesa.	*Here's a Spanish man and a French woman.*
Julio no es trabajador pero Elisa es muy trabajadora.	*Julio is not hardworking but Elisa is very hardworking.*

Notice that adjectives of nationality are not capitalized in Spanish. Some adjectives of nationality have a written accent on the masculine, but not on the feminine form: **inglés/inglesa, alemán/alemana, francés/francesa,** etc. Nouns and adjectives ending in **-ista** (**socialista, capitalista...**) are the same in the masculine and feminine forms.

C. *PLURAL OF ADJECTIVES* The plural of adjectives is formed by adding **-s** to adjectives ending in a vowel and **-es** to adjectives ending in a consonant.

¿Hay muchas personas simpáticas en sus clases?	*Are there many nice people in your classes?*
Aquí hay muchos hombres fuertes.	*There are a lot of strong men here.*
¿Hay políticos liberales en Wáshington?	*Are there liberal politicians in Washington?*

MISCELÁNEA

The Exclamatory *Qué*

As the first word in an exclamation, **qué** can mean both *how* and *what*. Its meaning depends on whether it is followed by an adjective or a noun + adjective.

A. *THE EXCLAMATORY* **QUÉ** + *AN ADJECTIVE* The English exclamatory phrase *How ... (adjective)!* is expressed in Spanish with the phrase **¡Qué... (adjective)!.**

¡Qué interesante!	*How interesting!*
¡Qué bonita es esa mujer!	*How pretty that woman is!*

B. *THE EXCLAMATORY* **QUÉ** + *A NOUN* + *AN ADJECTIVE* The English exclamatory phrase *What a ... (noun + adjective)!* is expressed in Spanish with **¡Qué... (noun) más... (adjective)!.**

¡Qué mujer más bonita!	*What a pretty woman!*

POSITION OF ADJECTIVES

Spanish has two kinds of adjectives: limiting and descriptive.

A. *LIMITING ADJECTIVES* *Limiting* adjectives answer the questions *which?* and *how many?*. Limiting adjectives include: definite and indefinite articles, numbers, interrogatives (**¿qué?, ¿cuántos?...**), demonstratives (**este, esta...**), possessives (**mi, su...**) and other adjectives (**otro, mucho, muchos, pocos...**). Limiting adjectives precede the nouns they modify.

Hay unos italianos aquí.	*There are some Italians here.*
¿Es esta mujer tolerante?	*Is this woman tolerant?*
¿Cuántas personas hay aquí?	*How many persons are there here?*
Mi novia es de Inglaterra.	*My girlfriend is from England.*
El otro problema es serio.	*The other problem is serious.*

B. *DESCRIPTIVE ADJECTIVES* *Descriptive* adjectives answer the question *what kind of?* (size, shape, color, type, nationality, etc.). Descriptive adjectives generally follow the nouns they modify.

La señora rubia es mi amiga.	*The blonde woman is my friend.*
El hombre guapo es de China.	*The handsome man is from China.*

MISCELÁNEA

Special Adjectives

A. **BUENO(-A)/MALO(-A)** (good/bad) The adjectives **bueno/malo** may be placed before or after a noun. If placed before a singular masculine noun, these adjectives must be shortened to **buen** and **mal**. They are not shortened before a plural noun.

Juan es	un buen/mal amigo. un amigo bueno/ malo.	*Juan is a good/bad friend.*
¿Hay buenos estudiantes aquí?		*Are there good students here?*

B. **GRANDE** (big, large) **Grande** is a special adjective. It is shortened to **gran** before a singular noun of either gender (masculine or feminine). It normally means *great* when it precedes a noun and *large* when it follows a noun.

¿Es Meryl Streep una gran actriz?	*Is Meryl Streep a great actress?*
¿Hay ciudades grandes aquí?	*Are there big cities here?*

PRÁCTICA

A. Cambios—¿Cómo es ese estudiante?

1. ¿Es famosa esa estudiante? ¿Es rubia esa estudiante? ¿Es baja? ¿Es estudiosa? ¿interesante? ¿perezosa? ¿joven? ¿inteligente?

2. ¿Es alto ese estudiante? ¿Es viejo ese estudiante? ¿Es moreno? ¿trabajador? ¿brillante? ¿antipático? ¿divertido? ¿fantástico?

3. En esta clase, ¿hay estudiantes excelentes? ¿hay cinco profesores? ¿hay muchos estudiantes perezosos? ¿seis o siete personas famosas? ¿muchas personas antipáticas? ¿unos atletas fuertes?

B. ¿Cuál es su nacionalidad?
Give the nationality of the people below.

MODELO   Charo
          Es española.

1. Mikhail Gorbachev   3. Barbra Streisand   5. Jacques Cousteau
2. Ricardo Montalbán   4. Paul McCartney   6. Sophia Loren

C. Charlas—¿Cómo es esta persona?

1. ¿Quién es un político liberal? ¿Quién es un político conservador? En su opinión, ¿quién es un político simpático? ¿y antipático?

2. ¿Quién es un atleta fuerte? ¿Quién es un atleta rápido? ¿y alto? ¿Hay muchos atletas débiles? ¿y fuertes? ¿ricos y famosos?

3. En su opinión, ¿qué actriz es muy mala? ¿y muy buena? ¿Quién es un actor serio? ¿y divertido? ¿Quién es su actor favorito? ¿y su actriz favorita? ¿Hay muchos actores fantásticos?

II. EXPRESSING I AM; YOU ARE; HE, SHE AND IT IS *IN SPANISH*

(Yo soy; usted es; él/ella es)

EXPRESSING I AM *IN SPANISH*

In Spanish, **yo soy** means *I am*. Use this phrase when you are talking about yourself.

Yo soy atleta.   *I am an athlete.*
¡Yo no soy perezosa!   *I am not lazy!*

EXPRESSING YOU ARE IN SPANISH

In Spanish, **usted es** means *you are*.[1] Use this phrase when you are talking to someone rather than about someone. The abbreviated forms **Ud.** or **Vd.** may be used instead of **usted**. The abbreviated forms **Ud.** and **Vd.** are pronounced exactly the same way as **usted**. The two forms, **usted** and **Ud.**, will be used throughout the exercises of this text.

Usted es muy simpática, señorita.	*You are very nice, Miss.*
Señor, ¿es Ud. profesor?	*Sir, are you a professor?*

EXPRESSING HE, SHE AND IT IS IN SPANISH

You have already practiced **es** (*is, it is*) extensively in order to talk about someone or something else. You have been using **es** to say who or what someone or something is. Review the use of **es** in the following sentences.

¿Quién es Paul McCartney?	*Who is Paul McCartney?*
Es un cantante famoso.	*He is a famous singer.*
¿Es Dallas la capital de Tejas?	*Is Dallas the capital of Texas?*
No, no es la capital.	*No, it is not the capital.*

When talking about someone, you may wish to use the subject pronouns *he* and *she*. In Spanish, they are **él** and **ella** respectively.

¿De dónde es él?	*Where is he from?*
Ella no es muy alta.	*She is not very tall.*

As a subject, the word *it* is not usually translated into Spanish.

¿Es importante?	*Is it important?*
Sí, es muy importante.	*Yes, it is very important.*

PEPE

[1] Another way of saying *you are* in Spanish will be discussed in **Lección 2**.

MISCELÁNEA

Use and Omission of Subject Pronouns in Spanish

A. *THE SUBJECT PRONOUNS* **USTED, ÉL** *AND* **ELLA** *FOR CLARITY*
The verb form **es**, used without a stated subject, may be ambiguous when used out of context. For clarity, a subject may be used.

Usted es muy alto.	*You are very tall.*
Él es inteligente.	*He is intelligent.*
Ella es mi amiga.	*She is my friend.*

B. *THE SUBJECT PRONOUN* **YO** The word **soy**, like the word *am* in English, has only one meaning; therefore, using the word **yo** is not necessary for clarity. In fact, natives usually omit the word **yo** when speaking.

Soy estudiante de español.	*I am a Spanish student.*
No soy de España.	*I'm not from Spain.*

C. *THE USE OF SUBJECT PRONOUNS FOR EMPHASIS* In Spanish, all subject pronouns can be used at any time to emphasize the subject of a sentence.

Él es profesor.	*He is a professor.*
¿Es usted perezoso?	*Are you lazy?*
¡Yo no soy perezoso!	*I am not lazy!*

PRÁCTICA

A.   Cambios—Descripciones generales
As you answer, pay close attention to adjective agreement.

1. ¿Es usted débil o fuerte? ¿Es Ud. perezoso(-a)[1] o trabajador(a)? ¿Es Ud. alto(-a) o bajo(-a)? ¿Es rubio(-a) o moreno(-a)? ¿Es chino(-a)? ¿Es joven, viejo(-a) o de mediana edad?

2. ¿Soy yo inglés(a)? ¿Soy norteamericano(-a)? ¿Soy famoso(-a)? ¿Soy tolerante con los estudiantes? ¿Soy rubio(-a)? ¿Soy alto(-a)?

---

[1]The (**-a**) or (**a**) after an adjective indicates the feminine form of that adjective. An (**-a**) means that the final **o** of the adjective will change to **a** when describing a feminine noun or pronoun. An (**a**) means that **a** is added directly onto the adjective.

B.   Charlas—Los profesores y los estudiantes

1. ¿Soy yo mexicano(-a)? ¿Soy de este país? ¿Soy profesor(a) de español? En su opinión, ¿soy tolerante con los estudiantes perezosos? ¿Soy un(a) profesor(a) fácil, difícil o así, así?

2. ¿Es usted profesor(a)? ¿Qué es Ud.? ¿Es... *(otro estudiante)* estudiante también? ¿Es Ud. inteligente y trabajador(a)? ¿Es Ud. estudioso(-a)? ¿Es... (otro estudiante) estudioso(-a) también? En su opinión, ¿quién es más estudioso(-a),... o usted?

En la región del Caribe *(Caribbean)* la influencia africana es muy grande. En las islas *(islands)* de Puerto Rico y la República Dominicana una gran parte de la población es mulata, una mezcla *(mixture)* de sangre *(blood)* negra y europea. La influencia africana es también visible en ciertas *(certain)* regiones de países con costas *(coastlines)* en el Caribe, como *(like)* Venezuela y Colombia.

COMUNICACIÓN Y ACTIVIDADES

I. COMUNICACIÓN

A. Cambios—¿Cómo es esta persona?

As you answer pay close attention to adjective agreement!

1. ¿Cómo es Richard Nixon: joven, viejo o de mediana edad? ¿Cómo es Jane Fonda: joven, vieja o de mediana edad? ¿Cómo es Brooke Shields? ¿y Clint Eastwood? ¿Michael J. Fox?

2. ¿Cómo es Bo Derek: guapa, fea o así, así? ¿Cómo es Jack Nicholson: guapo, feo o así, así? ¿Cómo es Bill Cosby? ¿y Mick Jagger? ¿Tina Turner? ¿Robert Redford?

B. Charlas—¿De dónde es esta persona?

1. ¿Es usted de los Estados Unidos? ¿Es su padre de los Estados Unidos también? ¿De qué estado es Ud.? ¿Es... un estado grande o pequeño? ¿Cómo es...: bonito, feo o así, así?

2. ¿De qué ciudad es su madre? ¿Es Ud. de... también? ¿Cómo es..., interesante o aburrida? ¿Soy yo de... también?

C. Personas y cosas—¿Cómo es?

Using as many adjectives as possible, describe the following. Use both affirmative and negative sentences.

MODELO   Wilt Chamberlain
Es alto. Es rápido. No es bajo....

1. Tom Selleck	**3.** Speedy González	**5.** la señorita Piggy
2. King Kong	**4.** un Volkswagen	**6.** Linda Evans

D. Ejercicio de memoria—Contestar y recordar

Your instructor will ask the following questions of a student (A). Later, a second student (B) will be asked to recall what was answered.

MODELO   PROFESOR   ... (*Estudiante A*), ¿es usted de España?
              ESTUDIANTE A   **No, (yo) no soy de España.**
              PROFESOR   ... (*Estudiante B*), ¿qué dice... (*Estudiante A*)?
              ESTUDIANTE B   **Que él/ella no es de España.**

1. ¿De dónde es Ud?	**3.** ¿Es... (*otro estudiante*) perezoso(-a)?
2. ¿Soy yo inglés (inglesa)?	**4.** ¿Es Ud. amigo(-a) de... (*otro estudiante*)?

Esta pareja *(couple)* es mestiza, el resultado de la mezcla *(mixture)* de sangre in-
dígena y europea *(Indian and European blood)*. En paises como México, Guate-
mala, Ecuador, Perú y Bolivia hay un gran número de mestizos. En esta fotografia,
¿cuál de los dos tiene *(has)* más rasgos *(traits)* indígenas?

II. ACTIVIDADES

A. Charlas para grupos o para la clase

Read the following questions outside of class. Be able to answer them with your book
closed. Your instructor may ask these questions in class or require that students ask
the questions of each other in small groups. If done in groups, divide the questions
evenly. Only the student asking the questions should have his/her book open.

1. ¿Quién es un actor muy popular? ¿Es... guapo o feo? ¿Es serio o divertido? ¿Es
   moreno o rubio?
2. Cómo se llama ese (esa) estudiante? ¿Es él/ella famoso(-a) o desconocido(-a)? ¿Es él/
   ella alto(-a) o bajo(-a)? ¿Es simpático(-a) o antipático(-a)?
3. ¿Es un Corvette bonito o feo? ¿Es grande o pequeño? ¿Es rápido o lento? ¿Es barato
   o caro?
4. ¿Es interesante o aburrido el libro de español? ¿Es caro o barato? ¿Es grande, pe-
   queño o así, así?
5. ¿Cómo se llama el/la profesor(a) de esta clase? ¿De qué país es él/ella? ¿Es divertido(-a)
   o aburrido(-a)? ¿Es él/ella un(a) profesor(a) difícil o fácil?
6. ¿Es pequeña esta clase? ¿Es interesante o aburrida? ¿Cuántos profesores hay aquí?
   ¿Quién es divertido en esta clase? ¿Quién es serio?

B.   Descripciones—Autobiografía

Outside of class prepare four sentences describing yourself. Use as many adjectives as possible. You may use affirmative or negative statements. In class, use these sentences to tell your classmates about yourself. Maintain eye contact and do not simply read your sentences aloud. Start as follows:

Me llamo...
Soy de...
Soy...

DESCRIPCIÓN Y CONVERSACIÓN— CRUCIGRAMA (Crossword puzzle)

Review this chapter's vocabulary by doing the following crossword puzzle.

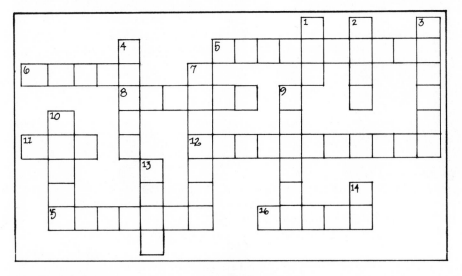

Horizontal
El antónimo de...

5. perezoso
6. rico
8. lento
11. bonito
12. aburrido
15. conservador
16. delgado

Vertical
El antónimo de...

1. menos
2. alto
3. pequeño
4. divertido
7. fácil
9. rubio
10. fuerte
13. barato
14. sí

LECCIÓN 2

En los Estados Unidos, César Chávez es uno de los hispanos con mucha influencia social y política. Él es mexicano-americano, nacido *(born)* en este pais y de padres mexicanos. Su papel como fundador *(role as founder)* y líder de sindicatos *(unions)* de este país es muy importante. Hoy en día, debido en gran parte a los esfuerzos *(efforts)* de este hombre, hay más oportunidades y mejores condiciones de trabajo para muchos de los hispanos de este país.

Rita Moreno es de origen puertorriqueño; es una actriz y artista *(entertainer)* popular no sólo *(only)* en la televisión sino *(but)* también en los clubs de ciudades como Las Vegas y Nueva York. Y más recientemente *(recently)*, fue una de las actrices principales en la nueva presentación teatral de la conocida comedia *The Odd Couple* en Nueva York.

PROFESIONES Y EMPLEOS

Professions and jobs

Objetivos de la lección

Tema y cultura
1 To talk about professions

Gramática
2 To use **tú eres** (you are, familiar)
3 To use **fue** (you were, formal; he, she, it was)
4 To use the demonstrative adjectives **este (-a, -os, -as); ese (-a, -os, -as)** and **aquel (la, los, las)** (this, that, these, those)
5 To use the possessive adjectives **mi(s), tu(s), su(s)** (my, your, his, her) and the possessive **de** ___ phrase

NOTAS CULTURALES

A. Rita Moreno was born in 1931 and lived in Puerto Rico for five years before immigrating to New York. She is the only performer ever to win all four of the entertainment world's most important awards: an Oscar as best supporting actress in the movie musical *West Side Story*, a Grammy for a soundtrack album of the children's series *The Electric Company*, a Tony for the Broadway comedy *The Ritz* and two Emmy awards for guest appearances on *The Muppet Show* and *The Rockford Files*.

B. César Chávez, a Mexican-American labor leader and activist, was born in 1927 and grew up in a series of migrant labor camps in Arizona and California. In 1965, the National Farm Workers Association, which he organized, assisted the migrant Philipino grape pickers in a strike against the growers that lasted several years. Chávez called for a consumer boycott of grapes and led a march to California's capital to bring the grape pickers' struggle to the attention of the nation. The boycott forced the grape growers to sign contracts with the union. Chávez' democratic approach to unionism and nonviolent tactics made the farm workers' struggle a moral cause with nationwide support.

Vocabulario

Verbos

eres *you are* (s, familiar)
fue *you were* (s, formal); *he, she, it was*

Sustantivos

el **abogado**/la **abogada** *lawyer*
el **ama de casa**[1] *homemaker, housewife*
el **atleta**/la **atleta** *athlete*
el **basquetbolista**/la **basquetbolista** *basketball player*
la **canción** *song*
el **científico**/la **científica** *scientist*
el **coche** *car*

el **compositor**/la **compositora** *composer*
el **criminal**/la **criminal** *criminal*
el **cura** *priest*
el **dictador**/la **dictadora** *dictator*
el **diseñador**/la **diseñadora** *designer*
el **doctor**, el **médico**/la **doctora**, la **médico** *doctor*
el **empleo** *job, employment*
el **enfermero**/la **enfermera** *nurse*
el **escritor**/la **escritora** *writer*

la **familia** *family*
el **futbolista**/la **futbolista** *football or soccer player*
el **grupo** *group*
el **hombre de negocios**/la **mujer de negocios** *businessman/ businesswoman*
el **locutor**/la **locutora** *announcer (T.V. and radio)*
el **mecánico**/la **mecánico** *mechanic*
el **modelo**/la **modelo** *model*
la **nacionalidad** *nationality*
el **obrero**/la **obrera** *worker (blue collar)*

[1]**El ama de casa** is a feminine noun. Feminine nouns starting with a stressed **a** or **ha** use a masculine definite article in the singular form only. These same nouns use the feminine definite article in the plural form: **el ama de casa/las amas de casa; el agua** (*water*)/**las aguas...**

el **pastor**/la **pastora**
 minister
la **película** movie, film
el **pelo** hair
el **periodista**/la **periodista**
 newspaper reporter
el **pintor**/la **pintora**
 painter
el **policía**/la **mujer policía**
 police officer
la **profesión** profession
el **rabino** rabbi
el **tenista**/la **tenista**
 tennis player
la **vida** life

Adjetivos
bastante enough
demasiado too much;
 too many

deshonesto dishonest
diferente different
honesto honest
tu your (familiar form)

Miscelánea
bastante quite, rather
 (+ adj.); enough
demasiado too (+ adj.);
 too much
¿de quién? whose? (of
 whom?)
en general in general
generalmente generally
normalmente normally
tú you (familiar form)
usualmente usually

Países
Alemania Germany

Francia France
Rusia (la Unión Soviética)
 Russia (the Soviet Union)

Adjetivos demostrativos
este, esta; estos, estas
 this; these
ese, esa; esos, esas that;
 those
aquel, aquella; aquellos,
 aquellas that over
 there; those over there

Expresión
¿Cómo te llamas (tú)?
 What is your name?
 (familiar)

a. la científica

b. el mecánico

c. la mujer policía

d. el hombre de negocios

Práctica de vocabulario

Personajes de la televisión

Using new vocabulary and **es** (he or *she is*) or **fue** (he or *she was*), see if you can remember what profession or occupation each of the following television characters has or had.

MODELO Marcus Welby
 Fue médico.

1. J. R. Ewing
2. Alex Keaton
3. Lou Grant
4. Alexis Colby
5. Edith Bunker
6. Cliff Huxtable
7. Archie Bunker
8. Chris Cagney
9. Hot Lips Hoolihan

I. TWO WAYS OF EXPRESSING YOU ARE IN SPANISH

(usted es, tú eres)

In Spanish there are two ways of saying *you*; that is, there are two ways of addressing another person. There is a *formal (form) you* and a *familiar (fam)* or informal *you*. The correct choice depends on the kind of relationship that exists between the two people talking. You already know one of these: **usted**. In this chapter you will learn to use the second one: **tú**.

THE FORMAL YOU **(Usted)**

The subject pronoun **usted** (*you/s, form*) is used to address a person with whom one has a distant or a formal relationship (an older person, a stranger, an acquaintance). It is most often used among adults who are not relatives or close friends and generally among people who are not on a first-name basis. The formal way of saying *you are* is **usted es**.

¿No es usted el profesor?	*Are you not the professor?*
Ud. es muy amable, señor.	*You are very kind, sir.*

THE FAMILIAR (INFORMAL) YOU **(Tú)**

The subject pronoun **tú** (*you/s, fam*) is used in addressing a person with whom one has a close familiar (informal) relationship. It is used among friends, children, fellow students, family members and generally among people who are on a first-name basis. The familiar way of saying *you are* is **tú eres**.

¡Mamá, tú eres demasiado conservadora!	*Mom, you are too conservative!*
¿Eres muy tolerante, Paco?	*Are you very tolerant, Paco?*

✳ As you already know, the possessive *your* (formal form) is **su**. The possessive *your* (familiar form) is **tu** and it has no accent. Compare the use of **su** and **tu** in the following sentences.

Sr. Goya, ¿cuál es su reloj?	*Mr. Goya, which is your watch?*
but	
Juan, tu novia es bonita.	*Juan, your girlfriend is pretty.*

✴ The subject pronoun **tú** is clearly implied by the use of **eres** alone. It is not necessary to use the subject pronoun **tú** for clarity. In fact, native speakers usually omit the word **tú** when speaking.

¿Eres famoso, Pancho?	*Are you famous, Pancho?*
No, no soy famoso.	*No, I am not famous.*

However, **tú** is regularly used to emphasize the subject.

¿Eres tú atleta?	*Are **you** an athlete? (emphatic)*

✴ To ask *What is your name?* when addressing someone you know well or with whom you are on a first-name basis (a friend, a relative, etc.), use the following expression:

¿Cómo te llamas (tú)?	*What is your name?*
Me llamo Ana.	*My name is Ana.*

MISCELÁNEA

The Use of *usted* and *tú* in Class

You now know how to address another person two ways in Spanish; **usted** and **tú**. You should practice them both. In class, address your instructor in the **usted** form, but address other students in the **tú** form. For your listening comprehension practice, your instructor may address you in both forms.

PRÁCTICA

A. Cambios—Un poco sobre profesiones y empleos
(A little bit about professions and jobs)

1. ¿Eres tú jugador(a) de golf? ¿Eres locutor(a)? ¿Eres pastor(a)? ¿hombre (mujer)? ¿estudiante? ¿(mujer) policía?

2. ¿Es usted un(a) abogado(-a) rico(-a)? ¿Es Ud. un(a) basquetbolista famoso(-a)? ¿Es un cantante popular? ¿un científico brillante?

SECRETARIA BILINGUE
Con conocimientos en seguros.
Area de Jackson Heights. Que-
ens.

PROFESORES BILINGUES. Se ne-
cesitan profesores bilingües
Español/Inglés. Para más inf.. lla-
mar tel:

MECANICO
De refrigeración con experien-
cia y herramientas propias.

B.   ¿Eres tú así?

Say whether or not the following adjectives describe you. Pay close attention to adjective agreement.

MODELO   bajo(-a)
Sí, soy bajo(-a). (No, no soy bajo(-a).)

1. interesante   **3.** honesto(-a)   **5.** divertido(-a)   **7.** estudioso(-a)

2. serio(-a)   **4.** aburrido(-a)   **6.** antipático(-a)   **8.** conservador(a)

C.   Charlas—Opiniones personales

1. En tu opinión, ¿cuál es más interesante, el empleo de un profesor o el empleo de un actor? Generalmente, ¿cuál de los dos es más famoso? En general, ¿cuál de los dos no es rico? En tu opinión, ¿qué profesión es fascinante? (La profesión de un(a)... es...) ¿Qué profesión es aburrida?

2. ¿Eres estudiante? ¿Eres un(a) estudiante trabajador(a)? ¿Es fácil la vida de un estudiante? En tu opinión, ¿cuál es más difícil, la vida de un estudiante o la vida de un profesor?

3. ¿Soy yo presidente(-a) de esta universidad? ¿Quién es el presidente (la presidenta) de esta universidad? ¿Eres amigo(-a) del (de la) presidente(-a)? ¿Es el presidente (la presidenta) joven, viejo(-a) o de mediana edad? ¿Es él/ella popular con los estudiantes de la universidad?

II. THE VERB FORM FUE

(you were (s, form); he, she, it was)

You already know that **es** can mean *you are (s, form)* and *he, she* or *it is*. The past tense of **es** is **fue**, which can mean *you were (s, form)* and *he, she or it was*. Learning this additional word will enable you to talk about a person or thing in the past.

Manuel de Falla fue compositor.   *Manuel de Falla was a composer.*
Fue de España.   *He was from Spain.*

PRÁCTICA

A.   Cambios—Un poco de todo

1. ¿De qué nacionalidad fué Leonardo da Vinci? ¿De qué nacionalidad fue Winston Churchill? ¿y Mao Zedong? ¿Betsy Ross? ¿Renoir? ¿Cervantes? ¿Tolstoy? ¿Isaac Newton?

2. ¿Fue Wáshington presidente de los Estados Unidos? ¿Fue Nixon presidente? ¿Fue Lenin? ¿y Polk? (¡Sí! de 1845 a 1849)

3. ¿Quién fue un atleta muy famoso? ¿Quién fue un presidente muy popular? ¿una escritora excelente? ¿una actriz famosa? ¿un científico brillante? ¿un hombre de negocios muy rico?

4. ¿Quién fue dictador de Italia? ¿Quién fue dictador de Alemania? ¿dictador de España? ¿de Rusia? ¿de la China? ¿de la Argentina? ¿de las Filipinas?

B. Datos biográficos—¿Sí o no?

Answer in complete sentences. Decide whether or not **un** or **una** is needed (Review the uses of the indefinite article, **Lección Preliminar 2, I**). If it is a yes/no situation, start your answer with either **Sí,...** or **No,...**

1. ¿Fue John Lennon pintor?

a. ¿compositor?	**c.** ¿compositor fantástico?	**e.** ¿de este país?
b. ¿francés?	**d.** ¿uno de los Beatles?	**f.** ¿cantante?

2. ¿Fue Marilyn Monroe compositora?

a. ¿actriz?	**c.** ¿de España?	**e.** ¿mujer policía?
b. ¿española?	**d.** ¿ama de casa?	**f.** ¿mujer bonita?

C. Charlas—¿Qué sabes de su vida?
(What do you know about his/her life?)

1. ¿Quién fue John Wayne? ¿Fue él de los Estados Unidos? ¿Fue amigo de tu familia? ¿Cuál es una película con John Wayne?

2. ¿Fue Florence Nightingale doctora? ¿Qué fue ella? ¿Fue de los Estados Unidos? ¿De qué país fue?

3. ¿Quién fue Ernest Hemingway? ¿De qué país fue? ¿Cuál es un libro famoso de este hombre? ¿Quién es otro escritor famoso de este país? ¿Qué actriz es la nieta (*granddaughter*) de Hemingway?

4. ¿De dónde fue Leonardo Da Vinci? ¿Qué fue? ¿Fue científico también? ¿Cuál es una de las pinturas (*paintings*) de Da Vinci? ¿Quién fue otro pintor muy famoso de Italia?

III. DEMONSTRATIVE ADJECTIVES
(Adjetivos demostrativos)

Demonstrative adjectives point out persons or things. They precede the nouns they modify and agree with them in gender and number.

Singular		Plural		
MASCULINE	FEMININE	MASCULINE	FEMININE	
este	**esta**	**estos**	**estas**	*this, these*
ese	**esa**	**esos**	**esas**	*that, those*
aquel	**aquella**	**aquellos**	**aquellas**	*that, those (over there)*

Esta diseñadora es excelente.	*This designer is excellent.*
¿Es Ud. amigo de esos periodistas?	*Are you a friend of those newspapermen?*
¿Hay mecánicos para estos coches?	*Are there mechanics for these cars?*
¿Hay mujeres en aquel grupo?	*Are there women in that group (over there)?*

Neuter demonstratives **esto** *(this)* and **eso** *(that)* are used only when the identity of something is unknown or extremely general.

¿Qué es eso?	*What is that? (unknown)*
¡Esto es interesante!	*This is interesting! (general)*

PRÁCTICA

A. Cambios—Cosas de la clase
In answering, pay attention to adjective agreement.

1. ¿Es interesante esta clase? ¿Es interesante este libro? ¿y este estudiante? ¿esa estudiante? ¿esta ciudad? ¿el presidente de este país? ¿tu familia?

2. ¿Es grande o pequeña esta clase? ¿Es grande o pequeño este papel? ¿esta pluma? ¿aquel reloj? ¿este reloj? ¿esta universidad? ¿aquella ventana? ¿esta ciudad? ¿este estado?

B. Charlas—Un poco de todo
1. ¿Es el Canadá parte de Norteamérica? ¿Es México parte de Norteamérica también? (**¡Sí!**) ¿Cuántos países hay en Norteamérica? ¿En cuál de estos países no hay un presidente? ¿Quién es presidente de este país? ¿y de México?

2. ¿Quién es un político conservador de este país? ¿Quién es un político liberal? En su opinión, ¿cuál de los dos es más interesante? ¿Es usted amigo(-a) de estos dos políticos? ¿Quién es un político famoso de este estado? ¿y de esta ciudad?

IV. SOME POSSESSIVES
(Unos posesivos)

THE POSSESSIVE ADJECTIVES MI(S), TU(S) AND SU(S)
You are already familiar with the possessive words **mi, tu** and **su**. They have been practiced extensively in the preceding lessons. Since they are adjectives, you must watch their agreement. These possessive adjectives may be made plural by adding **-s**.

mi(s)	*my*
tu(s)	*your (s, fam)*
su(s)	*your (s, form); his, her, its*

Remember that possessive adjectives agree with what is owned and not with the owner.

Una de mis amigas es modelo.	*One of my friends is a model.*
¿Quién es tu futbolista favorito?	*Who's your favorite football player?*
¿Hay médicos en su familia?	*Are there doctors in your family?*

THE POSSESSIVE DE PHRASE

A.   THE POSSESSIVE **DE** PHRASE FOR CLARITY As you know, **su(s)** can have several possible meanings; *your, his* and *her.*

¿Cuál de sus coches es nuevo?   *Which of* $\begin{bmatrix} your \\ his \\ her \end{bmatrix}$ *cars is new?*

For this reason, it is often preferable to use a phrase with **de** for clarity. Instead of the ambiguous **Su coche es nuevo.** *(Your, his or her car is new)*, use this format:

El coche $\begin{bmatrix} \textbf{de usted} \\ \textbf{de él} \\ \textbf{de ella} \end{bmatrix}$ **es nuevo.**

✳   Notice that the preposition **de** does not contract with the pronoun **él**. The prepositions **de** and **a** only contract with the definite article **el**.

El padre de él no es amigo del grupo de España.	*His father is not a friend of the group from Spain.*

✳   The possessive **de** phrase is never used with **yo** and **tú**.

B.   THE SPANISH POSSESSIVE **DE** PHRASE FOR ENGLISH POSSESSIVE 'S(S') In addition to being used for clarity, the possessive **de** must be used whenever English uses the possessive *'s(s')* (as in *John's family . . .* or *My parents' car . . .*). Spanish has no *'s(s')* to express possession. In Spanish do as follows.

definite article + object possessed + **de** + owner

¿Es simpática la novia de Paco?	*Is Paco's girlfriend nice?*
¿Cómo es el coche de tus padres?	*What's your parents' car like?*

MISCELÁNEA

The Possessive *Whose . . .?*

To ask the possessive question *Whose . . .?*, Spanish uses the phrase **¿De quién es...?**

¿De quién es el coche?	*Whose car is it?*
¿Es de José?	*Is it José's?*
No, es del profesor.	*No, it is the professor's.*

Isabel Perón, esposa y luego viuda *(later widow)* del dictador argentino Juan Perón. Después de la muerte de Juan Perón, ella fue presidenta de la Argentina por dos años. Ahora en el exilio, debido a un golpe militar *(military coup)* en 1976, su papel en la política de las Américas es importante ya que *(since)* fue la primera presidenta de un país hispanoamericano.

PRÁCTICA

A.   ¿Quién es el esposo de esta mujer y cuál es su profesión?

Using **es** or **fue**, first identify the husband of each of the following well known women. Then give the profession for which each husband is or was known.

MODELO   ¿Quién fue el esposo de Bess Truman?
   Fue Harry Truman. Fue presidente de los Estados Unidos.

1. ¿Quién es el esposo de Rosalyn Carter? ¿y de Joanne Woodward? ¿de Tatum O'Neal? ¿de Bo Derek? ¿de Marlo Thomas?

2. ¿Quién fue el esposo de Eleanor Roosevelt? ¿y de Yoko Ono? ¿de Lauren Bacall? ¿de Coretta Scott King? ¿de Jacqueline Onassis? ¿de Farrah Fawcett? ¿de Bianca Jagger? ¿de Elizabeth Taylor?

B.   Cambios—Un poco de todo

1. ¿Cuál es su libro favorito? ¿Cuál es su película favorita? ¿y su actor favorito? ¿su cantante favorita? ¿su clase favorita?

2. ¿Soy yo tu profesor(a) de alemán? ¿Soy tu profesor(a) de español? ¿Soy tu enfermero(-a)? ¿tu abogado(-a)?

3. ¿Es tu pelo rubio? ¿Es mi pelo rubio? ¿Es su *(his)* pelo rubio? ¿y su *(her)* pelo?

COMUNICACIÓN Y ACTIVIDADES

I. COMUNICACIÓN

A. Cambios—Un poco más sobre profesiones y empleos

1. ¿Eres tú un(a) estudiante trabajador(a)? ¿Eres un(a) científico(-a) famoso(-a)? ¿Eres el presidente (la presidenta) de este país? ¿un(a) obrero(-a) fuerte? ¿el/la esposo(-a) de... *(otro estudiante)*? ¿un(a) hombre (mujer) de negocios famoso(-a)?

2. ¿Soy yo diseñador(a)? ¿Soy locutor(a)? ¿profesor(a) de español? ¿(mujer) mecánico? ¿norteamericano(-a)?

3. ¿Es... *(otro estudiante)* un(a) cantante popular? Y... (otro estudiante), ¿es un(a) tenista fantástico(-a)? Y..., ¿es un(a) criminal famoso(-a)? Y..., ¿un(a) estudiante excelente? Y..., ¿un(a) científico(-a) brillante?

B. Profesiones y nacionalidades

Using **es** or **fue**, identify each of the following people as to profession and nationality.

MODELO   Salvador Dalí
          Salvador Dalí es pintor. Es español.
          Juan Perón
          Juan Perón fue dictador. Fue argentino.

1. Pierre Cardin	**4.** Jack the Ripper	**7.** George Washington Carver
2. Cheryl Tiegs	**5.** Barbara Walters	**8.** Francisco de Goya
3. George Orwell	**6.** Mikhail Gorbachev	**9.** Luciano Pavarotti

C. Charlas—Cantantes y compositores

1. ¿Es Bruce Springsteen desconocido? ¿Cuál es su profesión? ¿Es un buen cantante? ¿Es guapo o feo? ¿Es amigo de los obreros?

2. ¿Cuál fue la nacionalidad de Tchaikovsky? ¿Cuál fue su profesión? ¿Cuál es un ballet de Tchaikovsky? En su opinión, ¿quién es más popular, Tchaikovsky o Bruce Springsteen?

D. Ejercicio de memoria—Preguntar, contestar y recordar (Memory exercise—Ask, answer and recall)

This type of exercise involves three students. Your instructor will tell one student (A) to ask another student (B) a question. After the second student provides an answer, a third student (C) is asked to recall that answer. Remember to use the familiar **tú** form when addressing a fellow classmate.

Favor de preguntar a otro estudiante *(Please ask another student)*:

1. si él/ella es mi estudiante	**3.** si él/ella es una persona seria
2. si usted es alto(-a) o bajo(-a)	**4.** de qué país yo soy

En España existe *(there exists)* una monarquía. El rey *(king)* es Juan Carlos, un hombre idealista a favor de *(in favor of)* ideas progresistas y democráticas. Este monarca europeo, con un papel *(role)* político y diplomático tan *(so)* importante, es el representante de España ante *(in front of)* el mundo *(world)*.

II. ACTIVIDADES

A. Charlas para grupos o para la clase
Remember to use the **tú** form when addressing a classmate.

1. ¿Cómo se llama el/la profesor(a)? ¿Cómo te llamas tú? ¿y yo? ¿y él/ella *(otro estudiante)*?

2. ¿Quién es una modelo muy bonita? ¿Es una modelo normalmente baja, fea y gorda? ¿Cómo es usualmente? ¿Qué modelo famosa es también actriz?

3. ¿Eres tú de este estado? ¿De qué ciudad eres? ¿Soy yo de los Estados Unidos? ¿Cuál de tus amigos no es de este estado?

4. ¿Es Robert Redford inglés? ¿De dónde es? ¿Qué es? ¿Cómo es? ¿Es desconocido? ¿Cuál es una de sus películas?

5. ¿Eres tú estudioso(-a)? ¿Es... *(another student)* trabajador(a) o perezoso(-a)? ¿Soy yo perezoso(-a)? ¿Quién es muy inteligente en esta clase?

6. ¿Quién es tu actriz favorita? ¿Es ella bonita, fea o así, así? ¿Es una actriz seria o divertida? ¿Eres tú amigo(-a) de... *(name of actress)*?

B.   Descripciones de personas famosas

Bring to class a magazine or newspaper clipping showing any famous person. Show the picture to your group, and in three or four sentences, describe him (her) as to origin, physical appearance, personality and/or character. Start out with his (her) name.

MODELO   **Se llama...**
Es un cantante muy popular.
Es de Nashville.

DESCRIPCIÓN Y CONVERSACIÓN— PROFESIONES Y OCUPACIONES

Study the following drawing. You may be asked to prepare questions, answer questions and/or write a short composition about it.

Miguel Gutiérrez
México

Julia Rojas de Vivar
España

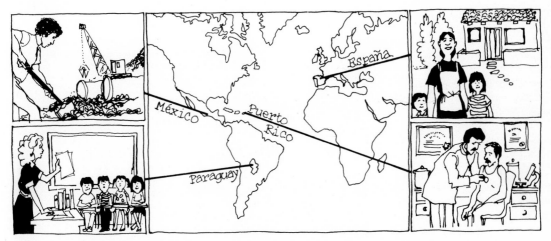

Ana María Solar
Paraguay

Marcos Echeverría
Puerto Rico

LECCIÓN 3

¡Nadie es mejor amiga de los nietos que la abuela! Es buena, generosa, maternal y tiene muchos cuentos (*stories*) para sus nietos pequeños. Es excelente compañera (*companion*) de sus hijos, nietos y esposo. La abuela hispana une (*unites*) las tres generaciones en un ambiente (*environment*) cariñoso y personal. Cuando hay problemas, ¿hay alguien mejor en el mundo que la abuela? ¡Claro que no (*Of course not*)! Pero es igual en este país también, ¿no?

Un descanso breve (*brief rest*) en las montañas (*mountains*). Aquí hay una familia indígena (*Indian*), descendientes de una cultura antigua y avanzada (*advanced*). El indio hispanoamericano todavía (*still*) conserva la lengua y muchas de las tradiciones de sus antepasados. Su ropa (*clothing*) es diferente de la nuestra (*ours*); tiene colores brillantes y es generalmente tejida (*woven*). Cada pueblo (*Each people*) tiene sus propios diseños (*their own designs*) y ciertas preferencias en los colores. Y entre (*among*) los indios de los Estados Unidos, ¿es igual? ¿Cuál es uno de los pueblos indios bien conocido de este país? ¿De qué región del país es?

LA FAMILIA

The family

NOTAS CULTURALES

Hispanic family names (**apellidos**) often seem complicated to English speakers whose surnames simply consist of their father's family name. In Hispanic countries, people are born with two surnames, because the family name of both the father and the mother are used. The father's family name is listed before the mother's family name. Surnames are sometimes joined by an **y** or a hyphen:

José Aguilar y Fernández
(Father's   (Mother's
surname)   surname)

María Álvarez Vivar
(Father's (Mother's
surname) surname)

Should José and María decide to marry, then María's name will normally change by dropping her mother's surname (**Vivar**). The surname of José's father (**Aguilar**) is added and preceded by **de**:

María Álvarez de Aguilar

Any children born to José and María will carry two surnames: The surname of José's father (listed first) and the surname of María's father (listed last):

Manuel Aguilar y Álvarez   **Consuelo Aguilar y Álvarez**

Notice that the **apellidos** of the children are exactly the opposite of those of their mother.

Vocabulario

Verbos

quiero/quieres/quiere
I want/you want (s, fam)/
you want (s, form); *he, she,
it wants*

tengo/tienes/tiene
I have/you have (s, fam)/
you have (s, form); *he, she,
it has*

Sustantivos

el **abuelo**/la **abuela**
grandfather/grandmother

el **apellido**   *surname, last
name*

el **bebé**   *baby*

la **biblioteca**   *library*

la **casa**[1]   *house*

el **compañero**/la
compañera de clase
classmate

el **conocido**/la **conocida**
acquaintance

el **cuñado**/la **cuñada**
brother-/sister-in-law

el **chico**/la **chica**   *boy/girl*

el **examen**   *exam*

el **extranjero**/la **extranjera**
foreigner

la **fotografía** (la **foto**)
photograph (photo)

el **hermano**/la **hermana**
brother/sister

el **hijo**/la **hija**   *son/
daughter*

el **joven**/la **joven**   *young
man/young woman*

la **mamá**   *mom*

la **mentira**   *lie*

el **miembro**   *member*

el **muchacho**/la **muchacha**
boy/girl

el **nieto**/la **nieta**
grandson/granddaughter

el **niño**/la **niña**   *child*

el **nombre** (**de pila**)   *first
name, given name*

---

[1]Without an article, **casa** usually means *home* rather than *house*. (**No hay comida en casa.**
There is no food at home.)

mi abuelo mi abuela

mi madre mi padre mi tía mi tío

mi hermano YO mi hermana mi prima mi primo

---

la **nuera**   daughter-in-law
el **papá**   dad
el **pariente**/la **parienta**²
    relative
la **parte**   part
el **primo**/la **prima**   cousin
el **sobrino**/la **sobrina**
    nephew/niece
el **suegro**/la **suegra**
    father-/mother-in-law
el **tío**/la **tía**   uncle/aunt
la **verdad**   truth
el **viudo**/la **viuda**
    widower/widow
el **yerno**   son-in-law

Adjetivos
anciano   very old, ancient

cada   each, each and
    every
cariñoso   loving,
    affectionate
casado   married
corto   short (length)
estadounidense
    American (from the
    United States)
europeo   European
largo   long
limpio   clean
materno   maternal
mayor   older
mejor   better; best
menor   younger
paterno   paternal
peor   worse; worst

romántico   romantic
soltero   single
    (unmarried)
sucio   dirty
todo   all

Interrogativos
¿cuándo?   when?
¿dónde?   where?
¿por qué?   why?

Miscelánea
hoy   today
nadie   nobody, not . . .
    anybody
pero   but
porque   because
según   according to

---

²**Parientes** is what is called a *false cognate*; that is, a Spanish word that does not have the meaning of the English word that it resembles. **Parientes** means *relatives*, not *parents*. **Padres** is Spanish for *parents*.

Práctica
de
vocabulario

Parientes famosos

Using new vocabulary and **es** or **fue**, indicate how the following famous people are related.

MODELO   Rosalyn Carter/Jimmy Carter
Rosalyn Carter es la esposa de Jimmy Carter. (Jimmy Carter es el esposo de Rosalyn Carter).

1. Teddy Roosevelt/Franklin D. Roosevelt
2. John McEnroe/Ryan O'Neal
3. Jane Pauley/Gary Trudeau
4. Liza Minelli/Judy Garland
5. Jackie Onassis/John F. Kennedy
6. Shirley MacLaine/Warren Beatty

GRAMÁTICA Y PRÁCTICA

I. INTERROGATIVES
(Interrogativos)

¿cómo?	*how?*
¿cuál(-es)?	*which (ones)?*
¿cuándo?	*when?*
¿cuánto(-a)?	*how much?*
¿cuántos(-as)?	*how many?*
¿de dónde?	*from where?*
¿de quién(es)?	*whose? (s and pl)*
¿dónde?	*where?*
¿por qué?	*why?*
¿qué?	*what?*
¿quién(es)?	*who? (s and pl)*

✳ In Spanish, interrogative words always have an accent mark. An inverted question mark is placed before the question.

¿Quién es tu cuñado?   *Who's your brother-in-law?*

✳ Interrogative words are generally placed at the beginning of a question. When an interrogative word is used in connection with a preposition (such as **en, de, a,...**), then the preposition precedes the interrogative word. The preposition may not be left at the end of a sentence as often happens in English.

¿En qué ciudad hay muchos extranjeros?	*In what city are there many foreigners?*
¿De qué es esto?	*What is this made of?*
¿De dónde es su nuera?	*Where is her daughter-in-law from?*

✳ Some interrogative words have singular and plural forms.

¿Cuál de las chicas es tu amiga?	*Which of the girls is your friend?*
No hay extranjeros en estas clases; ¿en cuáles hay?	*There are no foreigners in these classes; in which ones are there (foreigners)?*

Other interrogatives have gender and number changes. Notice that **¿cuánto(-a)?** means *how much?* and **¿cuántos(-as)?** means *how many?*.

¿Cuánto es una casa pequeña en esta ciudad?	*How much is a small house in this city?*
¿Cuántos tíos[1] hay en tu familia?	*How many aunts and uncles are there in your family?*
¿Cuántas niñas hay aquí?	*How many girls are there here?*

✳ **¿Dónde?** and **¿de dónde?** are not interchangeable. **¿Dónde?** asks about location and **¿de dónde?** asks about origin.

¿Dónde hay una foto de tu tía?	*Where is there a photo of your aunt?*
¿De dónde es tu tía?	*Where is your aunt from?*

[1]The masculine plural form is used when referring to a group that includes both males and females. Below are some examples:

hermanos	*brothers and sisters*	**padres**	*parents (mother and father)*
abuelos	*grandparents*	**tíos**	*aunts and uncles*
amigos	*friends (male and female)*	**hijos**	*children (sons and daughters)*

MISCELÁNEA

¿Qué? Versus ¿Cuál?

Although the literal translation of **¿cuál?** is *which?*, it is often translated into English as *what?*. However, **¿cuál?** and **¿qué?** are not interchangeable since they are used in different situations.

A. BEFORE VERBS

1. Before a verb, **¿qué?** asks for a definition or an identification.

¿Qué es esto?	*What is this?*
¿Qué es ese señor? Es médico.	*What is that man? He's a doctor.*

2. Before a verb, **¿cuál?** asks someone to make a choice or selection from available possibilities *(which of all...?)*.

¿Cuál es su nombre?	*What is your name? (Which of all available names is yours?)*
¿Cuál es la capital de Cuba?	*What is the capital of Cuba? (Which of all the cities is the capital?)*

B. BEFORE NOUNS

Before nouns, the English *which?* and *what?* are translated by **¿qué?**

¿Qué actor es muy popular?	*Which (what) actor is very popular?*

PRÁCTICA

A. Cambios—Información sobre su familia

1. ¿Quién es casado en su familia? ¿Quién es soltero? ¿y anciano? ¿europeo? ¿de este estado? ¿de otro estado? ¿de otro país?

2. ¿De dónde es la familia de su madre? ¿De dónde es la familia de su padre? ¿y la familia de su novio(-a)? ¿la familia de su mejor amigo(-a)?

B. Charlas—¿De dónde es tu familia?

1. ¿Cómo se llama tu abuela paterna? ¿Cuál es su apellido? ¿Cómo se llama su esposo? ¿Cómo es tu abuela? ¿De qué estado (país) es ella? ¿De qué ciudad es? ¿Eres tú de... también?

2. ¿Eres tú extranjero(-a)? ¿Hay extranjeros en tu familia? ¿Quién es (tu primo, tu suegro...)? ¿Cuál es su nombre? ¿Es... interesante? ¿Es europeo? ¿De qué país es?

C. Ejercicio de memoria—Preguntar, contestar y recordar

Your instructor will ask a student (A) to ask another student (B) one of the following questions. After B answers the question, a third student (C) will be asked to recall the answer.

Favor de preguntar a... (*otro estudiante*):

1. de dónde es su familia   **3.** cuántas personas hay en su familia

2. cuál es su apellido   **4.** si hay más hombres o mujeres en su familia

II. UNEQUAL COMPARISONS

(El comparativo de desigualdad)

An unequal comparison can be made when one person or thing has more or less of any given characteristic or quantity than another.

REGULAR COMPARATIVE FORMS
(Las formas regulares del comparativo)

In Spanish, unequal comparisons are usually formed by using **más** (*more*) or **menos** (*less*) and **que** (*than*), if expressed, as follows.

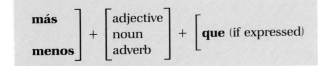

más / **menos** + [adjective / noun / adverb] + [**que** (if expressed)]

Soy más alto que mi padre.

¿Quién es más estudioso, tú o yo?

¿Hay menos primos en tu familia que en mi familia?

I am taller than my father.

Who is more studious, you or I?

Are there fewer cousins in your family than in my family?

MISCELÁNEA

Más que versus Más de

Before a number, the Spanish equivalent of *than* is **de** (not **que**).

Hay menos de seis nietos en en mi familia.

¿Hay más de un examen hoy?

There are fewer than six grandchildren in my family.

Is there more than one exam today?

IRREGULAR COMPARATIVE FORMS
(Las formas irregulares del comparativo)
Spanish has only four irregular comparative adjectives.

mejor	*better*
peor	*worse*
mayor	*older (referring to a person's age)*
menor	*younger (referring to a person's age)*

Más and **menos** are never used with these four irregular adjective forms since their meaning is already comparative.

✳ Adjectives agree with the nouns they modify. The comparative adjectives **mejor, peor, menor** and **mayor** have the same forms in the feminine as in the masculine. The plurals are formed by adding **-es**.

Esta casa es mejor, ¿no?	*This house is better, right?*
¿Hay personas menores que yo en esta clase?	*Are there people younger than I in this class?*

✳ **Mejor** and **peor** usually precede the nouns they modify. **Mayor** and **menor** usually follow the nouns they modify.

¿Eres tú uno de los mejores jugadores aquí?	*Are you one of the better players here?*
Mi hermana mayor no es más alta que yo.	*My older sister is not taller than I.*

✳ **Mayor** and **menor** are used when referring to people's age. Use **más nuevo** and **más viejo** when referring to the age of things.

¿Quién es mayor que ella?	*Who is older than she?*
¿Es su casa más vieja que la biblioteca?	*Is her house older than the library?*

PRÁCTICA

A. Cambios—Cada pariente es diferente, ¿verdad?

1. En su familia, ¿quién es más bajo que usted? En su familia, ¿quién es más alto que Ud.? ¿Quién es más serio que Ud.? ¿menor que Ud.? ¿mayor? ¿peor estudiante? ¿más perezoso? ¿mejor cantante?

2. ¿Cuál de tus parientes es menor que tu padre? ¿Cuál de tus parientes es mayor que tu padre? ¿Quién es mejor atleta que él? ¿menos trabajador que él? ¿más liberal? ¿más fuerte?

B. **Charlas—¿Cómo es su familia?**

1. ¿Es grande su familia? ¿Hay más de diez personas en su familia? ¿Cuántas hay? ¿Hay más mujeres que hombres? ¿Cuántos hermanos hay? ¿Quién es menor que Ud.? En su familia, ¿quién es mayor pero más bajo que usted?

2. ¿Es usted más conservador(a) que su padre? ¿Es su madre más liberal que su padre? ¿Quién es más conservador, su padre o su abuelo? Generalmente, ¿quién es más liberal, una persona joven o una persona vieja?

3. ¿Es usted más alto(-a) o más bajo(-a) que su padre? Normalmente, ¿es un niño más alto que un hombre? ¿Cuál de los dos es generalmente más fuerte?

4. ¿Soy yo miembro de su familia? ¿Hay una persona muy divertida en su familia? ¿Quién es? ¿Hay también un pariente aburrido en su familia? ¿Quién es? ¿Quién es serio pero divertido en su familia?

III. TENGO/TIENES/ TIENE *AND* QUIERO/ QUIERES/QUIERE

Learn the following verb forms and be able to ask and answer questions using them.

tengo	*I have*
tienes	*you have* (s, fam)
tiene	*you have* (s, form); *he, she, it has*

¡Tengo diez hermanos!	*I have ten brothers and sisters!*
Tú tienes muchos parientes.	*You have a lot of relatives.*
Ella tiene más de ocho tías.	*She has more than eight aunts.*

quiero	*I want*
quieres	*you want* (s, fam)
quiere	*you want* (s, form); *he, she, it wants*

¿Quieres más de dos hijos?	*Do you want more than two children?*
Sí, quiero cuatro.	*Yes, I want four.*
¿Quiere Ud. una foto de Ana?	*Do you want a picture of Ana?*

✳✳✳✳✳✳✳✳✳✳✳✳✳✳✳✳✳✳✳✳✳✳✳✳✳

Quien mucho tiene más quiere.

✳✳✳✳✳✳✳✳✳✳✳✳✳✳✳✳✳✳✳✳✳✳✳✳✳

MISCELÁNEA

English Translation of Spanish Present Tense Verb Forms
Each Spanish present tense verb form has three possible translations in English.

Tengo un examen hoy.
⎡ *I have an exam today.*
⎢ *I'm having an exam today.*
⎣ *I do have an exam today.*

PRÁCTICA

A.   ¿Tienes tú esto?
Say whether or not you have the following.

> MODELO   diez hijos
> **No, no tengo diez hijos.**

1. ocho abuelos
2. un bebé
3. un coche nuevo

4. problemas serios
5. un pariente famoso
6. amigos extranjeros

7. más de dos hermanos
8. una familia interesante
9. más de diez esposos(-as)

B.   ¿Quieres esto o no?
Say whether or not you want the following.

> MODELO   un cuñado antipático
> **No, no quiero un cuñado antipático.**

1. un(a) novio(-a) romántico(-a)
2. un(a) esposo(-a) aburrido(-a)
3. una suegra simpática

4. muchos amigos divertidos
5. más de diez hijos
6. hijos cariñosos

C.   Charlas—Las mujeres en tu familia
1. ¿Tienes abuela? ¿Cómo se llama ella? ¿Es viuda? ¿Tiene muchos hijos? ¿Tiene más de dos nietos? ¿Es ella mayor o menor que sus nietos? ¿Quiere más nietos?
2. Generalmente, ¿quién es más popular, una madre o una suegra? ¿Tienes tú suegra? ¿Quieres una suegra? ¿Cuál de tus parientes tiene suegra? Según ese pariente, ¿cómo es ella?

En el mundo de habla española (*Spanish-speaking world*) hay muchas familias ricas de tradición y herencia (*inheritance*) como también los nuevos ricos. En Hispanoamérica la familia rica tradicional lleva (*carries*) el apellido con mucho orgullo (*pride*) porque su familia tiene su propia historia prominente en su ciudad y tal vez aún (*maybe even*) en su país.

COMUNICACIÓN Y ACTIVIDADES

I. COMUNICACIÓN

A. ¿Quién es este pariente?

Using your own point of view, define the following people according to the model.

MODELO   prima
Mi prima es la hija de mi tío (tía).

1. cuñada	**3.** nuera	**5.** primo	**7.** tía	**9.** yerno
2. suegro	**4.** sobrina	**6.** nieta	**8.** madre	**10.** abuelo

B. Charlas—Novios y esposos

1. ¿Tiene usted novio(-a)? ¿Tiene usted más de un novio(-a)? ¿Tiene su novio(-a) más de una novia (un novio)? ¿Es su novio(-a) más guapo(-a) que Robert Redford (Brooke Shields)?

2. ¿Cómo se llama su novio(-a)? ¿Es él/ella más o menos romántico(-a) que usted? ¿Es interesante y simpático(-a)? ¿Cómo no es?

3. ¿Tiene usted suegra? ¿Tiene suegra una persona soltera? ¿Por qué no? ¿Quién en su familia tiene una suegra simpática? ¿y quién tiene una antipática?

4. ¿Es usted casado(-a) o soltero(-a)? ¿Cuál de sus parientes es viudo(-a)? ¿Cuál de sus parientes es casado? ¿Cuál de sus conocidos es divorciado?

C. ¿Quiero yo esto?
Say whether or not you think your instructor wants the following.

MODELO   amigos españoles
Sí, usted quiere amigos españoles.

1. estudiantes trabajadores
2. un coche viejo y feo
3. amigos antipáticos
4. estudiantes serios
5. una casa grande y bonita
6. una fotografía de mis estudiantes

D. Ejercicio de memoria—Preguntar, contestar y recordar
Favor de preguntar a... (*otro estudiante*):

1. si su apellido es corto o largo
2. si él/ella quiere más de diez hijos

La familia tiene un papel muy importante en la sociedad hispana. La madre es la fuente de cariño (*source of love*) para los hijos. ¿Y el padre? En general es el jefe (*head*) de la familia. Usualmente es él el trabajador y el bienestar (*the well-being*) de sus hijos y de su esposa depende de su sueldo (*his salary*).

✳✳✳✳✳✳✳✳✳✳✳✳✳✳✳✳✳✳✳✳✳✳✳✳✳✳✳✳✳
Tío rico muchos parientes tiene.
✳✳✳✳✳✳✳✳✳✳✳✳✳✳✳✳✳✳✳✳✳✳✳✳✳✳✳✳✳

II. ACTIVIDADES

A. **Charlas para grupos o para la clase**

1. ¿Tienes novio(-a)? ¿Como se llama él/ella? ¿Es él/ella romántico(-a)? ¿Quién es generalmente más cariñoso, un conocido o un novio?

2. ¿Cuántas tías tienes? ¿Tienes una tía favorita? ¿Por qué es ella tu tía favorita? ¿Es ella la hermana de tu padre o de tu madre?

3. ¿Tienes más de seis primos? ¿Cómo se llama tu primo favorito? ¿Es... mayor que tú? ¿Tienes también un primo antipático?

4. ¿Tienes nietos? ¿Quién tiene nietos en tu familia? ¿Cuántos nietos tiene él/ella? ¿Eres tú uno(-a) de sus nietos?

5. ¿Quién es mayor, tu papá o tu mamá? En tu familia, ¿quién es mayor que tu papá? Generalmente, ¿es un esposo mayor que su esposa? ¿Es tu papá más serio que tu mamá?

6. ¿Cuál es el nombre de pila de tu madre? ¿Es español su nombre de pila? ¿Cuál es su apellido? ¿Cuál de los dos nombres es más corto?

B. **Descripción de un pariente**

Bring in a picture of a relative. Outside of class prepare six sentences describing him (her). Maintain eye contact; do not simply read prepared sentences aloud. Start out by identifying the person like this: **Aquí tengo una fotografía de...** (relative). Then add what you wish. The other students will be encouraged to ask questions about your relative once you are finished.

MODELO **Aquí tengo una fotografía de mi mamá. Ella es más joven que mi papá. Se llama Elisa. ¡Tiene diez hermanos!...**

C. **Entrevistas** (Interviews)

Prepare four questions to ask a classmate about his (her) family.

DESCRIPCIÓN Y CONVERSACIÓN— CRUCIGRAMA

Review this chapter's vocabulary by doing the following crossword puzzle.

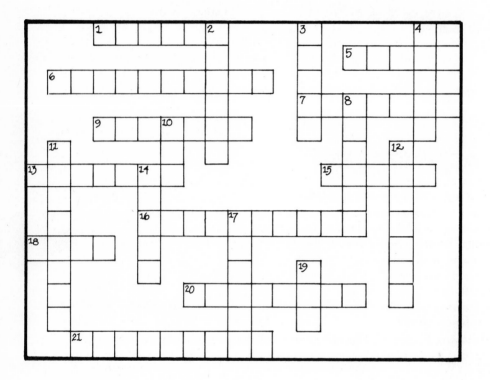

Horizontal

1. los hijos de tu tío

5. antónimo de *hombre*

6. ¿Dónde hay muchos libros?

7. antónimo de *muy, muy joven*

9. antónimo de *casado*

13. antónimo de *paterno*

15. antónimo de *menor*

16. una persona de otro país

18. antónimo de *mejor*

20. antónimo de *nombre de pila*

21. sinónimo de *chicos*

Vertical

2. el padre de tu esposo(-a)

3. antónimo de *muchas*

4. el esposo de tu hija

8. el esposo de tu hermana

10. el hermano de tu padre

11. un primo, un sobrino, un tío...

12. el hijo de tu hermano

14. la esposa de tu hijo

17. el padre de tu mamá

19. la madre de tus primos

La familia hispana

El concepto de la familia es muy importante en el mundo hispano. En Hispanoamérica la palabra «familia» significa todo el grupo de parientes. La familia hispana consiste en° padres, hijos y, generalmente en abuelos, tíos y primos también. Frecuentemente hay varias generaciones de pa-
5 rientes en la misma° casa. Además,° el número de niños en la familia his- pana moderna es tradicionalmente más grande que el número de niños en la familia estadounidense. Esto es cierto sobre todo° en el campo y entre° los pobres en las ciudades. Esto es verdad° en los Estados Unidos también, ¿no? Hoy en día, sin embargo,° la familia moderna urbana en Hispano-
10 américa es más pequeña, sobre todo la familia joven trabajadora de la clase media.

En las ciudades la vida tradicional de la familia hispana ya no es como antes.° Ahora la mujer es más que esposa y madre; es también enfermera, dependienta° o abogada. ¿Y el padre hispano de hoy? Pues,° él tiene ahora
15 un papel° más variado, y según mucha gente,° un papel más importante que antes. Su participación en la vida familiar° y en la crianza° de los hijos es mucho más activa.

La familia hispana es todavía° el centro, una parte íntegra, de las acti- vidades diarias.° En general, hay mucho contacto entre los parientes, más
20 que en los Estados Unidos. Hay visitas y frecuentes reuniones de familia, tanto para los adultos como° para los niños. El hispano es muy rico en sentimientos de familia. Es una tradición que continúa° de una generación a otra.

consiste... consists of
same / Besides

sobre... particu- larly / en... in the country and among
true

Hoy... Nowadays, however
ya... is no longer like before
sales clerk / Well
role / people
family / rearing

still
daily

tanto... as much for the adults as que... that contin- ues

Comprensión

1. ¿Qué significa la palabra *familia* para el hispano? ¿En qué consiste la unidad de la familia hispana? ¿Dónde es más grande la familia hispana, en la ciudad o en el campo? ¿Es más pequeña entre los pobres? ¿Cómo es en los Estados Unidos?

2. ¿Dónde hay más cambios en la familia moderna, en el campo o en la ciudad? ¿Cuál es uno de los resultados de estos cambios? ¿Cómo es diferente el padre joven y urbano de hoy?

Conversación y composición

1. Describe the Hispanic family and compare it to the American family.

2. Choose any aspect of Hispanic family life mentioned in the reading and write a four to six sentence summary about it.

En las ciudades hispanas hay mucho movimiento de coches y gente (*people*) antes y después de las horas de oficina. Mucha gente va al trabajo en autobús o en metro, pero a veces también va en su propio coche y en muchos casos (*cases*) a pie. Las horas de trabajo son diferentes a las (*from those*) de los Estados Unidos. El hispano generalmente comienza su trabajo más tarde que el estadounidense; sale del trabajo a las doce para almorzar (*to have lunch*) en casa o en un restaurante. El almuerzo (*lunch*) a veces dura unas dos horas ya que a menudo incluye (*includes*) una siesta. Sin embargo (*however*), en las ciudades grandes y cosmopolitas, la siesta ya no es (*is no longer*) una parte esencial del día. Siesta o no, el hispano generalmente termina el trabajo a eso de las seis o siete de la tarde.

Hay silencio en este pueblo pequeño y tranquilo. Es después del almuerzo y es hora de la siesta. La familia típica en estos pueblos descansa (*rests*) durante la siesta. Pero la gallina (*chicken*) en la fotografía, allí en medio de la calle (*in the middle of the street*), ¿descansa también? ¡No! Parece despierta (*it seems awake*), muy activa y llena (*full*) de energía, ¿no? Tiene prisa (*It's in a hurry*) y no tiene tiempo para la siesta.

¿QUÉ HORA ES?

What time is it?

Objetivos de la lección

Tema y cultura
1 To talk about at what time you do certain things

Gramática
2 To use some thematically related verbs

3 To count from 10 to 100

4 To tell time

NOTAS CULTURALES

A. In the English-speaking world, the divisions of the day follow the clock: morning is from midnight to noon, afternoon until about six o'clock, when the evening begins and lasts until midnight. In contrast, Hispanic cultures depend less on the clock in the division of their days. The morning (**la mañana**) begins with the sunrise and extends to the midday meal (about two o'clock). The afternoon (**la tarde**) follows the midday meal and extends into the evening until about eight or nine o'clock. The night (**la noche**) generally begins when **la tarde** ends and continues until sunrise.

B. In publications of time schedules for TV, theaters, airlines and trains, most of the Hispanic world uses the 24-hour clock to express official time. The 24-hour system drops the A.M. and P.M. designations and, instead, continues to count the hours after 12:00 noon; 1:00 P.M. becomes the 13th hour, and so on. (**El programa comienza a las veinte horas.** *The program begins at 8:00 P.M.*)

Vocabulario

Verbos

dura *it lasts*

comienzo/comienzas/ comienza *I begin/you begin* (fam)/*you begin* (form); *he, she, it begins*

cuesta *it costs*

llego/llegas/llega *I arrive/ you arrive* (fam)/*you arrive* (form); *he, she, it arrives*

salgo/sales/sale *I leave/ you leave* (fam)/*you leave* (form); *he, she, it leaves*

son *they are*

termino/terminas/termina *I finish/you finish* (fam)/*you finish* (form); *he, she, it finishes*

vengo/vienes/viene *I come/you come* (fam)/*you come* (form); *he, she, it comes*

voy/vas/va *I go/you go* (fam)/*you go* (form); *he, she, it goes*

Sustantivos

el **año** *year*

el **canal** *channel (TV, radio)*

el **centavo** *cent*

el **cine** *movies, movie theater*

la **comida** *food; meal; dinner*

el **cuarto** *quarter of an hour*

el **día** *day*

el **dólar** *dollar*

la **fiesta** *party*

el **fin de semana** *weekend*

la **hora** *hour; time (clock time)*

la **mañana** *morning*

la **marca** *brand name*

la **medianoche** *midnight*

el **mediodía** *noon*

el **mes** *month*

el **minuto** *minute*

la **noche** *night; evening*

las **noticias**[1] *news*

el **programa** *program, show*

el **segundo** *second*

la **semana** *week*

el **siglo** *century*

la **tarde** *afternoon*

el **teatro** *theater*

la **televisión** *television (medium)*

el **televisor** *television (set)*

el **tiempo** *time (time in general)*

la **vez** (las **veces**) *time(s) (repetitive,* **tres veces** = *three times)*

Adjetivos

común *common*

[1]**Las noticias** takes a plural verb in Spanish (**Las noticias son malas hoy.** *The news is bad today.*).

a. Son las seis de la mañana.

b. Es la una de la tarde.

c. Son las once de la noche.

d. Son las cuatro de la mañana.

medio   *half*
primer(a)   *first*
próximo   *next*
solo   *alone*
último   *last (in a series)*

Preposiciones

a   *to; at (+ clock time)*
a eso de la(s)   *at about, at around (+ clock time)*
antes de   *before*
después de   *after*
sin   *without*

Miscelánea

¿adónde?   *where? (to what place?)*
antes   *beforehand*
cuando   *when (non-interrogative)*
después   *afterward*
frecuentemente   *frequently*
mañana   *tomorrow*

pronto   *soon*
raramente   *rarely*

Números

11   **once**
12   **doce**
13   **trece**
14   **catorce**
15   **quince**
16   **diez y seis (dieciséis)**
17   **diez y siete (diecisiete)**
18   **diez y ocho (dieciocho)**
19   **diez y nueve (diecinueve)**
20   **veinte**
30   **treinta**
40   **cuarenta**
50   **cincuenta**
60   **sesenta**
70   **setenta**
80   **ochenta**

90   **noventa**
100   **cien**

Expresiones

a menudo   *often*
a pie   *on foot*
¿A qué hora...?   *At what time...?*
a tiempo   *on time*
a veces   *at times; sometimes*
en autobús (m)   *by bus*
en avión (m)   *by plane*
en coche   *by car*
en punto   *on the dot; sharp*
esta noche   *tonight*
por la mañana (tarde, noche)   *in the morning (afternoon, evening)*
¿Qué hora es?   *What time is it?*
todos los días   *everyday*

Práctica de vocabulario

¿Cuál es más grande?

For each of the following pairs, tell which item is larger.

MODELO   hora/semana
Una semana es más grande que una hora.

1. hora/minuto
2. día/semana
3. año/siglo
4. mes/segundo
5. centavo/dólar
6. semana/fin de semana

GRAMÁTICA Y PRÁCTICA

I. SIX THEMATIC VERBS

(Seis verbos temáticos)

Learn the following verb forms and be able to ask and answer questions using them. Remember, each Spanish present tense verb form has three possible translations in English (**Lección 3, III,** Miscelánea).

Llego temprano.
I arrive early.
I'm arriving early.
I do arrive early.

vengo/vienes/viene	*I come/you come* (fam)/*you come* (form); *he, she, it comes*

¿Vienes a este teatro a menudo?
Sí, vengo tres o cuatro veces cada semana.

Do you come to this theater often?
Yes, I come three or four times each week.

voy/vas/va	*I go/you go* (fam)/*you go* (form); *he, she, it goes*

¿Va usted a la fiesta?
Sí, yo siempre voy, ¿y Ud.?

Are you going to the party?
Yes, I always go, and you?

comienzo/comienzas/comienza	*I begin/you begin* (fam)/*you begin* (form); *he, she, it begins*

¿Cuándo comienza la película?
¡Tú siempre comienzas a tiempo!

When does the movie begin?
You always begin on time!

termino/terminas/termina	*I finish/you finish* (fam)/*you finish* (form); *he, she, it finishes*

¿Termina Ud. tarde en su empleo?
No, raramente termino tarde.

Do you finish late at your job?
No, I rarely finish late.

llego/llegas/llega	*I arrive/you arrive* (fam)/*you arrive* (form); *he, she, it arrives*

¿Llegas en coche?	*Do you arrive by car?*
¿Llega el avión esta noche?	*Is the airplane arriving tonight?*

salgo/sales/sale	*I leave/you leave* (fam)/*you leave* (form); *he, she, it leaves*

El avión sale esta tarde.	*The plane leaves this afternoon.*
Salgo por la mañana.	*I leave in the morning.*

MISCELÁNEA

Verbs of Motion

Verb of motion is a term often used for a verb indicating movement or direction toward a goal or place. In Spanish, verbs of motion, such as **voy/vas/va**, **vengo/vienes/viene** and **llego/llegas/llega** are followed by the preposition **a** *(to, toward)* provided a destination is mentioned.

> verb of motion (toward) + **a** + destination (place)

¿Cuándo va usted a su casa?	*When are you going to his house?*
but	
Voy esta tarde.	*I'm going this afternoon.*

Some verbs such as **salgo/sales/sale**, indicate motion *out of* or *away from* a place. These verbs are followed by the preposition **de** *(from, of)* provided the place from which you are leaving is mentioned. **Salgo/sales/sale** also has the meaning of *going out* (as with friends or on a date).

> verb of motion (out of, away from) + **de** + place

¿Sales solo de tu casa por la noche?	*Do you go out of your house alone at night (in the evening)?*

The preposition **de** is omitted when you do not mention the place you are leaving from.

Salgo con mis amigos.	*I go out with my friends.*

PRÁCTICA

A. Cambios—Un poco de todo

1. ¿Qué programa de televisión comienza por la mañana? ¿Qué programa comienza por la noche? ¿y después del mediodía? ¿después de la medianoche?

2. ¿En cuánto tiempo (minutos, horas...) termina usted su comida? ¿En cuánto tiempo termina Ud. una Coca-cola? ¿y su lección de español? ¿un libro típico? ¿un examen largo y difícil?

3. ¿Vienes a esta clase sin tu libro? ¿Vienes tarde, temprano o a tiempo? ¿Vienes solo(-a) o con tus parientes? ¿a pie o en coche? ¿los fines de semana? ¿cinco veces esta semana? ¿cuántas veces?

B. Charlas—Las fiestas...

1. ¿Hay fiestas aquí en la universidad? ¿Vas a muchas fiestas? ¿Cómo vas generalmente, en coche o a pie? ¿Vas solo(-a) o con tus amigos? En general, ¿llegas tarde o temprano a las fiestas? ¿Es divertida la fiesta típica? ¿Cuándo comienza la fiesta típica, por la mañana o por la noche? ¿Termina antes de la medianoche?

2. ¿Sales con tus amigos frecuentemente? ¿Adónde vas con tus amigos? ¿Vas a una fiesta esta noche? ¿Cuántas fiestas hay este fin de semana? ¿Vas a más de una? ¿Cuál es más divertida, la clase de español o una fiesta?

II. CARDINAL NUMBERS 11–100

(Los números cardinales 11–100)

Numbers 11–30 (Los números 11–30)

11	**once**	21	**veinte y uno (veintiuno)**
12	**doce**	22	**veinte y dos (veintidós)**
13	**trece**	23	**veinte y tres (veintitrés)**
14	**catorce**	24	**veinte y cuatro (veinticuatro)**
15	**quince**	25	**veinte y cinco (veinticinco)**
16	**diez y seis (dieciséis)**	26	**veinte y seis (veintiséis)**
17	**diez y siete (diecisiete)**	27	**veinte y siete (veintisiete)**
18	**diez y ocho (dieciocho)**	28	**veinte y ocho (veintiocho)**
19	**diez y nueve (diecinueve)**	29	**veinte y nueve (veintinueve)**
20	**veinte**	30	**treinta**

✴ The numbers 16–19 and 21–29 may be written as one word or as three. Notice that an accent is added to the numbers **dieciséis, veintidós, veintitrés** and **veintiséis** when they are written as one word.

Numbers 30–100 (Los números 30–100)

30	treinta	39	treinta y nueve
31	treinta y uno	40	cuarenta
32	treinta y dos	50	cincuenta
33	treinta y tres	60	sesenta
34	treinta y cuatro	70	setenta
35	treinta y cinco	80	ochenta
36	treinta y seis	90	noventa
37	treinta y siete	100	cien
38	treinta y ocho		

✳ After 30, number words are not combined.

cincuenta y nueve   **sesenta y tres**   **ochenta y seis**

✳ Between 1–100, only **uno** and numbers ending in **uno** change to reflect gender. Before a masculine noun, **uno** becomes **un**(**-ún** in the number **veintiún**) and before a feminine noun, **uno** becomes **una**.

un día   **veinte y un (veintiún) días**
una hora   **veinte y una (veintiuna) horas**

MISCELÁNEA

The Verb Form *son*

You already know and understand the use of **soy/eres/es**. The plural of **es** is **son**. One meaning of **son** is the·plural *are*, as in *they are*. Learn this additional small word and you will greatly expand your conversational ability.

¿Cómo son tus fiestas?   *What are your parties like?*
¡Son divertidas!   *They're fun!*

When doing math problems, use the following words:

son, es =   **y, más +**   **menos −**   **por ×**

Mejor tarde que nunca.

PRÁCTICA

A. ¡Vamos a contar! (Let's count!)

1. DE 0 A 20. Count from 0–20. Then try it again increasing your speed. Finally, count backward from 20–0!

2. DE 0 A 30. Count from 0–30 by twos, by threes and by fives.

B. ¿Cuál es más grande?

Your instructor will say the following pairs of numbers aloud. Choose the larger number and repeat it.

1. catorce/veinte
2. cien/noventa y seis
3. sesenta y seis/trece
4. ochenta y cinco/cincuenta y nueve
5. veinte y siete/ochenta y cuatro
6. cincuenta/treinta y nueve

C. ¡Voluntarios por favor!—Problemas de matemáticas

Your instructor will read the following math problems aloud. See how many you can answer!

MODELO ¿Treinta más quince?
Son cuarenta y cinco.

1. ¿Cuarenta más veinte y ocho?
2. ¿Setenta y cinco menos veinte y cinco?
3. ¿Sesenta más cuarenta?
4. ¿Diez por siete?

III. TELLING TIME

(La hora)

Asking *What Time Is It?:* **¿Qué hora es?**

In Spanish, the above question is answered as follows:

es la   **y**
          + (hour) +   (minutes)
son las   **menos**

The English word *o'clock* is never translated into Spanish.

¿Qué hora es (por favor)?   *What time is it (please)?*
Es la una.   *It is one o'clock.*
¿No son las tres?   *Isn't it three o'clock?*

✳ When telling time in the present, use the singular **es** with **una** and the plural **son** with all the other hours. The feminine definite article **la** or **las** is always used before the hour.

Es la una.   **Son las cuatro.**

✳ When telling time, **y** is the equivalent to the English *past* or *after*, as in *It is twenty past five*. It is used to refer to the number of minutes past the hour up to the half hour. Similarly, **menos** is the equivalent to *before, until* or *to*, as in *It is ten to seven*. After the half hour, use **menos** with the following hour.

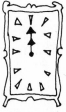

Son las cinco y veinte.   **Son las siete menos diez.**

✳ In Spanish, a *quarter* of an hour is usually expressed by **cuarto** and a *half* hour by **media**.

Son las nueve y cuarto.   **Son las ocho y media.**

✳ To say *It is midnight* or *noon*, use **es la** with **medianoche** (*midnight*) and **es el** with **mediodía** (*noon*).

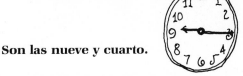

Es la medianoche.   **Es el mediodía.**

✳ **Por la** and **de la** mean *in the* when used with words like **mañana, tarde** and **noche**. However, **por la** and **de la** are not interchangeable. Use **por la** + **mañana** (**tarde, noche**) when no specific time is mentioned.

Él llega por la tarde.   *He arrives in the afternoon.*
Yo voy por la mañana.   *I'm going in the morning.*

Use **de la** + **mañana** (**tarde, noche**) when a specific time is mentioned. This is the equivalent of A.M. and P.M.

El avión llega a las nueve de la   *The plane arrives at nine in the*
  noche.   *evening (9 P.M.).*

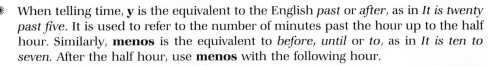

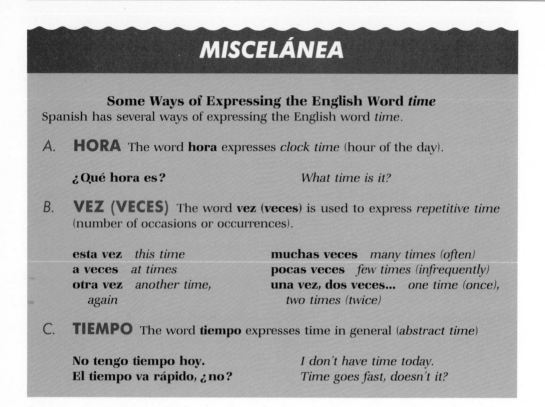

MISCELÁNEA

Some Ways of Expressing the English Word *time*

Spanish has several ways of expressing the English word *time*.

A. **HORA** The word **hora** expresses *clock time* (hour of the day).

¿Qué hora es?	*What time is it?*

B. **VEZ (VECES)** The word **vez (veces)** is used to express *repetitive time* (number of occasions or occurrences).

esta vez *this time*	**muchas veces** *many times (often)*
a veces *at times*	**pocas veces** *few times (infrequently)*
otra vez *another time, again*	**una vez, dos veces...** *one time (once), two times (twice)*

C. **TIEMPO** The word **tiempo** expresses time in general (*abstract time*)

No tengo tiempo hoy.	*I don't have time today.*
El tiempo va rápido, ¿no?	*Time goes fast, doesn't it?*

ASKING AT WHAT TIME... ?: (¿A qué hora... ?)

If you want to say *when* or *at what time* something happens or takes place, then use the following.

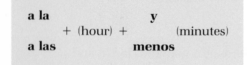

```
a la                  y
      + (hour) +           (minutes)
a las              menos
```

¿A qué hora sale el avión?	*At what time does the airplane leave?*
Sale a las ocho en punto.	*It leaves at eight on the dot.*

✳ Remember, the English word *o'clock* is never translated into Spanish.

La película es a las dos.	*The movie is at two (o'clock).*
¿Vas al teatro a la una?	*Are you going to the theater at one o'clock?*

✳ Due to the increasing use of digital clocks, some Hispanics give the
following way.

Llega a las dos y cuarenta de la tarde.	*He arrives at two-forty in the afternoon.*

✳ To talk about *how long something lasts*, use the following expression.

¿De qué hora a qué hora es tu programa favorito?	*From what time to what time is your favorite show?*
Es de las cinco a las seis y media.	*It's from five to six-thirty.*

MISCELÁNEA

Uses of the Preposition *A*

You now know three instances where the preposition **a** is required in Spanish.
Review them below.

A. **A** *AFTER VERBS OF MOTION* The preposition **a** is used after a verb
of motion provided a destination (place) is also mentioned.

Voy al teatro esta noche.	*I'm going to the theater tonight.*
Llego a clase temprano.	*I arrive in (get to) class early.*

B. **A** *WITH TIME OF DAY* The preposition **a** is used to say *at* when telling
time.

Termino la clase a la una.	*I finish class at one o'clock.*

C. **A** *IN IDIOMS* The preposition **a** is used in certain idioms (words or
phrases which cannot be translated literally from one language into an-
other). Idioms must be learned individually as a unit.

¿Viene usted a eso de las dos?	*Are you coming (at) around two o'clock?*
Chalo siempre llega a tiempo.	*Chalo always arrives on time.*
Voy a clase a pie.	*I'm going to class on foot.*

PRÁCTICA

A. ¿A qué hora llega usted?

Your instructor will either say the following times aloud in English or will write them on the blackboard. In complete sentences, say at what time you arrive. Translate A.M. and P.M. with **de la mañana (tarde, noche)** for each time given.

> MODELO   1:15 P.M.
> **Llego a la una y cuarto de la tarde.**

1. 8:30 P.M.   **2.** 12:45 P.M.   **3.** 3:25 P.M.   **4.** 11:05 P.M.

B. Cambios—¡La hora correcta es importante!

1. ¿Qué hora es cuando usted llega a la universidad? ¿Qué hora es cuando yo vengo a esta clase? ¿cuando salgo de la clase?

2. ¿A qué hora va usted a su primera clase? ¿A qué hora va Ud. a su última clase? ¿y a su casa? ¿a la biblioteca? ¿a la cafetería?

3. ¿De qué hora a qué hora es el programa *General Hospital*? ¿De qué hora a qué hora es *60 Minutes*? ¿y *Dallas*? ¿las noticias locales? ¿las noticias nacionales?

Hay muchas tiendas, grandes y pequeñas, en las ciudades grandes. Aquí la gente va de compras (*goes shopping*) todo el día. Para la mayoría de estas tiendas no hay tiempo para la siesta. Hay demasiados clientes (*too many customers*) en las calles con dinero en la mano (*in hand*). Hay ropa de última moda (*latest style*) y el surtido (*selection*) es siempre (*always*) bueno y variado.

COMUNICACIÓN Y ACTIVIDADES

I. COMUNICACIÓN

A.   ¡Voluntarios por favor!—¿Cuánto cuesta esto?

Your instructor will mention several items. Do you know approximately how much each item would cost? See if you can guess! Start each sentence with **Cuesta...**

MODELO   una comida en Burger King
   Cuesta dos dólares, cincuenta centavos.

1. una Coca-cola
2. un pizza grande en Pizza Hut

3. un galón de gasolina
4. un Big Mac en McDonald's

B.   Charlas—Su horario

1. ¿Cuántas clases tiene usted este semestre? ¿Cuáles son? ¿De qué hora a qué hora es su primera clase? ¿A qué hora sale Ud. de su casa usualmente? ¿A qué hora va a casa? ¿Quiere un horario más difícil el próximo semestre?

2. ¿Tienes clases los fines de semana? ¿Quieres clases los fines de semana? ¿Cuántas veces vienes a la universidad cada semana? ¿Cuántas veces vienes a esta clase? ¿Dura esta clase más de una hora? ¿Cuántos minutos dura? ¿Adónde vas después de esta clase?

3. ¿A qué hora vienes a esta clase? ¿A qué hora sales de aquí? ¿De dónde llegas cuando llegas aquí? ¿Adónde vas normalmente cuando esta clase termina?

C.   Vamos a preguntar, contestar y recordar

Don't forget to address your classmates in the **tú** form.

Favor de preguntar a... (*otro estudiante*):

1. si él/ella viene a clase tarde frecuentemente
2. cómo llega él/ella a la universidad
3. con quién va él/ella al cine generalmente
4. si yo salgo de esta clase temprano

Cuando la hora de oficina termina, el hispano sale para su casa. El autobús y el metro son probablemente los medios (*modes*) de transporte más populares; son para los ricos y los pobres, para los jóvenes y los viejos. ¿Y las colas (*lines*)? Pues, ¡son tan (*so*) largas! La gente tiene prisa porque cada uno tiene planes para esta noche. En su opinión, ¿es la paciencia una virtud necesaria en estas situaciones?

II. ACTIVIDADES

A. Charlas para grupos o para la clase

1. ¿Cuántos meses hay en un año? ¿Cuántas semanas hay en un mes? ¿Cuántos días hay en cuatro semanas? ¿Cuál tiene más días, un año o un siglo?

2. ¿Comienza el profesor (la profesora) la lección a tiempo? ¿Quién llega tarde frecuentemente? ¿Cuántos minutos dura esta clase? ¿En cuántos minutos termina esta clase?

3. ¿Es la medianoche ahora? ¿En cuántas horas es la medianoche? ¿Qué hora es ahora? ¿Qué hora es en veinte minutos?

4. ¿Es esta clase por la mañana, por la tarde o por la noche? ¿Vienes a esta clase los fines de semana? ¿Cuántas veces vienes cada semana? ¿Llegas a tiempo generalmente?

5. ¿A qué hora es tu programa favorito en la televisión? ¿Cómo se llama? ¿Tiene... buenos actores? ¿Cuánto tiempo dura el programa?

6. ¿Tienes televisor? ¿Hay noticias todos los días en la televisión? ¿A qué hora son las noticias? ¿Cómo son generalmente, buenas o malas?

B. Actividades diarias

Prepare six sentences describing your typical daily activities. Possible ideas for sentences: time of arrival at and/or departure from the university and information about classes (time, how many, duration, type, etc.). Fellow students will be encouraged to ask questions about your day.

C. Favor de decir a un compañero de clase...

Please tell a classmate the following things.

1. Tell a classmate that you are not going to the movies with your friends now because it is late and you have an important class in ten minutes.
2. Tell a classmate that you are going to the library soon because today's lesson was very difficult and you have an exam next week.
3. Tell a classmate from what time to what time your classes usually are and at what time you go home.
4. Tell a classmate that there is a party at your house tonight. Then tell him (her) from what time to what time the party is.

DESCRIPCIÓN Y CONVERSACIÓN— ESTA NOCHE EN LA TELEVISIÓN

Study the following program. You may be asked to prepare questions, answer questions and/or write a short composition about it.

N O C H E

6:00 3 7 12	NOTICIAS LOCALES
	NOTICIAS NACIONALES
6:30 3 7	EL SHOW DE LAS SIETE
7:00 3	FIN DE SEMANA
7	PILAR SANTIAGO
12	VIDEO AHORA
7:30 7	POBRE SEÑORA BLANCO
8:00 3	PELÍCULA
7	ESE MUCHACHO FASCINANTE
12	EL POLÍTICO DESHONESTO
8:30 12	LOS RICOS Y FAMOSOS
9:00 3	PELÍCULA
12	SU CIUDAD
9:30 3	LOS MEXICANOS DE HOY
10:00 3	LA MÚSICA ESPAÑOLA
7	¡QUÉ DIVERTIDO ES!
10:30 7	NOTICIAS
11:00 3 7 12	

LECCIÓN 5

La pampa de la Argentina, situada en la parte central del país, es una extensa y fértil llanura *(plain)*. Para el gaucho, habitante de la pampa argentina, la ganadería *(cattle ranch)*, su caballo y la vida solitaria son partes integrales de su vida diaria. La cultura del gaucho, su modo de vivir *(lifestyle)* y su relación con la tierra *(land)* y los animales, es interesante y llena de *(full of)* contrastes. Hay inumerables cuentos *(stories)* y poemas fascinantes sobre *(about)* este habitante independiente y solitario de la pampa. En los Estados Unidos ¿dónde hay personas similares a los gauchos?

¡Qué maravillosas *(marvelous)* son las cataratas *(waterfalls)* del Iguazú! La fuente de estas cataratas es el río Iguazú, que *(that)* forma la frontera *(border)* entre la Argentina, el Brasil y el Paraguay. Hay menos agua en estas cataratas que en las *(in those)* del río Niágara, pero por otra parte *(on the other hand)* las del Iguazú son mucho más altas. ¿Qué piensa Ud. de *(What do you think of)* estas cataratas? Son fantásticas, ¿no?

MAPAS Y OTRAS COSAS

Maps and other things

NOTAS CULTURALES

A. Puerto Rico is **un estado libre asociado** (a free associated state) of the United States. Its inhabitants are United States citizens, and visas or passports are not required when traveling between the United States and Puerto Rico. However, the political status of the island is hotly debated in Puerto Rican elections because Puerto Ricans are divided between seeking statehood or obtaining independence.

B. The Caribbean island Hispaniola is comprised of two independent countries, Haiti and the Dominican Republic. French is the official language of the former, and Spanish of the latter.

Vocabulario

Verbo

estoy/estás/está *I am/you are/you are; he, she, it is*

Sustantivos

el **canal** *canal*
la **capital** *capital*
el **centro** *center*
Centroamérica *Central America*

el **continente** *continent*
la **costa** *coast*
el **estado libre asociado** *commonwealth*
el **este** *east*
Europa *Europe*
el **habitante**/la **habitante** *inhabitant*
la **isla** *island*
el **lago** *lake*

el **mar** *sea*
la **montaña** *mountain*
el **mundo** *world*
la **nación** *nation*
el **norte** *north*
Norteamérica *North America*
el **océano** *ocean*
el **oeste** *west*
la **península** *peninsula*

la **playa**   *beach*
el **portugués**   *Portuguese*
el **producto**   *product*
el **puerto**   *port*
el **residente**/la **residente**
    resident
el **río**   *river*
Sudamérica   *South
    America*
el **sur**   *south*

Adjetivos
abierto   *open*
aburrido   *boring; bored
    (with* **estoy/estás/está***)*
cansado   *tired*
cerrado   *closed*
contento   *happy*
enfermo   *sick*
enojado   *angry*
equivocado   *mistaken,
    wrong*
hispánico, hispano
    Hispanic
independiente
    independent

listo   *clever, "sharp";
    ready (with* **estoy/estás/
    está***)*
muerto   *dead*
nervioso   *nervous*
ocupado   *occupied, busy*
parado   *standing*
preocupado   *worried*
puertorriqueño   *Puerto
    Rican*
sentado   *seated*
triste   *sad*
vivo   *clever, "sharp"; alive
    (with* **estoy/estás/está***)*

Preposiciones
a la derecha de   *to the
    right of*
a la izquierda de   *to the
    left of*
al lado de   *beside*
cerca de   *near, close to*
debajo de   *beneath,
    under*
delante de   *in front of,
    ahead of*

dentro de   *inside of, within*
detrás de   *behind, in back
    of*
encima de   *on top of*
enfrente de   *in front of,
    opposite, facing*
entre   *between, among*
junto a   *next to*
lejos de   *far from*

Miscelánea
algo   *something*
alguien   *somebody,
    anybody*
bien   *well*
jamás   *never, not . . . ever*
mal   *badly, poorly; ill (with*
    estoy/estás/está*)*
nada   *nothing, not . . .
    anything*
nunca   *never, not . . . ever*
siempre   *always*
tampoco   *neither, not . . .
    either*

Práctica de vocabulario

Antónimos

Give the opposite of each of the following words and phrases.

1. encima de
2. a la izquierda de
3. muerto

4. lejos de
5. delante de
6. parado

7. triste
8. cerrado
9. enfermo

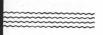

GRAMÁTICA Y PRÁCTICA

I. SOY/ERES/ES AND ESTOY/ESTÁS/ESTÁ:

Two Ways of Expressing *I am/you are* (fam)/*you are* (form); *he, she, it is*

You know that the verb forms **soy/eres/es** mean *I am/you are* (fam)/*you are* (form); *he, she or it is.* You will now learn that the verb forms **estoy/estás/está** also mean *I am/you are* (fam)/*you are* (form); *he, she or it is.* Although the English translations are the same, **soy/eres/es** and **estoy/estás/está** are not interchangeable. Each one has its own specific uses. The rules for choosing correctly between the two are very simple and clear-cut except with adjectives. Either **soy/eres/es** or **estoy/estás/está** may be used with adjectives. The choice of which one to use with an adjective will affect the meaning of the adjective in relation to the subject. This will be discussed below.

USES OF SOY/ERES/ES—EXCEPT WITH ADJECTIVES

A. *LINKING SUBJECT TO A NOUN OR A PRONOUN* **Soy/eres/es** links the subject to a noun or a pronoun by identifying *who or what the subject is or is not.* It is like an equal (=) sign.

Soy estudiante.	*I am a student.*
Tú no eres mi primo.	*You are not my cousin.*
Tres menos dos es uno.	*Three minus two is one.*

B. *ORIGIN* **Soy/eres/es** is used with the preposition **de** to indicate the *origin of a person or thing.*

Tú eres de Centroamérica, ¿no?	*You are from Central America, right?*
No soy de Europa.	*I am not from Europe.*

C. *POSSESSION* **Soy/eres/es** is used with the preposition **de** to indicate possession and can be translated as *belongs to.* Remember, the English possessive *'s(s')* is always expressed in Spanish with the possessive **de** construction (Lección 2). Spanish has no possessive *'s(s').*

Ese coche es de Juanita.	*That car is Juanita's.*

D. *MATERIAL* **Soy/eres/es** is used with the preposition **de** to indicate *what something is made of.*

El reloj es de plástico.	*The watch is (made) of plastic.*

E. *TIME* **Es/son** is always used to express *the time of day.*

Es la una y cuarto.   *It is one-fifteen.*

F. *TO TAKE PLACE* **Soy/eres/es** is used when you are talking about *when or where an event takes place.*

La comida es a las ocho.   *The dinner is at eight o'clock.*
La fiesta no es en mi casa.   *The party is not at my house.*

USE OF ESTOY/ESTÁS/ESTÁ—EXCEPT WITH ADJECTIVES LOCATION

Estoy/estás/está is always used to indicate the *location or position of a person, place or thing.*

Chile no está en este continente.   *Chile is not on this continent.*
No estoy en la playa ahora.   *I am not on the beach now.*
¿Dónde estás, papá?   *Where are you, Dad?*

USES OF SOY/ERES/ES AND ESTOY/ESTÁS/ESTÁ WITH ADJECTIVES

As mentioned earlier, both **soy/eres/es** and **estoy/estás/está** are used with adjectives. The choice depends on *how the speaker views the adjective in relation to the subject.*

A. **SOY/ERES/ES** **Soy/eres/es** is used with adjectives that describe *inherent qualities* or *basic characteristics of a person, place or thing.* The description is viewed as being typical of the subject and not likely to change quickly. It says what a person or thing is like.

Ella es muy simpática.   *She is very nice.*
Esa nación es muy importante.   *That nation is very important.*
Tú eres joven y yo soy viejo.   *You are young and I am old.*
Ese lago es muy bonito.   *That lake is very pretty.*

B. **ESTOY/ESTÁS/ESTÁ** **Estoy/estás/está** is used with adjectives that describe *physical or mental states and conditions* (moods, health, etc.) that are not viewed as inherent qualities or typical characteristics.

¡Estoy cansado hoy!   *I am tired today!*
La señora García está muerta.   *Mrs. García is dead.*
¿Estás ocupada, mamá?   *Are you busy, Mom?*
Ella está muy enferma.   *She is very sick.*

✳ **Estoy/estás/está** is also used with a number of adjectives to show one's reaction to the *unexpected* or to *a change from the usual*. This is often expressed in English by verbs that refer to the senses: *looks, smells, tastes, feels, sounds.*

El señor Cosío es viejo.	*Mr. Cosío is old.*
El señor Cosío está viejo.	*Mr. Cosío looks old.*
Esta carne es buena.	*This meat is good (of prime quality).*
Esta carne está buena.	*This meat is good (tastes good).*

✳ A few adjectives have a different meaning when used with **estoy/estás/está** instead of **soy/eres/es**. Learn each one individually. Following are a few common ones.

¿Eres malo?/¿Estás malo?	*Are you bad?/Are you ill?*
Él es aburrido./Él está aburrido.	*He is boring./He is bored.*
Soy vivo./Estoy vivo.	*I am clever./I am alive.*
¿Es Ud. listo?/¿Está Ud. listo?	*Are you sharp?/Are you ready?*

Resumen (Summary)

Uses of *soy/eres/es* and *estoy/estás/está*

Soy/eres/es:
1. tells *who* or *what the subject is*
2. links subject to a noun or pronoun
3. expresses *time of day*
4. links subject to an expression of *origin, possession or material* (with **de**)
5. tells *when* or *where an event takes place*

Estoy/estás/está:
1. tells *where the subject is*
2. links the subject to an expression of *location*

With Adjectives:

Soy/eres/es tells what the subject is like:
1. *basic characteristics*
2. *inherent qualities*

Estoy/estás/está tells how the subject is (at a particular moment in time):
1. *current physical or mental states or conditions* (not basic characteristics or inherent qualities)
2. *what is different from the usual or expected*

PRÁCTICA

A. Cambios—Un poco de todo

1. ¿Estoy yo parado(-a) ahora? ¿Estoy sentado(-a)? ¿enfermo(-a)? ¿enojado(-a)? ¿vivo(-a)? ¿muerto(-a)?

2. ¿Está abierta o cerrada la puerta en esta clase? ¿Está abierto o cerrado mi libro? ¿y esta ventana? ¿la universidad? ¿mi mano?

B. Charlas—¿Qué es y dónde está?

1. ¿Qué es Pike's Peak? ¿Es alta o baja? ¿En qué estado está? (Colorado) ¿Es más alta que Mount McKinley? ¿En qué estado está Mt. McKinley? (Alaska)

2. ¿Es Waikiki una playa? ¿Es famosa o desconocida? ¿Dónde está? ¿Son Cuba y Hawaii continentes? ¿Qué son? ¿Cuál de las dos islas está en el océano Atlántico? ¿Cuál está en el Pacífico? ¿Es Hawaii un país independiente? ¿Qué es?

C. Decisiones—¿Cuál es el verbo correcto?

Your instructor will name certain people. Your instructor will then say certain things about these people. Decide whether to use **soy/eres/es** or **estoy/estás/está** in each situation. Start each answer with either **Sí,...** or **No,...**

MODELO Usted—¿en España ahora?
No, no estoy en España ahora.
¿norteamericano(-a)?
Sí, soy norteamericano(-a).

1. **Usted**—¿de los Estados Unidos? ¿de una ciudad grande? ¿en su coche ahora? ¿sentado(-a) en su silla? ¿mi estudiante de español? ¿cansado(-a) después de esta clase? ¿con su novio(-a) ahora? ¿en una fiesta ahora? ¿preocupado(-a) después de un examen? ¿una persona perezosa? ¿muerto(-a)?

2. **Yo**—¿aquí con mis estudiantes? ¿de Puerto Rico? ¿triste hoy? ¿en mi casa ahora? ¿presidente(-a) de esta universidad? ¿parado(-a) encima de mi escritorio? ¿estudiante de España? ¿enfrente de la clase? ¿en un avión ahora? ¿de Sudamérica? ¿ocupado(-a) en la biblioteca ahora?

3. **Jimmy Carter**—¿presidente ahora? ¿ex-presidente? ¿anciano? ¿en Georgia? ¿republicano? ¿muerto? ¿contento con los republicanos? ¿amigo de los rusos? ¿muy enfermo? ¿muy alto? ¿conservador? ¿muy gordo? ¿una persona interesante?

4. **Fernando Valenzuela**—¿rico o pobre? ¿atleta? ¿aquí? ¿triste después de una victoria? ¿nervioso a veces? ¿de España? ¿de dónde? ¿en California? ¿débil? ¿anciano? ¿hispánico? ¿tu mejor amigo?

II. PREPOSITIONS SHOWING LOCATION

(Preposiciones de lugar)

Prepositions are used to express the location or position of a person, place or thing. Below is a picture illustrating some common prepositions showing location.

La capital está lejos de aquí.	*The capital is far from here.*
El río está entre el lago y la costa.	*The river is between the lake and the coast.*
España está junto a Francia.	*Spain is next to France.*
¿Hay un río cerca de allí?	*Is there a river near there?*

PRÁCTICA

A.   Cambios—Ciudades y estados

1. ¿Qué ciudad está lejos de Los Ángeles? ¿Qué ciudad está cerca de Chicago? ¿Cuál está entre Dallas y Wáshington, D.C.? ¿y al sur de Cleveland? ¿al norte de Miami? ¿al oeste de Buffalo? ¿al este de Phoenix? ¿cerca del océano Pacífico?

2. ¿Qué estado está cerca de Nueva York? ¿Qué estado está lejos de Oregón? ¿al lado de Arizona? ¿entre Maine y Virginia? ¿junto a este estado? ¿junto al lago Erie? ¿lejos del río Misisipí?

B.   **Charlas—Personas y cosas: todo es relativo, ¿no?**

    1. ¿Está usted sentado(-a) encima de mi escritorio? ¿En qué está usted sentado(-a)? ¿Está usted junto a... *(otro estudiante)*? ¿Junto a quién está usted?

    2. En esta clase, ¿quién está cerca de la puerta? ¿Quién está lejos de la pizarra? ¿Está... *(otro estudiante)* detrás de... *(otro estudiante)*? ¿Quién está a la izquierda de... (otro estudiante)?

III. SOME AFFIRMATIVE AND NEGATIVE WORDS

(Unas palabras afirmativas y negativas)

Following is a list of some common affirmative words and their negative counterparts.

Affirmative	Negative
algo *something*	**nada** *nothing*
alguien *someone, somebody*	**nadie** *no one, nobody, not anyone*
siempre *always*	**nunca, jamás** *never, not ever*
también *also*	**tampoco** *neither, not . . . either*

✳ The Spanish negative **no** *(no, not)* is omitted when another negative word precedes the verb. However, **no** must be used before the verb if a negative word follows the verb. Either way is correct.

Nunca voy a la playa.

No voy nunca a la playa. } *I never go to the beach.*

✳ Spanish often uses more than one negative in the same sentence.

Ella jamás va al lago con nadie.   *She never goes to the lake with anyone.*

Aquí no hay nada tampoco.   *There is not anything here either.*

PRÁCTICA

A.   **Cambios—¿Hay algo aquí o no?**

    1. ¿Hay algo en mi mano? ¿Hay algo en su mano? ¿en la mano de... *(otro estudiante)*? ¿encima de mi escritorio? ¿encima del escritorio de... *(otro estudiante)*?

    2. ¿Hay alguien a mi derecha? ¿Hay alguien a tu izquierda? ¿enfrente de... (otro estudiante)? ¿detrás de... (otro estudiante)? ¿al lado de... *(otro estudiante)*? ¿entre... y... *(otros dos estudiantes)*?

    3. ¿Tiene usted algo de España? ¿Tiene algo del Japón? ¿de Hong Kong? ¿de los Estados Unidos? ¿de Europa?

B. Charlas—Un poco de todo

1. ¿Llega alguien tarde a veces a esta clase? ¿Quién es? ¿Quién nunca llega tarde?

2. ¿Hay algo importante en su cuaderno? ¿Qué es? ¿Hay algo en ruso allí? ¿Por qué no?

3. ¿Hay alguien rico y famoso en su familia? ¿Hay alguien serio y aburrido? ¿Está alguien enfermo en su familia?

Casi *(almost)* en el centro del continente sudamericano, entre el Perú y Bolivia, está el lago Titicaca. Es el lago navegable más alto del mundo. Su agua es azul y limpia. Tiene una gran variedad de peces *(fish)* y, según mucha gente *(according to many people)*, posibles tesoros *(treasures)* de los incas, algo que con regularidad atrae *(attracts)* a numerosas personas en busca de riquezas *(in search of riches)*.

COMUNICACIÓN Y ACTIVIDADES

I. COMUNICACIÓN

A. Charlas—Un poco sobre los hispanos de este país

1. ¿Cuál es una ciudad de Puerto Rico? ¿En qué ciudad de los Estados Unidos hay muchos puertorriqueños? ¿Dónde está...? ¿Es Puerto Rico parte de un continente? ¿Qué es Puerto Rico? ¿Es grande o pequeña? ¿Está en el Pacífico o en el Caribe *(Caribbean)*? ¿Hay muchas playas allí?

2. ¿Quién es un mexicano-americano famoso? ¿En qué estado hay muchos mexicano-americanos? ¿Es mexicano el presidente de los Estados Unidos? ¿Está México al norte de los Estados Unidos? ¿Dónde está? ¿Es México un país pequeño? ¿Es más grande que los Estados Unidos? ¿Qué país norteamericano es más grande que los Estados Unidos?

3. ¿En qué ciudad estadounidense hay muchos cubanos? ¿Está Cuba cerca o lejos de este país? ¿Está al sur o al norte de la Florida? ¿Es más pequeña que la Florida? ¿Cuál es la capital de Cuba?

B. ¡Voluntarios por favor!—Identificación y descripción de cosas y lugares

Your instructor will say the name of some famous things and places. See how much you know about each one!

MODELO   Quito

Quito es una ciudad. Está en el Ecuador. Es la capital del Ecuador. Es una ciudad grande. Está en Sudamérica.

1. Sudamérica
2. el Mediterráneo
3. Erie, Huron, Michigan
4. Arizona
5. Manhattan
6. el Canadá

C. Las Américas: Norteamérica, Centroamérica y Sudamérica

Using the maps on the inside of the cover of this text, do the following exercises.

1. **Cambios—Países, ciudades y ríos**
   a. ¿En qué país hay montañas muy altas? ¿En qué país hay un río muy largo? ¿En cuál hay una península grande? ¿y un canal muy famoso? ¿mucho petróleo? ¿mucho café? ¿playas bonitas?
   b. ¿Es Guatemala un río? ¿Qué es? ¿Qué es el Caribe? ¿Qué es Puerto Rico? ¿y Sudamérica? ¿el Amazonas? ¿Acapulco? ¿Bolivia? ¿Erie y Michigan? ¿el Atlántico? ¿los Andes?
   c. ¿Qué país está en el centro de Sudamérica? ¿Qué país está en el norte de Sudamérica? ¿Cuál está al sur de la Florida? ¿y entre el Canadá y México? ¿al norte de Panamá? ¿al este de Chile?

2. **Datos geográficos—¿Sí o no?**
   a. **El Perú** ¿un país independiente? ¿cerca de Guatemala? ¿al sur de Colombia? ¿parte de Sudamérica? ¿en la costa del Pacífico? ¿más grande que Chile?
   b. **México** ¿parte de Centroamérica? ¿parte de Norteamérica? ¿al sur del Río Grande? ¿entre Honduras y El Salvador? ¿un país muy pequeño? ¿amigo de los Estados Unidos?

3. **Charlas—¿Sabes mucho de las Américas?**
   a. Más o menos, ¿cuántos países hay en Sudamérica? ¿Cuál tiene muchas montañas? ¿Cuál es un país muy largo? ¿Cuál está en la costa del Atlántico? ¿Cuál es más grande, el océano Pacífico o el Atlántico? ¿Cuáles son dos islas hispánicas en el mar Caribe? ¿Cuál está más lejos de los Estados Unidos?

b. ¿Cuál es más grande, Norteamérica o Centroamérica? ¿En cuál hay más países? ¿Cómo son los países de Centroamérica, grandes o pequeños? En tu opinión, ¿cuál tiene menos habitantes, Nicaragua o México? ¿En qué país está la ciudad de Mérida? ¿En qué parte del país está? ¿Hay montañas allí?

D. La Península Ibérica: España y Portugal
Using the maps on the inside of the covers of this text, answer the following questions.

1. Cambios—Más sobre países, ciudades y ríos
    a. ¿En qué parte de España hay muchas montañas? ¿En qué parte hay playas bonitas y famosas? ¿y un río bastante grande? ¿muchos puertos?
    b. ¿Es el Mediterráneo un océano? ¿Qué es? ¿Qué es Portugal? ¿y el Guadalquivir? ¿y el Cantábrico? ¿Francia y Alemania? ¿Lisboa? ¿las Baleares?

2. Más datos geográficos—¿Sí o no?
    a. España ¿parte de Europa? ¿más grande que Portugal? ¿junto a Inglaterra? ¿un país independiente? ¿un país de muchas montañas? ¿al lado de Alemania? ¿un continente?
    b. Portugal ¿más pequeño que Italia? ¿lejos de Italia? ¿entre dos países? ¿parte de Europa? ¿en el oeste de Europa? ¿al norte de África? ¿cerca de Bolivia?

3. Charlas—¿Qué sabes de la Península Ibérica?
    a. ¿Cuántos países hay en la Península Ibérica? ¿Cuáles son? ¿Cuál es más pequeño? ¿Es la Península Ibérica parte de Europa? ¿Está en el oeste de Europa?
    b. ¿Qué otro continente está al sur de Europa? ¿Cuál de los dos es más grande? ¿Qué mar está entre estos dos continentes? ¿Qué islas españolas hay en el mar Mediterráneo?

II. ACTIVIDADES

A. Charlas para grupos o para la clase
    1. ¿Es importante el petróleo (*petroleum*)? ¿En qué país de Sudamérica hay mucho petróleo? (Venezuela) ¿Dónde hay más petróleo, en Venezuela o en la Arabia Saudita? ¿En qué estado de los Estados Unidos hay mucho petróleo?
    2. ¿Cuál es un producto importante de Honduras? (bananas) ¿Cuál es la marca de una banana famosa? ¿En qué país hay mucho café? ¿Cuál es la marca de un café famoso?
    3. Si un mexicano es de México, ¿de dónde es un panameño? ¿De dónde es un español? ¿De dónde es un estadounidense? ¿Es un cubano de Nicaragua?
    4. ¿Cuántos países hay en Norteamérica? (¡tres!) ¿Cuáles son? ¿Cuál es más grande, México o el Canadá? ¿Dónde hay más mexicanos, en los Estados Unidos o en el Canadá?
    5. ¿Cuál es una playa famosa de este país? ¿Está... (*playa*) en este estado? ¿Es bonita? ¿Vas tú allí de vez en cuando?
    6. ¿Hay muchos lagos en este estado? ¿En qué parte de este país hay lagos muy grandes? ¿Qué país está al norte de esos lagos? ¿Es... (*otro país*) más grande que los Estados Unidos?

El río Amazonas está en el norte del continente sudamericano. Es uno de los ríos más grandes del mundo. Rodeado por *(surrounded by)* montañas y selvas *(jungles)* tropicales, este río es largo y limpio; una vasta fuente de agua *(source of water)*, así como *(as well as)* de flora y fauna. La variedad de animales y vegetación en esta región amazónica es verdaderamente increíble. ¿Cuáles son otros dos ríos enormes del mundo? ¿En qué continente está cada uno?

B.   ¿De dónde eres?
Outside of class prepare six sentences saying where you are from, what the place is like, where it is in comparison to other places, etc. In class, use the sentences to tell your classmates about yourself.

DESCRIPCIÓN Y CONVERSACIÓN— CRUCIGRAMA

Review this chapter's vocabulary by doing the following crossword puzzle.

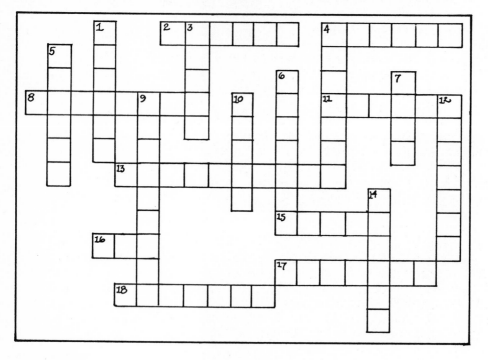

Horizontal
El antónimo de...

2. *primero*
4. *vivo*
8. *interesante*
11. *contento*
13. *Norteamérica*
15. *siempre*
16. *norte*
17. *abierto*
18. *tampoco*

Vertical
El antónimo de...

1. *enfrente de*
3. *cerca de*
4. *valle*
5. *encima de*
6. *nadie*
7. *oeste*
9. *a la derecha*
10. *después de*
12. *está bien*
14. *sentado*

La geografía del mundo hispano

La geografía de España y de Hispanoamérica es variada y llena de° contrastes. En ambos° continentes hay regiones montañosas, mesetas,° ríos, lagos y lugares de abundante vegetación así como° lugares desolados° y desérticos. También hay una gran variedad de climas. A ver,° primero un
5 poco sobre España, luego algo sobre Hispanoamérica.

llena... *full of*

En... *In both /* **regiones...** *mountainous regions, plateaus*

así... *as well as /* *desolate*

A... *Let's see*

Hay dos países en la Península Ibérica: España y Portugal. España está rodeada por° tres mares (el mar Cantábrico, el océano Atlántico y el mar Mediterráneo) y tiene abundantes costas, puertos y playas. La meseta central (en la provincia de Castilla) es una zona alta y seca° en el centro de
10 España, un lugar ideal° para el cultivo de aceitunas.° Allí también está Madrid, la capital del país. Las regiones del norte (Galicia y las provincias vascongadas)° son extremadamente° verdes gracias a una abundancia de lluvia.° En el este (Valencia) y en el sur (Andalucía) la tierra° es muy fértil debido a° la irrigación y un clima ideal. El resultado es la producción de
15 una gran cantidad de frutas que son de mucha importancia para esta parte del país. Aquí hace calor y sol° todo el año, y esto atrae° a miles de turistas a las playas de la región (la Costa del Sol). En el noroeste de España (Cataluña) el clima es templado° y la vegetación florida.°

La geografía de Hispanoamérica es aun° más extensa y diversa que la de
20 España. El territorio de Hispanoamérica comienza en el norte con el Río Grande, que separa a México de los Estados Unidos, y termina en el sur con el Cabo de Hornos.° La mayor° parte de Hispanoamérica (el 70 por ciento) está en la zona semitropical. En México y en Centroamérica hay muchas montañas. México también tiene mesetas muy grandes en el
25 centro del país y regiones tropicales en las costas. La mayor parte de Centroamérica es una región tropical con abundantes selvas° y volcanes activos.

En Sudamérica también hay selvas tropicales, muchas completamente primitivas y nunca exploradas, con flora y fauna exóticas. ¿Y montañas?
30 Pues, en el oeste está la imponente cordillera° de los Andes, una de las más altas del mundo. Va del norte al sur del continente y separa a Chile de la Argentina. Además de° esto, Sudamérica tiene el río más grande del mundo, el Amazonas. Tiene también el lago navegable° más alto del mundo (el lago Titicaca en el Perú) y las cataratas° del Iguazú (situadas entre la
35 Argentina, el Brasil y el Paraguay) que son por lo menos° dos veces más altas que las del Niágara. Impresionantes también son las *pampas* de la Argentina, extensas llanuras° fértiles de gran importancia para la industria ganadera.° Finalmente, en el sur del continente está la Patagonia, una vasta región de poca vegetación, paisajes desolados° y temperaturas extrema-
40 damente frías.

está... *is surrounded by*

zona... *high and dry zone*

lugar... *ideal place / olives*

Basque / extremely

rain / ground

debido... *due to*

hace... *it is sunny and warm / attracts*

temperate / flowery

even

Cabo... *Cape Horn / greatest*

jungles

imponente... *impressive mountain range*

Además... *Besides*

navigable

waterfalls

por... *at least*

plains / **industria...** *cattle industry*

paisajes... *desolate landscapes*

Comprensión

1. ¿Dónde está situada España en relación al resto de Europa? ¿Qué es una meseta? ¿En qué provincia está la meseta central de España? ¿Cuál es el producto principal de esta región? ¿Cómo es la tierra en el sur de España? ¿Por qué?

2. ¿Dónde comienza el territorio de Hispanoamérica? ¿Dónde termina? ¿Qué contrastes geográficos hay en Centroamérica? ¿y en Sudamérica?

Conversación y composición

1. Use each of the following phrases in a sentence based on what you have just read.

   a. el lago Titicaca   **c.** la Patagonia   **e.** Andalucía

   b. las pampas   **d.** la Costa del Sol   **f.** el Río Grande

2. Prepare six questions to ask your classmates about the reading.

3. Choose some aspect of Hispanic geography and write a six to eight sentence composition about it.

Las buenas películas norte-americanas siempre son populares en los países hispanos. Mucha gente (*Many people*) va al cine; es una ocasión social muy divertida. Primero se compra las entradas (*tickets*), entonces se hace cola (*one gets in line*) porque siempre hay colas para las películas populares. Pero, no importa (*it doesn't matter*), ya que nadie tiene prisa (*since no one is in a hurry*); el hispano es generalmente extrovertido y pronto hay charlas informales y espontáneas entre la gente en la cola. ¿Aquí también se habla con las personas desconocídas en las colas o en los ascensores (*elevators*)?

¿Adónde va este joven? ¿Al trabajo o a la universidad? ¿Lleva (*Does he carry*) algo en las manos? ¿Qué es? Él es afortunado (*fortunate*); tiene coche propio. La mayoría de la gente no va en coche a su destinación, más bien (*rather*) toma uno de los medios de transporte público. Es cierto que el coche privado es más cómodo, más limpio y menos ruidoso (*noisy*), pero es también mucho más caro, ¿no? ¿Tiene Ud. su propio coche?

UNA SEMANA TÍPICA

A typical week

Objetivos de la lección

Tema y cultura
1 To talk about activities related to a typical week

Gramática
2 To use **yo**, **tú** and **usted**, **él** and **ella** forms of a number of thematically related verbs and to use the impersonal **se**

3 To use the verb forms **hago/haces/hace** (I do or make/you do or make; he, she, it does or makes)

To count from 100 up

NOTAS CULTURALES

A. It is traditional in Hispanic culture for people to spend time in a café. Here they share conversation over a cup of coffee or a glass of wine. Groups of men may play cards or dominoes. Cafés also provide snacks (called **tapas** in some countries) and sometimes serve complete meals. Many of the famous avenues of Hispanic cities are lined with outdoor cafés. Such cafés provide opportunities for Hispanics to rest, have a refreshment and engage in pleasant conversation as they watch passers-by.

B. Hispanic people are typically very fond of long conversations and relaxed chats (**charlas**). One custom is to meet in the parks to talk and socialize. Families often go there to walk around while sharing conversations with each other and with friends. The elderly frequently gather in the parks where they have lengthy discussions about politics, sports and the good old days. At home, there are usually leisurely after-dinner conversations called **sobremesas**.

Vocabulario

Aprendo mucho
en mis clases.

Escribo una
carta.

Manejo mi auto
de mi casa al
cine.

Duermo de las
once a las siete y
media.

Verbos

**aprendo/aprendes/
aprende**   *I learn/you
learn/you learn; he, she, it
learns*

bebo/bebes/bebe
*I drink/you drink/you
drink; he, she, it drinks*

camino/caminas/camina
*I walk/you walk/you walk;
he, she, it walks*

como/comes/come
*I eat/you eat/you eat; he,
she, it eats*

compro/compras/compra
*I buy/you buy/you buy; he,
she, it buys*

duermo/duermes/duerme
*I sleep/you sleep/you sleep;
he, she, it sleeps*

enseño/enseñas/enseña
I teach/you teach/you

teach; he, she, it teaches

escribo/escribes/escribe
*I write/you write/you write;
he, she, it writes*

estudio/estudias/estudia
*I study/you study/you
study; he, she, it studies*

hablo/hablas/habla
*I speak, talk/you speak,
talk/you speak, talk; he,
she, it speaks, talks*

hago/haces/hace   *I do/ you do/you do; he, she, it does*
manejo/manejas/maneja *I drive/you drive/you drive; he, she, it drives*
regreso/regresas/regresa *I return/you return/you return; he, she, it returns*
tomo/tomas/toma[1] *I take/you take/you take; he, she, it takes*
trabajo/trabajas/trabaja *I work/you work/you work; he, she, it works*
vivo/vives/vive   *I live/you live/you live; he, she, it lives*

Sustantivos
la **acera**   *sidewalk*
el **agua** (f)[2]   *water*
la **alcoba**   *bedroom*
la **alfombra**   *rug, carpet*
el **almuerzo**   *lunch*
el **apartamento**   *apartment*
la **basura**   *trash, garbage*
el **café**   *coffee*
la **calle**   *street*
la **cama**   *bed*
la **casa de apartamentos** *apartment house*
la **cena**   *dinner, supper (evening meal)*

la **cerveza**   *beer*
el **cesto de papeles** *wastepaper basket*
la **cómoda**   *chest of drawers*
la **cortina**   *curtain*
el **cuarto**   *room*
el **desayuno**   *breakfast*
el **dinero**   *money*
el **edificio**   *building*
el **helado**   *ice cream*
el **kilómetro**   *kilometer*
la **lámpara**   *lamp*
la **leche**   *milk*
el **lugar**   *place*
la **milla**   *mile*
la **oficina**   *office*
el **perro**/la **perra**   *dog*
el **refresco**   *soft drink*
la **residencia**   *dorm, dormitory*
el **restaurante** *restaurant*
la **ropa**[3]   *clothing, clothes*
el **ropero**   *closet*
el **sillón**   *easy chair*
la **tarea**   *homework*
el **té**   *tea*
la **tienda**   *store*
el **trabajo**   *work; job*
el **vino**   *wine*

Adjetivos
cómodo   *comfortable*
final   *final*

Números
101	**ciento uno**
200	**doscientos**
300	**trescientos**
400	**cuatrocientos**
500	**quinientos**
600	**seiscientos**
700	**setecientos**
800	**ochocientos**
900	**novecientos**
1,000	**mil**
1,000,000	**un millón**

Miscelánea
despacio   *slowly*
donde   *where (non-interrogative)*
para   *for (purpose, destination)*
poco   *not much, very little*
un poco   *a little*

Expresiones
¿Qué clase de...?   *What kind of . . .?*
se + 3rd person sing. verb *one (general subject) + verb*
tiene lugar   *takes place*
voy/vas/va de compras *I go/you go/you go; he, she goes shopping*

---

[1]**Tomo/tomas/toma** can also be used to say *I drink/you drink/you drink; he, she, it drinks.*

[2]**El agua** is a feminine noun. See note on **el ama de casa** in vocabulary list, **Lección 2.**

[3]**La ropa** takes a singular verb in Spanish; **Mi ropa es nueva.** *My clothing is new (My clothes are new).*

Práctica de vocabulario

¿Cuál cuesta menos?

For each of the following pairs, tell which item generally costs less.

MODELO   una cama/una lámpara
Una lámpara cuesta menos que una cama.

1. el agua/la cerveza
2. la cena/el almuerzo
3. un sillón/un cesto de papeles
4. un refresco/un té
5. un apartamento/una casa
6. la ropa/una casa

GRAMÁTICA Y PRÁCTICA

I. MORE THEMATIC VERB FORMS AND THE IMPERSONAL SE

(Más verbos temáticos y **se**)

MORE THEMATIC VERB FORMS

Below is a list of new verb forms that will enable you to talk about a variety of things. Learn their meanings and be able to use them in questions and statements.

aprendo/aprendes/aprende   *I learn/you learn/you learn; he, she, it learns*
bebo/bebes/bebe   *I drink/you drink/you drink; he, she, it drinks*
camino/caminas/camina   *I walk/you walk/you walk; he, she, it walks*
como/comes/come   *I eat/you eat/you eat; he, she, it eats*
compro/compras/compra   *I buy/you buy/you buy; he, she, it buys*
duermo/duermes/duerme   *I sleep/you sleep/you sleep; he, she, it sleeps*
enseño/enseñas/enseña   *I teach/you teach/you teach; he, she, it teaches*
escribo/escribes/escribe   *I write/you write/you write; he, she, it writes*
estudio/estudias/estudia   *I study/you study/you study; he, she, it studies*
hablo/hablas/habla   *I speak/you speak/you speak; he, she, it speaks*
manejo/manejas/maneja   *I drive/you drive/you drive; he, she, it drives*
regreso/regresas/regresa   *I return/you return/you return; he, she, it returns*
tomo/tomas/toma   *I take/you take/you take; he, she, it takes*
trabajo/trabajas/trabaja   *I work/you work/you work; he, she, it works*
vivo/vives/vive   *I live/you live/you live; he, she, it lives*

All the **yo** forms of these verbs end in **-o** and all the **tú** forms end in **-as** or **-es**. All the **usted, él** and **ella** forms end in either **-a** or **-e**. Memorize them individually.

¿Hablas mucho con tu papá?	*Do you talk a lot with your dad?*
¡Tomo tres refrescos cada día!	*I drink three soft drinks each day.*
Mi novia trabaja en este edificio.	*My girlfriend works in this building.*

THE IMPERSONAL SE

The Spanish word **se** can be placed before the third person singular (**Ud., él, ella** form) of a verb to express the impersonal English subject *one.*

Se aprende mucho en este trabajo.	*One learns a lot on this job.*
¿Qué lengua se habla en Chile?	*What language does one speak in Chile?*

PRÁCTICA

A. Cambios—¿Qué tiene lugar aquí?

   1. ¿Hablo español en la clase? ¿Bebo un refresco? ¿Enseño la lección aquí? ¿Manejo mi coche aquí? ¿Tomo mi almuerzo? ¿Trabajo con estudiantes brillantes? ¿Escribo en las paredes?

   2. En una semana típica, ¿estudias en la biblioteca? ¿duermes en la biblioteca también? ¿vives allí? ¿aprendes mucho allí? ¿tomas cerveza allí? ¿compras papel y bolígrafos allí? ¿escribes en tu cuaderno allí?

B. Charlas—¿Vives cerca de la universidad?

   1. ¿Vives cerca de la universidad? ¿A qué hora llegas a la universidad? ¿A qué hora sales generalmente de tu casa? ¿Caminas a la universidad? En general, ¿llegas a tiempo? ¿A qué hora regresas a tu casa?

   2. ¿Vives en la universidad? ¿Vives en un apartamento, en una casa o en una residencia? ¿Es tu cuarto grande o pequeño? ¿Es bonito? ¿Vives solo(-a) o con alguien?

   3. ¿En qué ciudad vive usted? ¿En qué clase de edificio vive Ud.? ¿Maneja o camina a la universidad? ¿Adónde va a pie (en coche)? ¿Más o menos cuántas millas hay entre su casa y la universidad?

C. ¿Qué es?

Can you identify what items are being described?

   MODELO   Se camina allí.
                 Es una calle.

1. Se bebe esto.	**4.** Se maneja esto.	**7.** Se escribe con esto.
2. Se vive allí.	**5.** Se duerme en esto.	**8.** Se aprende mucho allí.
3. Se come esto.	**6.** Se estudia allí.	**9.** Se trabaja en este lugar.

D. Charlas—Comidas y bebidas (Food and drink)

1. ¿Qué bebe Ud. con el desayuno? ¿Bebe leche con el almuerzo? ¿Qué bebe con la cena? ¿Come Ud. rápido o despacio? ¿Come demasiado frecuentemente? ¿Toma Alka Seltzer frecuentemente?

2. ¿En qué restaurante come usted frecuentemente? ¿Por qué come allí? ¿Está cerca o lejos de aquí? ¿Es la comida barata o cara? ¿Es buena o mala? ¿Dónde es mejor la comida, en su casa o en un restaurante?

3. En su opinión, ¿cuál es mejor, el vino o la cerveza? ¿Cuál es un vino muy popular? ¿Cuál tiene más calorías, el vino o el agua? ¿Cuál cuesta más?

II. HAGO/HACES/HACE

(I do or make/you do or make/you do or make; he, she, it does or makes)

Below is an important verb form which is frequently used (and misused) in Spanish. Learn to use it correctly.

hago	*I do; I make*
haces	*you do; you make*
hace	*you do; he, she, it does* *you make; he, she, it makes*

OMISSION OF HAGO/HACES/HACE IN ANSWERS

A question containing one of the **hago/haces/hace** verb forms is usually answered with some other verb and not with **hago, haces** or **hace**.

¿Qué hace Ud. por la mañana? — *What do you do in the morning?*

(Yo) **como el desayuno.** / **camino a la librería.** / **trabajo en la biblioteca.**

I *eat breakfast.* / *walk to the bookstore.* / *work in the library.*

USE OF HAGO/HACES/HACE IN ANSWERS

In Spanish, **hago/haces/hace** is used to answer an **hago/haces/hace** question only when the main verb in the answer is *to do or to make something.* Following are a few parallel expressions in Spanish and English.

Hago **mi tarea.** / **la cama.** / **bien el trabajo.** / **la cena.**

I *do my homework.* / *make the bed.* / *do the job well.* / *make dinner.*

MISCELÁNEA

Conjunctions and Connectives

Conjunctions and *connectives* are words used to connect or link parts of sentences. Below are some common connective words:

que	[*that, which*	**cuando**	*when*	**pero**	*but*	**y**	*and*
		porque	*because*	**si**	*if*	**o**	*or*
	[*who, whom*	**donde**	*where*				

Yo tengo un sillón pero él tiene dos.　　　*I have one easy chair but he has two.*

Camino porque no tengo coche.　　　*I walk because I don't have a car.*

Que is the most frequently used connective word in Spanish. It may refer to a previously mentioned person or thing or it may merely connect two parts of a sentence. Although the connective *that* is often left out in English, **que** is never omitted in Spanish. Apply the ***que*-test**: if one of the **que** words (*that, which, who, whom*) "fits" (sounds all right) to connect two parts of an English sentence, then you *must* use **que** in Spanish.

Juan es un chico que maneja bien.　　　*Juan is a boy who drives well.*

Siempre como la comida que él hace.　　　*I always eat the food (that) he makes.*

The conjunction **y** changes to **e** before any word beginning with the letter **i** or **hi**. Similarly, the conjunction **o** will change to **u** before a word beginning with **o** or **ho**.

Ella es simpática e inteligente.　　　*She is nice and intelligent.*

¿Hay siete u ocho niños aquí?　　　*Are there seven or eight boys here?*

PRÁCTICA

A. Cambios—¿Qué se hace en estos lugares?

1. ¿Qué haces en un restaurante? ¿Qué haces aquí en esta clase? ¿en una librería? ¿en la biblioteca? ¿en la cafetería? ¿en una fiesta? ¿en la acera? ¿en una residencia?

2. ¿Qué hago yo aquí en la clase? ¿Qué hago en mi oficina? ¿en la calle? ¿en una tienda? ¿en una reunión (*meeting*) de profesores?

B. ¿Qué haces en estas situaciones?

In complete sentences, say what you normally do in the following situations.

> MODELO   cuando hay un examen
> **Cuando hay un examen, estudio mucho.**

1. Cuando estás cansado(-a)...   **4.** Cuando no hay clases...

2. Cuando no tienes coche...   **5.** Cuando no hay comida en casa...

3. Cuando sales de aquí...   **6.** Cuando estás en la biblioteca...

III. CARDINAL NUMBERS AFTER 100

(Los números cardinales
después de 100)

100	**cien**	700	**setecientos**
101	**ciento uno (un, una)**	800	**ochocientos**
200	**doscientos**	900	**novecientos**
300	**trescientos**	1.000	**mil**
400	**cuatrocientos**	2.000	**dos mil**
500	**quinientos**	1.000.000	**un millón**
600	**seiscientos**	2.000.000	**dos millones**

THE NUMBERS CIEN, CIENTO AND CIENTOS(-AS)

Below are some general rules regarding the uses of **cien, ciento** and **cientos(-as)**.

A. **CIEN** Cien is used for an even hundred, when the word hundred stands alone and when you count. **Cien** has no feminine form.

¿Hay cien cervezas aquí?   *Are there one hundred beers here?*
No, hay más de cien.   *No, there are more than a hundred.*
Noventa y ocho, noventa y nueve,   *Ninety-eight, ninety-nine, one*
    cien...   *hundred . . .*

B. **CIENTO** Ciento is used between 101–199. **Ciento** has no feminine form.

No hay ciento diez islas en ese   *There are not one hundred ten*
    lago.   *islands in that lake.*

C. **CIENTOS(-AS)** Cientos(-as) is used for multiples of one hundred (200, 500, 900 . . .) and does agree in gender with the noun it modifies.

¡Hay doscientas millas entre mi   *There are two hundred miles*
    casa y esta universidad!   *between my home and this*
                                               university!

THE NUMBERS CIEN, MIL AND MILLÓN

There are a few important rules regarding the words **cien, mil** and **millón**.

A. **MIL** The word **mil** (not multiples of one hundred as in English) is used to express numbers between 1,000 and 1,000,000.

Tengo dos mil doscientos pesos.	*I have twenty-two hundred pesos.*
Hay más de mil cien dólares aquí.	*There are more than eleven hundred dollars here.*

B. **MILLÓN (MILLONES)** The preposition **de** is used after whole millions but not after a number which is a fraction of a million.

¿Tiene Cleveland cinco millones de habitantes?	*Does Cleveland have five million inhabitants?*
No, tiene más o menos un millón quinientas mil personas.	*No, it has about one million five hundred thousand people.*

C. **CIEN** and **MIL** The word **un** is never used before **cien** or **mil** in order to say 100 or 1,000. **Un** is used only before **millón**.

¿Tiene usted mil pesos?	*Do you have a (one) thousand pesos?*
No, tengo cien pesos.	*No, I have a (one) hundred pesos.*
¿Hay un millón de habitantes en esta ciudad?	*Are there a (one) million inhabitants in this city?*

✳ In Spanish, **y** is never used between hundreds and a smaller number, as is often done in English. The word **y** is used only as part of the numbers 16–99.

doscientos veinte apartamentos	*two hundred twenty apartments*
trescientas treinta y seis mujeres	*three hundred thirty-six women*

✳ In Spanish numbers, the use of periods and commas is the reverse of their use in English.

El edificio cuesta $48.500,00.	*The building costs $48,500.00.*

PRÁCTICA

A. **Cambios—Repaso de los números**

1. ¿Cuántos años hay en un siglo? ¿Cuántos años hay en cinco siglos? ¿y en siete siglos? ¿en diez? ¿en catorce? ¿en veinte?

2. ¿Cuánto es quinientos por cuatro? ¿Cuánto es trescientos menos doscientos? ¿cuatrocientos más seiscientos? ¿mil menos cien?

B. **Charlas—Estadísticas de ciudades, estados y países**

1. ¿Tiene este estado muchas ciudades muy grandes? ¿Es esta ciudad una de esas ciudades? ¿Más o menos cuántos habitantes tiene esta ciudad? ¿Cuál es una ciudad muy pequeña de este estado? ¿Tiene... menos de treinta mil habitantes? ¿Está lejos de aquí?

2. ¿Cuántos estados hay en los Estados Unidos? ¿Más o menos cuántos habitantes hay en este país? ¿Qué país tiene más habitantes que este país? ¿Más o menos cuántos habitantes tiene...? ¿Es... también más grande que los Estados Unidos?

Los estudios son difíciles en Hispanoamérica y España. Esta estudiante de secundaria *(high school)* tiene mucho trabajo con varias de las materias *(school subjects)* designadas para ese año. En cambio *(On the other hand)*, el estudiante de la universidad sigue *(studies)* solamente una rama *(branch)* de estudio; por ejemplo, química, ingeniería o medicina. ¿Es similar en este país? ¿Cómo es diferente aquí?

COMUNICACIÓN Y ACTIVIDADES

I. COMUNICACIÓN

A. Problemas de matemáticas

Listen carefully to your instructor and try to solve the following problems.

1. Hay... semanas de clase en un año académico. ¿Cuántos días de clase hay en un año académico?
2. Mi primo es mecánico. Él trabaja ocho horas cada día y cinco días cada semana. ¿Cuántas horas trabaja en una semana? ¿y en cuatro semanas? ¿en diez semanas?
3. Tengo cuatro hermanos y dos hermanas. También tengo padre, madre, dos abuelos y dos abuelas. En total, ¿cuántas personas hay en mi familia? ¿Cuántas mujeres hay en la familia? ¿Cuántos hombres hay?

B. Charlas—Tu cuarto

1. ¿Tienes un sillón? ¿Es cómodo? ¿Cuál es una marca famosa de sillón? ¿Es tu sillón un...? ¿Haces tu tarea en el sillón? ¿Duermes allí a veces? ¿Hay una lámpara cerca del sillón?
2. ¿En su cuarto, duerme usted en una cama o en un sillón? En su cuarto, ¿dónde está su cama? ¿Es cómoda? ¿Es grande? ¿Duerme Ud. encima o debajo de su cama? ¿De qué hora a qué hora duerme normalmente? ¿Generalmente duerme bien o mal?
3. ¿Tiene su alcoba una alfombra? ¿Cuántas ventanas hay en su alcoba? ¿Cuántas puertas hay? ¿Qué hay en el ropero? ¿Hay ropa debajo de la cama también? ¿Dónde está el cesto de papeles? ¿Qué hay en el cesto de papeles?
4. ¿Tienes un escritorio en su cuarto? ¿Está el escritorio junto a la puerta? ¿Dónde está? ¿Qué haces allí? ¿Comes allí también? ¿Tienes una lámpara encima del escritorio?

C. Frases originales con números

Use the numbers below in logical sentences involving vocabulary such as **minuto(s)**, **hora(s)**, **día(s)**, **semana(s)**, **mes(es)**, **año(s)**, **siglo(s)**...

MODELO   7

Hay siete días en una semana.

1. 365   3. 24   5. 60   7. 31
2. 100   4. 52   6. 28   8. 12

D. Vamos a preguntar, contestar y recordar

Favor de preguntar a... (otro estudiante)

1. dónde está el cesto de papeles en su cuarto
2. cuántas ventanas hay en su cuarto
3. qué hace él/ella en su escritorio
4. si hay una lámpara encima de su escritorio

La amistad *(friendship)* es muy importante en la vida del hispano. Hay mucha expresión de cariño *(affection)* entre los buenos amigos. En los cafés se habla y se comparte *(one shares)* las experiencias del día mientras *(while)* se bebe un café, una cerveza o un refresco *(soft drink)*. ¿Qué hace Ud. cuando tiene problemas o buenas noticias? Pues Ud. habla con su mejor amigo, ¿no? En la vida hay muy pocas cosas mejores que la amistad sincera. ¿Qué piensa Ud.?

II. ACTIVIDADES

A. Charlas para grupos o para la clase

1. ¿Hablas un poco de español? ¿Hablas español cuando estás con tu familia? ¿Qué lengua habla tu familia? ¿Quién habla más de una lengua en esta clase?

2. ¿Qué clase de coche manejas? ¿Es nuevo o viejo? ¿Cuántos años dura un coche típico? ¿Dónde dura más tiempo un coche, en Nueva York o en Dallas?

3. ¿Vas a muchas fiestas? ¿Vas antes o después de un examen muy importante? ¿Cuántas horas dura una fiesta típica? ¿Son divertidas las fiestas de tus amigos?

4. ¿Qué bebes cuando estás en una fiesta? ¿Comes mucho en las fiestas? ¿Hablas mucho? ¿Con quién?

5. ¿Tienes muchos amigos? ¿Sales con tus amigos frecuentemente? ¿Adónde vas con tus amigos generalmente? ¿A qué hora regresas a casa normalmente?

6. ¿Vas de compras frecuentemente? En general, ¿vas solo(-a) o con alguien cuando vas de compras? ¿Compras muchas cosas caras? ¿Vas de compras cuando no tienes dinero?

B. Mis actividades semanales

Outside of class, write a six to eight sentence composition describing your activities during a typical week. In class take turns telling your classmates about your week. Maintain eye contact and use your sentences only as cues.

DESCRIPCIÓN Y CONVERSACIÓN— ACTIVIDADES DE UNA SEMANA TÍPICA

Study the following drawing. You may be asked to prepare questions, answer questions and/or write a short composition about it.

La fiesta de San Fermín tiene lugar cada año en Pamplona, un pueblo pequeño en el noreste de España. La fiesta comienza el 7 de julio y dura una semana. Es emocionante *(exciting)* porque la gente sale a la calle y corre *(run)* delante de los toros *(bulls)*. Es un tipo de desafío peligroso *(dangerous challenge)* entre el toro y el ser humano *(human being)*, una mezcla de valor y locura *(madness)*. ¿Qué piensa Ud. de esta fiesta española? ¿Piensa que es emocionante, peligrosa o ambos *(both)*?

¿Qué es esto? Es enorme. Pesa *(It weighs)* más de veinte y cuatro toneladas *(tons)* y su diámetro es de unos doce pies *(feet)*. Es la Piedra del Sol, un calendario de los aztecas, una antigua cultura de México. Su diseño es maravilloso y su exactitud científica es impresionante *(impressive)*. No hay duda de que *(There's no doubt that)* este calendario es el resultado de un civilización muy avanzada *(advanced)*. Está en el Museo Nacional de Antropología en la ciudad de México junto con *(together with)* otros numerosos artefactos.

¿QUÉ FECHA ES HOY?

What's the date today?

Objetivos de la lección

Tema y cultura
1 To give the date and to talk about the days, months and seasons

Gramática
2 To give the days of the week, months and seasons

3 To use ordinal numbers

4 To give the date

5 To describe something by telling its color

NOTAS CULTURALES

A. Calendars in the Hispanic world list the feast days of all the saints. Children born on a saint's feast day are sometimes named after that saint. If a child is not named after this saint, he or she may be named after another saint. These children celebrate their own birthday (**el cumpleaños**) and the feast day of the saint after which they were named (**el Día del Santo**). In many countries the days of some saints are so important that they become national holidays.

B. **Fiestas** are any gala celebration or holiday in the Hispanic world, but usually they denote a religious festival. Besides the usual **fiestas** of Christmas, Easter and All Saints' Day, most cities and villages create their own **fiestas**. Such holidays provide Hispanics with opportunities to celebrate and break away from the everyday routine.

Vocabulario

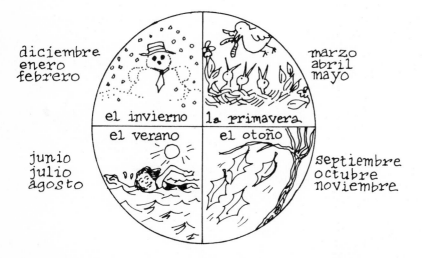

Verbo
asocio/asocias/asocia
  I associate/you associate/ you associate; he, she, it associates

Sustantivos
la **bandera**   *flag*
el **color**   *color*

el **cumpleaños**   *birthday*
la **década**   *decade*
la **escuela primaria**
  elementary school
la **escuela secundaria**
  high school
la **estación**   *season*
la **fecha**   *date*

la **fila**   *row*
el **grado**   *grade (in school)*
el **laboratorio**   *laboratory*
el **maestro**/la **maestra**
  teacher (elementary or secondary school)
la **nota**   *grade (on a test)*

el **ojo**   *eye*
la **página**   *page*
el **piso**   *floor (1st floor, 2nd floor...); floor (of a room)*
la **planta baja**   *ground floor*
el **regalo**   *gift*
el **suelo**   *floor (of a room)*
las **vacaciones**   *vacation*

Adjetivo
pasado   *last (just finished, the one before this one)*

Colores
amarillo   *yellow*
anaranjado   *orange*
azul   *blue*
blanco   *white*
castaño   *brown (hair, eyes)*
gris   *gray*
marrón   *brown*
negro   *black*
rojo   *red*
rosado   *pink*
verde   *green*

Días de la semana
lunes   *Monday*

martes   *Tuesday*
miércoles   *Wednesday*
jueves   *Thursday*
viernes   *Friday*
sábado   *Saturday*
domingo   *Sunday*

Estaciones
el **invierno**   *winter*
la **primavera**   *spring*
el **verano**   *summer*
el **otoño**   *autumn, fall*

Números ordinales
primer(o,a)   *first*
segundo   *second*
tercer(o,a)   *third*
cuarto   *fourth*
quinto   *fifth*
sexto   *sixth*
séptimo   *seventh*
octavo   *eighth*
noveno   *ninth*
décimo   *tenth*

Meses
enero   *January*
febrero   *February*
marzo   *March*
abril   *April*

mayo   *May*
junio   *June*
julio   *July*
agosto   *August*
septiembre   *September*
octubre   *October*
noviembre   *November*
diciembre   *December*

Expresiones
anteayer   *the day before yesterday*
ayer   *yesterday*
¿De qué color es...?   *What color is ...?, What's the color of ...?*
¿De qué marca es...?   *What brand is ...?*
pasado mañana   *the day after tomorrow*
¿Qué fecha es?   *What date is it?*
la **semana** (el **mes**, el **año**) **que viene**   *next week (month, year)*
voy/vas/va de vacaciones   *I go/you go/you go; he, she goes on vacation*

Práctica de vocabulario

¿De qué color son estos animales?
Using new vocabulary, describe the color of the following animals paying special attention to agreement of adjectives.

1. un panda
2. un burro
3. un leopardo
4. un elefante
5. un tigre
6. una cebra
7. un cardenal
8. una jirafa
9. un cerdo *(pig)*

GRAMÁTICA Y PRÁCTICA

I. DAYS OF THE WEEK, MONTHS AND SEASONS

(Los días de la semana, los meses y las estaciones)

DAYS OF THE WEEK

lunes	*Monday*	**viernes**	*Friday*
martes	*Tuesday*	**sábado**	*Saturday*
miércoles	*Wednesday*	**domingo**	*Sunday*
jueves	*Thursday*		

✳ The days of the week are masculine and are not capitalized.

✳ The days of the week have the same singular and plural forms, except for **sábado** and **domingo**, to which an **s** is added in the plural.

Este mes tiene cuatro viernes pero cinco sábados.

This month has four Fridays but five Saturdays.

✳ Following are some common words often used when talking about the days of the week.

hoy	*today*	**anteayer**	*the day before yesterday*
ayer	*yesterday*	**pasado mañana**	*the day after tomorrow*
mañana	*tomorrow*		

Pasado mañana es mi cumpleaños.

The day after tomorrow is my birthday.

¿Qué día fue ayer?

What day was it yesterday?

✳ Monday is considered the first day of the week on the Hispanic calendar.

Dr. Yebra

Dr. Pérez López

Dr. Ruiz Allestarán

Abierto de lunes a viernes de 1:00 p.m. a 6:00 p.m.

Sábados de 10 a.m. a 4 p.m.

MISCELÁNEA

Use of Articles With the Days of the Week

A. ON SUNDAY = **EL DOMINGO:** A definite (particular) Sunday

¿Hay una fiesta el sábado?   *Is there a party on Saturday?*

B. ON SUNDAYS = **LOS DOMINGOS:** Each and every Sunday

Yo no voy al cine los domingos.   *I don't go to the movies on Sundays.*

C. TODAY IS SUNDAY = **HOY ES DOMINGO:** Identification after **es**

¿Es hoy miércoles?   *Is today Wednesday?*

MONTHS OF THE YEAR

Treinta días tiene noviembre,
abril, junio y septiembre.
De veintiocho sólo hay uno;
los otros son de treinta y uno.

enero *January*	**julio** *July*
febrero *February*	**agosto** *August*
marzo *March*	**septiembre** *September*
abril *April*	**octubre** *October*
mayo *May*	**noviembre** *November*
junio *June*	**diciembre** *December*

✳ The months are masculine and are not capitalized.

✳ The definite article is never used before the months.

Enero es fantástico en Hawai.   *January is fantastic in Hawaii.*

✳ The word **en** is used to express *in* + *a month*.

¿Es tu cumpleaños en marzo?   *Is your birthday in March?*

THE SEASONS

el invierno *winter*   **el verano** *summer*
la primavera *spring*   **el otoño** *fall*

✳ In Spanish, the seasons are not capitalized.
✳ Spanish requires the use of an article when the name of a season is used as a subject; in other cases the article is generally omitted.

La primavera es mi estación favorita.   *Spring is my favorite season.*

Voy de vacaciones en verano.   *I go on vacation in the summer.*

PRÁCTICA

A. Cambios—El calendario

1. ¿Cuántos días tiene enero? ¿Cuántos días tiene abril? ¿y febrero? ¿diciembre? ¿junio? ¿agosto?
2. ¿Cuál es su estación favorita? ¿Cuál es la estación favorita de un tenista? ¿y de Jack Frost? ¿de un futbolista?

B. Charlas—Los días de la semana

1. ¿Viene usted a la universidad los fines de semana? ¿Qué días de la semana no hay clases? ¿Qué días tiene usted clase de español?
2. ¿Trabaja usted los viernes? ¿y los sábados? ¿Qué días no trabaja?
3. ¿Tiene usted un examen el viernes que viene? Más o menos, ¿cuándo tiene un examen? ¿Cuántos días hay en este mes? ¿y en el próximo mes?

II. ORDINAL NUMBERS

(Los números ordinales)

The first ten Spanish ordinal numbers are:

primero *first*   **sexto** *sixth*
segundo *second*   **séptimo** *seventh*
tercero *third*   **octavo** *eighth*
cuarto *fourth*   **noveno** *ninth*
quinto *fifth*   **décimo** *tenth*

✳ Ordinal numbers are adjectives and must agree with the nouns they modify. Ordinal numbers usually precede the noun.

La segunda chica tiene ojos castaños.   *The second girl has brown eyes.*

Mayo es el quinto mes.   *May is the fifth month.*

✳ Like **uno, bueno** and **malo**, the ordinal numbers **primero** and **tercero** are short-ened to **primer** and **tercer** when they precede a masculine singular noun.

La primera bandera es española.   *The first flag is Spanish.*
¿Quién fue el tercer presidente?   *Who was the third president?*

✳ In Spanish, ordinal numbers are rarely used after **décimo** *(tenth).* After **décimo**, cardinal numbers (**doce, quince, diez y ocho...**) are used and are placed after the noun.

¿Estoy en el piso quince?   *Am I on the fifteenth floor?*
Luis XVI (diez y seis) fue rey de   *Louis the sixteenth was king of*
   Francia.   *France.*

✳ Ordinal numbers are often abbreviated as follows:

Es la 4ª edición del libro.   *It is the 4th edition of the book.*
Mi oficina está en el 3ᵉʳ piso.   *My office is on the 3rd floor.*

PRÁCTICA

A. Todos juntos, ¿cuál es el número ordinal equivalente?
Give the ordinal equivalent to the following cardinal numbers.

1. seis	**3.** tres	**5.** dos	**7.** veinte	**9.** cinco
2. uno	**4.** diez	**6.** catorce	**8.** cuatro	**10.** diez y seis

B. Cambios—¿Primero o último?

1. ¿Quién fue su primer(a) novio(-a)? ¿Quién fue su primer(a) profesor(a) en esta univer-sidad? ¿su primer(a) amigo(-a)? ¿su maestro(-a) en el primer grado?

2. Más o menos, ¿en qué grado está un chico de doce años? ¿En qué grado está un chico de seis años? ¿de diez años? ¿de diecisiete años?

C. Charlas—¿En qué piso está esto?

1. ¿Cómo se llama este edificio? ¿Cuántos pisos tiene? ¿En qué piso está usted ahora? ¿Tiene Ud. otras clases en este edificio? ¿Está mi oficina en este edificio? ¿En qué piso está mi oficina? ¿Vivo allí o trabajo allí?

2. ¿En qué ciudad está el Empire State Building? Más o menos, ¿cuántos pisos tiene? ¿Cuántas plantas bajas tiene? ¿Qué piso nunca es popular en los edificios? ¿Quiere usted un apartamento en el piso trece? ¿Qué edificio en los Estados Unidos es más alto que el Empire State Building?

III. DATES

(Las fechas)

¿Cuál es la fecha de hoy?	*What's today's date?*
¿Qué fecha es hoy?	*What date is it today?*

(Hoy es) el primero de enero. *(Today is)* ⎡ *January first.* ⎣ *the first of January.*

(Ayer fue) el seis de marzo. *(Yesterday was)* ⎡ *March sixth.* ⎣ *the sixth of March.*

El cinco de febrero de mil novecientos cuarenta y cuatro *February 5, 1944*

❋ The ordinal number **primero** is always used to express the first day of the month. Cardinal numbers (**dos, once, veinte y uno,...**) are used for all the other days of the month.

Pasado mañana es el primero de enero. *The day after tomorrow is the first of January.*

El cuatro de julio es un día importante en este país. *The fourth of July is an important day in this country.*

❋ In English you can express a date two different ways: *July fourth* or *the fourth of July*. In Spanish there is only one way to express a date:

el + date + **de** + month (+ **de** + year, if expressed)

El seis de noviembre de mil novecientos ochenta y ocho *November 6, 1988*

El trece de noviembre *The thirteenth of November*

❋ In an abbreviation, the day is given before the month.

18/10 **el diez y ocho de octubre**
7/2 **el siete de febrero**

❋ When referring to a year of the present century, the word **el** plus two digits may be used.

En el ochenta y tres, yo... *In eighty-three, I ...*

❋ Remember, **mil** (not multiples of one hundred as in English) is used to express numbers after 1,000. (Lección 6, III, Note).

mil novecientos ochenta y cuatro *nineteen eighty-four*

PRÁCTICA

A.   Cambios—Toda clase de fechas

1. ¿Qué fecha es hoy? ¿Qué fecha es pasado mañana? ¿en dos semanas? ¿en cuatro meses más o menos?

2. ¿Cuándo es su cumpleaños? ¿Cuándo es el cumpleaños de su madre? ¿y el cumpleaños de su padre? ¿de su novio(-a)?

B.   Días especiales—¿Qué fecha es?

Listen as your instructor says the names of the following United States holidays. Give the date for each one.

MODELO   el Día de los Inocentes *(April Fools Day)*
Es el primero de abril.

1. el Día de Año Nuevo
2. el Día de San Patricio
3. el Día de Navidad
4. el Día de la Raza *(Columbus Day)*

C.   ¡Voluntarios por favor!—¿En qué año fue?

See how many of the following news events you can identify.

MODELO   La Primera Guerra Mundial *(World War)* comienza.
Fue en mil novecientos catorce.

1. Neil Armstrong camina en la luna *(moon)*.
2. Es el año de la independencia de los Estados Unidos.
3. Comienza la Guerra Civil de los Estados Unidos.
4. Comienza la Segunda Guerra Mundial.

IV. COLORS

(Los colores)

Below are the Spanish words for colors.

azul *blue*	**verde** *green*	**negro** *black*	**blanco** *white*	**gris** *gray*
rojo *red*	**anaranjado** *orange*	**amarillo** *yellow*	**rosado** *pink*	**marrón** *brown*

Colors are used as adjectives that agree in gender and number with the noun they modify. Color adjectives usually follow the same basic rules as other adjectives for formation and location (**Lección 1, I**).

La bandera es verde y amarilla.	*The flag is green and yellow.*
La silla azul está allí.	*The blue chair is over there.*
Los suelos son marrones.	*The floors are brown.*

The names of all colors are masculine. A masculine definite article precedes a color used as a noun.

El rojo es su color favorito.　　　　　　*Red is her favorite color.*

✷　When asking the color of something, use the following idiomatic phrase.

¿De qué color es...?　$\begin{bmatrix} \textit{What color is ...?} \\ \textit{What's the color of ...?} \end{bmatrix}$

PRÁCTICA

A.　Cambios—¿De qué color es esto?

1. ¿Tiene Ud. coche? ¿De qué color es? ¿De qué color es el coche de su familia? ¿y el coche de la policía? ¿el coche de un cartero *(mailman)*? ¿el coche del presidente de los Estados Unidos?

2. ¿De qué color son mis ojos? ¿De qué color son sus ojos? ¿De qué color son los ojos de su madre? ¿y de su padre? ¿de Paul Newman? ¿de Eddie Murphy? ¿de... (otro estudiante)?

B.　¿Qué color asocias con estas cosas?

Your instructor will read the following items aloud. What color(s) do you associate with each item?

MODELO　　la nieve
　　　　　　el blanco

1. el maíz *(corn)*　　3. la rosa　　　5. el océano　　7. la banana
2. el café　　　　　　4. el tomate　　6. el dinero　　8. el comunismo

C.　Charlas—Un poco más sobre los colores

1. ¿Cuántos colores hay en la bandera de Inglaterra? ¿Cuáles son? ¿Qué otra bandera es roja, blanca y azul? ¿De qué color es la bandera del Canadá? ¿y la bandera de la Unión Soviética?

2. ¿Cuál es tu color favorito? ¿Hay algo... aquí en la clase? ¿Tienes muchas cosas...? ¿Tienes mucha ropa...? En tu opinión, ¿cuál es un color aburrido?

¿Qué es este gran desfile *(parade)*? Se celebra cada año en las ciudades de gran población hispana la importancia de la raza *(race)* aquí en los Estados Unidos. Se llama el Día de la Raza y se celebra generalmente el 12 de octubre en conmemoración de la llegada *(arrival)* de Cristobal Colón a América.

COMUNICACIÓN Y ACTIVIDADES

I. COMUNICACIÓN

A. Cambios—Más días, meses y años

1. ¿Hay clase de español los martes? ¿Hay clase los jueves? ¿y los domingos? ¿el 25 de diciembre? ¿los fines de semana? ¿hoy?

2. Más o menos, ¿cuántos días hay en un mes? ¿cuántos días hay en un año? ¿y en una estación? ¿en dos estaciones? ¿en un fin de semana? ¿en una década? ¿en un siglo?

B. ¿Qué fecha asocias con esto?

Tell what date you associate with the following items.

MODELO   fiestas toda la noche
         el treinta y uno de diciembre

1. demasiada comida
2. muchos regalos
3. el color verde
4. la Niña, la Pinta y la Santa María
5. novios y novias
6. los colores rojo, blanco y azul

C. Charlas—Un poco de historia

1. ¿Quién fue el primer presidente de los Estados Unidos? ¿Quién fue el segundo? ¿Quién fue presidente primero, Theodore Roosevelt o Franklin Delano Roosevelt? ¿En qué siglo fue presidente Abraham Lincoln?

2. ¿Qué siglo fue importante para la independencia de los Estados Unidos? ¿Quién es una persona famosa del siglo XV? ¿y del siglo XIX? ¿En qué siglo vive usted?

D. ¿Qué día es?

1. Si hoy es viernes (lunes), ¿qué día es mañana?

2. Si ayer fue lunes (jueves), ¿qué día es pasado mañana?

3. Si hoy es viernes (domingo), ¿qué día fue anteayer?

¡Qué jinetes (*riders*) más elegantes! Son parte del desfile de la famosa feria (*fair*) de Sevilla. Tiene lugar cada año en el sur de España y hay pocas ferias en el mundo con más color, tradición y alegría (*gaiety*).

II. ACTIVIDADES

A. Charlas para grupos o para la clase

1. ¿Qué fecha es hoy? ¿Qué fecha fue anteayer? ¿Cuál es la fecha de tu cumpleaños? ¿Estudias español el veinte y cinco de diciembre?

2. ¿Cuántos días hay generalmente en febrero? ¿Cuántos días hay en febrero cada cuatro años? ¿Qué mes tiene treinta y un días? ¿Cuál tiene treinta días?

3. ¿Cuáles son los primeros seis meses? ¿Cuáles son los últimos seis meses? ¿En qué meses hay vacaciones? ¿En qué mes termina este semestre?

4. ¿Cuántas clases tienes los martes? ¿Cuántas tienes los miércoles? ¿A qué hora es tu primera clase hoy? ¿A qué hora es tu última clase?

5. Tu primera clase hoy, ¿es por la mañana, por la tarde o por la noche? ¿Trabajas después de tus clases? ¿Trabajas los sábados y los domingos también? ¿Qué día no trabajas?

6. ¿Es este semestre la primera vez que estudias español? ¿En qué año estás en la universidad? ¿Es el español tu última clase del día? ¿Cuál es tu última clase del día?

B. **¿Qué haces?**

Describe what you usually do or do not do on different days of the week. Your classmates will be encouraged to ask questions about your activities during the week.

DESCRIPCIÓN Y CONVERSACIÓN— UN CALENDARIO SEMANAL (A weekly calendar)

Study the following drawing. You may be asked to prepare questions, answer questions and/or write a short composition about it.

FECHA	DÍA	LA MAÑANA	LA TARDE	LA NOCHE
27 OCTUBRE	LUNES	Librería – 2 lápices, 1 cuaderno, 1 libro	Biología 1 – 2 Español 2 – 3	
28 OCTUBRE	MARTES	Biblioteca con Julio 10 – 11:30	Cafetería 12:45	Película en la T.V. – canal 5 (9 – 11)
29 OCTUBRE	MIÉRCOLES		Reunión del club de español	Restaurante "Don Pedro" (con mis padres) 5:30
30 OCTUBRE	JUEVES	El trabajo (11 ⟷ 5) (cafetería)		Biblioteca toda la noche
31 OCTUBRE	VIERNES	8:00 examen de inglés	3:00 – 4:00 matemáticas	
1 NOVIEMBRE	SÁBADO			Fiesta – club internacional (8 – 1)
2 NOVIEMBRE	DOMINGO	El trabajo (9 ⟷ 4) (cafetería)		cine (mi coche)

LECCIÓN 8

En Centroamérica hay una gran abundancia de selvas con mucha lluvia y vegetación tropical. Hay sólo dos estaciones aquí, una cuando llueve mucho y otra cuando llueve menos. Sin embargo (*However*), siempre hace calor. ¡Mucho calor! Aquí hay animales exóticos y fascinantes y mucha belleza (*beauty*) natural. Por otra parte (*On the other hand*) también hay insectos y animales peligrosos (*dangerous*) y a veces una humedad (*humidity*) opresiva. ¿Qué piensa Ud. de unas vacaciones en las selvas de Centroamérica? ¿Le gusta la idea o no?

Puerto Rico es una isla tropical de hermosas (*beautiful*) playas donde el clima, según muchos (*according to many*), es ideal. Este clima puertorriqueño atrae (*attracts*) a miles de turistas de los Estados Unidos especialmente en los meses de invierno. La arena (*sand*) es fina y el agua es simplemente fantástica. Aquí el turista típico hace de sus vacaciones días llenos de música, sol, descanso (*rest*) y visitas a lugares de interés histórico y cultural; no hay prisa de trabajo ni (*nor*) de responsabilidades.

¡ME GUSTA EL BUEN TIEMPO!

Objetivos de la lección

Tema y cultura
1 To talk about the weather and what you like and dislike

Gramática
2 To use expressions which describe the weather

3 To use the expressions **me gusta(n)/te gusta(n)/le gusta(n)** (*I like/you like/you like; he, she, it likes*)

4 To use certain idiomatic expressions with **tengo/tienes/tiene**

I like nice weather!

NOTAS CULTURALES

A. In the Southern Hemisphere the seasons of the year are the opposite of those in the Northern Hemisphere. When it is summer in the United States, it is winter in Argentina, and vice versa. Christmas in South America is a summertime holiday. In the Southern Hemisphere the north is hot and the south is cold. For example, the northern third of Chile is hot desert, the middle third is temperate and the southern third is cold forest with glaciers.

B. Spain has seasons and a climate similar to those of the United States. Northern Spain is rather humid and contains snow-covered mountains. Southern Spain is famous for its sunny coasts on the Mediterranean Sea. The middle plains have a dry climate.

Vocabulario

Hace fresco.	Hace mucho calor.	Hace frío y nieva.	Llueve, truena y relampaguea.

Verbos
llueve   *it rains*
nieva   *it snows*
truena   *it thunders*
relampaguea   *it is lightening*

Sustantivos
el **aire**   *air*
el **calor**   *heat, warmth*
el **cielo**   *sky*
el **clima**   *climate*
la **contaminación**   *pollution*

el **deporte**   *sport*
el **disco**   *record (music)*
el **dolor de cabeza**   *headache*
el **dolor de estómago**   *stomachache*
el **fresco**   *coolness*
el **frío**   *cold*
el **hambre** (f)   *hunger*
el **interés**   *interest*
la **luna**   *moon*
la **lluvia**   *rain*
la **música**   *music*
la **nieve**   *snow*

la **nube**   *cloud*
el **relámpago**   *lightning*
la **sed**   *thirst*
el **sol**   *sun*
el **sueño**   *sleepiness; dream*
la **suerte**   *luck*
el **suéter**   *sweater*
el **teléfono**   *telephone*
el **tiempo**   *weather*
el **tocadiscos**   *record player*
el **trueno**   *thunder*
el **viento**   *wind*

Adjetivos
adulto *adult*
caliente *hot, warm*
despejado *clear*
frío *cold*
nublado *cloudy*
similar *similar*

Expresiones con *hace*
Hace *It is*
  buen (mal) tiempo
    good (bad) weather
  calor *hot, warm*
  fresco *cool*
  frío *cold*
  sol *sunny*
  viento *windy*

**Expresiones con *tengo/
  tienes/tiene***
**no tengo/no tienes/no
  tiene razón** *I am/you
  are/you are; he, she, it is
  wrong*
tengo/tienes/tiene *I am/
  you are/you are; he, she, it
  is*
  ... años *...years old*
  calor *hot, warm*
  cuidado *careful*
  frío *cold*
  hambre *hungry*
  interés (en) *interested
    (in)*
  miedo (de) *afraid (of)*
  prisa *in a hurry*

razón *right*
sed *thirsty*
sueño *sleepy*
suerte *lucky*

Miscelánea
casi *almost*

Expresiones
ahora mismo *right now*
con frecuencia
  frequently
¿Cuántos años tiene Ud.?
  How old are you?
**me gusta(n)/te gusta(n)/le
  gusta(n)** *I like/you like/
  you like; he, she, it like(s)*
por aquí *around here*

Práctica de vocabulario

Antónimos
Using new vocabulary, give an antonym for each of the following words or phrases.

MODELO   la luna   **el sol**

1. el calor   **4.** niño   **7.** caliente
2. despejado   **5.** el aire puro   **8.** mal tiempo
3. diferente   **6.** el sol   **9.** estoy equivocado

GRAMÁTICA Y PRÁCTICA

I. THE WEATHER
(El tiempo)

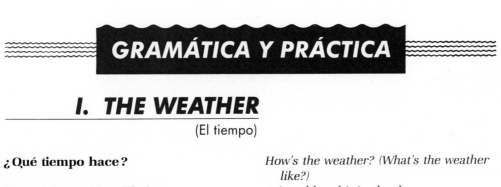

¿Qué tiempo hace?   *How's the weather? (What's the weather
                                                      like?)*

Hace frío y está nublado.   *It is cold and it is cloudy.*
¿Nieva ahora?   *Is it snowing now?*
No, hace buen tiempo.   *No, the weather is nice.*

English normally uses the verb *to be* when describing the weather: *It is cold, it is cloudy, it is snowing, etc....* In Spanish, weather expressions generally require the use of one of the following three constructions.

> **hace** + noun
> **está** + adjective
> weather verb

The above constructions are not interchangeable and their different uses must be learned individually. Do not "cross over" by mixing part of one construction with part of another.

HACE + *NOUN*

This construction is idiomatic. Spanish has no literal translation for *it is sunny*. In order to express this idea, Spanish makes use of a phrase which literally translates as *it (nature) makes sun*. Below are more idiomatic phrases following the same pattern of **hace** + *noun*. Learn each one individually.

	Hace		It is
	buen tiempo.		nice weather.
	mal tiempo.		bad weather.
	calor.		hot, warm.
	frío.		cold.
	fresco.		cool.
	sol.		sunny.
	viento.		windy.

Hace buen tiempo hoy.   *It is nice (weather) today.*
¿Hace viento ahora?   *Is it windy now?*

ESTÁ + *ADJECTIVE*

This construction is basically the same in English and in Spanish: *to be* + *adjective*.

Está   nublado. / despejado.   It is   cloudy. / clear.

¿Está el cielo nublado?   *Is the sky cloudy?*
No, está despejado.   *No, it is clear.*

WEATHER VERBS

Spanish, like English, has a number of verbs which refer exclusively to weather descriptions: to rain, to snow, to thunder, etc.... These verbs can be called *weather verbs*. Below are some common Spanish weather verbs.

llueve	*it*	*rains, is raining*
nieva		*snows, is snowing*
truena		*thunders, is thundering*
relampaguea		*is lightening*

¿Truena cuando hace sol?	*Does it thunder when it is sunny?*
¿En qué estación llueve mucho?	*In what season does it rain a lot?*

✳ Generally, do not start a weather-related answer or statement with **El tiempo...** The word **tiempo** is most frequently used in a weather question or as part of an **hace** + *noun* weather phrase.

¿Qué tiempo hace hoy?	*What's the weather like today?*
Hace buen (mal) tiempo hoy.	*The weather is nice (bad) today.*

✳ The word **hay** is often used to express *there is* + *visible weather phenomena.*

¿Hay mucha nieve (lluvia) hoy?	*Is there a lot of snow (rain) today?*
No hay mucho viento ahora.	*There's not very much wind now.*

MISCELÁNEA

Comparison of *muy* and *mucho* with Weather Expressions
With weather expressions, the word *very* is expressed in Spanish by **mucho** or **muy**. The correct choice depends on whether the weather phrase uses a noun, an adjective or a weather verb.

A. **HACE** + *NOUN* Noun weather phrases use **mucho** to express *very.*

Hace mucho calor hoy.	*It is very hot today. (It makes much heat.)*

B. **ESTÁ** + *ADJECTIVE* Adjective weather phrases use **muy** to express *very.*

El cielo está muy nublado.	*The sky is very cloudy.*

C. *WEATHER VERB* Weather verb phrases use **mucho** to express *much* or *a lot.*

¿Llueve mucho en Arizona?	*Does it rain much (a lot) in Arizona?*

PRÁCTICA

A. Cambios—¿Qué tiempo hace en estos lugares?

1. ¿Hace calor en Hawai? ¿Hace calor en la Florida? ¿y en Alaska? ¿en la Antártica? ¿en Costa Rica? ¿en Islandia?
2. ¿Llueve mucho en Seattle? ¿Llueve mucho en el Amazonas? ¿y en el Sahara? ¿en Arizona?

3. ¿Qué tiempo hace en las montañas? ¿Qué tiempo hace en Acapulco? ¿y en el Canadá? ¿en Arizona? ¿en Chicago? ¿en el Congo?

4. ¿Qué tiempo hace en Nueva York en enero? ¿Qué tiempo hace en Nueva York en abril? ¿y en julio?

B. Charlas—¿Cómo es el clima de este estado?

1. ¿Qué tiempo hace hoy? ¿Qué tiempo hace por aquí en agosto? ¿y en febrero? En general, ¿hace buen o mal tiempo en este estado? En su opinión, ¿qué estado tiene un buen clima? ¿Cuál tiene un clima muy malo?

2. ¿Nieva mucho en este estado? ¿En qué estado nieva más que aquí? ¿En qué estado no nieva generalmente? ¿Es la nieve fría o caliente? ¿De qué color es la nieve?

3. ¿Está el cielo despejado o nublado ahora? ¿Cómo está cuando llueve? ¿De qué color son las nubes cuando llueve? ¿y cuando hace sol? ¿Truena cuando hace sol? ¿Cuándo truena?

4. ¿En qué estación llueve más, en primavera o en invierno? ¿En qué estación hace mucho sol? ¿De qué color es el sol? ¿Está lejos o cerca de aquí? ¿Es caliente o frío?

C. Ciudades—¿Dónde está y qué tiempo hace allí?

First say where each of the following cities is located and then say what weather you generally associate with it.

MODELO   Dallas
          Dallas está en Tejas.   Hace calor y sol allí.

1. Seattle   3. Phoenix   5. Chicago
2. San Francisco   4. Anchorage   6. Fort Lauderdale

II. ME GUSTA(N)/ TE GUSTA(N)/ LE GUSTA(N)

(I like/you like/you like; he, she, it likes)

¿Qué mes te gusta?   *What month do you like?*
¡Me gustan todos los meses del año!   *I like all the months of the year!*

An *idiom* is an expression which cannot be translated literally from one language into another. Spanish has no literal translation for the English *I like/you like/he, she, it likes*. To express likes or dislikes, Spanish makes use of the following special idiomatic construction involving the verb form **gusta** *(is pleasing to)*.

me gusta	*I like*
te gusta	*you like* (fam)
le gusta	*you like* (form); *he, she, it likes*

¿Qué estación le gusta?	*What season do you (does he, she) like?*
Me gusta la primavera.	*I like spring.*

✳ If what is liked is plural, add **n** to **gusta**: **gustan**.

Me gustan todos los colores.	*I like all the colors.*

✳ To express dislikes, add **no** before **me, te** or **le**.

No le gustan estos discos.	*She doesn't like these records.*
¿Qué deporte no te gusta?	*What sport don't you like?*

✳ When referring to something in general, the definite article is used before the thing that is liked or disliked.

Me gusta la nieve.	*I like snow.*
¿Le gustan los deportes?	*Do you (does he, she) like sports?*

✳ After **gusta(n)**, **mucho** generally translates as *a lot* or *very much*. When used with **gusta(n)**, **mucho** always ends in **-o** and is placed immediately after **gusta(n)**.

Me gustan mucho mis amigos.	*I like my friends a lot (very much).*

PRÁCTICA

A. Cambios—¿Te gusta el buen tiempo?
1. ¿Te gustan los meses del invierno? ¿Te gustan los meses del verano? ¿y los relámpagos? ¿las nubes negras? ¿la lluvia? ¿un cielo despejado? ¿los días bonitos?
2. ¿Le gusta la lluvia? ¿Le gusta el sol? ¿Le gusta el calor? ¿y el frío? ¿la nieve? ¿el mal tiempo? ¿el buen tiempo? ¿el aire fresco? ¿la contaminación?

B. ¿Por qué le gusta?
Using **porque** *(because)* in your answer, say why you like or dislike the following things.

MODELO   octubre
　　　　 (No) me gusta octubre porque hace fresco.

1. julio	**4.** esta ciudad	**7.** McDonald's
2. el cine	**5.** tu novio(-a)	**8.** la música clásica
3. las fiestas	**6.** los sábados	**9.** las vacaciones

C. Charlas—Las cosas que te gustan

    1. ¿Tienes tocadiscos? ¿De qué marca es? ¿Qué te gusta más, la música popular o la música clásica? ¿Compras muchos discos? ¿Cuánto cuesta un disco típico? ¿Quiénes son dos cantantes que te gustan mucho? ¿Qué cantante no te gusta?

    2. ¿Tienes coche? ¿De qué color es? ¿De qué marca es? ¿Te gusta mucho tu coche? ¿Es rápido o lento? ¿Adónde vas generalmente en tu coche?

    3. ¿Cuál es más nuevo, tu coche o el coche de tu familia? ¿Cuál de los dos te gusta más? ¿Por qué? ¿Quieres un coche nuevo? ¿Te gustan los coches rápidos?

D. Ejercicio de memoria—Vamos a preguntar, contestar y recordar

Favor de preguntar a... *(otro estudiante)*

    1. si le gusta cuando nieva   **3.** si le gustan los dolores de cabeza

    2. qué estación no le gusta   **4.** si le gusta más el calor o el frío

III. IDIOMS WITH TENGO/TIENES/TIENE

(Expresiones con *tengo/tienes/tiene*)

Many ideas expressed in English with *I am/you are/he, she is* + *adjective* are expressed idiomatically in Spanish with **tengo/tienes/tiene** *(have, has)* + *noun*.

| Tengo Tienes Tiene | hambre. sed. sueño. calor. frío. interés (en)... cuidado. razón. suerte. prisa. ... años. miedo (de)... | I am You are You are; he, she, it is | hungry. thirsty. sleepy. hot, warm. cold. interested (in) . . . careful. right. lucky. in a hurry. . . . years old. afraid (of) . . . |

¿A qué hora tienes hambre?   *At what time are you hungry?*
¿Cuándo tiene usted sed?   *When are you thirsty?*
Siempre tengo cuidado cuando   *I am always careful when I drive my*
  manejo mi coche.   *car.*

✴ Since these idioms use nouns, they are intensified by adding the adjective **mucho**.

¡Tengo mucho sueño por la   *I am very sleepy in the evening!*
  noche!
Ella siempre tiene mucha suerte.   *She is always very lucky.*

MISCELÁNEA

Asking or Giving Someone's Age

A. *ASKING SOMEONE'S AGE* There are two equally correct ways of asking a person's age in Spanish. Both use the verb forms **tengo/tienes/tiene**.

¿Cuántos años tiene él?⎤ *How old is he? (How many*
                              years does he have? or What
¿Qué edad tiene él?   ⎦ *age does he have?)*

B. *GIVING SOMEONE'S AGE* There is, however, only one way to give someone's age.

Él tiene doce años.   *He is twelve years old.*

PRÁCTICA

A.   Reacciones personales
React to the following words and phrases by using a logical **tengo/tienes/tiene** idiom. Start with **Tengo...**

> MODELO   las once y media de la noche
> **Tengo sueño.**

1. pizza	**5.** Siberia	**9.** 10 − 4 = 6
2. julio	**6.** nieve	**10.** Frankenstein
3. suéter	**7.** Rolaids	**11.** la medianoche
4. agua	**8.** Excedrin	**12.** examen final

B.   ¿Cuántos años tiene...?
Give the approximate age of the following people and things.

> MODELO   tu mejor amigo(-a)
> **Mi mejor amigo tiene veinte años.**

1. tu abuela	**3.** tu novio(-a)	**5.** la casa de sus padres
2. tu coche	**4.** este país	**6.** el presidente de este país

C. Charlas—Un poco de todo

1. ¿Tienes sueño cuando estás aburrido(-a)? En general, ¿dónde tienes más sueño, en una fiesta o en una clase? ¿Tienes más sueño por la mañana o por la noche?

2. ¿Qué edad tiene usted? ¿y su hermano(-a)? ¿Cuándo es adulta una persona? En su opinión, ¿qué edad tiene una persona anciana?

3. ¿Tiene Ud. televisor? ¿De qué marca es? ¿Cuántos años tiene? ¿Es en colores o en blanco y negro? ¿Es bueno o quiere uno nuevo?

4. ¿Quién tiene más interés en las lenguas extranjeras, tú o yo? ¿Tengo interés en los estudiantes trabajadores? ¿Siempre tienes razón aquí en la clase? ¿Siempre tengo yo razón? ¿Tengo interés en una clase perezosa? ¿Quiero estudiantes perezosos en mis clases?

Quito es la capital del Ecuador. Originalmente fue la tierra (*land*) de los quitos, indios conquistados (*conquered*) en tiempos precolombinos por los más poderosos incas. Esta ciudad está al lado del volcán (*volcano*) Pichincha en un valle espléndido a unos 9.350 pies de altura (*feet*). Aquí la temperatura es fantástica; es una ciudad de eterna primavera.

COMUNICACIÓN Y ACTIVIDADES

I. COMUNICACIÓN

A. Cambios—Un poco de todo

1. ¿Tiene usted prisa cuando toma mis exámenes? ¿Tiene Ud. cuidado cuando toma mis exámenes? ¿Tiene dolor de cabeza? ¿Tiene miedo? ¿sueño? ¿mala suerte? ¿buena suerte a veces?

2. ¿Cuál le gusta más, la Coca-cola o la Pepsi-cola? ¿Cuáles le gustan más, las hamburguesas de Burger King o las hamburguesas de McDonald's? ¿los coches de Ford o de General Motors? ¿las clases o las vacaciones? ¿un libro o una película?

B. ¿Le gusta esto o no?

Using **Sí, me gusta(n)...** or **No, no me gusta(n)...,** say whether you like or dislike the following situations.

MODELO   las vacaciones de verano
         Sí, me gustan (No, no me gustan) las vacaciones de verano.

1. diez años de español
2. cuando truena
3. los exámenes fáciles
4. el último día de clases
5. los días feos
6. los fines de semana

C. Charlas—Gustos y preferencias *(Tastes and preferences)*

1. ¿Cuántos meses hay en una estación? ¿Qué estación le gusta más? ¿Por qué le gusta... *(estación favorita)?* ¿Qué tiempo hace generalmente en...? ¿Qué hace usted normalmente en...?

2. ¿Qué bebe usted cuando tiene mucha sed? ¿Tiene hambre ahora mismo? ¿Qué hace cuando tiene mucha hambre? ¿Qué bebe usted normalmente con su comida?

3. ¿Qué estado tiene muchas playas populares? ¿Cuál es una playa famosa en...? ¿En qué mes hay muchos estudiantes en las playas de la Florida? En la playa, ¿tiene usted más interés en el océano o en las otras personas? ¿Qué playa le gusta?

4. ¿Te gusta la comida mexicana? ¿Qué comida no te gusta? Generalmente, ¿tienes prisa cuando comes? En general, ¿comes demasiado? ¿Qué tomas si comes demasiado? ¿Cuál es mejor para un dolor de estómago, Tylenol o Tums? ¿Cuándo tomas Tylenol?

D. Ejercicio de memoria—Preguntar, contestar y recordar

Favor de preguntar a... *(otro estudiante)*

1. qué cosa no le gusta
2. si él (ella) tiene sueño hoy
3. qué hace él (ella) cuando tiene sueño
4. qué edad tiene... (otro estudiante)

La meseta central en España consiste en (*consists of*) vastas llanuras (*plains*) que por la mayor parte (*for the most part*) son extremadamente secas (*dry*). Es en esta región de España que el clima y la tierra son ideales para la cultivación de olivos (*olive trees*). Aunque (*Although*) a veces se dice que hay más piedras (*stones*) en esta tierra que frutas en los árboles, estos olivares (*olive groves*) son fuente (*the source*) de la producción y la exportación de una gran cantidad de aceitunas (*olives*) y aceite de oliva (*olive oil*) a todas partes del mundo.

II. ACTIVIDADES

A. Charlas para grupos o para la clase

1. ¿Tienes miedo por la noche? ¿Hace sol por la noche? ¿Cuándo hace sol? ¿Dónde hace sol cuando es la medianoche aquí?

2. ¿Cuál te gusta más, la lluvia o el sol? ¿Cómo está el cielo cuando truena? ¿truena normalmente cuando relampaguea? ¿Tienes miedo cuando relampaguea?

3. ¿En qué mes hace mucho viento? ¿En qué mes llueve mucho? ¿Cómo está el cielo cuando llueve? ¿Llueve más en Arizona o en Oregón?

4. ¿Tienes tocadiscos? ¿Qué clase de música te gusta mucho? ¿Qué clase no te gusta? Generalmente, ¿cuántos discos compras cada año?

5. ¿En qué mes va tu familia de vacaciones usualmente? ¿Te gustan las vacaciones con la familia? ¿Adónde va la familia? ¿Qué tiempo hace allí?

6. ¿Te gusta la comida? ¿Tienes hambre todo el tiempo? ¿Cuál es tu comida favorita? ¿Qué bebes con... generalmente?

B.   Favor de decir a un compañero de clase...

1. Tell a classmate that you have a problem because it is raining right now. Then say that you have a class in ten minutes and your brother has your car today.
2. Tell your classmates what restaurant you like and what you normally eat there. Also say with whom you usually go and where it is located.
3. Describe the weather today. Also say what season you like and why.
4. Tell your classmates whose music you like a lot. Then say who you think is a very good singer. Say how many of his (her) records you have.
5. Tell your classmates that you are going home after this class because you are sick. Say that you have a headache. Then ask one of your classmates if he/she has something for your headache.
6. Say how old you are. Then ask a classmate if he/she is older than you. Then ask another classmate how old he/she is.

DESCRIPCIÓN Y CONVERSACIÓN— ¿QUÉ TIEMPO HACE HOY?

Study the following drawing. You may be asked to prepare questions, answer questions and/or write a short composition about it.

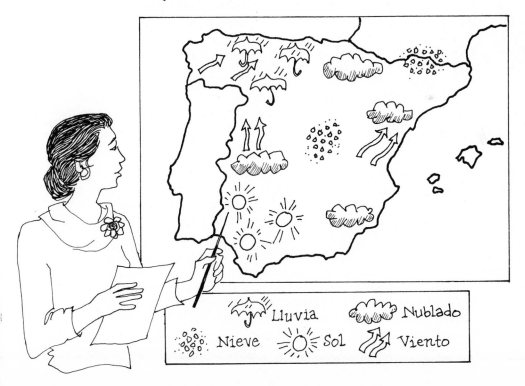

La lengua española

La lengua española es el resultado de influencias y circunstancias diversas. Como todas las otras lenguas romances° (el francés, el italiano, el portugués), el español viene del latín. Aunque° el 80 por ciento° del español es derivado del latín, esta lengua también tiene sus raíces° en el árabe, el
5 germano (el alemán), el francés, el inglés, el italiano, el hebreo° y las lenguas indígenas° del Nuevo Mundo° (las Américas).

Después de una larga evolución, el latín vulgar (de la gente común) toma la forma del español moderno. El explorador° lleva° el español al Nuevo Mundo. De esta manera,° el español es hoy en día° una de las cinco lenguas
10 más importantes del mundo. Es una verdadera° lengua universal. Es la lengua nacional (oficial) de unos veinte países y de más o menos 300 millones de personas. Y este número aumenta° cada año.

En Hispanoamérica, el español de España adquiere° una identidad propia°, con la influencia de los dialectos indios y de las otras lenguas euro-
15 peas. El dialecto indio *náhuatl* es parte de la lengua de Guatemala y de México como lo es° el *quechua* en el Perú y en Bolivia. En el norte de Guatemala, más del 80 por ciento de la población° habla la lengua de sus antepasados°, los mayas. En la época de° los conquistadores, había° más de 120 dialectos indios en Hispanoamérica.

20 El español de hoy es a veces un poco diferente de un país hispano a otro, y aun° diferente de una región a otra de un país. Hay pequeñas diferencias en la pronunciación o en el uso de las palabras y las expresiones. Por ejemplo, la palabra *automóvil* es universal entre hispanohablantes°. Pero la palabra *carro* (o *coche*) también significa automóvil en ciertos°
25 países. Estas variaciones son pequeñas y de poca importancia en las conversaciones diarias. Es parecido al° inglés, ¿no? Se habla la misma° lengua en Inglaterra y en los Estados Unidos; sin embargo°, hay palabras y expresiones que no son iguales° en los dos países. Hoy en día, en los Estados Unidos, el conocimiento° del español es importante para los intercambios
30 sociales y comerciales°. Siempre se comprende mejor a otra persona cuando se sabe° un poco de su cultura y de su lengua, ¿verdad? Este país tiene más de 15 millones de ciudadanos° de origen hispano. Un gran porcentaje° de la gente de este país habla español en casa, en el trabajo o aun en la escuela; el español es parte de la vida diaria.

Romance

Although / percent
roots
Hebrew

native / **Nuevo...**
New World
explorer / takes
De... *This way /*
hoy... *nowadays*
true

increases
acquires
una... *an identity of*
its own
como... *as is*
population
ancestors / **En...** *at*
the time of / there
were

even

Spanish-speaking
people
certain
parecido... *similar*
to / same
sin... *nevertheless*
exactly alike
knowledge / **inter-**
cambios... *social*
and business in-
terchanges
se... *one knows*
citizens / percentage

Comprensión

1. ¿Cuáles son las lenguas romances? ¿Cuál es el origen de todas las lenguas romances? ¿Qué porcentaje del español es derivado del latín? ¿Con quiénes llega el español al Nuevo Mundo? ¿En cuántos países se habla español hoy en día?

2. ¿Dónde se habla quechua? ¿y náhuatl? ¿Qué son?

3. En este país, ¿dónde es importante el conocimiento del español? ¿Cuántos ciudadanos de origen hispano tiene este país?

Conversación y composición

1. Define and further comment on each of the following terms from the reading.

   a. náhuatl   **b.** Nuevo Mundo   **c.** *automóvil*   **d.** quechua

2. Describe and discuss the changes that Spanish underwent once it was brought to the New World.

3. Write a six to eight sentence summary about the importance of Spanish today.

LECCIÓN 9

Los estudiantes de universidad en Hispanoamérica son de ambos (*both*) sexos. La mujer del siglo veinte tiene mejores oportunidades de estudiar para cualquier carrera (*any career*). Y la mujer hispana moderna aprovecha (*takes advantage of*) esas oportunidades. Con inteligencia y determinación ella también busca nuevos conocimientos (*knowledge*) y mundos a través de (*through*) la educación.

También hay oportunidades dentro de la educación hispana para los estudiantes estadounidenses y europeos. Muchos jóvenes extranjeros van a estudiar a los países hispanos. Lo importante es (*What's important is*) que el nivel académico y la calidad de la educación hispana es excelente. Después de terminar sus estudios, el estudiante extranjero regresa a su país con todo lo necesario (*with everything necessary*) para trabajar como buen profesional.

LA VIDA UNIVERSITARIA

University life

Objetivos de la lección

Tema y cultura
1 To talk about university life

Gramática
2 To use more subject pronouns: **nosotros(-as)**, **ustedes** and **ellos(-as)**

3 To form the present tense of regular **-ar** verbs

4 To use prepositions

5 To understand the implied future and other uses of the infinitive

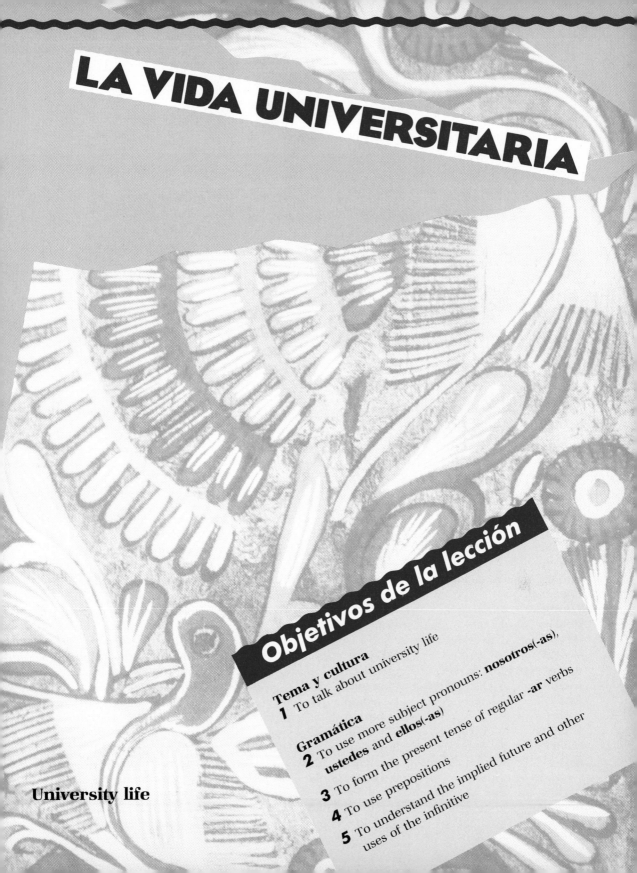

NOTAS CULTURALES

A. Most Hispanic universities are financed by the government and located in large cities. While tuition is quite low, high entrance requirements restrict admissions.

B. Many universities have no dormitories, or very few, since students have traditionally preferred to live closer to their families and friends. Hence, the campus environment and activities are often different from those of U.S. universities. There is less social life and interest in sports at Hispanic universities. Instead, students are more involved with political causes. As a protest against university administration, they may engage in strikes of classrooms. They also stage demonstrations to express discontent with government policies.

C. Hispanic universities are usually composed of specialized **facultades** (colleges or schools) awarding professional degrees in medicine, law, engineering or the humanities. University course work is usually completed in four to six years, depending on the career specialization chosen. The school year is not divided into semesters or quarters. Instead, students attend lectures and study for oral and written exams at the end of the year.

Vocabulario

Verbos

borrar   to erase
buscar   to look for, to seek
cenar   to eat dinner (supper)
contestar   to answer
charlar   to chat
descansar   to rest
desear   to want
entrar (en, a)   to enter
escuchar   to listen (to)
esperar   to hope; to wait (for)
explicar   to explain
hacer   to do, to make
llevar   to wear; to carry, to take (transport)
mirar   to look at, watch
necesitar   to need
practicar   to practice

preguntar   to ask (a question)
preparar   to prepare
prestar   to lend
pronunciar   to pronounce
usar   to use
viajar   to travel

Sustantivos

el **animal**   animal
el **árbol**   tree
la **ardilla**   squirrel
el **banco**   bench; bank (commercial)
la **cafetería**   cafeteria
la **carta**   letter
la **conferencia**   lecture; conference
la **especialidad**   major (field of study)

el **estante de libros**   bookcase
los **estudios**   studies
la **flor**   flower
el **gato**/la **gata**   cat
la **geografía**   geography
la **gramática**   grammar
la **hierba**   grass
la **historia**   history
la **librería**   bookstore
las **matemáticas**   mathematics
el **periódico**   newspaper
la **pregunta**   question
la **química**   chemistry
el **radio**   radio (set)
la **radio**   radio (programming)
la **respuesta**   answer
la **reunión**   meeting
la **revista**   magazine

el **ruido** *noise*	**en vez de** *instead of*	**Miscelánea**
el **zapato** *shoe*	**fuera de** *outside of*	**correctamente** *correctly*
	hasta *until; as far as, up*	
Adjetivos	*to*	**Expresiones**
académico *academic*	**por** *for (duration);*	**al** + *infinitive* *on (upon)*
extranjero *foreign*	*around, through*	+ *-ing*
imposible *impossible*	**sobre** *on, upon*	**sacar buenas (malas)**
necesario *necessary*		**notas** *to get good (bad)*
posible *possible*	**Pronombres sujeto**	*grades*
principal *main, principal*	**ellas** *they* (f)	**todo el día/toda la noche**
universitario *university*	**ellos** *they* (m, m *and* f)	*all day/all night, evening*
	nosotras *we* (f)	*(long)*
Preposiciones	**nosotros** *we* (m, m *and* f)	
como *like*	**ustedes (Uds., Vds.)** *you*	
durante *during*	(pl)	

Práctica de vocabulario

Palabras asociadas
See how many related words you can think of for each of the following activities.

MODELO **pronunciar**
clase, palabras, una lengua, correctamente, bien,...

1. borrar	**4.** escuchar	**7.** mirar
2. prestar	**5.** viajar	**8.** preparar
3. contestar	**6.** cenar	**9.** hacer

GRAMÁTICA Y PRÁCTICA

I. MORE SUBJECT PRONOUNS

(Más pronombres sujeto)

In English the subject pronouns are *I, you* (s), *he, she, it, we, you* (pl), *and they.* Pronouns take the place of nouns. You have already practiced extensively the singular forms of Spanish subject pronouns: **yo, tú, usted, él, ella**. In this chapter you will learn the plural forms of Spanish subject pronouns. They are listed below.

Subject Pronouns

Singular:		Plural:	
yo	*I*	**nosotros(-as)**	*we*
tú	*you (fam)*	**vosotros(-as)**	*you (fam)*
usted	*you (form)*	**ustedes**	*you (form)*
él	*he*	**ellos**	*they (m)*
ella	*she*	**ellas**	*they (f)*

✳ **Vosotros(-as)**, the plural of **tú**, is used in Spain, but rarely in Spanish America, where **ustedes** is used instead. The **vosotros(-as)** form of verbs is not practiced in this textbook.

✳ **Ustedes** is often abbreviated to **Uds.** or **Vds.** The abbreviated forms **Uds.** and **Vds.** are pronounced exactly the same way as **ustedes**.

✳ **Ellos** is used to refer to a group in which at least one member is male. **Ellas** is used when all members of a group are female. The same rule applies to **nosotros(-as)**.

Ellos (Juan y Ana) son mis compañeros de clase.	*They (Juan and Ana) are my classmates.*
Ellas (mi madre y Luisa) son muy buenas amigas.	*They (my mother and Luisa) are very good friends.*

II. THE PRESENT TENSE OF REGULAR -AR VERBS

(El presente de los verbos
regulares en **-ar**)

The verb form found in a dictionary is called the *infinitive.* In English, the infinitive is the verb form preceded by the preposition *to* as in *to talk, to prepare* and *to study.* In Spanish, infinitives are recognized by their endings, which are **-ar, -er** and **-ir** (**Lección 10** deals with **-er** and **-ir** verbs). Some examples of **-ar** verbs are: **hablar, estudiar, preparar** *(to talk, to study, to prepare).* The present tense of any regular **-ar** verb is formed as follows:

> stem + personal ending

The present tense stem is the infinitive minus **-ar** (stem of **hablar** = **habl-**). The personal endings change with each subject as follows.

HABLAR	*TO SPEAK, TO TALK*		
yo	habl**o**	nosotros(-as)	habl**amos**
tú	habl**as**	vosotros(-as)[1]	habl**áis**
usted ⎤ él ⎥ ella ⎦	habl**a**	ustedes ⎤ ellos ⎥ ellas ⎦	habl**an**

ALREADY FAMILIAR -AR VERBS

You have already practiced the following **-ar** verbs. Review their meanings and uses. They all follow the pattern of regular **-ar** verbs.

asociar	*to associate*	**llegar**	*to arrive*
caminar	*to walk*	**manejar**	*to drive*
comprar	*to buy*	**regresar**	*to return, to go back*
durar	*to last*	**terminar**	*to finish*
enseñar	*to teach, to show*	**tomar**	*to take; to drink*
estudiar	*to study*	**trabajar**	*to work*
hablar	*to speak, to talk*		

[1]The **vosotros(-as)** form of verbs will be listed but not practiced in this textbook.

SOME NEW -AR VERBS

Below is a list of some new **-ar** verbs practiced in this chapter. They also follow the pattern of regular **-ar** verbs.

borrar	*to erase*	**llevar**	*to wear; to carry*
buscar	*to look for, to seek*	**mirar**	*to watch; to look at*
cenar	*to eat dinner, supper*	**necesitar**	*to need*
contestar	*to answer*	**practicar**	*to practice*
charlar	*to chat*	**preguntar**	*to ask (a question)*
descansar	*to rest*	**preparar**	*to prepare*
desear	*to desire, to want*	**prestar**	*to lend*
entrar (en)	*to enter*	**pronunciar**	*to pronounce*
escuchar	*to listen (to)*	**usar**	*to use*
esperar	*to hope; to wait*	**viajar**	*to travel*
explicar	*to explain*		

¿Quién viaja mucho en tu familia?	*Who travels a lot in your family?*
Necesitamos dos periódicos.	*We need two newspapers.*
¿Qué buscan ustedes?	*What are you looking for?*
¿Dónde escuchan ellos la radio?	*Where do they listen to the radio?*

PRÁCTICA

A. Cambios—¿Qué lenguas hablan ustedes?

1. ¿Hablan español sus abuelos? ¿Habla español su madre? ¿y Pelé? ¿José Feliciano? ¿ustedes? ¿... *(otro estudiante)*? ¿mis padres? ¿los argentinos? ¿mis amigos y yo? ¿yo?

2. ¿En qué lengua charlamos nosotros? ¿En qué lengua charlan tú y tu novio(-a)? ¿y... *(otro estudiante)* y yo? ¿tú y yo? ¿los italianos? ¿los franceses?

3. ¿Qué lengua pronuncio yo bien? ¿Qué lengua pronuncian ustedes bien? ¿y el presidente del Brasil? ¿los presidentes de Nicaragua y de Panamá? ¿Gorbachev? ¿... y... *(otros dos estudiantes)*?

B. Charlas—Las actividades de esta clase

1. ¿Usamos una lengua extranjera en esta clase? ¿Practicamos mucho o poco español aquí? ¿Pronuncian ustedes más despacio que yo? ¿Pronuncio yo rápido a veces? ¿En qué lengua contestan Uds.? ¿Contestan correctamente a menudo? ¿Escuchan bien cuando yo hablo?

2. ¿Qué lengua uso cuando enseño esta clase? ¿Es el inglés similar al español? ¿Explico la lección en chino? ¿Preparas la lección aquí en clase o en casa? ¿Qué haces aquí en la clase? ¿Contestas bien cuando no preparas la lección? ¿Más o menos cuántas horas estudias para esta clase?

3. En general, ¿a qué hora entro en la clase? ¿Entran ustedes a la(s)... también? ¿Quién llega tarde aquí con frecuencia? ¿Cuántos minutos dura la clase? ¿A qué hora terminamos?

4. ¿En qué lengua explico la gramática? ¿En qué lengua pregunto yo? ¿En cuál contestan ustedes? ¿Descansamos mucho durante la clase?

C. Ejercicio de memoria—Preguntar, contestar y recordar

Favor de preguntar a... *(otro estudiante)*

1. en qué edificio universitario no hay mucho ruido generalmente
2. qué busca él/ella cuando va a la librería

III. PREPOSITIONS

(Las preposiciones)

ALREADY FAMILIAR PREPOSITIONS

You already know many common Spanish prepositions: simple (one word) and compound (two words or more). Review them below.

a	**debajo de**	**entre**
a la derecha de	**delante de**	**junto a**
a la izquierda de	**dentro de**	**lejos de**
al lado de	**después de**	**para**[1]
antes de	**detrás de**	**por**[1]
cerca de	**en**	**según**
con	**enfrente de**	**sin**
de	**encima de**	**sobre**

✳ Spanish prepositions must have objects. Spanish sentences never end with a preposition; English sentences often do.

¿De qué hablas?   *What are you talking about?*

SOME NEW PREPOSITIONS
(Unas preposiciones nuevas)

Below are a few new prepositions and prepositional expressions:

al + infinitive *on, upon* + *-ing*	**en vez de** *instead of*
como *like*	**hasta** *until*
durante *during*	**fuera de** *outside of*

Este examen es como el último.   *This exam is like the last (one).*
Al llegar hablo con el maestro.   *On arriving I talk with the teacher.*
No hago nada interesante durante   *I don't do anything interesting during*
mis vacaciones.   *my vacations.*

[1] **Lección 10** deals with the specific uses of **por** and **para**.

CLASES DE INGLES

Básico, Intermedio y Conversación

Matrículas en Proceso

Centro Tutorial Union City

3510 Bergenline Ave. Union City N.J. 07087

Telefono 201- 865-6266

PRÁCTICA

A.   Cambios—Actividades fuera de la clase

1. ¿Hace usted su tarea en su cuarto? ¿Hace Ud. su tarea con o sin un amigo? ¿con o sin sus libros? ¿antes o después de un examen? ¿por la mañana o por la noche? ¿como un estudiante trabajador? ¿hasta las tres de la mañana?

2. ¿Charlan usted y sus amigos a menudo? ¿Charlan en español? ¿en qué lengua charlan? ¿de qué charlan? ¿de quién? ¿por muchas horas? ¿por teléfono? ¿dónde? ¿en clase o fuera de la clase?

B.   Charlas—Un poco de todo

1. ¿Quién está a su derecha? ¿y a su izquierda? ¿Hay algo encima de mi mesa? ¿Qué hay? ¿Quién está al lado de... (otro estudiante)?

2. ¿Está su casa cerca o lejos de la universidad? ¿Cuántas millas hay entre su casa y la universidad? ¿Maneja o camina usted de su casa (cuarto o apartamento)? ¿A qué hora regresa usted a casa?

3. ¿Eres miembro de muchas organizaciones aquí en la universidad? ¿Vas a muchas reuniones? ¿Te gustan las reuniones? ¿Cómo son usualmente, aburridas o interesantes?

4. ¿Es esta clase una conferencia? ¿Cuál de Uds. tiene una conferencia antes de esta clase? ¿Cómo es? ¿En qué edificio es? ¿Más o menos cuántos estudiantes hay en esa clase?

C.   Todo es relativo—¿Dónde está esto en la clase?

Using prepositions of location, say where the following items are located in relationship to other items in the classroom. You may want to use some of the following prepositions: **enfrente de, debajo de, entre, en, cerca de, a la derecha de...**

MODELO   el reloj
Está en la pared. Está cerca de la pizarra....

1. la pizarra	**3.** mi escritorio	**5.** el cuaderno de...
2. la puerta	**4.** la ventana	**6.** el cesto de papeles

IV. THE IMPLIED FUTURE AND OTHER USES OF THE INFINITIVE

(Expresiones del futuro y otros usos del infinitivo)

The infinitive is a widely used verb form in both English and Spanish. The most common uses in Spanish are listed below.

THE IMPLIED FUTURE: VOY/VAS/VA + A + INFINITIVE

In Spanish, use the following formula to imply future time:

voy/vas/va + **a** + infinitive

Voy a escuchar música toda la noche.	*I'm going to listen to music all night.*
¿Cuándo vas a terminar tus estudios?	*When are you going to finish your studies?*

INFINITIVES AFTER A CONJUGATED VERB

In Spanish, when two verbs appear together, only the first verb is conjugated. The second verb usually remains in the infinitive form. Most verbs are not followed by a preposition (such as **a**) when they are used before an infinitive.

¿Necesitas borrar esas palabras?	*Do you need to erase those words?*
Ellos esperan usar el español en su trabajo el año que viene.	*They hope to use Spanish in their job next year.*

INFINITIVES AFTER A PREPOSITION

In Spanish, if a verb follows a preposition, it must be in the infinitive form, regardless of what is used in English (often the *-ing* form). Never conjugate a verb after a preposition in Spanish.

Ellos siempre miran las noticias después de cenar.	*They always watch the news after eating dinner.*
¿Qué se necesita para viajar?	*What do you need in order to travel?*

ES + ADJECTIVE + INFINITIVE

The English impersonal construction *it is* + *adjective* + *infinitive* is identical in Spanish.

Es necesario contestar con la respuesta correcta.	*It is necessary to answer with the correct answer.*
¡Es esencial escuchar durante la conferencia!	*It is essential to listen during the lecture!*

INFINITIVES USED AS NOUNS

In Spanish the infinitive form can be used as the subject or object of a verb. In English an infinitive or an -ing form is used this way. The Spanish infinitive may be used with or without the definite article.

(El) practicar los verbos es importante.	*Practicing verbs is important.*
Me gusta mirar las flores y los animales.	*I like watching the flowers and the animals.*

MISCELÁNEA

Asking What Someone is Going to Do

You have been answering **hace** questions since **Lección 6.** The infinitive form of **hace** is **hacer** *(to do, to make).* Now, in addition to asking what someone *does,* you can also ask or say what someone *is going to do, wants to do* or *needs to do.*

¿Qué vas a hacer hoy?	*What are you going to do today?*
Quiero hacer algo interesante.	*I want to do something interesting.*
Necesito hacer eso pronto.	*I need to do that soon.*

PRÁCTICA

A.   Cambios—¿Vas a hacer esto?

   1. ¿Cuándo va usted a cenar? ¿Cuándo va Ud. a regresar a casa? ¿y a usar un teléfono? ¿a trabajar? ¿a preparar la próxima lección? ¿a descansar? ¿a comprar algo?

   2. ¿Es bueno estudiar mucho? ¿Es bueno llegar tarde a clase? ¿Es bueno contestar correctamente? ¿charlar durante la clase? ¿tomar tequila antes de un examen? ¿llegar a clase sin libros? ¿sacar malas notas? ¿llevar un suéter cuando hace frío?

B.   Charlas—Durante las vacaciones, ¿trabajas o viajas?

   1. ¿Viajas a menudo? Generalmente, ¿llevas un pasaporte cuando viajas? ¿Cuándo se necesita un pasaporte? ¿Es esencial hablar una lengua extranjera para viajar a otro país? ¿Se necesita dinero para viajar?

   2. ¿Adónde desea Ud. viajar? ¿Espera viajar a... el año que viene? ¿Se habla español allí? ¿Es caro viajar? ¿Le gusta viajar en autobús? ¿Cómo le gusta viajar? En su opinión, ¿es más divertido viajar solo(-a) o con alguien?

   3. Generalmente, ¿trabajas durante las vacaciones? ¿Qué vas a hacer durante las próximas vacaciones, viajar o trabajar? ¿Te gustan las vacaciones? ¿Por qué?

   4. ¿Vas a trabajar el verano que viene? ¿Quieres trabajar más de cuarenta horas cada semana? ¿Vas a usar el español en el trabajo? ¿Esperas usar el español algún día?

C. ¿Que va Ud. a hacer entonces?
Say what you are going to do at the following times.

> MODELO   mañana por la mañana
> **Voy a trabajar mañana por la mañana.**

1. esta noche   **3.** este fin de semana   **5.** después de su última clase
2. en dos horas   **4.** el verano que viene   **6.** mañana por la tarde

D. Charlas—Las lenguas extranjeras

1. ¿Es necesario practicar mucho para hablar bien una lengua extranjera? ¿Es posible hablar bien sin practicar? ¿Practicamos casi todo el tiempo en esta clase? ¿Estás muy cansado(-a) cuando sales de esta clase? ¿Necesitas descansar después de esta clase?

2. ¿Desean Uds. hablar español? ¿Toma mucho tiempo hablar español como un mexicano? ¿Esperan Uds. hablar español como los mexicanos? ¿Es importante pronunciar correctamente?

3. ¿Me gusta enseñar una lengua extranjera? ¿Te gusta estudiar una lengua extranjera? En tu opinión, ¿es importante hablar una lengua extranjera? ¿Es fácil estudiar una lengua extranjera como adulto? ¿Es más fácil para los niños de cinco o seis años?

Un aspecto muy importante del temperamento hispano es charlar amigablemente. Es así que (*In this way*) los estudiantes de la universidad comparten (*share*) momentos juntos (*together*), discuten (*discuss*) sus asignaturas (*school subjects*), intercambian (*exchange*) ideas o simplemente disfrutan de (*enjoy*) la compañía de sus amigos y compañeros de clases. ¿Es importante descansar de vez en cuando (*now and then*)? ¿Dónde le gusta charlar con sus compañeros de clase?

I. COMUNICACIÓN

A. ¿Qué actividades asocias con esto?

Your instructor will read the following words aloud. Using each word and any verb learned up until now, see how many related sentences you can come up with.

MODELO   fiesta
Voy a muchas fiestas. Charlo con mis amigos allí.
Me gustan mucho las fiestas porque son divertidas.

1. cine	**3.** casa	**5.** examen	**7.** tocadiscos
2. coche	**4.** radio	**6.** librería	**8.** biblioteca

B. Charlas—¿Cómo es esta universidad?

1. ¿Es grande la biblioteca de esta universidad? ¿Hay muchos estantes de libros allí? ¿Hay mucho ruido allí? ¿Qué se hace allí generalmente? ¿Cuántas veces por semana vas allí? ¿Estudias más en la biblioteca o en casa? ¿Dónde hay menos ruido? ¿Dónde hay menos libros? ¿Presta revistas la biblioteca?

2. ¿Es bonita esta universidad? ¿Hay muchos árboles y flores aquí? ¿Hay lugares con bancos y con hierba? ¿Charlan allí tú y tus amigos? ¿Hay árboles y ardillas allí? ¿Te gusta mirar los animales? ¿Cuáles te gustan más, los perros o los gatos?

3. ¿Cómo se llama el periódico de esta universidad? ¿Escribes tú para el periódico de esta universidad? ¿Tiene esta universidad también una estación de radio? ¿Escuchas la estación? ¿Qué te gusta en la radio?

C. ¡Voluntarios por favor!—Lugares famosos del mundo

Your instructor will say the name of a well known place in the world. First say what it is (city, mountain, country, etc.). Then, using prepositions showing location, see in how many different ways you can relate it to other places in the world.

MODELO   la China
La China es un país.
Está en Asia (Es parte de Asia) y está cerca de Rusia.
Está al norte de la India, entre la India y Rusia.

1. México	**3.** el Mediterráneo	**5.** Puerto Rico	**7.** la India
2. Boston	**4.** el Canal de Panamá	**6.** el lago Erie	**8.** el Canadá

D. Charlas—Pero también comes y descansas, ¿no?

1. ¿A qué hora cenas generalmente? ¿Comes en la cafetería con frecuencia? ¿Cómo es la comida allí? ¿Es barata o cara? En general, ¿cómo son las cafeterías universitarias, buenas o malas? ¿Qué otro lugar tiene mejor comida que la cafetería universitaria?

2. ¿Es bueno trabajar y no descansar nunca? ¿Trabajas demasiado? ¿Necesitas descansar más? ¿Descansas un poco todos los días? ¿Dónde te gusta descansar? ¿Te gusta escuchar música cuando descansas?

En la universidad el estudiante expresa sus ideas y sentimientos (*feelings*). Por supuesto (*Of course*), hay muchas maneras de expresarlos (*to express them*), ¿no? A menudo los estudiantes hispanos expresan sus sentimientos por medio de manifestaciones (*by means of demonstrations*). Generalmente el estudiante hispano está más interesado en la política que el estadounidense. Por eso, sus manifestaciones son casi siempre políticas.

II. ACTIVIDADES

A. Charlas para grupos o para la clase

1. ¿Te gusta la vida universitaria? ¿Hay muchas fiestas en esta universidad? ¿Vas a una fiesta este fin de semana? ¿A qué hora terminan las fiestas generalmente?

2. ¿Te gusta cenar en la cafetería? ¿Hay muchos restaurantes buenos cerca de aquí? ¿Vas a cenar en un restaurante este fin de semana? ¿Dónde y con quién esperas cenar?

3. ¿Cuál es tu especialidad? En tu opinión, ¿son las clases de matemáticas más difíciles que las clases de historia? ¿Cuál es más interesante? ¿Qué clase es más fácil que la clase de química?

B. Vamos a mostrar y decir

Bring into class any items related to the university or education (a pencil, a dictionary, a book, a photograph of your room or of some other part of campus, etc.). In five or six sentences, describe the items to your class or group.

DESCRIPCIÓN Y CONVERSACIÓN— LA UNIVERSIDAD

Study the following drawing. You may be asked to prepare questions, answer questions and/or write a short composition about it.

LECCIÓN 10

La arquitectura colonial española tiene mucha belleza (*beauty*). La fuente (*fountain*) típica en el centro del patio ofrece (*offers*) un lugar donde el agua corre serenamente (*quietly*). Los pasillos (*passages*) ofrecen sombra (*shade*) cuando el sol es fuerte o cuando llueve. Las plantas y la luz en el patio permiten a la gente (*people*) disfrutar (*to enjoy*) de un ambiente de hermosa naturaleza (*atmosphere of beautiful nature*) y tranquilidad, con una sensación de más espacio (*space*). ¿Le gustan a Ud. las casas coloniales o las modernas?

En las ciudades grandes, donde hay falta de espacio, el hombre construye su casa en la única dirección posible, hacia (*toward*) el cielo. Allí hombres, mujeres y niños viven en edificios de muchos pisos donde una pared de cuatro o seis pulgadas (*inches*) sirve de (*serves as*) separación entre ellos y sus vecinos. Hay más comodidades modernas (*modern conveniences*) que en el campo (*country*) pero por otra parte hay ruido, contaminación y crimen.

LA CASA

The house

Objetivos de la lección

Tema y cultura
1 To talk about your home

Gramática
2 To form the present tense of regular **-er** and **-ir** verbs

3 To distinguish between the prepositions **por** and **para**

4 To use prepositional pronouns

NOTAS CULTURALES

A. Traditionally, the outside of the Hispanic house is a stark facade that does not reveal what it may be like inside. Sometimes the house is surrounded by tall walls to close out the dangers and problems of the world from those who dwell within. Outside windows have iron grillwork to protect against intruders, and the inhabitants observe outside activities from an upstairs balcony. Inside, the house faces inward toward a patio with gardens and fountains. The patio is surrounded by a hallway of arches and columns that leads to the rooms of the house. Hence, the Hispanic house reveals a cultural attitude which considers the house a closed world that belongs only to those who live within, their family and their friends. Consequently, one can appreciate the high honor bestowed when a Hispanic extends the usual greeting of hospitality to a house guest, **Mi casa es su casa** (*My house is your house.*).

B. Most apartment buildings in Hispanic countries have an apartment on the ground floor for the building manager or doorman, the **portero** or **portera**. The **portero** not only takes care of the building and grounds, but also accepts deliveries, distributes mail and provides security for the building. In the Hispanic world, the phrase **primer piso** (*first floor*) does not necessarily mean the first floor of the building. Instead, the **primer piso** is *the first floor up*. The ground floor is called **la planta baja**, the second floor **el primer piso**, the third floor **el segundo piso**, and so on.

Vocabulario

Verbos
abrir *to open*
admitir *to admit*
bajar *to go down*
cocinar *to cook*
comprender *to understand*
correr *to run*
creer *to believe*
deber *should, ought to (+ infinitive); to owe*
decidir *to decide*
describir *to describe*
funcionar *to run, work (of a machine)*

lavar *to wash*
leer *to read*
limpiar *to clean*
pagar *to pay (for)*
permitir *to permit*
recibir *to receive*
secar *to dry*
subir *to go up, climb*
vender *to sell*

Sustantivos
el **aparato doméstico** *household appliance*
la **aspiradora** *vacuum cleaner*

la **bañera** *bathtub*
el **baño** *bathroom*
la **cocina** *kitchen*
el **comedor** *dining room*
el **congelador** *freezer*
la **ducha** *shower*
la **entrada** *entryway, entrance*
la **escalera** *stairs, staircase*
la **estufa** *stove*
el **fregadero** *sink (kitchen, laundry)*
el **garaje** *garage*
el **horno** *oven*

el **inodoro**   *toilet*
el **jardín**   *garden, yard*
el **lavadero**   *laundry area (room)*
la **lavadora**   *washer*
el **lavamanos**   *sink (bathroom)*
el **lavaplatos**   *dishwasher*
la **mesita**   *end table, coffee table*
el **mueble**   *piece of furniture*
los **muebles**   *furniture*
el **papel higiénico**   *toilet paper*
el **parque**   *park*
el **pasillo**   *hallway*
el **patio**   *patio*
el **plato**   *plate, dish*
el **refrigerador**   *refrigerator*
la **sala**   *living room*

el **salón de estar**   *family room*
la **secadora**   *dryer*
el **sofá**   *sofa*
el **sótano**   *basement, cellar*
el **tostador**   *toaster*
el **vaso**   *glass*
el **vecino**/la **vecina**   *neighbor*

Pronombres preposicionales

conmigo   *with me*
contigo   *with you* (s, fam)
él   *him*
ella   *her*
ellas   *them* (f)
ellos   *them* (m, m *and* f)
mí   *me*
nosotros   *us*

ti   *you* (fam)
usted   *you* (form)
ustedes   *you* (pl)

Miscelánea

excepto   *except*
nuestro(-a, -os, -as)   *our*
su(s)   *your (pl, form); their*

Expresiones

asistir a + *noun*   *to attend (school, class, a meeting . . .)*
¿con qué frecuencia?   *how often?, how frequently?*
hablar por teléfono   *to talk on the phone*
llamar por teléfono   *to call (by phone)*

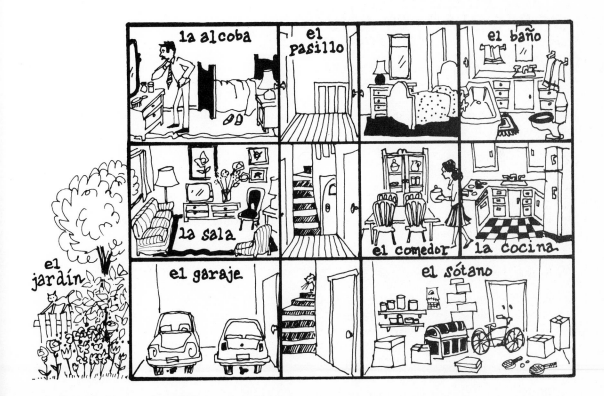

Práctica de vocabulario

Muebles, aparatos domésticos y otras cosas

Using new vocabulary, quickly say what things or places you associate with the following brand names (room, appliance, piece of furniture, household item, etc.).

MODELO   Tide
lavadero, ropa sucia, lavadora...

1. Lazyboy	**4.** Dial	**7.** Bird's Eye	**10.** Ethan Allen
2. Pledge	**5.** Sony	**8.** Frigidaire	**11.** White Cloud
3. Hoover	**6.** Motown	**9.** Pop Tarts	**12.** Kitchen Aid

GRAMÁTICA Y PRÁCTICA

I. THE PRESENT TENSE OF REGULAR -ER AND -IR VERBS

(El presente de los verbos
regulares en *-er* e *-ir*)

Just as Spanish has **-ar** verbs, it also has **-er** and **-ir** verbs. The present tense of any regular **-er** and **-ir** verb is formed as follows:

> stem + personal ending

The stem is the infinitive minus **-er** or **-ir**. The personal endings change with each subject and are listed below.

COMER	*TO EAT*	**VIVIR**	*TO LIVE*
com**o**	com**emos**	viv**o**	viv**imos**
com**es**	com**éis**	viv**es**	viv**ís**
com**e**	com**en**	viv**e**	viv**en**

※ Note that **-er** and **-ir** endings are identical except in the **nosotros** and **vosotros** forms.

ALREADY FAMILIAR -ER AND -IR VERBS

You have already practiced the following **-er** and **-ir** verbs extensively in previous lessons. Review their meanings and uses.

aprender	*to learn*	**comer**	*to eat*	**vivir**	*to live*
beber	*to drink*	**escribir**	*to write*		

Vivimos en una casa de dos pisos.	*We live in a two-story house.*
¿Dónde comes generalmente, en la cocina o en el comedor?	*Where do you generally eat, in the kitchen or in the dining room?*

SOME NEW -ER AND -IR VERBS

Below are some important new **-er** and **-ir** verbs introduced in this lesson. Learn their meanings and uses below.

comprender	*to understand*	**abrir**	*to open*
correr	*to run*	**admitir**	*to admit*
creer	*to think*	**asistir (a)**[1]	*to attend*
deber	*should, ought to*	**decidir**	*to decide*
leer	*to read*	**recibir**	*to receive*
vender	*to sell*	**subir**	*to go up, to climb*

No comprendo por qué el horno no funciona.	*I don't understand why the oven doesn't work.*
No debemos abrir el refrigerador cada cinco minutos.	*We shouldn't open the refrigerator every five minutes.*
Ella lee sus revistas en el salón de estar.	*She reads her magazines in the den.*

[1]The preposition **a** must follow **asistir** when what you attend is mentioned: **Asisto a varias reuniones los miércoles.** *I attend several meetings on Wednesdays.*

MISCELÁNEA

Uses of the Preposition *a*

As you know, Spanish has several different uses for the preposition **a**. Review the uses below:

A. *VERBS OF MOTION* In Spanish the preposition **a** is placed after a verb of motion if a destination or an infinitive follows the verb of motion. Some common verbs of motion are: **llegar, correr, regresar, bajar, subir, viajar, vengo/vienes/viene** and **voy/vas/va.**

Subo al segundo piso para tomar una ducha.	*I go up to the second floor to take a shower.*
¿Viene él a comer mañana?	*Is he coming to eat tomorrow?*

Remember that **voy/vas/va** + **a** + *infinitive* is used to imply future time.

Voy a lavar los platos pronto.	*I'm going to wash the dishes soon.*
Ella va a mirar las flores en el jardín.	*She's going to look at the flowers in the garden.*

B. *AT + TIME OF DAY* In Spanish, *at* + *clock time* is expressed by **a** + **la(s)**.

¿A qué hora va Ud. a cocinar?	*At what time are you going to cook?*
Voy a cocinar a las cinco.	*I'm going to cook at five o'clock.*

C. *IDIOMS* Certain Spanish idiomatic phrases use the preposition **a**. These idioms must be memorized individually.

No llegamos a tiempo.	*We don't arrive on time.*
Limpio el garaje a menudo.	*I often clean the garage.*

Some common idioms are: **a eso de** (*at about* + *clock time*), **a menudo** (*often*), **a pie** (*on foot*), **a tiempo** (*on time*), **a veces** (*sometimes*).

D. *CERTAIN VERBS + **A** + INFINITIVE* There are certain verbs in Spanish that require the preposition **a** before an infinitive but not before a noun. These verbs must be learned individually. Some of these verbs include: **aprender, enseñar** and **comienzo/comienzas/comienza.**

Aprendo a cocinar allí.	*I am learning to cook there.*
Aprendemos un poco de todo en este lugar.	*We learn a little of everything in this place.*

PRÁCTICA

A. Cambios—Un poco de todo

1. ¿Comprende español un mexicano? ¿Comprende español un portugués? ¿y Charo? ¿ustedes? ¿tú? ¿tus padres? ¿yo?

2. ¿En qué país viven ustedes? ¿En qué país vivo yo? ¿y sus abuelos? ¿y su familia?

3. ¿Qué comes a menudo? ¿Qué comen tú y tus amigos a menudo? ¿y los mexicanos? ¿un italiano? ¿los chinos? ¿los alemanes?

4. En mi casa, ¿en qué cuarto duermo? ¿En mi casa, en qué cuarto como? ¿Dónde leo? ¿cocino? ¿escucho la radio? ¿lavo los platos? ¿escribo mis lecciones? ¿miro la televisión? ¿seco la ropa?

B. ¿Qué hacen ustedes con estas cosas?
Say what you do with each of the following items.

MODELO   revista
> **Leemos una revista.**

1. escalera	**3.** coche	**5.** horno	**7.** radio	**9.** lavaplatos
2. secadora	**4.** puerta	**6.** café	**8.** aspiradora	**10.** periódico

C. Charlas—¿Cuál te gusta más, leer o escribir?

1. ¿Escribes muchas cartas? ¿Te gusta recibir cartas? ¿De quién recibes cartas? ¿Contestas rápidamente después de recibir una carta? ¿Es mucho trabajo escribir una carta? En tu opinión, ¿es más fácil llamar por teléfono? ¿Cuál es más barato?

2. ¿Escribes composiciones para tus otras clases? ¿Con qué frecuencia escribes composiciones? ¿Escribes las composiciones en un día o necesitas más tiempo? ¿Cuál te gusta más, leer un libro o escribir una composición?

3. ¿Le gusta leer? ¿Cuál es uno de sus libros favoritos? ¿Más o menos cuántas páginas tiene? ¿Lee Ud. muchos o pocos libros? ¿Cuántos libros lee cada año? ¿Lee rápidamente?

4. ¿Lee Ud. mucho para sus clases este semestre? ¿En qué lenguas lee? ¿Más o menos cuántas páginas lee cada noche? ¿Lee más rápido en inglés que en español?

D. ¿En qué cuarto se hace esto?
Say in what room one normally does the following things in a house or an apartment.

MODELO   descansar
> **Se descansa en el salón de estar.**

1. beber algo frío	**4.** cocinar la cena	**7.** limpiar el fregadero
2. secar la ropa	**5.** leer una revista	**8.** comer una cena elegante
3. lavar los vasos	**6.** mirar la televisión	**9.** abrir el refrigerador

II. THE USES OF POR AND PARA

(Los usos de *por* y *para*)

The prepositions **por** and **para** have many uses in Spanish. Although both prepositions are often translated by *for* in English, they have other meanings as well. Each of these two prepositions has its own specific and very different uses. They are never used interchangeably.

THE USES OF POR

Generally, the preposition **por** looks backward—to motivation, source, means or reason.

A. MOTIVATION **Por** expresses *cause, motive or reason for an action* (*because of, on account of, out of, for the sake of, in place of*).

Hace esto por compasión.	*He does this out of compassion.*
Estoy nervioso por la fiesta.	*I'm nervous because of the party.*
Trabajo por él cuando está enfermo.	*I work for (in place of) him when he is sick.*

B. DURATION **Por** refers to *duration or length of time during which an action takes place* (*for, during*).

¡Corre por dos horas!	*He runs for two hours!*

C. EXCHANGE **Por** is used to express *exchange or substitution* (*for, in exchange for*).

Siempre pago veinte dólares por mis zapatos.	*I always pay twenty dollars for my shoes.*
Gracias por el regalo.	*Thank you for the gift.*

D. INDEFINITE LOCATION OR INDEFINITE TIME **Por** indicates *indefinite location* (*in, around, through,* or *along* a given place) or *indefinite time* (*in, about* or *around* a point of time).

Me gusta caminar por el parque.	*I like walking in (around, through) the park.*
Por la tarde voy al centro.	*I go downtown in the afternoon.*

E. MEANS **Por** expresses the *means or manner by which something is done* (*by, on*).

El paquete viene por avión.	*The package is coming by air.*
¿Hablas mucho por teléfono?	*Do you talk a lot on the phone?*

F. OBJECT OF AN ERRAND **Por** is used with the *object of an errand* (*for*).

Voy a la tienda por algo.	*I'm going to the store for something.*
No es necesario ir por el médico.	*It is not necessary to go for the doctor.*

G. MEASURE OR FREQUENCY **Por** is used to express *measure* and to indicate *frequency of an action* (*per, by, times*).

¡Nunca manejo a ciento diez kilómetros por hora!	*I never drive at one hundred ten kilometers per hour!*
Es más barato comprar huevos por docena.	*It is cheaper to buy eggs by the dozen.*
Uno por uno es uno.	*One times one is one.*

THE USES OF PARA

In general, the preposition **para** looks forward—to a destination, to intended use or to a future definite point in time such as a deadline.

A. DESTINATION **Para** is forward-looking: toward a *goal*, *destination*, *objective*, or *intended recipient*. It indicates to whom or for what something or someone is directed (*for*).

Ella sale para Buenos Aires mañana.	*She leaves for Buenos Aires tomorrow.*
Escribo mucho para esta clase.	*I write a lot for this class.*
Este traje es para mi primo.	*This suit is for my cousin.*
Trabajo para Sears.	*I work for Sears.*

B. IN ORDER TO + INFINITIVE **Para** is used when the English phrase *in order to* is used or implied; that is, if adding *in order to* to an English sentence sounds all right, then you must use **para** in Spanish (*in order to, to*).

Él llama para charlar.	*He calls (in order) to chat.*
Asiste a las reuniones para aprender mucho.	*She attends the meetings in order to learn a lot.*

C. DEADLINE **Para** expresses a *deadline or specific point in time* by which something is due or must be done (*for, by*).

Para mañana necesito leer seis capítulos.	*For tomorrow I need to read six chapters.*
Esto es para el lunes.	*This is for (due on) Monday.*

D. INTENDED USE **Para** indicates the *use or purpose for which something is intended*, as in the English double noun construction: *coffee cup* (**taza para café**).

Es un vaso para vino.[1]	*It is a wineglass.*
¿Es una botella para cerveza?[1]	*Is it a beer bottle?*

E. COMPARISON TO OTHERS **Para** is used *to indicate that a person, place or thing is different from the norm*, different from that which is expected (*for*).

Para su edad es muy bajo.	*He is very short for his age.*
Para atleta, parece demasiado gordo, ¿no?	*For an athlete, he seems too fat, doesn't he?*

---

[1]In Spanish **un vaso de vino** means *a glass of wine* and **una botella de cerveza** means *a bottle of beer.*

Apto. grande, 1 dorm.
Amueblado. Razonable.
Llamar: 673-2869 en in-
glés

CASA GRANDE
Muy céntrica, moderna,
cómoda. $105.000 o me-
jor oferta con depósito.
Tel: 448-8186. No agentes

Lindo cond. barato 1
dorm, pared espejos
walking closet piscina
lago verja seguridad
$34,000. Inf. 445-7509

Ganga! casa de 4 apar-
tamentos independien-
tes $89,000. $35,000 de en-
trada 245-9170 de 7 a 9
pm.

PRÁCTICA

A. Cambios—Los usos de *por* y *para*

1. ¿Para quién trabajo yo? ¿Para quién trabaja tu padre? ¿y tú? ¿tu tío? ¿tu amigo(-a)?
2. En una tienda, ¿qué compramos generalmente para la sala? ¿En una tienda, ¿qué compramos para el comedor? ¿qué compramos para la alcoba? ¿y para la cocina? ¿para el lavadero?
3. ¿Cuánto son cincuenta por dos? ¿Cuánto son veinte y cinco por cinco? ¿y cien por seis? ¿quinientos por tres? ¿cien por diez?
4. ¿Qué hace usted los sábados por la mañana? ¿Qué hace Ud. los viernes por la noche? ¿y los lunes por la tarde?

B. ¿Cuánto pagan ustedes por...?

Using the words **dólares** and/or **centavos** say what you usually pay for the following things.

MODELO   una pluma
Pagamos un dólar, diez centavos por una pluma.

1. una cerveza
2. un disco
3. un reloj
4. un tostador
5. un refrigerador
6. un galón de gasolina

C. **¿Adónde va usted para hacer esto?**
Say where you go to do the following things.

> MODELO   para estudiar su lección
> **Para estudiar mi lección, voy a mi alcoba.**

1. para manejar el auto
2. para bajar al primer piso
3. para mirar las flores
4. para lavar la ropa
5. para descansar en el sofá
6. para comer algo

III. PREPOSITIONAL PRONOUNS

(Los pronombres preposicionales)

Prepositional pronouns are pronouns that are used as objects of prepositions.

¿Necesitas hablar con nosotros?	*Do you need to talk with us?*
Ese tostador no es para mí.	*That toaster is not for me.*
Mi vecino está en el jardín con ella.	*My neighbor is in the yard with her.*

Prepositional pronouns

mí	*me*	**nosotros(-as)**	*us*
ti	*you (fam)*	**vosotros(-as)**	*you (fam)*
usted	*you (form)*	**ustedes**	*you (form)*
él	*him*	**ellos**	*them*
ella	*her*	**ellas**	*them*

✳ Note that the prepositional pronoun **mí** (*me*) has an accent so that it will not be confused with the possessive adjective **mi** (*my*).

> **¿Es este regalo para mí o para mi hermano?**   *Is this present for me or for my brother?*

✳ Prepositional pronouns always follow a preposition and have the same forms as subject pronouns, except for **mí** and **ti**.

> **Ella no va de compras sin mí.**   *She does not go shopping without me.*
> **Tengo algo importante para ti.**   *I have something important for you.*
> **¿Quiere Ud. hablar con él?**   *Do you want to talk with him?*

✳ In Spanish, a preposition is often repeated before each of its object pronouns.

> **¿Es esta comida para usted y para mí?**   *Is this food for you and me?*

✳ The preposition **con** becomes **conmigo** *(with me)* and **contigo** *(with you)* when used with **mí** and **ti** respectively.

¿Deseas hablar conmigo?	*Do you wish to speak with me?*
¡Sí, necesito hablar contigo ahora mismo!	*Yes, I need to speak with you right now!*
	but
¿Quién quiere hablar con él?	*Who wants to speak with him?*

✳ The subject pronouns **yo** and **tú** are used instead of **mí** and **ti** after the prepositions **entre, según, excepto, como** and **menos.**

Entre tú y yo, ¡esta casa es muy fea!	*Between you and me, this house is very ugly!*

PRÁCTICA

A. Cambios—Vamos a hablar de nosotros

1. ¿Qué actividad es difícil para Ud.? ¿Qué actividad es fácil para Ud.? ¿Cuál es aburrida? ¿y divertida?

2. ¿Quién está detrás de ti? ¿Quién aquí está lejos de mí? ¿y enfrente de él (*otro estudiante*)? ¿entre tú y la puerta? ¿junto a ti? ¿entre ellas (*otras dos estudiantes*)? ¿lejos de... (*otro estudiante*) y yo? ¿cerca de ellos (*otros dos estudiantes*)?

3. ¿Viven sus abuelos cerca de mí? ¿Vive su novio(-a) cerca de mí? ¿y... (*otro estudiante*)? ¿el presidente? ¿todos ustedes?

B. Charlas—Los profesores y los estudiantes

1. ¿Aprendes mucho conmigo? ¿Practicas el español conmigo? ¿Es fácil aprender español sin mí? ¿Es posible aprender español sin profesor? ¿Cómo es posible?

2. ¿Tengo yo interés en ustedes? ¿Tiene usted miedo de mí? ¿Tengo yo miedo de ustedes? ¿Deben Uds. hablar conmigo cuando no comprenden algo? ¿Debo yo hablar con ustedes si no preparan la tarea?

3. ¿Son mis exámenes para mi familia y para mí? ¿Para quiénes son? ¿Soy tolerante con Uds. cuando no estudian? ¿Se debe sacar una buena nota sin estudiar?

4. ¿Debes estudiar la lección sin mí? ¿Debo yo hablar demasiado rápido? ¿Debo preparar los exámenes contigo? ¿Quieres preparar el examen final conmigo?

C. Ejercicio de memoria—Preguntar, contestar y recordar

Favor de preguntar a... (*otro estudiante*)

1. cuántas veces por semana yo hablo con él (ella)
2. quién está sentado(-a) enfrente de mí ahora mismo
3. quién está sentado(-a) junto a ti

La vista (*view*) de una serie de casas coloniales es muy interesante. Tienen paredes altas, a veces con decoraciones artísticas. Los balcones de hierro o madera (*iron or wood*) dan una sensación romántica. En contraste hay casas modernas, una tras otra (*one behind the other*) con ventanas y rejas de hierro (*iron grates*) como protección contra los ladrones (*thieves*). Muchas de ellas no tienen jardín; sólo una fachada (*facade*) simple e impersonal.

COMUNICACIÓN Y ACTIVIDADES

I. COMUNICACIÓN

A. **Cambios—Un poco sobre la comida**

   1. ¿Se debe cocinar en la sala? ¿Se debe comer comida buena? ¿Se debe beber demasiado vino? ¿correr veinte millas después de comer? ¿aprender a cocinar? ¿abrir el refrigerador todo el tiempo? ¿limpiar la bañera con la aspiradora?

2. ¿Qué hay generalmente en el refrigerador? ¿Qué hay generalmente sobre la estufa? ¿y en la secadora? ¿en el lavaplatos? ¿en el horno? ¿en el garaje? ¿en el jardín? ¿en el congelador?

B.   Charlas—¿Dónde vives?

1. ¿Vives en una residencia? ¿En cuál vives? ¿En qué piso está tu cuarto? ¿Tienes un refrigerador en tu cuarto? ¿Cocinas allí? ¿Se permite cocinar en los cuartos?

2. ¿Vives en el segundo o en el tercer piso? ¿Subes las escaleras cuando vas a tu cuarto o tomas un ascensor? ¿Cuántas veces al día subes y bajas las escaleras? ¿Estás cansado(-a) después de subir las escaleras? ¿Debemos correr cuando subimos las escaleras? ¿Cuál es más fácil, subir o bajar las escaleras?

3. ¿Vive Ud. en una casa de apartamentos? ¿Cuántos pisos tiene el edificio? Más o menos, ¿cuántos años tiene el edificio? ¿Tiene Ud. vecinos amables? ¿Hay también un vecino antipático en el edificio? ¿Vive Ud. al lado de él (ella)?

4. ¿Vives con tus padres? ¿Vives con ellos todo el año o durante las vacaciones? ¿Viven ellos en una casa o en un apartamento? ¿En qué piso está tu alcoba? ¿Cuántos pisos tiene la casa (el apartamento)? ¿Cuál te gusta más, una casa de un piso o una de dos pisos?

C.   Lugares y cosas—¿Qué es esto?
Identify the following places and things

MODELO   Es donde se mira televisión.
              Es el salón de estar.

1. Es donde hay árboles y flores.   **5.** Hay Coca-colas frías allí.
2. Usamos esto para subir y bajar.   **6.** Es algo que manejamos.
3. Es donde se duerme por la noche.   **7.** Es donde hay un inodoro.
4. El sol entra por esto.   **8.** Es donde seco mi ropa.

D.   Charlas—Un poco sobre los muebles

1. ¿En qué cuarto está el televisor usualmente? ¿Qué otros muebles hay en un salón de estar típico? ¿Qué se hace en un salón de estar? ¿Son los muebles cómodos allí? ¿Cuál te gusta más para mirar la televisión, un sofá o un sillón? ¿Cuál es más cómodo, un sillón o el suelo?

2. ¿Qué muebles hay normalmente en un comedor? ¿Qué se hace en un comedor? ¿Preparamos la comida allí? ¿En qué otro cuarto comemos con frecuencia? ¿En qué cuarto preparamos la comida? ¿Cuál es más rápido, comer en la cocina o en el comedor?

El campo presenta cielo, sol y a veces nubes y relámpagos con mucho viento y
frío. Dentro de este variado paisaje (*landscape*) vive el campesino (*farmer*) en su
casita (*small house*) de adobe, madera o cemento. Su vida es sencilla (*simple*) y en
directa comunicación con la naturaleza. No tiene muchas posesiones y a veces
hay falta (*lack*) de comida. Su casa de pocos cuartos y muebles rústicos no ofrece
más que un refugio.

II. ACTIVIDADES

A. Charlas para grupos o para la clase

1. ¿En qué cuarto se lava la ropa? ¿Qué aparato doméstico se usa para lavar la ropa?
   ¿Cómo está la ropa que lavamos, limpia o sucia? ¿Qué otro aparato está frecuente-
   mente junto a la lavadora?

2. ¿Te gusta usar una aspiradora? ¿Quién limpia tu alcoba? ¿Está tu alcoba limpia o
   sucia ahora? ¿Debes limpiar tu alcoba con más frecuencia?

3. ¿Duermes en el suelo o en una cama? ¿Qué hay debajo de tu cama? ¿Con qué
   frecuencia limpias debajo de la cama? ¿Lavas las ventanas de tu cuarto?

B. Entrevistas—¿Cómo es tu cuarto?

Outside of class, prepare six questions asking a classmate about his or her room,
apartment or house. Then, ask those questions of a classmate to find out about where
he (she) lives.

C. La casa o el apartamento de tus padres

Prepare six descriptive sentences about your or your parents' house or apartment
(location, size, type, etc.).

DESCRIPCIÓN Y CONVERSACIÓN—ACTIVIDADES CASERAS (Household activities)

Study the following drawing. You may be asked to prepare questions, answer questions and/or write a short composition about it.

En los pueblos pequeños, la plaza es el punto de reunión, (*meeting place*) de la gente. Tradicionalmente allí está situada la catedral, que abre sus puertas a los que necesitan alimento (*nourishment*) espiritual. Los bancos, esparcidos (*spread out*) bajo la sombra de árboles viejos, invitan al individuo a descansar y a iniciar una conversación con amigos, conocidos y aún con extraños. Las pequeñas tiendas dan movimiento y variedad, e incitan al transeúnte (*urge the passer-by*) a hacer sus compras. Por último (*Finally*), la alegría (*happiness*) de los niños completa el cuadro humano (*human picture*) expresado a través de sus risas y juegos (*laughter and games*). Hay sentimientos muy especiales en las plazas de estos pueblos pequeños, ¿no?

Cada ciudad grande hispana ofrece grandeza (*greatness*), riqueza y edificios lujosos (*luxurious*) como también (*as also*) lugares de pobreza y tristeza (*sadness*). Hay mucha variedad en la arquitectura de los edificios; unos son de estilo colonial y otros son modernos. Hay carreteras y calles modernas, algunas anchas (*wide*), otras estrechas (*narrow*). En estas ciudades cosmopolitas, el hispano sale con su mejor ropa y participa en todas las actividades que su bolsillo (*pocket-book*) le permite.

LA CIUDAD

The city

Objetivos de la lección

Tema y cultura
1 To talk about city life

Gramática
2 To form the present tense of some irregular verbs: **ser**, **estar**, **ir**, **dar** and **ver**

3 To use more affirmative and negative words

4 To distinguish between **saber** and **conocer** (two verbs meaning *to know*)

5 To form the present progressive

NOTAS CULTURALES

A. In Spain, the capital and most famous city is Madrid. Located in the central part of Spain, it is a cosmopolitan city with over 3 million residents. One of the world's greatest museums, **el Prado**, is located in Madrid. In southern Spain is the picturesque city of Granada, which was regained by the Spanish Christians in 1492 after almost 800 years of Moorish control. The Moorish palace, **la Alhambra**, is a cherished relic of that era. One of the smaller but famous cities in Spain is Segovia. It contains a fairly well-preserved aqueduct built by the Romans in the second century.

B. In Spanish America the largest city is Mexico City. It has numerous attractions for tourists. The cultural center of the city is at the **Palacio de Bellas Artes**, where the national orchestra and the folkloric ballet perform. **La Zona Rosa** is a section of the center of town which has some of the best stores and hotels in the city. This section also has art galleries that sell sculptures and paintings of famous Mexican artists. **El Museo de Antropología** (*Museum of Anthropology*) is a magnificent building containing numerous artifacts of the ancient Indian cultures in Mexico. Just outside Mexico City are **las pirámides de San Juan Teotihuacán**. These pyramids were built in the sixth and seventh centuries and were the center of the old Indian culture.

Vocabulario

Verbos

acelerar   to accelerate, speed up
actuar[1]   to act
cantar   to sing
conocer   to know (people, places)
dar   to give
estar   to be (location; current states or conditions)
invitar   to invite
ir   to go, to be going
parar   to stop
pintar   to paint
saber   to know (facts); to know how

ser   to be (basic, inherent qualities)
tocar   to touch; to play (musical instrument)
ver   to see
visitar   to visit

Sustantivos

el **aceite**   oil
las **afueras**   suburbs
el **alcalde**/la **alcaldesa**   mayor
el **almacén**   department store
el **almacén de descuento**   discount store
el **ascensor**   elevator

la **autopista**   expressway
la **avenida**   avenue
el **barrio**   neighborhood
el **camino**   road
el **campo**   country(side); field
la **carretera**   highway
el **centro**   downtown
el **centro comercial**   shopping center
el **crimen**   crime
la **cuadra**   city block
el **dependiente**/la **dependienta**   salesclerk
el **desempleo**   unemployment

[1]There is an accent on all but the **nosotros** forms of **actuar** (**actúo, actúas, actúa, actuamos, actúan**).

la **desventaja** *disadvantage*

el **embotellamiento** *traffic jam*

la **esquina** *corner (of a city block)*

la **estación de policía** *police station*

la **fábrica** *factory*

la **gasolina** *gasoline*

la **gasolinera** *gas station*

la **gente**[2] *people*

los **grafitos** *graffiti*

la **idea** *idea*

la **industria** *industry*

el **ladrón**/la **ladrona** *thief*

el **mendigo**/la **mendiga** *beggar*

el **metro** *subway*

la **multa** *fine, (traffic) ticket*

el **museo** *museum*

la **pintura** *painting*

la **pobreza** *poverty*

el **pueblo** *town; people (of a nation)*

el **rascacielos** *skyscraper*

el **semáforo** *traffic light*

el **supermercado** *supermarket*

el **taxi** *taxi*

el **tráfico** *traffic*

el **tráfico intenso** *rush hour*

el **transporte** *transportation*

el **tren** *train*

la **ventaja** *advantage*

Adjetivos

contaminado *contaminated, polluted*

preparado *prepared*

público *public*

puro *pure*

rural *rural*

urbano *urban*

Miscelánea

algún(o,a,os,as) *some, any*

ni... ni *neither . . . nor*

ningún(o,a,os,as) *none, not any*

Expresiones

de vez en cuando *from time to time*

en este momento *right now, at this moment*

estar a + (time or distance) + **de** *to be + (time or distance) + from*

---

[2]Spanish uses a singular verb with **gente: La gente va de vacaciones en el verano.** *People go on vacation in the summer.*

Práctica de vocabulario

Marcas famosas

Using new vocabulary, say what items you associate with the following brand names.

1. Quaker State	**4.** Exxon	**7.** Amtrak	**10.** Yellow Cab
2. Greyhound	**5.** Loew's	**8.** U.S. Steel	**11.** I-80
3. Sears	**6.** MGM	**9.** K-Mart	**12.** 7-11

GRAMÁTICA Y PRÁCTICA

I. THE PRESENT TENSE OF SER, ESTAR, IR, DAR AND VER

(El presente de *ser, estar, ir, dar y ver*)

THE VERBS SER AND ESTAR

Some forms of the infinitives **ser** and **estar** are already familiar to you (**soy/eres/es/son** and **estoy/estás/está**). Review their meanings and uses (**Lección 5,** I), and learn the additional personal endings shown below.

SER *TO BE*		**ESTAR** *TO BE*	
soy	somos	estoy	estamos
eres	sois	estás	estáis
es	son	está	están

¿Quiere usted ser policía?	*Do you want to be a police officer?*
¿Cómo están ustedes hoy?	*How are you today?*
Es bueno estar preparado.	*It is good to be prepared.*
Son las tres y media.	*It is three-thirty.*

✳ **Está a... (de...)** is an idiomatic expression used to indicate *how far away (in distance or time) someone or something is.*

¿A cuántas millas está la gasolinera de aquí?	*How many miles is the gas station from here?*
Está a tres millas de aquí.	*It is three miles from here.*
¿A cuántos minutos está el supermercado de tu casa?	*How many minutes away is the supermarket from your house?*
Está a diez minutos.	*It is ten minutes away.*

Repaso

Uses of *ser* and *estar*

Ser:
1. tells *who* or *what the subject is.*
2. links subject to a noun or pronoun.
3. expresses *time of day.*
4. links subject to an expression of *origin, possession or material (with **de**).*
5. indicates when or where an event takes place.

Estar:
1. tells *where the subject is.*
2. links the subject to an expression of *location.*

With Adjectives:

Ser tells what the subject is like:

1. *basic characteristics.*
2. *inherent qualities.*

Estar tells how the subject is (at a particular moment in time):

1. *current physical or mental states or conditions* (not basic characteristics or inherent qualities).
2. *what is different from the usual or expected.*

THE VERB IR

The verb **ir** *(to go, to be going)* is the most frequently used verb of motion in Spanish. You have already used extensively certain forms of **ir: voy/vas/va.** Learn the additional forms below.

IR TO GO, TO BE GOING	
voy	vamos
vas	vais
va	van

The verb **ir** means both to *go* and *to be going*. Do not translate the English helping verb *to be* when using **ir**. All forms of **ir** are followed by the preposition **a** before an infinitive or a destination.

ir + **a** + infinitive or destination

¿Van Uds. al centro ahora?
No, vamos a ir esta noche.

Are you going downtown now?
No, we're gong to go tonight.

✳ Remember, **ir** + **a** + *infinitive* is used to imply future time.

¿Vas a tocar el piano mañana?

No, voy a cantar.

Are you going to play the piano tomorrow?
No, I'm going to sing.

THE VERBS DAR AND VER

Below are two new verbs: **dar** (*to give*) and **ver** (*to see*); they are both irregular and should be learned individually.

DAR	*TO GIVE*	**VER**	*TO SEE*
doy	damos	veo	vemos
das	dais	ves	veis
da	dan	ve	ven

¿Quién da multas?
¿Ves el rascacielos detrás de la fábrica?

Who gives tickets?
Do you see the skyscraper behind the factory?

MISCELÁNEA

The Personal *a*

In both English and Spanish, a *direct object* answers the question *whom?* or *what?* after the verb.

We see the teacher.

We see *whom?*
Whom do we see? ⎤ *the teacher (dir. obj.)*

In Spanish, when a direct object noun refers to a *specified or known person or persons*, the preposition **a** is placed between the verb and the direct object noun. This **a** is called the *personal **a***.

> verb + **a** + specific person(s)

As you can see below, the personal **a** has no English equivalent or translation.

La policía busca al ladrón.   *The police are looking for the thief.*
Veo a mis amigos todos los días.   *I see my friends every day.*

❋   The preposition **a** is not used between the verb **tener** and a *direct object referring to people.*

Tengo tres hermanas.   *I have three sisters.*

❋   **¿A quién...?** is used when the English question begins with *Whom ...?* (whom = direct object).

¿A quién ves en la oficina?   *Whom do you see at the office?*

❋   **¿Quién...?**, without the preposition, is used for the English word *Who ...?* (who = subject).

¿Quién vive en ese barrio?   *Who lives in that neighborhood?*

❋   The preposition **a** will contract with the definite article **el** but never with the personal pronoun **él**.

No vemos al joven.   *We do not see the young man.*
Están sentados junto a él.   *They're seated next to him.*

PRÁCTICA

A. Cambios—Un poco de todo

1. ¿Adónde van ustedes cuando necesitan comprar gasolina? ¿Adónde van Uds. cuando desean ver una película? ¿y cuando necesitan dinero? ¿cuando desean ir de compras? ¿cuando desean mirar unas pinturas famosas? ¿cuando necesitan aceite para el coche? ¿cuando necesitan comprar comida?

2. ¿Qué cosa famosa vemos si vamos a Wáshington? ¿Qué cosa famosa vemos si vamos a Nueva York? ¿y si vamos a San Francisco? ¿y a París? ¿a Filadelfia? ¿a Roma?

B. Repaso de *ser* y *estar*—¿Cuál es el verbo correcto?

Using either **ser** or **estar**, answer each question according to the model.

MODELO   Nueva York—¿interesante?
          Sí, es interesante. (No, no es interesante.)

1. **Esta ciudad**—¿más pequeña que Chicago? ¿al oeste de Dallas? ¿la capital de este estado? ¿una ciudad industrial? ¿en el norte del estado? ¿una ciudad bonita? ¿un lugar interesante o aburrido? ¿a cincuenta millas de Miami? ¿a media hora de... (**otra ciudad**)?

2. **Los alcaldes de este país**—¿en mi oficina ahora? ¿ocupados con los problemas del desempleo? ¿contentos o tristes cuando hay mucho crimen en nuestras ciudades? ¿políticos? ¿preocupados durante las elecciones? ¿cansados después de las elecciones? ¿ocupados con el problema del aire contaminado?

C. Nuestra ciudad—¿Qué ves allí durante una semana típica?

Say whether or not you usually see the following during a typical week. Pay close attention to the use of the personal **a**.

MODELO   mucho tráfico a eso de las cinco y media.
          Sí, veo mucho tráfico a eso de las cinco y media.

1. uno o dos taxis	4. tus amigos	7. perros y gatos
2. el alcalde	5. varios autobuses	8. todos tus parientes
3. mendigos	6. tráfico intenso	9. tus compañeros de clase

D. Charlas—Las ciudades y el campo, ventajas y desventajas

1. ¿Vives en la ciudad? ¿Vives cerca de un parque? ¿Te gusta ir al parque? ¿A cuántos minutos está el parque de tu casa? ¿Caminas o manejas cuando vas allí? ¿Qué ves allí? ¿En qué estación es mejor ir a un parque? ¿Por qué es mejor?

2. ¿Tienes parientes que viven en el campo? ¿Quiénes son estos parientes? ¿Ves a estos parientes de vez en cuando? ¿Con qué frecuencia vas a su casa? ¿A cuántas millas está la casa de una ciudad grande? ¿Cuál es una ventaja de vivir en el campo? ¿y una desventaja?

II. MORE AFFIRMATIVE AND NEGATIVE WORDS

(Más palabras afirmativas y negativas)

You have already been using affirmative words and their negative counterparts (**Lección 5**, III). Below is a more complete list of Spanish affirmative and negative words.

Affirmative Words:

sí   *yes*

algo   *something*
alguien   *(pronoun) somebody, someone, anybody, anyone*
alguno(-a,-os,-as)   *(pronoun) some, any (of a known group)*
algún(a,os,as)   *(adjective) some, any*

siempre   *always*
también   *also*
o... o   *either . . . or*

Alguien quiere ir contigo.
Algunos de ellos no van a parar.
Ellos nunca compran nada.

Negative Words:

no   *not (or No,... in answering a yes/no question)*
nada   *nothing, not anything*
nadie   *(pronoun) nobody, no one, not anybody, not anyone*
ninguno(-a)   *(pronoun) none, not any (of a known group)*
ningún(a,os,as)[1]   *(adjective) no, none, not any*
nunca, jamás   *never, not ever*
tampoco   *not either, neither*
ni... ni   *neither . . . nor*

Somebody wants to go with you.
Some of them are not going to stop.
They don't ever buy anything.

✳ Remember, the Spanish **no** (meaning *not*) is omitted when another negative word precedes the verb. However, **no** must be used before the verb if a negative word follows the verb. Spanish often uses more than one negative word in a sentence.

Nunca veo nada bueno en la televisión.
No veo nunca nada bueno en la televisión.

I never see anything good on television.

✳ A personal **a** is required before **alguien** and **nadie** (as well as **alguno** and **ninguno** when they refer to people) when these words are used as direct objects.

¿Ves usualmente a alguien interesante en el centro?
Voy a visitar a algunos de ellos.
Veo algunos de los edificios.

BUT

Do you usually see somebody interesting downtown?
I'm going to visit some of them.
I see some of the buildings.

✳ The feminine and plural forms of **algún** and **ningún** do not have a written accent: **alguna, algunos, ninguna, ningunos**.

[1]The plural **ningunos(-as)** is rarely used.

PRÁCTICA

A. Cambios—¿Sí o no?

1. ¿Desea álguien aquí ir a casa ahora? ¿Desea alguien estar aquí todo el día? ¿Desea alguien tomar el examen final hoy? ¿ser profesor de español? ¿ser rico? ¿ser alcalde de la ciudad?

2. ¿Hay alguna joven de México aquí en la clase? ¿Hay algún joven alto aquí en la clase? ¿alguna joven estadounidense? ¿alguna joven rubia?

3. ¿Hay algún centro comercial por aquí? ¿Hay algún almacén de descuento? ¿algún edificio de más de cincuenta pisos? ¿algunos restaurantes con comida excelente?

4. ¿Viven algunos de ustedes cerca de la universidad? ¿Viven algunos de Uds. en el campo? ¿en un ascensor? ¿en una residencia?

B. Charlas—¿Dónde esperas vivir en diez años?

1. ¿Esperas vivir en el campo algún día? ¿Quieres vivir en algún pueblo pequeño? ¿Es el aire más puro en el campo? ¿Hay también menos ruido allí? En tu opinión, es la vida mejor en el campo? ¿Es la vida allí demasiado aburrida?

2. ¿Esperas vivir en una ciudad grande algún día? ¿Esperas ser alguien importante algún día? ¿Esperas ser rico(-a) o pobre? ¿Tienes interés en ser alcalde de alguna ciudad grande? ¿Es la vida de la ciudad más interesante que la vida del campo?

III. SABER AND CONOCER: TWO VERBS MEANING TO KNOW

Spanish has two verbs meaning *to know*: **saber** and **conocer**. They are associated with different types of knowledge and are not interchangeable.

SABER	TO KNOW		CONOCER	TO KNOW
sé	sabemos		conozco	conocemos
sabes	sabéis		conoces	conocéis
sabe	saben		conoce	conocen

THE VERB SABER

The verb **saber** is used to express *knowledge of facts or information*. It refers to knowledge which can be conveyed or explained to someone else. **Saber** + an infinitive means *to know how to do something*.

Sé tu número de teléfono.	*I know your telephone number.*
¿Sabes tocar la guitarra?	*Do you know how to play the guitar?*
Él sabe que quiero ser alcalde.	*He knows (that) I want to be mayor.*

THE VERB CONOCER

The verb **conocer** means *to be acquainted or familiar with a person, place or thing.* **Conocer** usually refers to knowledge acquired firsthand which is not conveyable. **Conocer** takes a personal **a** before a direct object referring to a specified or known person or group of persons.

Deseamos conocer mejor esa cuidad.	*We want to know that city better.*
Conocemos los parques de esta ciudad.	*We are acquainted with this city's parks.*
No conozco al escritor pero sé mucho de él.	*I don't know the author but I know a lot about him.*

PRÁCTICA

A.   Cambios—Información y estadísticas

1. ¿Conoces al presidente de este país? ¿Conoces a... *(otro estudiante)*? ¿Conoces a los padres de tu novio(-a)? ¿esta ciudad? ¿México? ¿a mi familia? ¿al alcalde de esta ciudad?

2. ¿Sabe usted manejar un coche? ¿Sabe cocinar bien? ¿subir a un árbol? ¿manejar un autobús? ¿enseñar español? ¿pintar bien?

B.   ¿Qué saben hacer bien estas personas?

Tell what the following people know how to do well.

MODELO   Salvador Dalí
           Sabe pintar bien.

1. Frank Sinatra
2. Stephen King
3. Mario Andretti
4. Charles Schulz
5. Meryl Streep
6. Julia Child

C.   Charlas—¿Quién sabe más?

1. ¿Saben ustedes más que sus padres? ¿Sé más español que mis estudiantes? ¿Quién debe saber más, un niño o un hombre? ¿Por qué? ¿Quiénes saben más de los Estados Unidos, ustedes o los bolivianos?

2. ¿Conoces bien a tu novio(-a)? ¿Conoces a su familia? ¿Sabes cuántos hermanos tiene él/ella? ¿Sabes dónde vive él/ella? ¿Conoces el barrio donde vive? ¿Sabes dónde está él/ella ahora mismo? ¿Sabe él/ella dónde estás tú? ¿Sabes tú más de él/ella o sabe él/ella más de ti?

D. ¿Sabes esto?

Using the connective word **que** (*that*), answer the following questions according to the model.

MODELO   ¿Sabes en qué estado hay montañas altas?
          Sí, sé que hay montañas altas en Colorado.

¿Sabes en qué...

1. ciudad hay restaurantes famosos?   **4.** ciudad hay mucha contaminación?
2. estado hay muchas fábricas?   **5.** estado hay poco empleo?
3. ciudad hay muchos puertorriqueños?   **6.** estado hay mucha nieve?

IV. THE PRESENT PROGRESSIVE

(El presente progresivo)

In English, the *present progressive* form of a verb is a two verb construction consisting of the helping verb *to be* and *the present participle* (*-ing* form of a verb).

I am resting.
They are running.

Spanish also has a similarly constructed present progressive form. However, the uses of the present progressive are not identical in Spanish and in English; that is, Spanish uses the present progressive much less frequently than English does.

FORMATION OF THE PRESENT PROGRESSIVE

In Spanish, the present progressive of most verbs is formed with the verb **estar** and *the present participle*. The present participle is formed by adding **-ando** to the present tense stem of **-ar** verbs and by adding **-iendo** to the present tense stem of **-er** and **-ir** verbs. Use the following formula.

estar + present participle = present progressive

Present Participles

INFINITIVE	SPANISH	ENGLISH
hablar	**hablando**	*speaking*
comer	**comiendo**	*eating*
vivir	**viviendo**	*living*

The ending of a present participle never changes; it always ends in **-o**. However, the helping verb **estar** does change and agrees with the subject.

¿Qué están haciendo Uds. ahora?   *What are you doing now?*
Estamos pintando las paredes.   *We are painting the walls.*

✳ Following are some common present participles with spelling irregularities in Spanish.

cayendo	*falling*	**oyendo**	*hearing*
diciendo	*saying, telling*	**pidiendo**	*asking for*
durmiendo	*sleeping*	**sirviendo**	*serving*
leyendo	*reading*	**trayendo**	*bringing*

Están trayendo gasolina para el coche.   *They're bringing gasoline for the car.*

Mi hija no está durmiendo bien esta semana.   *My daughter is not sleeping well this week.*

USE OF THE PRESENT PROGRESSIVE

English uses the present progressive construction much more than Spanish does. You are already familiar with one example of this difference in usage: the Spanish present tense (**yo descanso, él trabaja, ellos corren**) can generally be translated into the English present progressive as *to be doing something* (*I am resting, he is working, they are running*). In fact, the progressive form has only one use in Spanish: *to emphasize that an action is happening right now*. In other words, it describes an action which is occurring at this moment in time (*presently in progress*). It describes actions which are not viewed as the way things normally are.

Él está trabajando en Dallas.   *He's working in Dallas (at the moment, currently).*

Él trabaja en Dallas.   *He works in Dallas (normally).*

✳ English often uses the present progressive to express future meaning. Spanish never does. Compare the following sentences.

Ellas van a llamar mañana.   *They're calling tomorrow.*

PRÁCTICA

A.   Cambios—¿Qué estamos haciendo ahora?

   1. ¿Están ustedes aprendiendo matemáticas ahora? ¿Están Uds. durmiendo? ¿están practicando el progresivo? ¿escribiendo una carta? ¿cantando una canción? ¿dando una fiesta? ¿pronunciando muchos verbos? ¿cocinando?

   2. ¿Estoy enseñando la lección ahora? ¿Estoy preparando el próximo examen? ¿descansando? ¿hablando en francés? ¿actuando en una película? ¿tocando el piano? ¿pagando una multa?

B. En tu opinión, ¿qué está haciendo esta persona en este momento?

Say what you think the following people are doing right now.

MODELO   un cantante
          Está cantando.

1. un escritor   4. un ladrón   7. un pintor
2. un alcalde   5. un policía   8. un ama de casa
3. una actriz   6. una obrera   9. un dependiente

Como (*Like*) muchas de las ciudades grandes de Hispanoamérica, la ciudad de México tiene una gran variedad de arquitectura. Su arquitectura es el resultado de muchas influencias culturales y mantiene (*it maintains*) en sus monumentos y edificios la historia y cultura de siglos ya (*already*) pasados. Un ejemplo de esto es la Plaza de las Tres Culturas, una combinación de arquitecturas al éstilo azteca, colonial y moderno. Hay simetría en esa arquitectura y, al mismo tiempo, un reflejo de la mezcla (*reflection of the mixture*) del pasado y del presente mexicanos.

COMUNICACIÓN Y ACTIVIDADES

I. COMUNICACIÓN

A. Charlas—El transporte

1. ¿Dónde manejas más rápido, en una calle o en una autopista? ¿En cuál tienes más cuidado? ¿En cuál te gusta más manejar? ¿Cuál de las dos tiene aceras? ¿En cuál no hay semáforos generalmente? ¿Debemos caminar en las autopistas?

2. ¿Es bueno el transporte público de nuestra ciudad? ¿Cuánto cuesta? ¿Usa Ud. el transporte público para asistir a sus clases? ¿Le gusta usar el transporte público? ¿Quiénes reciben a menudo un descuento en el transporte público?

B. ¿Cuándo vas a hacer esto?

Answer each question with two sentences. First answer each question negatively. Then, using the **ir a...** (*going to ...*) construction, say when you are going to do each thing below.

MODELO   ¿Estás comiendo ahora?
No, no estoy comiendo.
Voy a comer a las seis.

1. ¿Estás descansando?

2. ¿Estás bebiendo algo frío?

3. ¿Estás manejando tu coche?

4. ¿Estás limpiando tu cuarto?

5. ¿Estás escribiendo a tu amigo(-a)?

6. ¿Estás visitando a tus parientes?

C. ¿Qué es y dónde está?

Using the connective word **que**, identify and locate the following things and places.

MODELO   Pike's Peak
Es una montaña que está en Colorado.

1. Chinatown

2. Maxim's

3. Yellowstone

4. Rodeo Drive

5. Tiffany

6. Macy's

7. Chase Manhattan

8. Smithsonian Institution

9. Empire State Building

D. Charlas—Lugares y personas de interés

1. ¿Adónde va usted si desea estudiar una pintura por mucho tiempo? ¿Hay mucho ruido en los museos? ¿Quién es un pintor famoso de este siglo? ¿De dónde es (fue)? ¿Quién fue un pintor famoso de otro siglo? ¿De dónde fue? ¿Cuál es un museo famoso de este país? ¿y de otro país? ¿Cuál es una pintura muy famosa? ¿Dónde está?

2. ¿Tiene esta ciudad un rascacielos? ¿Cuál es un rascacielos muy famoso? ¿En qué ciudad está? ¿Cuántos pisos tiene más o menos? ¿Crees que tiene ascensor?

Para aliviar (*alleviate*) el tráfico las ciudades grandes construyen carreteras o autopistas complejas (*complex*). Allí se permite manejar rápido y no hay problemas ni con los semáforos ni con los peatones (*pedestrians*). En este caso (*In this case*) los peatones usan puentes para cruzar (*cross*) la autopista.

II. ACTIVIDADES

A. Charlas para grupos o para la clase

1. ¿Sabes dónde está la estación de policía? ¿A cuántos minutos está de aquí? ¿Quiénes trabajan allí? ¿Hay criminales allí de vez en cuando?

2. ¿Debemos manejar después de beber demasiado? En tu opinión, ¿quiénes manejan mejor, los hombres o las mujeres? ¿Y quiénes manejan más rápido? ¿Quién recibe más multas, tú o tus amigos?

3. ¿Cuál es más barato, tomar un taxi o tomar el metro? ¿En cuál hay más crímenes? ¿En cuál hay más grafitos? ¿De qué color es un taxi típico?

B. Entrevistas—¿ De dónde es tu compañero(-a) de clase?
Outside of class, prepare six questions to ask a classmate. Start out by finding out
where he/she is from. Then ask about his or her hometown (size, location, description,
advantages, disadvantages . . .).

DESCRIPCIÓN Y CONVERSACIÓN— LA CIUDAD

Study the following drawing. You may be asked to prepare questions, answer questions
and/or write a short composition about it.

Los hispanoamericanos en los Estados Unidos

La influencia hispanoamericana en los Estados Unidos se nota° hoy por todas partes, sobre todo° en las grandes ciudades norteamericanas. En efecto, la presencia hispana en la región del suroeste es muy anterior a la de los anglosajones° de este país. Los estados de Nevada, California, Nuevo
5 México y Arizona dan testimonio de sus principios° españoles. Hoy en día se estima que más de 12 millones de hispanos viven en los Estados Unidos (sin hacer mención de los miles de inmigrantes no documentados). Es posible dividir al grupo de los hispanoamericanos en tres subgrupos principales; los mexicano-americanos, o «chicanos», con una población° de
10 unos 9 millones; los puertorriqueños, en un número aproximado de 2 millones; y los cubanos, con poco más de un millón de personas.

Los mexicano-americanos, concentrados especialmente en la región del suroeste de los Estados Unidos, son parte de la cultura norteamericana desde sus orígenes. Con la guerra° de 1848, los Estados Unidos reciben de
15 México gran parte del territorio del suroeste, incorporando así a miles de mexicanos a la población de este país. Los grados de aculturación° del chicano dentro de la cultura norteamericana son en realidad muy diferentes. La mayoría° habla inglés, y hay chicanos que no hablan español, pero, en general, los mexicano-americanos de este país pertenecen° a la clase
20 baja y reciben menos educación que el resto de la población. Es por medio de° figuras como César Chávez y Rodolfo González, que el «movimiento chicano» trata de mejorar° la situación del mexicano-americano, luchando por sus derechos de igualdad° y por más poder° político y económico. Actualmente comienzan a ocupar puestos° de más importancia, y en mu-
25 chos estados del suroeste hay programas bilingües en las escuelas.

se... *is visible*
sobre... *above all*
muy... *much earlier than that of the Anglo-Saxons beginnings*

population

war

grados... *degrees of acculturation*
majority
belong

por... *through*
trata... *tries to improveimprove*
luchando... *fighting for their equal rights / power*
Actualmente... *They're currently beginning to occupy positions*

La situación del puertorriqueño es muy diferente a la de° los otros grupos. Los puertorriqueños son ciudadanos° norteamericanos como resultado de la guerra de 1898, cuando España cede° la isla de Puerto Rico a los Estados Unidos. A mediados de° este siglo hay un gran éxodo de puer-
30 torriqueños a los Estados Unidos; la mayoría viene a vivir en Nueva York. A pesar de ser° ciudadanos norteamericanos, los puertorriqueños también conservan su idioma, sus tradiciones y su religión, algo que a veces los aísla° culturalmente del resto de este país. Sin embargo,° logran establecer sus propias° revistas, estaciones de radio, restaurantes, sitios de recreo° y
35 programas bilingües en las escuelas del área. La nueva generación de puertorriqueños alcanza° posiciones prominentes en la comunidad (abogados, médicos, políticos, comerciantes°), sin abandonar su cultura hispana.

Los cubanos vienen a este país como refugiados políticos cuando Fidel Castro establece un régimen socialista-comunista en Cuba en 1959. Huyen°
40 de la situación política, dejando atrás° sus posesiones materiales y su posición social. Una vez establecidos° en Miami, los cubanos luchan por recuperar° su posición económica en los Estados Unidos, sin perder° su cultura ni su identidad. Hoy día, poseen° un alto nivel° de vida. Tienen en su «pequeña Habana» en Miami, sus propios canales de televisión, restau-
45 rantes, periódicos, hospitales, clínicas y escuelas privadas. Es en esta sección de Miami (al suroeste de la Calle Ocho) donde encontramos letreros° en español por todas partes y donde oímos° sólo español por las calles.

a... *from that of*
citizens
gives up
A... *In the middle of*

A... *In spite of being*

los... *isolates them /*
Sin... *However*
own / **sitios...** *places*
of entertainment
achieves
business people

they fled
dejando... *leaving*
behind
Una... *Once established*
luchan... *fight to
regain / losing*
they possess / level

encontramos... *we
find signs / we
hear*

Comprensión

1. Más o menos ¿cuántos hispanoamericanos hay en los Estados Unidos? ¿Cuáles son los tres grupos principales? ¿En qué estados es la presencia hispana anterior a la presencia anglosajona? ¿Cuál es el origen de una persona anglosajona? ¿y el origen de un hispanoamericano?

2. ¿Para quiénes es importante el año 1848? ¿Por qué? ¿Qué sabe Ud. de la aculturación del mexicano-americano en este país? ¿Qué es una educación bilingüe?

3. ¿Qué diferencias hay en la situación de los mexicano-americanos y los puertorriqueños en este país? ¿Qué importancia tiene el año 1898 para los puertorriqueños?

4. ¿En qué año comienzan a llegar los cubanos a este país? ¿Por qué llegan? ¿Dónde vive la mayoría de ellos hoy? ¿Qué quieren recuperar?

Conversación y composición

1. Define, discuss and/or write about each of the following phrases from the preceding reading.

a. César Chavez	**c.** la guerra de 1848	**e.** el movimiento chicano
b. la guerra de 1898	**d.** la pequeña Habana	**f.** el régimen socialista-comunista

2. Prepare four questions about the reading to ask your classmates.

LECCIÓN 12

En Hispanoamérica hay centros comerciales, y están construyendo más y más. Allí van muchas personas de todas las edades (*ages*) y como en este país, hay mucho que hacer. Cada persona puede decidir si quiere visitar las tiendas, comer algo en uno de los restaurantes interesantes o simplemente descansar en un banco mientras observa a los transeúntes (*passers-by*). ¡Hay tanta actividad aquí! ¿Qué piensa Ud., es un pasatiempo (*pastime*) interesante ir al centro comercial? ¿Compra Ud. mucho allí? ¿Con qué frecuencia va?

No es sólo (*only*) en las ciudades donde se puede comprar ropa. En el campo o en los mercados de los pueblos pequeños los campesinos y los comerciantes tienen la oportunidad de crear (*to create*) su propio negocio pequeño, ofreciendo (*offering*) al público artículos casi siempre hechos a mano (*handmade*). Es un esfuerzo de familia y todos ayudan, no sólo en la creación de los productos sino (*but also*) en la venta de ellos. Con la venta diaria de estos artículos, la familia indígena gana (*earns*) unos pocos pesos para comprar las otras provisiones necesarias para vivir.

DE COMPRAS:
ROPA Y OTRAS COSAS

Shopping: Clothing and other things

Objetivos de la lección

Tema y cultura
1 To talk about shopping and clothes

Gramática
2 To use direct object pronouns
3 To form the present tense of some verbs with irregular **yo** forms (**tener, hacer, venir, decir, poner, oír, caer, traer**)
4 To use expressions of obligation: **tener que, deber** and **hay que**

NOTAS CULTURALES

A. As does the United States, most Hispanic countries have large department stores. Often, Hispanic cities also have central markets with open–air vendors and small shops. Buyers here move from shop to shop in the market seeking to negotiate the best deal possible. Besides the shops of the central market, many other small stores offer services and products on a personalized basis. When a store specializes in the sale of only one product, it often uses the name of the product and the ending **-ería** to signify its specialization. Consequently, milk and dairy products are sold in a **lechería**, and shoes in a **zapatería**. It is not difficult to guess what is sold in a **perfumería**, **frutería** or **heladería**.

B. Like that of people all over the world, the clothing worn by Hispanics varies with location, social standing, age and tradition. In big cities, international attire is predominant. Elegant stores with the latest styles from Paris, New York or Rome also display clothing from famous Hispanic designers like Oscar de la Renta (República Dominicana) or Adolfo (Cuba). Hispanic women shopping in these stores are as well-dressed as any in the world. Hispanic men generally dress quite conservatively with jacket and tie in discreet colors. Young Hispanics prefer the dress styles of North America, including jeans and jerseys or tee-shirts displaying the name from far-away universities or exotic places. Outside the big cities, traditions have a larger influence on dress. Indians wear their own costumes developed through past centuries. Mexican **charros**, Argentinian **gauchos** and Venezuelan **llaneros** still wear traditional clothing.

Vocabulario

Verbos
admirar   to admire
ayudar[1]   to help
caer   to fall
decir   to say, tell
dejar   to leave (behind)
diseñar   to design
oír   to hear
poner   to put; to turn on (radio, T.V.)
regatear   to haggle, bargain
salir   to leave; to go out

tener   to have
traer   to bring
venir   to come

Sustantivos
el **abrigo**   coat
el **anillo**   ring
el **arete**   earring
el **artículo**   article (of clothing, etc.)
la **bata**   robe
la **blusa**   blouse
la **bota**   boot

la **bufanda**   scarf (for warmth)
los **calcetines**   socks
los **calzoncillos**   undershorts
los **calzones**   panties, underpants
la **camisa**   shirt
la **camiseta**   tee-shirt; undershirt
el **camisón**   nightgown
la **cartera**   purse
el **cinturón**   belt

[1]**Ayudar** requires the preposition **a** before an infinitive: **Él me ayuda a aprender.** He helps me to learn.

la **combinación**   *slip*
la **corbata**   *tie*
la **cuenta**   *bill*
la **chaqueta**   *jacket, coat*
la **falda**   *skirt*
las **gafas (de sol)**   *glasses (sunglasses)*
la **ganga**   *bargain*
los **guantes**   *gloves*
el **gusto**   *taste*
el **impermeable**   *raincoat*
los **jeans**   *jeans*
la **liquidación**   *sale*
la **moda**   *fashion*
el **monedero**   *wallet*
los **pantalones**   *slacks*
las **pantimedias**   *panty hose*
el **pañuelo**   *handkerchief; head or neck scarf*
el **par**   *pair*
el **paraguas**   *umbrella*
el **pijama**   *pajama*
el **precio (fijo)**   *(fixed, set) price*
la **ropa interior**   *underwear*

el **saco**   *coat (suit)*
la **sandalia**   *sandal*
los **shorts**   *shorts*
el **sombrero**   *hat*
el **sostén**   *bra, brassiere*
los **tacones**   *high heels, heels*
la **talla**   *size*
la **tarjeta de crédito**   *credit card*
la **tienda de regalos**   *gift store*
el **traje**   *suit*
el **traje de baño**   *bathing suit*
el **vestido**   *dress*

Adjetivos

claro   *light (color); clear*
desnudo   *naked*
elegante   *elegant*
formal   *formal*
informal   *informal*
oscuro   *dark*
rayado   *striped*
vestido   *dressed*

Pronombres: Complementos directos

la   *you* (f, form); *her, it* (f)
las   *you* (f, pl); *them* (f)
lo   *you* (m, form); *him, it* (m)
los   *you* (pl, m, m and f); *them* (m, m and f)
me   *me*
nos   *us*
te   *you* (s, fam)

Expresiones

a cuadros   *checked (design or pattern)*
comprar a crédito (al contado)   *to buy on credit (with cash)*
de todo   *everything, a little of everything (as object of verb)[2]*
estar a la moda   *to be stylish, to be in style (a person)*
estar de moda   *to be stylish, to be in style (clothing, things)*
hay que + *infinitive*   *it is necessary to* + *infinitive*
tener que   *to have to, must*

[2]*Everything* as the subject of a verb is **todo: Todo es posible con dinero.** vs. **El dinero compra de todo.**

Práctica
de
vocabulario

¿Qué asocian Uds. con estas marcas?
Using new vocabulary, say what you associate with the following brand names.

MODELO   Hanes
          ropa interior, calzoncillos, camisetas...

1. Arrow	**4.** Lee	**7.** Botany 500	**10.** Foster Grant
2. Haggar	**5.** L'Eggs	**8.** London Fog	**11.** Naturalizer
3. Totes	**6.** Gucci	**9.** Vanity Fair	**12.** Isotoner

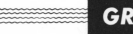

GRAMÁTICA Y PRÁCTICA

I. DIRECT OBJECT PRONOUNS

(Pronombres como
complemento directo)

In both English and Spanish, a *direct object* answers the question *whom?* or *what?*
after the verb.

John buys the socks.   John buys *what?* ⎤
                          ⎟ *the socks (dir. obj.)*
                          What does John buy? ⎦

In order to avoid repetition of nouns, direct object pronouns often replace direct
object nouns and likewise answer the question *whom?* or *what?* after the verb.

I know Marta and Chela.   *I know them.*
I have the dress here.   *I have it here.*

FORMS OF THE DIRECT OBJECT PRONOUNS

Direct Object Pronouns

me	me	**nos**	us
te	you	**os**	you
lo[1]	you (m), him, it (m)	**los**[1]	you (m), them (m)
la	you (f), her, it (f)	**las**	you (f), them (f)

Ella me ayuda de vez en cuando.	*She helps me from time to time.*
Ella nos ve en la tienda.	*She sees us in the store.*

✳ Direct object pronouns agree in gender and number with the noun they replace. The plural masculine form of the pronoun is used when referring to a group made up of males and females.

¿Tiene usted la camisa?	**¿La tiene usted?**
¿Ves a Julia y a Pepe?	**¿Los ves?**

✳ The English *it* or *that* (referring to actions, situations or abstract ideas in general) is usually translated by **lo**.

Él no lo sabe.	*He doesn't know it.*

✳ As you have learned, the personal **a** is required before a direct object *noun* referring to a known or specified person. The personal **a** is never used before a direct object *pronoun*.

¿Conoces a Marisela?	*Do you know Marisela?*
Sí, la conozco muy bien.	*Yes, I know her very well.*

POSITION OF DIRECT OBJECT PRONOUNS
Follow these rules for placing a direct object pronoun in a sentence.

A. *SINGLE-VERB CONSTRUCTION* In Spanish, a direct object pronoun normally precedes a conjugated verb in a single-verb statement or question.

Los conozco muy bien.	*I know them very well.*
¿Te llama él a menudo?	*Does he call you often?*

In a negative statement or question, the word **no** precedes the pronoun.

No las vemos en el centro.	*We don't see them downtown.*

---

[1]In Spain, **le(s)** is generally used instead of **lo(s)** when referring to males. **Lo(s)** is preferred in Spanish America and is the form used in *Charlando*.

B.   *DOUBLE-VERB CONSTRUCTION*   In double-verb constructions (where a conjugated verb is followed by an infinitive or a present participle), the direct object pronoun may be placed before the conjugated verb or after (and attached to) the infinitive or present participle. Both constructions are correct.

Manuel no me está ayudando.

Manuel no está ayudándome. ⎫⎬⎭ *Manuel is not helping me.*

¿Lo van a comprar?

¿Van a comprarlo? ⎫⎬⎭ *Are you going to buy it?*

✳   Direct object pronouns are attached to the infinitive of impersonal expressions starting with **Es** + *adjective*.

Es importante llamarlo hoy.   *It is important to call him today.*

✳   Direct object pronouns are also attached to an infinitive that follows **me/te/le gusta**.

Mis guantes son nuevos; me gusta   *My gloves are new; I like to wear llevarlos.   them.*

✳   If a direct object pronoun is attached to a present participle, an accent mark is added in order to show that the original stress of the present participle is maintained.

¿Las niñas? Sí, estoy ayudándolas   *The girls? Yes, I'm helping them with con su ropa.   their clothes.*

CLARIFICATION OF THE DIRECT OBJECT PRONOUNS LO(S) AND LA(S)

Out of context, the third person of direct object pronouns **lo, la, los, las** can be ambiguous in nature. Note the following possible meanings.

Yo lo veo. ⎡ *I see you* (m, form).
⎢ *I see it* (m).
⎣ *I see him.*

Él las ve. ⎡ *He sees you* (f).
⎢
⎣ *He sees them* (f).

This ambiguity can be minimized by adding a *clarification phrase* (**a** + *prepositional pronoun*) to any sentence containing an ambiguous pronoun (**lo, la, los, las**). The direct object pronoun must be used even if the "**a** phrase" is added for clarification; that is, you never drop the direct object pronoun in favor of the clarification phrase.

Yo lo veo a usted.   *I see you* (m, s, form).
Yo lo veo a él.   *I see him.*

This use of the clarification phrase may seem redundant, but it is a very common and preferred construction among native speakers.

Repaso

Comparison of Some Personal Pronouns

You have now learned three types of personal pronouns: subject pronouns (**Lecciónes 1, 2, 9**), prepositional pronouns (**Lección 10**) and, in this lesson, direct object pronouns. Each type of personal pronoun has its own specific purpose and use in a sentence. Review them below:

1. **Subject Pronoun ("Doer")** A subject pronoun precedes the verb in a statement and controls the verb ending. The subject pronoun may be left out in Spanish.

   (**Tú**) diseñas ropa elegante.　　　　*You design elegant clothes.*

2. **Direct Object Pronoun ("Receiver")** A direct object pronoun answers *whom?* or *what?* after the verb. It precedes a conjugated verb. It may also be attached to an infinitive or a present participle (**-ndo** form) which follows a conjugated verb.

   Ellos **te** admiran.　　　They admire **you**.

   Ella **te** quiere admirar. ⎤
   　　　　　　　　　　　　　*She wants to admire **you**.*
   Ella quiere admirar**te**. ⎦

3. **Prepositional pronoun** A prepositional pronoun follows a preposition. It is the object of a preposition.

   El monedero y la cartera son para　　*The wallet and the purse are for*
   　ti.　　　　　　　　　　　　　　　*you.*

PRÁCTICA

A. **¿Qué haces con estas cosas?**

> MODELO　　Las multas: ¿las recibes o las das?
> 　　　　　**Las recibo.**

1. Los tacos: ¿los comes o los bebes?

2. Los zapatos: ¿los compras o los vendes?
3. El refresco: ¿lo comes o lo bebes?
4. El examen: ¿lo tomas o lo preparas?
5. Las revistas: ¿las escribes o las lees?
6. La canción: ¿la cantas o la escribes?
7. Las escaleras: ¿las subes o las limpias?
8. La cuenta en un restaurante: ¿la preparas o la pagas?

B.   ¿Sí o no?

Starting with **Sí,...** or **No,...**, decide whether the following statements are true or false and react to each one according to the model.

> MODELO   Burger King vende sombreros.
> **No, Burger King no los vende.**

1. J.C. Penney vende ropa.
2. Los hombres usualmente llevan faldas.
3. Las mujeres llevan pantimedias.
4. Calvin Klein diseña tarjetas de crédito.
5. Levi's va a vender muchos jeans este año.
6. Los norteamericanos admiran la ropa francesa.
7. Es importante llevar un abrigo en el invierno.
8. Es necesario usar gafas de sol cuando llueve.

C.   ¿Cuándo vas a hacer esto?

Changing nouns into pronouns, say when you are going to do the following things.

> MODELO   escuchar la radio
> **Voy a escucharla esta noche.**

1. traer un impermeable
2. comprar unos jeans nuevos
3. llevar un traje de baño
4. ver a tus amigos
5. mirar la televisión
6. ayudar a tus padres

D.   Cambios—¿Conoces a esta persona? ¿Cuándo la ves?

1. ¿Veo yo a... (*otro estudiante*) en este momento? ¿Lo (la) ves tú también? ¿Lo (la) ven ustedes? ¿Lo (la) ve... (*otro estudiante*)?
2. ¿Me conoce... (*otro estudiante*)? ¿Me conoce Bill Cosby? ¿Me conocen tus padres? ¿y mi familia? ¿... y... (*otros dos estudiantes*)? ¿tú? ¿ustedes?
3. ¿Van ustedes a verme mañana? ¿Van Uds. a llamarme por teléfono esta noche? ¿Van a escucharme si hablo en clase? ¿Van a buscarme si no comprenden la lección? ¿Van a invitarme a sus fiestas?
4. ¿Estoy mirándolos a ustedes ahora? ¿Estoy ayudándolos con el español? ¿Estoy pintándolos? ¿Estoy llamándolos por teléfono?
5. ¿Voy a ayudarte con el español? ¿Voy a llamarte si no hay clase? ¿Voy a escucharte si quieres hablar conmigo?

II. VERBS WITH IRREGULAR YO FORMS ENDING IN -GO

(Los verbos irregulares con la forma yo
que termina en -go)

Spanish has a number of common verbs that are irregular in the **yo** form (first person singular).

VERBS WITH IRREGULAR YO FORMS
Some of the following irregular **yo** form verbs are already familiar to you. Review their meaning and learn the additional personal endings shown in the chart below. These verbs are regular in all other persons.

HACER	TO DO, TO MAKE	SALIR	TO LEAVE, TO GO OUT
ha**go**	hacemos	sal**go**	salimos
haces	hacéis	sales	salís
hace	hacen	sale	salen

CAER	TO FALL	PONER	TO PUT, TO PLACE	TRAER	TO BRING
ca**igo**	caemos	pon**go**	ponemos	tra**igo**	traemos
caes	caéis	pones	ponéis	traes	traéis
cae	caen	pone	ponen	trae	traen

¿Qué hacemos si ella llama?	*What do we do if she calls?*
No pongo mis gafas en la mesa.	*I don't put my glasses on the table.*

VERBS WITH IRREGULAR YO FORMS AND STEM CHANGES
Below are four more verbs with irregular **yo** forms. These verbs, however, also have some changes in the verb stem. Note that there is no stem change in the **nosotros** and **vosotros** forms of these verbs. Learn them individually.

TENER	TO HAVE	VENIR	TO COME
ten**go**	tenemos	ven**go**	venimos
tie**nes**	tenéis	vie**nes**	venís
tie**ne**	tie**nen**	vie**ne**	vie**nen**

DECIR TO SAY, TO TELL		**OÍR** TO HEAR	
digo	decimos	oigo	oímos[1]
dices	decís	oyes	oís
dice	dicen	oye	oyen

Aquí viene el dependiente con los aretes.	*Here comes the salesclerk with the earrings.*
No tenemos interés en una tarjeta de crédito.	*We're not interested in a credit card.*
Dicen que no oigo bien porque soy viejo.	*They say I don't hear well because I'm old.*

PRÁCTICA

A. Cambios—Un poco de todo

1. ¿A qué hora sale usted de su casa si necesita estar aquí a las diez? ¿A qué hora sale si necesita estar aquí a las dos? ¿y si necesita estar aquí a las seis y media?
2. ¿Vienen ustedes a clase en jeans o en traje? ¿Vienen con o sin zapatos? ¿desnudos o vestidos? ¿con o sin sus parientes?

B. ¿Lo traes a clase?

Changing each noun into a direct object pronoun, say whether or not you bring the following things to class.

MODELO tus cuadernos
Sí, los traigo a clase.

1. tu abrigo	**3.** tus gafas	**5.** tu chaqueta	**7.** tu traje de baño
2. a tu perro	**4.** tu monedero	**6.** tus guantes	**8.** a tus sobrinos

C. Charlas—El tiempo y la ropa

1. ¿Tienes un paraguas? ¿De qué color es? ¿Lo tienes contigo ahora? ¿Cuándo lo usas? ¿Sales sin él cuando llueve? ¿Debes estar debajo de él cuando relampaguea? ¿Es mejor estar debajo de un árbol?
2. ¿Llevas sombrero cuando hace mucho sol? ¿Llevas gafas de sol? ¿Qué tiempo hace hoy? ¿Llueve cuando hace sol? ¿Cómo está el cielo cuando llueve? ¿Dónde hace frío todo el tiempo? ¿Nieva en Hawai? ¿Qué llevan las personas en las playas de Hawai?

[1]Note that the **nosotros** form of **oír** has an accent.

D. ¿Qué lengua oyen Uds. si van a estas ciudades?
Tell what languages you hear if you go to the following cities.

MODELO Buenos Aires
Oímos español si vamos a Buenos Aires.

1. Kiev
2. Sydney
3. París
4. Hong Kong
5. Lisboa y Río de Janeiro
6. Roma y Milano

III. EXPRESSIONS OF OBLIGATION

(Expresiones de obligación)

To express obligation, Spanish uses the following constructions:

TENER QUE + INFINITIVE (To have to, must)

Tener que + *infinitive* is a personal expression of obligation meaning *to have to* or *must*; that is, it always has a definite subject indicating a personal obligation and involvement.

¿Tienes que llevar corbata?
¡Tenemos que ir de compras hoy!

Do you have to wear a tie?
We must go shopping today!

DEBER + INFINITIVE (Should, ought to)

Deber + *infinitive* is another personal expression meaning *should* or *ought to*. It also uses a definite subject to indicate personal involvement. **Deber**, however, expresses duty rather than necessity, and is not as strong or emphatic in nature as **tener que**.

¿Debe usted regatear en esa tienda?
Debemos comprar un regalo para su cumpleaños.

Should you haggle in that store?
We ought to buy a present for his birthday.

HAY QUE + INFINITIVE (One has to, one must, it is necessary to)

Hay que + *infinitive* is an impersonal expression meaning *one has to, one must, it is necessary to*. It has no stated subject and expresses impersonal or general obligation.

Hay que comer para vivir.
$\left[\begin{array}{l} \textit{One has to eat (in order) to live.} \\ \textit{One must eat (in order) to live.} \\ \textit{It is necessary to eat (in order) to live.} \end{array}\right.$

PRÁCTICA

A. Cambios—Tenemos que hacer tantas cosas, ¿verdad?

1. ¿Qué hay que hacer para sacar buenas notas? ¿Qué hay que hacer para no tener hambre? ¿y para ser un atleta excelente? ¿para no tener frío en el invierno?

2. ¿Qué tiene usted que hacer esta noche? ¿Qué tiene que hacer este verano? ¿y este fin de semana? ¿después de esta clase? ¿para el cumpleaños de su novio(-a)?

B. ¿Deben Uds. hacer esto o tienen que hacerlo?

Say whether you should or you have to do the following.

MODELO   decir la verdad
          Debemos decir la verdad.

1. ayudar a los amigos
2. comer para vivir
3. llevar ropa a clase
4. beber agua para vivir
5. regatear cuando compramos un coche
6. llevar botas y guantes cuando nieva
7. abrir los ojos para leer
8. admirar al presidente de este país

C. Charlas—Las tarjetas de crédito, ¿nos ayudan o no?

1. ¿Cuáles son dos tarjetas de crédito muy famosas? ¿Tienes una de ellas? ¿Cuánto cuesta tener una tarjeta de crédito por un año? ¿Qué compañía siempre dice que no debemos salir de casa sin su tarjeta de crédito?

2. ¿Tienes dos tarjetas de crédito? ¿Te gusta usarlas? ¿Las usas mucho? ¿Usas una de ellas cada semana? ¿Es buena idea usarlas demasiado? ¿Debes usarlas si no tienes dinero?

D. ¿Qué debemos llevar en estas situaciones?

Say what we should wear in the following situations.

MODELO   Cuando hace mucho sol...
          Cuando hace mucho sol, debemos llevar sombrero (gafas de sol).

1. Cuando llueve...
2. Cuando hace mucho frío...
3. Cuando vamos a un restaurante elegante...
4. Cuando hace mucho calor...

¡Hay tantas (*so many*) tiendas aquí! ¡Qué variedad de productos! Son muy atractivas; invitan a la persona a comprar. Es posible disfrutar de (*to enjoy*) las ventanas bien decoradas y si le gusta algo en especial, entonces (*then*) entrar y comprarlo (*to buy it*). Pero hay que pagar, y la decisión entonces es cómo hacerlo, al contado o a crédito (*with cash or on credit*). En algunas tiendas pequeñas se puede regatear, pero en las grandes, no. ¿Es así (*like that*) en las tiendas de los Estados Unidos? ¿Cuándo se regatea en este país?

COMUNICACIÓN Y ACTIVIDADES

I. COMUNICACIÓN

A. Charlas—Las liquidaciones y las gangas

1. ¿Debes ir de compras sin dinero? ¿A qué centro comercial vas cuando quieres ir de compras? ¿Está... (*centro comercial*) cerca o lejos de aquí? ¿A cuántas millas de tu casa está?

2. ¿Te gustan las liquidaciones? ¿Qué tienda tiene buenas liquidaciones? ¿Deben ser altos o bajos los precios durante una liquidación? ¿Son siempre bajos?

3. ¿Qué tienda tiene muchas gangas? ¿Es una ganga pagar cinco dólares por un par de jeans de Calvin Klein? ¿Qué vende Tiffany en Nueva York? ¿Hay muchas gangas en Tiffany?

4. ¿Te gusta regatear? ¿Sabes regatear? ¿Regateas cuando compras algo en Sears? ¿Se debe regatear cuando se compra una casa?

B.   ¿Adónde van Uds. para verlo?

Changing each of the following nouns into a direct object pronoun, say where you go in order to see the following items.

> MODELO   una estufa
> **Vamos a la cocina para verla.**

1. la televisión	**4.** una pintura	**7.** el tráfico
2. una película	**5.** las montañas	**8.** actores y actrices
3. los grafitos	**6.** un ascensor	**9.** muchos animales y flores

C.   Ejercicio de memoria—Preguntar, contestar y recordar

Favor de preguntar a... *(otro estudiante)*

1. si él/ella te ayuda a comprar tu ropa

2. si él/ella va de compras sin llevar dinero

3. quién lleva algo rayado en esta clase hoy

4. si él/ella está a la moda cuando sale con sus amigos

D.   Charlas—¿Qué clase de ropa te gusta?

1. ¿Te gustan los tacones? ¿Los llevas a clase? ¿Adónde los llevas? ¿Son más cómodos que los zapatos de tenis? ¿Es fácil o difícil correr en tacones? ¿Quiénes no llevan tacones?

2. ¿Más o menos cuántos pares de jeans tienes? ¿Te gusta llevarlos? ¿Dónde no los llevas? ¿Se permite llevarlos a un restaurante muy elegante? ¿Cuál es tu marca favorita? ¿Cuánto cuestan?

3. ¿Tienes traje? ¿Necesitas un traje nuevo? ¿Quién los vende? ¿Piensas comprar uno nuevo pronto? ¿Qué talla usas? Más o menos, ¿cuánto cuesta un traje nuevo?

4. ¿Con qué frecuencia llevas traje? ¿Te gusta llevarlo? ¿Qué se debe llevar con un traje? ¿A qué lugar nunca llevas traje?

II. ACTIVIDADES

A.   Charlas para grupos o para la clase

1. ¿Vive tu novio(-a) lejos de ti? ¿Con qué frecuencia lo (la) ves? ¿Sales con él/ella a menudo? ¿Va él/ella a llamarte pronto?

2. ¿Cómo se llama tu novio(-a)? ¿Cuántos años tiene él/ella? ¿Te gusta estar con él/ella? ¿Vas a traerlo(-la) a esta clase pronto?

3. ¿Cómo se llama la madre de tu novio(-a)? ¿La conoces? ¿Con qué frecuencia la ves? ¿Conoce tu novio(-a) a tus padres?

B.   ¡Liquidación!

Bring in any sale advertisement for clothing (newspaper, magazine, flyer, catalogue...) Be able to describe three items being offered in the ad.

La mujer y la moda van de la mano (*hand in hand*). Los almacenes y las tiendas invitan a entrar a la mujer porque venden ropa de última moda. Hay mucho deseo (*desire*) de estar a la moda y para la mujer que tiene suficiente dinero, lo difícil (*what's difficult*) no es pagar por la ropa, sino (*but rather*) decidir qué diseñador le gusta más. Pero el dinero decide mucho en la vida. ¿Está Ud. de acuerdo (*Do you agree*)?

DESCRIPCIÓN Y CONVERSACIÓN —LA PARADA DEL AUTOBÚS (The bus stop)

Study the following drawing. You may be asked to prepare questions, answer questions and/or write a short composition about it.

LECCIÓN 13

Cuando dos amigas se encuentran (*meet*) en la calle, o en cualquier (*any*) lugar, ellas siempre se dan un beso en la mejilla (*give each other a kiss on the cheek*) como expresión de amistad (*friendship*). El beso que las amigas se dan (*give each other*) es sólo el comienzo (*beginning*) de una charla. Hay movimiento de manos durante los momentos que están juntas (*together*), unas veces para tocar la mano de la amiga y así darle ánimo (*and so give her encouragement*) y otras veces como señal (*as a sign*) de comprensión o entusiasmo. Hablan de todo; tienen tanto que (*so much to*) contar. ¿Quizás (*Perhaps*) algún chisme (*gossip*) interesante?

De costumbre (*Usually*) el hispano expresa su amistad abrazando o hablando de muy cerca (*very close*) con el amigo. Ellos comparten así muchos sentimientos y noticias recientes. Estos encuentros (*meetings*) no son siempre planeados (*planned*); pueden ser por casualidad (*by chance*) en la calle o en un café. Los mejores encuentros del día son frecuentemente los de (*those of*) completa espontaneidad (*spontaneity*) y naturalidad.

EL CUERPO

The body

NOTAS CULTURALES

A. Greetings are usually more expressive among Spanish-speaking people than among English-speaking people. When greeting each other, Spanish-speaking acquaintances always shake hands, women friends or relatives kiss each other on one or both cheeks and men embrace or hug one another if it has been some time since the last meeting. The verbal greeting will depend on the situation. The informal phrase **Hola, ¿qué tal?** is used among friends and relatives whereas **Buenos días (Buenas tardes, Buenas noches)** is used among acquaintances and in more formal situations.

B. Spanish-speaking people, like others, use gestures of the head and hand for effective communication. While some gestures are used in both Spanish and English, others are unique to Hispanic people. Some frequently used Hispanic gestures are illustrated here.

| Así, así. | Es tacaño *(stingy)* | Un momentito. | ¡Adiós! | ¡Excelente! |

Vocabulario

Verbos

abrazar   to embrace, to hug

bailar   to dance

besar   to kiss

cerrar (ie)   to close

comenzar (ie)   to begin

contar (ue)   to tell, to narrate; to count

costar (ue)   to cost

cruzar   to cross

devolver (ue)   to return (to give back)

doblar   to turn (a page, a corner)

dormir (ue)   to sleep

empezar (ie)   to begin

encontrar (ue)   to find

entender (ie)   to understand

jugar (ue)   (a + a sport) to play (a sport)

levantar   to raise, lift

llover (ue)   to rain

morir (ue)   to die

mover (ue)   to move

nacer (nazco, naces...)   to be born

nadar   to swim

nevar (ie)   to snow

pasar   to pass; to spend (time)

pedir (i)   to ask for, to request, to order

pensar (ie) (en)   to think (of, about)

perder (ie)   to lose

poder (ue)   can, to be able to

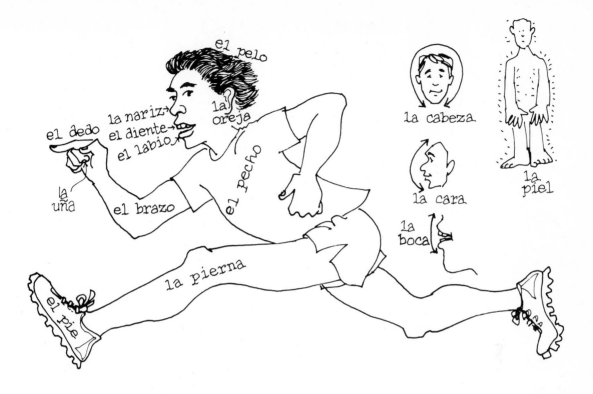

preferir (ie)   *to prefer*
querer (ie)   *to want; to love (people)*
recordar (ue)   *to remember*
repetir (i)   *to repeat*
respirar   *to breathe*
seguir (i) (sigo, sigues...)   *to follow, to continue*
tronar (ue)   *to thunder*
volar (ue)   *to fly*
volver (ue)   *to return (to a place)*

Sustantivos
la **boca**   *mouth*
el **brazo**   *arm*
la **cabeza**   *head*
la **cara**   *face*
el **cerebro**   *brain*
el **corazón**   *heart*

el **cuerpo**   *body*
el **dedo**   *finger; toe*
el **diente**   *tooth*
la **espalda**   *back (of body)*
el **estómago**   *stomach*
el **idioma**   *language*
el **labio**   *lip*
la **nariz**   *nose*
la **oreja**   *ear (external)*
el **pecho**   *chest, breast*
el **pie**   *foot*
la **piel**   *skin*
la **pierna**   *leg*
el **pulmón**   *lung*
la **uña**   *nail (finger or toe)*

Adjetivos
especial   *special*
mismo   *same*
perfecto   *perfect*
probable   *probable*

reciente   *recent*
suficiente   *sufficient*

Adverbios
derecho   *straight ahead*
entonces   *then*
sólo   *only*

Expresiones
estar a dieta   *to be on a diet*
hacer una pregunta   *to ask a question*
lo siento   *I'm sorry*
pensar + *infinitive*   *to intend or plan* + *infinitive*
¿Qué piensas de...?   *What do you think of (about)...?*
Pienso que...   *I think that...*

Práctica
de
vocabulario

¿Qué parte del cuerpo asocian Uds. con estas marcas?
Say which part of the body you associate with each of the following brand names.

MODELO   Gillette
la cara, las piernas...

1. Chapstick   3. Crest   5. Visine   7. Agree   9. Dr. Scholl's
2. Cutex   4. L'Oréal   6. Schick   8. Neo-Synephrine   10. Coppertone

GRAMÁTICA Y PRÁCTICA

I. THE PRESENT TENSE OF STEM-CHANGING VERBS

(El presente de verbos
con cambios radicales)

Certain verbs in Spanish are known as *stem-changing verbs.* In the present tense these verbs have regular endings but undergo *stem-changes* (in the last vowel of the stem) in all persons except **nosotros** and **vosotros** (forming an L-shaped pattern). In vocabulary lists and dictionaries the stem-change will appear in parentheses after the infinitive: **comenzar (ie), volver (ue), repetir (i)**.

| o → ue | e → ie | e → i |

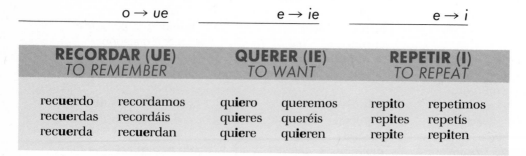

RECORDAR (UE) TO REMEMBER		QUERER (IE) TO WANT		REPETIR (I) TO REPEAT	
recuerdo	recordamos	quiero	queremos	repito	repetimos
recuerdas	recordáis	quieres	queréis	repites	repetís
recuerda	recuerdan	quiere	quieren	repite	repiten

¿Recuerdas mi apellido?	*Do you remember my last name?*
¿Con qué frecuencia repiten ese programa en la televisión?	*How often do they repeat that program on TV?*
Él quiere mover el brazo pero no puede hacerlo.	*He wants to move his arm but he can't do it.*

Below are some stem-changing verbs practiced in this chapter. The infinitive in itself does not indicate whether it is a stem-changing verb. You should therefore, memorize individual stem-changes as each new verb is learned.

E → IE

cerrar (ie)	*to close*
comenzar (ie)	*to begin*
empezar (ie)	*to begin*
entender (ie)	*to understand*
pensar (ie)	*to think*
perder (ie)	*to lose*
preferir (ie)	*to prefer*
querer (ie)	*to want*

O → UE

contar (ue)	*to tell, to narrate; to count*
costar (ue)	*to cost*
devolver (ue)	*to return (to give back)*
dormir (ue)	*to sleep*
encontrar (ue)	*to find*
morir (ue)	*to die*
mover (ue)	*to move*
poder (ue)	*to be able, can*
recordar (ue)	*to remember*
volar (ue)	*to fly*
volver (ue)	*to return (go back)*

E → I

pedir (i)	*to ask for, to request, to order*
repetir (i)	*to repeat*
seguir (i)	*to follow, to go on, to continue*

¿A qué hora cierran las tiendas?	*At what time do the stores close?*
¿Por qué no pides enchiladas?	*Why don't you ask for enchiladas?*
Nunca volvemos demasiado tarde.	*We never return too late.*

✳ All **-ir** stem-changing verbs have a change **e → i** or **o → u** in the present participle (**-ndo** form; see **Lección 11, IV**).

Él está durmiendo.	*He is sleeping.*
¿Qué estás diciendo?	*What are you saying?*

✳ The stem-changing weather verbs **llover (ue), tronar (ue)** and **nevar (ie)** can be either conjugated or used in the infinitive or in the **-ndo** form. If conjugated, they are always in the third person singular.

Va a nevar esta noche.	*It is going to snow tonight.*
No hace sol cuando llueve.	*The sun doesn't shine when it rains.*
¿Está tronando ahora mismo?	*Is it thundering right now?*

PRÁCTICA

A. Cambios—Los gustos y las preferencias

1. ¿Qué prefieres hacer, trabajar o descansar? ¿Qué prefieres hacer, comer o estar a dieta? ¿estar a la moda o llevar ropa fea? ¿volar en avión o ir en autobús? ¿caminar o manejar a la universidad?

2. ¿Te gusta dormir tarde? ¿Te gusta jugar al tenis? ¿pensar en español? ¿perder dinero? ¿jugar en la nieve? ¿tener seis semanas de vacaciones? ¿encontrar dinero? ¿tener dolor de cabeza?

B. Charlas—¿Qué clase de música prefieres?

1. ¿Recuerdas muchas canciones viejas? ¿Prefieres las canciones de hoy? ¿Las cantas de vez en cuando? ¿Cantas bien, mal o así, así? ¿Quieres cantar una para nosotros ahora?

2. ¿De dónde fue John Lennon? ¿Qué piensas de su música? ¿La entiendes? ¿Tienes algún disco de él? ¿Piensas escucharlo esta noche? ¿Cuál es una de sus primeras canciones? ¿Recuerdas el nombre de la viuda de John Lennon?

C. Queremos saber tu opinion—¿Qué piensas de esto?

Give your opinion about the following people and things. Do not use any one adjective twice. Start each statement with **Pienso que...**

MODELO   la comida china
       Pienso que la comida china es buena.

1. los coches alemanes
2. las dietas
3. el presidente de los Estados Unidos
4. la música clásica
5. los programas de televisión
6. los otros estudiantes de esta clase

D. Ejercicio de memoria—Preguntar, contestar y recordar

Favor de preguntar a... *(otro estudiante)*

1. si él/ella y... *(otro estudiante)* pueden correr treinta millas
2. si él/ella quiere jugar al tenis contigo
3. si está lloviendo ahora
4. qué piensa él/ella de la musica de... *(singer)*

II. HACE IN FOR HOW LONG . . .? EXPRESSIONS

(*Hace en expresiones de tiempo*)

The actions and situations expressed below both began in the past and are continuing in the present:

He has known me for ten years.
They have been sick for a week.

To express an action or a situation which began in the past and is still going on in the present, Spanish uses the verb form **hace** (*it makes*) in a special idiomatic construction. In Spanish, to express *I have known Julio for two years*, one literally says *It makes two years that I know Julio*. This idiomatic construction is based on the following formula:

> **hace** + time element + **que** + present tense

Study the following examples carefully. Notice that Spanish uses the present tense any time an action or a situation is going on at the present time even if it began some time ago in the past.

Hace treinta minutos que ellos duermen.	*They have been sleeping for thirty minutes.*
Hace tres días que nieva.	*It has been snowing for three days.*

MISCELÁNEA

Asking Questions about Ongoing Actions or Situations

In order to ask how long an action or a situation has been going on, use one of the following constructions together with the present tense.

A. **¿CUÁNTO TIEMPO HACE QUE** + *PRESENT TENSE (How long have/has . . . ?)* This is a somewhat general way of asking how long something has been going on. The word **tiempo** means *time in a general (abstract) sense* and does not refer to weather (as in **¿Qué tiempo hace? Hace buen tiempo.**).

¿Cuánto tiempo hace que la conoces?	*How long have you known her?*
¿Cuánto tiempo hace que estás aquí?	*How long have you been here?*

B. **¿CUÁNTOS(-AS)** + *TIME ELEMENT* + **HACE QUE** + *PRESENT TENSE? (How many . . . ?)* This is a more specific way of asking how long something has been going on since it is used in connection with a *time element (hours, weeks, years . . .).* The interrogative word **cuántos(-as)** will agree in gender with the time element mentioned.

¿Cuántos años hace que él es presidente?	*How many years has he been president?*
¿Cuántas horas hace que me esperas?	*How many hours have you been waiting for me?*

PRÁCTICA

A. **Cambios—¿Hace mucho tiempo?**

1. ¿Cuánto tiempo hace que tú tienes coche? ¿Cuánto tiempo hace que... es presidente? ¿que conoces a tu novio(-a)? ¿que tú vives en esta ciudad? ¿que conoces a... y... *(otros dos estudiantes)*?

2. ¿Cuántos años hace que puedes manejar un coche? ¿Cuántos años hace que puedes nadar? ¿que tus padres viven en su casa o apartamento? ¿que conoces a tu mejor amigo?

B.   Hacer preguntas

Ask the appropriate **hace** question which would have prompted the following answers.

MODELO   Hace... semestres que los conozco a ustedes.
¿Cuántos semestres hace que usted nos conoce?

1. Hace... años que enseño español.
2. Hace... minutos que estamos aquí.
3. Hace... meses que es invierno (otoño).
4. Hace... semana(s) que ustedes estudian conmigo.

C.   Charlas—El tiempo vuela, ¿no? *(Time flies, doesn't it?)*

1. ¿Tienes coche? ¿Cuánto tiempo hace que lo tienes? ¿De qué año es? ¿Está en buenas condiciones (*good condition*)? ¿Manejas rápido o despacio? ¿Cuántos años hace que sabes manejar?

2. ¿Trabaja usted? ¿Para quién trabaja? ¿Cuánto tiempo hace que trabaja allí? ¿Le gusta el trabajo? ¿Por qué (no)? ¿Cuántas horas por semana trabaja?

III. ADVERBS
(Los adverbios)

An *adverb* is a word used to modify (describe) a verb, an adjective or another adverb. Adverbs usually answer the questions *how?*, *when?* or *where?*. Some already familiar adverbs are:

ahora	**más**
allí	**menos**
aquí	**muy**
bien	**nunca**
demasiado	**pronto**
despacio	**siempre**
jamás	**tarde**
mal	**temprano**

Many Spanish adverbs are formed by adding **-mente** (the equivalent of the English *-ly*) to the feminine singular form of an adjective. The original stress on the adjective does not change.

Adjective	Adverb	English Adverb
correcto	**correctamente**	*correctly*
probable	**probablemente**	*probably*
general	**generalmente**	*generally*

Él toca la trompeta rápidamente.	*He plays the trumpet rapidly.*
Los atletas son generalmente fuertes.	*Athletes are generally strong.*

Below is a list of some common adverbs derived from adjectives.

correcto	**correctamente**	especial	**especialmente**
fácil	**fácilmente**	frecuente	**frecuentemente**
lento	**lentamente**	probable	**probablemente**

✳ An adverb usually precedes the adjective or adverb that it modifies. However, an adverb generally follows the verb that it modifies.

Juanita es muy bonita.	*Juanita is very pretty.*
Estudio frecuentemente.	*I study frequently.*

✳ If two or more adverbs are used together, only the last one will end in **-mente;** the others will be adjectives in the *feminine* form.

¿Hablo clara y lentamente?	*Do I speak clearly and slowly?*

PRÁCTICA

A. Cambios—¿Cómo haces estas cosas?

 1. ¿Qué hace usted rápidamente? ¿Qué hace Ud. lentamente? ¿y fácilmente? ¿nunca? ¿al mediodía generalmente? ¿a la medianoche usualmente?

 2. ¿Es bueno comer demasiado? ¿Es bueno llegar a clase a tiempo? ¿pronunciar claramente? ¿estudiar frecuentemente? ¿ser muy perezoso? ¿recibir multas a menudo? ¿comer bien todos los días? ¿jugar al tenis después de comer mucho?

B. Charlas—Las actividades de la clase

 1. ¿Entienden Uds. el español? ¿Lo repiten conmigo? ¿Lo repiten claramente? ¿Quieren hablarlo correctamente? ¿Pueden hablarlo rápidamente? ¿Prefieren hablarlo lentamente? ¿Piensan Uds. en español todo el tiempo?

 2. ¿A qué hora empieza esta clase? ¿Quién la enseña? ¿Duermen Uds. durante la clase? ¿Es muy fácil recordar todas las palabras nuevas? ¿Piensan Uds. estudiar cinco años más conmigo?

IV. SIMPLIFIED COMMAND PHRASES

(Las frases con mandatos simplificados)

English and Spanish have similar ways of telling someone else to do something: commands and simplified command phrases. This textbook teaches commands for recognition only and simplified command phrases for active use.

COMMANDS—FOR RECOGNITION

A *command* is *an order that one person gives directly to another*. In class you have heard and reacted to a variety of commands since they were introduced for student recognition in **Lección preliminar 3**. Commands are usually very easy to understand since the listener reacts mainly to the meaning of the verb, and to the speaker's intonation, without paying much attention to the verb ending itself. The formation and use of commands will be discussed in more detail later in an optional grammar section in **Lección 20**. Until then, continue listening to (and reacting to) commands given to you, but actively use the simplified command phrases introduced and explained below.

SIMPLIFIED COMMAND PHRASES—FOR ACTIVE USE

A *simplified command phrase* is, as its name implies, a simplified way of giving an order through the use of a phrase which may be translated as *Do me the favor of* . . . In Spanish, this command phrase is used in three forms; the correct choice depends on the relationship which exists between the speaker and the person(s) being addressed (**usted, tú** or **ustedes).** Use the following formula.

> simplified command phrase + infinitive

A. ***HÁGAME EL FAVOR DE*** + *INFINITIVE* This command phrase is used when you address one person in the **usted (Ud.)** form.

Señorita Pérez, hágame el favor de volver mañana por la tarde.	*Miss Pérez, do me the favor of returning tomorrow afternoon.*

B. ***HAZME EL FAVOR DE*** + *INFINITIVE* Use this command phrase to address one person in the **tú** form.

Julio, hazme el favor de levantar esa silla.	*Julio, do me the favor of lifting that chair.*

✳ A command phrase can be made negative by placing **no** immediately before the infinitive.

Srta., hágame el favor de no perder esto.	*Miss, do me the favor of not losing this.*

C. **HÁGANME EL FAVOR DE** + *INFINITIVE* This command phrase is used when you address more than one person in the **ustedes (Uds.)** form.

Señores, háganme el favor de escuchar esto.	*Gentlemen, do me the favor of listening to this.*

✳ Any direct object pronoun used in connection with the infinitive of a command phrase will follow and be attached to the infinitive.

Hazme el favor de llamarme esta noche.	*Do me the favor of calling me tonight.*

✳ Any of the above command phrases may be shortened, and further simplified, to **Favor de** + *infinitive*. **Favor de...** may be translated as *Do the favor of* meaning *Please . . .*

Juan, favor de (no) traer las gafas.	*Juan, please (don't) bring the glasses.*

MISCELÁNEA

Giving Directions

Both English and Spanish have more than one way of directing a person from one place to another. In Spanish, the easiest way to give someone directions is simply to use the *present tense;* as if you were personally leading the person. Following are directions to the hypothetical Trianón Theater:

¿Dónde está el Teatro Trianón?

Primero, (usted) camina derecho hasta el primer semáforo.	*First, you walk straight ahead up to the first light.*
Allí, (usted) dobla a la izquierda y sigue hasta la Calle Ochoa.	*There, you turn to the left, and continue as far as (until) Ochoa Street.*
Entonces, (usted) cruza la calle y el teatro está allí en la esquina.	*Then, you cross the street and the theater is there on the corner.*

PRÁCTICA

A. Hágame el favor de...
Listen and do as your instructor directs.

Hágame el favor de...

1. tocar su reloj   **6.** mirar la puerta
2. mover cuatro dedos   **7.** mover la cabeza
3. cerrar el ojo derecho   **8.** mirar el reloj de...
4. levantar las dos manos   **9.** poner su lápiz en la silla de...
5. tocar sus zapatos   **10.** poner la mano derecha sobre su libro

B. ¡Ahora tienes que hacerlo tú!
Starting with **Hazme (Hágame) el favor de...,**

1. Tell your instructor . . .
   a. to give easier exams   **c.** to speak slowly in class
   b. not to call your parents   **d.** not to begin class without you
2. Tell a classmate . . .
   a. to come to a party tomorrow evening
   b. to call you after 11:00 in the morning

C. ¿Cómo se va de aquí a...?
Using the simple present tense, tell a classmate how to go from here to the places indicated below. Start with **Tú sales de la clase y...**

MODELO **Tú sales de la clase y doblas a la derecha. Entonces sigues derecho hasta salir del edificio. Allí doblas a la izquierda y caminas hasta la esquina. Cruzas la calle... y entonces tú....**

1. a la librería   **2.** al edificio...   **3.** a la biblioteca   **4.** a mi oficina

Hay expresión del alma (*soul*) a través de (*through*) las artes come el baile (*dance*) y la música. El Ballet Folklórico Mexicano es un grupo artístico que requiere horas de práctica para cultivar cuerpos fuertes y ágiles. Estos bailes tradicionales exijen (*require*) una gran precisión en los pasos (*steps*) y en el movimiento de los brazos. Se necesita estar en condiciones físicas excelentes para bailar así (*like this*).

COMUNICACIÓN Y ACTIVIDADES

I. COMUNICACIÓN

A. ¿En qué parte del cuerpo llevamos esto?
Using a direct object pronoun for each noun listed, say where we normally wear the following items.

> MODELO   las botas
> **Las llevamos en los pies.**

1. un anillo	**3.** los aretes	**5.** los calcetines	**7.** la camiseta
2. las gafas	**4.** un sombrero	**6.** las sandalias	**8.** los guantes

B. Charlas—¿Pierden Uds. muchas cosas?

1. ¿Pierde Ud. muchas cosas? ¿Cuál de sus amigos pierde algo frecuentemente? ¿Prefiere Ud. nunca perder nada? Cuando Ud. encuentra algo, ¿debe devolverlo?

2. ¿Qué presta una biblioteca? ¿Pierdes muchos libros de la biblioteca? Generalmente, ¿devuelves los libros a tiempo? ¿Qué tienes que pagar si no los devuelves a tiempo?

C. ¿Qué hacen ustedes con esto?
Using a prepositional pronoun, indicate what you do with the following parts of the body.

MODELO   los dedos
Tocamos cosas con ellos.

1. los ojos   **3.** el cerebro   **5.** los labios   **7.** las orejas
2. los brazos   **4.** las piernas   **6.** la boca   **8.** los pulmones

D. Charlas—¿Piensas mucho en tu novio(-a)?

1. ¿Tienes novio(-a)? ¿Sabes dónde está él/ella ahora? ¿Sabe él/ella dónde estás tú? ¿prefieres estar con él/ella o con nosotros? En tu opinión, ¿está él/ella pensando en ti en este momento? ¿Piensas tú en él/ella de vez en cuando?

2. Tienes un(a) novio(-a) de otro estado? ¿Entiendes a tu novio(-a)? ¿Te entiende él/ella también? ¿Quién es más romántico(-a), tú o tu novio(-a)? ¿Cuánto tiempo hace que lo (la) conoces? ¿Cuánto tiempo hace que ustedes son novios?

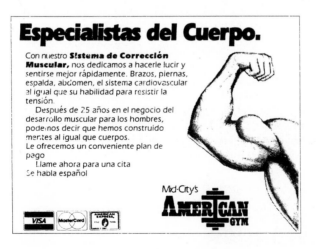

El cuerpo ideal... ¿Cómo es? Nadie lo sabe pero todo el mundo lo quiere y tenerlo parece (*seems*) la ambición primaria de mucha gente, ¿no? ¡Sólo se necesita mirar la televisión, abrir cualquier (*any*) revista u observar a las personas en los parques! Y muchos de ellas están dispuestas a sufrir (*willing to suffer*) un poco a través de ejercicios o dietas. Aquí se ve un grupo de personas que toma en serio esta cuestión del ilusivo cuerpo ideal.

II. ACTIVIDADES

A. Charlas para grupos o para la clase

1. ¿Cuánto tiempo hace que conoces a tu mejor amigo(-a)? ¿Qué piensas de él/ella? ¿Piensas salir con él/ella este fin de semana? ¿Adónde van a ir ustedes?

2. ¿Cuántos años hace que manejas? ¿Cuál es tu coche favorito? ¿Cuánto cuesta un coche similar hoy? ¿Qué piensas de los coches extranjeros?

3. ¿En qué piensas cuando tienes hambre? ¿Prefieres la comida mexicana o la comida francesa? ¿Qué pides en un restaurante mexicano?

B. Después de la clase...

First say where you plan to go after class. Then give directions to the students in your group on how they can get there.

MODELO **Voy a la biblioteca después de clase. Para ir a la biblioteca ustedes doblan a la izquierda cuando salen de este edificio. Caminan a la esquina y cruzan la calle.... Entonces siguen por (*along*) la calle... hasta llegar a....**

C. Vamos a hacer preguntas

Prepare six questions to ask your classmates using stem-changing verbs and vocabulary from this chapter.

DESCRIPCIÓN Y CONVERSACIÓN— ¿CÓMO SE VA DE AQUÍ A...?

Study the following drawing. You may be asked to prepare questions, answer questions and/or write a short composition about it.

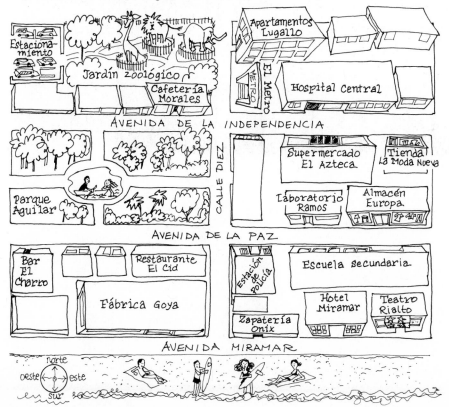

Las discotecas son lugares de encuentro para la juventud (*youth*). Allí se escucha la música popular del día, se charla y, cuando uno tiene ganas, se baila. Hay aplausos y hasta (*even*) gritos si la música y el espectáculo (*entertainment*) son buenos. Los amigos beben vino, refrescos o cerveza. Todo esto contribuye a crear un ambiente alegre (*happy*) y festivo, algo tan típico de un club o una discoteca para los jovenes. ¿Fue Ud. (*Did you go*) a una discoteca recientemente? ¿Con qué frecuencia va?

El fútbol, conocido como el *soccer* en este país, es más que un deporte en el mundo hispano. En España y en Hispanoamérica, el fútbol es una verdadera (*real*) pasión. Siempre hay más interés en este deporte que en cualquier (*any*) otro. Ganar la copa mundial (*world cup*) es muchas veces una cuestión de honor para los aficionados (*fans*). En las ciudades grandes, los estadios son enormes, algunos con una capacidad de más de 120.000 personas. A pesar de eso (*In spite of that*), frecuentemente se llenan por completo (*they fill up completely*).

EL TIEMPO LIBRE:

DEPORTES Y PASATIEMPOS

Objetivos de la lección

Tema y cultura
1 To talk about free time, sports and pastimes

Gramática
2 To form the preterite of regular verbs
3 To form the preterite of **ser, ir, dar** and **hacer**
4 To use **hace** in *How long ago ...?* expressions

Free time: sports and pastimes

NOTAS CULTURALES

A. In the Hispanic world there is a great variety of ways to spend one's leisure time. One of the most frequent pastimes is going to the movies. Theaters show movies from Spain, Mexico and Argentina, the major movie-producing centers of the Hispanic world. Of course, American and European movies are also shown and are especially popular. Most theaters present performances at 7:00 P.M. and at 10:30 or 11:00. These starting times permit the family to share news of daily events and common interests at supper together (**en familia**) at the traditional times of 8:00 or 9:00 (even later in Spain). Another popular activity is the promenade or stroll, especially in smaller towns. Many Hispanics go for a walk after supper. It is not unusual for the streets to be full of people in the late evening hours. Walks usually lead to the main square where people can talk with friends, listen to concerts or snack from sidewalk vendors or cafés.

B. The enthusiasm of Hispanics for **el fútbol** (*soccer*) has spread to all parts of society. Soccer is the most popular sport for both participants and spectators alike. Children begin learning soccer at an early age and play games in the parks, fields or even in the streets. Many adults continue to play soccer by joining organized teams or choosing sides on a Sunday afternoon. Factories, labor unions and fraternal groups often organize teams. However, the public's interest is most captivated by the professional teams sponsored by big sport clubs or by the cities themselves. Such teams compete for the national championship, and their best players make up the national teams that compete at the international level.

Vocabulario

Verbos
acampar *to camp, to go camping*
aplaudir *to applaud*
esquiar[1] *to ski*
ganar *to win; to earn*
gritar *to yell, to scream*
participar *to participate*

Sustantivos
la **actividad** *activity*
el **baile** *dance*

la **bicicleta** *bicycle*
el **boxeo** *boxing*
la **cancha** *court, playing field (sports)*
la **cinta** *tape*
el **coliseo** *arena; performance hall*
el **compañero**/la **compañera de cuarto** *roommate*
el **concierto (de rock)** *(rock) concert*

el **correr** *running*
la **diversión** *amusement*
el **ejercicio** *exercise*
la **entrada** *ticket (movies, theater, etc.)*
el **equipo** *team*
el **espectador** *spectator*
el **esquí** *skiing*
el **estadio** *stadium*
el **estéreo** *stereo*
la **grabadora** *tape recorder*

[1]There is an accent on all but the **nosotros** form of **esquiar** in the present tense: **esquío, esquías, esquía, esquiamos, esquían**

dar un paseo

hacer ejercicios

montar en bicicleta

hacer un picnic

el **instrumento** *instrument*
el **juego** *game*
la **natación** *swimming*
el **partido** *game, match (sports)*
el **pasatiempo** *pastime*
el **paseo** *walk, stroll*
la **pelota** *ball*
la **piscina** *swimming pool*
la **raqueta** *racquet*
la **sala de conciertos** *concert hall*
la **telenovela** *soap opera*

Adjetivos
emocionante *exciting*
libre *free (having freedom)*
musical *musical*
propio *own*
violento *violent*

Deportes (*used with* jugar a)
el **básquetbol** *basketball*
el **béisbol** *baseball*
el **fútbol** *soccer*
el **fútbol (norteamericano)** *football (United States)*
el **golf** *golf*
el **tenis** *tennis*

Instrumentos musicales (*used with* tocar)
la **guitarra** *guitar*
el **piano** *piano*
el **tambor** *drum*
la **trompeta** *trumpet*
el **violín** *violin*

Juegos (*used with* jugar a)
el **ajedrez** *chess*
el **dominó** *dominoes*
los **naipes** *(playing) cards*

el **ping pong** *ping pong*
el **video, los juegos de video** *video games*

Expresiones
anoche *last night*
dar un paseo *to go for a walk*
estar en forma *to be in shape*
hacer ejercicios *to exercise, to do exercises*
hacer un picnic *to go on a picnic*
montar en bicicleta *to ride a bicycle*
otra vez *again, once more*
tener mucho (poco, tanto) que + *infinitive* *to have a lot (little, so much)* + infinitive
el **tiempo libre** *free time, spare time*

Práctica de vocabulario

¿En qué deporte, pasatiempo o juego piensas cuando oyes estas palabras?
Say what sport, pastime or game you think of when you hear the following words.

MODELO   Wilson
         básquetbol

1. N.F.L.   **4.** Schwinn   **7.** Curtis Mathis   **10.** N.B.A.
2. Pac Man   **5.** Spalding   **8.** Boston Celtics **11.** Coleman
3. Go Fish   **6.** P.G.A.   **9.** Wimbledon   **12.** Adidas

GRAMÁTICA Y PRÁCTICA

I. THE PRETERITE OF REGULAR VERBS
(El pretérito de los verbos regulares)

Spanish has two ways of expressing simple past tense (*simple* meaning a verb construction consisting of only one verb): the *preterite* (**pretérito**) and the *imperfect* (**imperfecto**). The preterite and the imperfect have different uses and are not interchangeable. This chapter deals with the preterite. The imperfect will be studied in **Lección 17.** The preterite is often called the *narrative past* since it narrates, reports or tells *what happened in the past*. The preterite expresses isolated past actions and happenings as in:

I arrived before Juan.
Who wrote this letter?

The preterite of regular verbs is formed by adding the preterite endings to the preterite stem (preterite stem = infinitive minus **-ar, -er, -ir**).

HABLAR		COMER		VIVIR	
hablé	hablamos	comí	comimos	viví	vivimos
hablaste	hablasteis	comiste	comisteis	viviste	vivisteis
habló	hablaron	comió	comieron	vivió	vivieron

Hablamos con Julia esta mañana.	*We spoke (did speak) with Julia this morning.*
Comieron la comida rápidamente.	*They ate (did eat) the food quickly.*
Viví en Bogotá veinte años.	*I lived (did live) twenty years in Bogotá.*

✳ The **nosotros** form of **-ar** and **-ir** verbs is identical in the preterite and the present tense. The context should clarify the meaning.

Vivimos allí de 1970 a 1980.	*We lived there from 1970 to 1980.*
Hablamos con él ayer.	*We spoke with him yesterday.*

✳ The preterite endings of regular **-er** and **-ir** verbs are the same.

¿Dónde comiste?	*Where did you eat?*
¿Con quién viviste?	*With whom did you live?*

✳ There are no stem changes in the preterite of **-ar** and **-er** verbs.

¿Cuándo comenzó la película?	*When did the movie begin?*
Volvieron muy tarde.	*They returned very late.*
Cerré la puerta.	*I closed the door.*

✳ The English word *did* (used as a helping verb in questions, negative sentences and emphatic statements) does not translate into Spanish.

¿Llamaste a Juan?	*Did you call Juan?*
Ellas no estudiaron anoche.	*They didn't study last night*
Pues sí, lo llamé ayer.	*Well, yes, I did call him yesterday.*

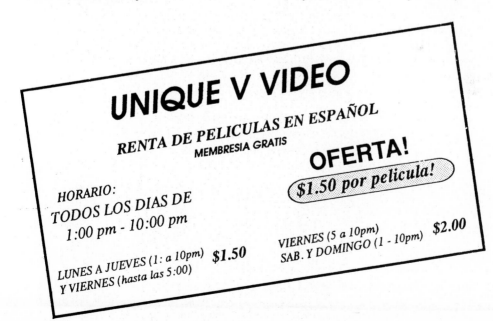

UNIQUE V VIDEO

RENTA DE PELICULAS EN ESPAÑOL

MEMBRESIA GRATIS

OFERTA!

$1.50 por pelicula!

HORARIO:
TODOS LOS DIAS DE
1:00 pm - 10:00 pm

LUNES A JUEVES (1: a 10pm) **$1.50**
Y VIERNES (hasta las 5:00)

VIERNES (5 a 10pm)
SAB. Y DOMINGO (1 - 10pm) **$2.00**

MISCELÁNEA

Special Verbs

A. *VERBS ENDING IN* **-ZAR, -CAR** *AND* **-GAR** Verbs ending in **-zar,** **-car** and **-gar** undergo the following spelling changes in the **yo** form of the preterite:

c → qu	**buscar**	bus**qu**é, buscaste, buscó...
g → gu	**pagar**	pa**gu**é, pagaste, pagó...
z → c	**comenzar**	comen**c**é, comenzaste, comenzó...

Other common verbs following this pattern are:

abrazar	**llegar**
cruzar	**pagar**
empezar	**practicar**
explicar	**secar**
jugar	**tocar**

Pagué las entradas ayer.	*I paid for the tickets yesterday.*
Comencé a jugar golf el año pasado.	*I began to play golf last year.*

B. *VERBS WITH* **I → Y** *CHANGES* An unstressed **i** between two strong vowels (**a, e, o**) becomes **y.** This occurs in the third persons singular and plural of the preterite of the following verbs. Note that the **yo, tú, nosotros** and **vosotros** forms of these verbs have an accent on the initial **i** of the verb ending.

i → y	**caer**	caí, caíste, ca**y**ó, caímos, caísteis, ca**y**eron
	creer	creí, creíste, cre**y**ó, creímos, creísteis, cre**y**eron
	leer	leí, leíste, le**y**ó, leímos, leísteis, le**y**eron
	oír	oí, oíste, o**y**ó, oímos, oísteis, o**y**eron

These verbs also change **i → y** in the ending of the present participle (**-ndo** form).

caer	ca**y**endo	**leer**	le**y**endo
creer	cre**y**endo	**oír**	o**y**endo

PRÁCTICA

A. Cambios—Actividades y pasatiempos recientes

1. La semana pasada, ¿miró... (*otro estudiante*) la televisión de vez en cuando? La semana pasada, ¿salió... a comer con sus amigos? ¿caminó de esta ciudad a... (*otra ciudad*)? ¿leyó el periódico una o dos veces? ¿lavó y secó su ropa sucia?

2. El mes pasado, ¿jugué a los naipes con ustedes? El mes pasado, ¿asistí a una reunión con otros profesores? ¿salí a comer con mi familia? ¿viajé por Europa con ustedes? ¿gané un millón de dólares en la lotería?

B. Actividades improbables

Answer the following questions negatively, according to the model.

MODELO   ¿Cenaron Uds. ayer en la estación de policía?
No, no cenamos ayer en la estación de policía.

1. ¿Ganaron Uds. un millón de dólares la semana pasada? ¿Bailaron toda la noche el sábado pasado? ¿Viajaron a España? ¿Compraron un regalo caro para mí? ¿Leyeron el periódico en dos minutos? ¿Buscaron sus zapatos en el cesto de papeles?

2. ¿Tocaste el piano con Lionel Ritchie ayer? ¿Cantaste con Tina Turner ayer? ¿Besaste a Clint Eastwood (Christie Brinkley)? ¿Actuaste con Michael Douglas? ¿Bailaste con Mikhail Baryshnikov? ¿Hablaste con Gorbachev?

C. Tus actividades de anoche

Using a logical verb in the preterite tense, prepare a sentence using each of the following phrases.

MODELO   los platos sucios
Lavé los platos sucios.

1. por teléfono	**5.** en bicicleta	**9.** a los naipes
2. el estéreo	**6.** una película	**10.** un regalo
3. la ropa sucia	**7.** en la piscina	**11.** una carta
4. el piano	**8.** el periódico	**12.** el coche

D. Charlas—¿Tienes interés en la música?

1. ¿Tienes grabadora? ¿Tienes muchas cintas? ¿Cuánto costó la última cinta que compraste? ¿Escucharon tú y tus amigos algunas de tus cintas la semana pasada? ¿Cantaron Uds. también?

2. ¿Quién aquí compró un estéreo recientemente? ¿De qué marca es? ¿Costó más de cincuenta dólares? ¿Dónde tienes el estéreo? ¿Lo escuchaste anoche? ¿Piensas escucharlo esta noche?

II. SOME VERBS WITH IRREGULAR PRETERITES: SER, IR, DAR AND HACER)

(Algunos verbos irregulares en el
pretérito: *ser, ir, dar* y *hacer*)

THE VERBS SER AND IR

Ser and **ir** have identical forms in the preterite. Context will establish which verb is being used.

SER/IR	
fui	fuimos
fuiste	fuisteis
fue	fueron

¿Qué día fue ayer?	*What day was it yesterday?*
Fui a visitar a mi tía.	*I went to visit my aunt.*

THE VERB DAR

Dar has the same preterite endings as regular **-er** and **-ir** verbs, except that the **yo** and **él** forms have no written accents because they are one–syllable words.

DAR	
di	dimos
diste	disteis
dio	dieron

El profesor dio un examen ayer.	*The professor gave an exam yesterday.*
¿Diste una fiesta para tu cumpleaños?	*Did you give a party for your birthday?*

THE VERB HACER

Hacer changes **c → z** in the third person singular in order to show that the **s** sound of the infinitive is maintained.

HACER	
hice	hicimos
hiciste	hicisteis
hizo	hicieron

Hizo calor ayer.	*It was hot yesterday.*
Hicimos mucho en la reunión.	*We did a lot at the meeting.*

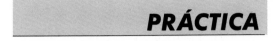

PRÁCTICA

A. Cambios—Un poco de todo

1. ¿Nevó ayer? ¿Hizo calor ayer? ¿Tronó? ¿Hizo viento? ¿Hizo frío? ¿Llovió? ¿Hizo fresco?
2. ¿Fueron usted y sus amigos al cine este mes? ¿Fueron Uds. a un baile divertido este mes? ¿Fueron a un partido de básquetbol? ¿a algunas conferencias? ¿de compras?

B. Actividades diarias—¿A qué hora hizo usted esto ayer?
Say at what time yesterday you did the following things.

MODELO almorzar
   Almorcé a la una menos cuarto.

1. regresar a casa	3. tomar una ducha	5. hacer la cama
2. escuchar la radio	4. comer el desayuno	6. preparar esta lección

C. Pasatiempos—¿Dónde hicieron tus amigos esto?
Say where your friends did the following things.

MODELO descansar
   Descansaron en la cafetería.

1. nadar	6. mirar un partido de básquetbol
2. esquiar	7. hacer un picnic
3. dar un paseo	8. ver una película muy popular
4. hacer ejercicios	9. montar en bicicleta
5. bailar y charlar	10. ir de compras

D. Charlas—El cine y la televisión

1. ¿Qué película buena viste el año pasado? ¿Quiénes fueron los actores principales? ¿Cómo actuaron ellos, bien o mal? ¿Ganaron ellos un Oscar por esa película?
2. ¿Qué película viste este mes? ¿Dónde la viste? ¿Quiénes fueron contigo? ¿Cuánto costaron las entradas? ¿Pagaste tu propia entrada? ¿Es barato ir al cine?
3. ¿Miraste la televisión anoche? ¿Qué programa viste? ¿A qué hora comenzó? ¿Cuánto tiempo duró? ¿Te gustó el programa? ¿Qué piensas del actor principal del programa?
4. ¿Tienes tu propio televisor? ¿Fue un regalo? ¿Quién lo compró? ¿De qué marca es? ¿Te gusta mirar la televisión? ¿Cuántas veces la miraste la semana pasada?

III. **HACE** IN **HOW LONG AGO...?** EXPRESSIONS

(Hace en expresiones de tiempo—
Acciones pasadas)

You already know that **hace...** + **que** + *present tense* (**Lección 13, II**) expresses *an action which began in the past but is still going on.*

Hace cinco días que estoy enfermo.   *I have been sick for five days.*

You will now learn to use **hace...** + **que** + *preterite* in order to express the equivalent of the English *ago.*

I saw her two weeks ago.
How long ago did they call?

Hace... + **que** + *preterite* is used to indicate either *the amount of time that has passed since something happened or how long ago an action took place.* The English *ago* (stated or implied) is the clue for using this construction in Spanish. Either of the two following constructions is correct in Spanish:

> **hace** + amount of time + **que** + preterite
> preterite + **hace** + amount of time

Hace más de una hora que el concierto terminó.

Fui a México hace diez años.

The concert ended more than an hour ago.

I went to Mexico ten years ago.

Football en la NFL

Pittsburgh 30 San Francisco 17

PITTSBURGH, Sept. 14 (UPI) - El esquinero novato Delton Hall anotó en un regreso de 50 yardas de un balón suelto y posibilitó uno de los tres goles de campo de Gray Anderson con una intercepción, para llevar a los Acereros de Pittsburgh a una sorpresiva victoria de apertura de temporada 30-17 sobre los 49's de San Francisco.

MISCELÁNEA

Asking an *Ago* Question

If you want to ask *how long ago* something happened or took place, use one of the two following constructions:

A. **¿CUÁNTO TIEMPO HACE QUE** + *PRETERITE?*
   (How long ago . . .?)

¿Cuánto tiempo hace que lo llamaste?	*How long ago did you call him?*
¿Cuánto tiempo hace que llovió?	*How long has it been since it rained?*

B. **¿CUÁNTOS(-AS)** + *TIME ELEMENT* + **HACE QUE** + *PRETERITE?* (How many . . . ago?)

   ¿Cuántos(-as) horas (días, meses...) hace que terminaste el proyecto?
   How many hours (days, months...) ago did you finish the project?

PRÁCTICA

A. ¿Cuánto tiempo hace que Ud. hizo esto?

Say how long ago you did the following things.

MODELO   comprar unos jeans nuevos
          Hace dos meses que compré unos jeans nuevos.

1. jugar a los naipes
2. montar en bicicleta
3. acampar
4. dar un paseo
5. hacer ejercicios
6. ir de compras

B. Cambios—¿Hace años, días o sólo horas?

1. ¿Cuánto tiempo hace que fuiste al cine? ¿Cuánto tiempo hace que viste a tu novio(-a)? ¿que hablaste con tus abuelos? ¿que comiste comida italiana? ¿que hiciste algo emocionante? ¿que aprendiste a nadar? ¿que comenzaste la escuela secundaria?

2. ¿Cuántas horas hace que llegaste a la universidad? ¿Cuántas horas hace que comiste algo? ¿que estudiaste para esta clase? ¿que escuchaste la radio? ¿que entraste en la clase? ¿que viste a tu mejor amigo?

C.   ¿Cuánto tiempo hace que lo compraste?

Using a direct object pronoun in your answer, say how long ago you bought the following items.

> MODELO   tus calcetines
> **Los compré hace cuatro meses.**

1. tus zapatos   **3.** tus jeans   **5.** tu libro de español
2. tu camisa   **4.** tu bicicleta   **6.** tu coche

D.   Charlas—Los coches y las bicicletas: ventajas y desventajas

1. ¿Tiene usted coche? ¿Cuánto tiempo hace que lo tiene? ¿En qué año lo compró? ¿Lo maneja cuando tiene tiempo libre? ¿Es caro tener coche?

2. ¿Manejas tu coche todos los días? ¿Te gusta manejarlo? ¿Lo lavas con frecuencia? ¿Te gusta lavarlo? ¿Cuánto tiempo hace que lo lavaste? ¿Con qué frecuencia se debe lavar un coche?

3. ¿Tiene usted bicicleta? ¿Cuánto tiempo hace que la tiene? ¿Quién la compró? ¿Cuántos años hace que Ud. aprendió a montar en bicicleta? ¿Es buen ejercicio? ¿Está Ud. cansado(-a) después de montar en bicicleta?

El norteamericano no es el único (*the only one*) interesado en tener una buena salud (*health*), basada en hacer ejercicios y en seguir una dieta nutritiva. En Hispanoamérica es muy popular correr o montar en bicicleta para estar en buena forma. Muchos hispanos, como sus vecinos estadounidenses, lo hacen con seriedad y perseverancia. De este modo (*This way*) mejoran su salud y, al mismo tiempo, llegan a ser (*they become*) mejores atletas. ¿Cuántas veces por semana debemos hacer ejercicios? ¿Los hace Ud.?

COMUNICACIÓN Y ACTIVIDADES

I. COMUNICACIÓN

A. Charlas—¿Te gustan los deportes?

1. ¿Quién vio el último *Superbowl*? ¿Quiénes jugaron? ¿En qué mes jugaron? ¿Qué equipo ganó? ¿Más o menos cuántas horas duró el partido? ¿Fue Ud. a un estadio para verlo? ¿Le gustó el partido?

2. ¿Tenemos un buen equipo de básquetbol (fútbol) en esta universidad? ¿Dónde tienen lugar los partidos? ¿Ganamos o perdimos el último partido? ¿Cuántos jugadores hay en un equipo? ¿Es importante ser alto para estar en el equipo de básquetbol?

B. Personas famosas—¿Qué hicieron recientemente y dónde lo hicieron?

Say what the following famous people did recently and where they did it.

MODELO   Julio Iglesias
Cantó y lo hizo en un coliseo.

1. Sally Field   3. Dan Rather   5. Fernando Valenzuela
2. Julia Child   4. Plácido Domingo   6. Guillermo Vilas

C. Charlas—Los conciertos

1. ¿Cuánto tiempo hace que usted asistió a un concierto de rock? ¿Cuánto costaron las entradas para el concierto? ¿Quién fue el cantante? ¿Aplaudieron mucho Ud. y sus amigos? ¿Gritaron también? ¿Es... un cantante muy popular?

2. ¿Asististe a más de un concierto el año pasado? Generalmente, ¿dónde tienen lugar los conciertos? ¿Prefieres ir solo(-a) o con tus amigos? ¿Cuántas horas dura un concierto típico? ¿Cuánto costó la última entrada que compraste?

D. Charlas—¿Debemos estar en buena forma?

1. ¿Estás en buena forma? ¿Están todos tus amigos en buena forma? ¿Te gusta hacer ejercicios? ¿Cuántas veces por semana debemos hacer ejercicios para estar en buena forma? ¿Cuántos minutos se debe hacer ejercicios cada vez? ¿Es divertido hacerlos?

2. ¿Corre usted frecuentemente? ¿Cuánto tiempo hace que corre regularmente? ¿Cuántas millas corrió Ud. la semana pasada? ¿Está cansado(-a) después de correr? ¿Qué hace después de terminar? ¿Es el correr bueno para el corazón?

Para disfrutar (*enjoy*) un momento feliz, el hispano a veces sólo necesita un guitarrista y algunas personas dispuestas a (*willing to*) cantar y escuchar un poco de música. ¿Es posible ser feliz con tan poco (*so little*)? Para algunos la respuesta es sí. La satisfacción con lo simple (*what is simple*) es muy elusiva, ¿no? ¿Necesita Ud. mucho para estar satisfecho (*satisfied*) con la vida?

II. ACTIVIDADES

A. Charlas para grupos pequeños o para la clase

1. ¿Tienes un pasatiempo favorito? ¿Cuál es? ¿Por qué te gusta? ¿Qué pasatiempo no te gusta?
2. ¿Fuiste a nadar el verano pasado? ¿Quién fue contigo? ¿Fueron ustedes a la playa o a una piscina? ¿Qué hicieron allí?
3. ¿A qué deportes juegas? ¿Con quién juegas? ¿Juegan ustedes bien, mal o así, así? ¿Cuánto tiempo hace que jugaron la última vez?

B. Entrevistas
Take turns finding out the following information about a classmate.

1. Find out what he/she is going to do this weekend (where?, with whom?, when?, at what time, why? . . .).
2. Find out what sports he/she likes. Also, find out where, when and with whom he/she plays.

C.   Mis actividades la semana pasada

Outside of class, prepare six sentences describing some of the things you did last week. In class, tell your classmates about your activities. Your classmates will be encouraged to ask questions about your activities.

DESCRIPCIÓN Y CONVERSACIÓN— ¿QUÉ HACES EN TU TIEMPO LIBRE?

Study the following drawing. You may be asked to prepare questions, answer questions, and/or write a short composition about it.

Los deportes

En Hispanoamérica, igual que° en los Estados Unidos, existe una variedad
de deportes suficiente para satisfacer todos los gustos. Entre los deportes
que gozan° de más popularidad en Hispanoamérica, podemos mencionar
el básquetbol o baloncesto, el boxeo, la natación, el tenis, las carreras de
5 automóviles y de caballos° y las carreras de bicicletas o ciclismo.

Sin embargo, el deporte con el que° siempre se identifica más el hispano
es el fútbol europeo, conocido en los Estados Unidos como *soccer*. Los
campeonatos mundiales° de fútbol son tan° importantes para el hispano
que todas las actividades diarias cesan° si el equipo nacional es uno de los
10 finalistas. Este campeonato mundial es el acontecimiento° deportivo más
celebrado entre los aficionados del deporte.

Otro de los deportes importantes del mundo hispano es la pelota vasca,
o jai alai. Este juego tiene sus orígenes en las provincias vascas° del norte
de España. Los dos equipos (con uno o dos jugadores cada uno) juegan en
15 un frontón° de tres paredes con un costado° abierto al público. Los juga-
dores utilizan una cesta larga y curva° para lanzar la pelota contra° la pared.
El juego requiere mucha fuerza°, velocidad y agilidad, características que
lo hacen bastante peligroso.° Hoy en día, este deporte es muy popular en
España, México, Cuba, en partes de Sudamérica y también en ciudades
20 como Miami y Tampa en este país.

A pesar de° que la corrida de toros se considera como un arte, y no
necesariamente un deporte, se debe mencionar aquí que continúa siendo
un espectáculo muy popular en España y en México, Venezuela, Colombia
y el Perú en Hispanoamérica. Durante el espectáculo°, que tiene lugar los
25 domingos, cada torero mata° dos toros. El español celebra, con la corrida,
la destreza y el coraje° del torero ante la belleza y ferocidad de la bestia.°

El béisbol es conocido sólo en México, Centroamérica y en la zona del
Caribe. En los Estados Unidos muchos de los jugadores profesionales de
béisbol son de estos países.

30 Hay que mencionar también que, actualmente°, las mujeres tienen un
papel° activo en una gran variedad de deportes considerados anterior-
mente° sólo de hombres. Hoy en día las mujeres participan hasta° en las
corridas de toros; sin embargo, el deporte más popular entre ellas es pro-
bablemente el vólibol.

the same as

enjoy

carreras... *car and
horse racing*
con... *with which*

campeonatos...
*world champion-
ships/so*
cease
event

Basque

court / side
cesta... *long and
curved basket /*
lanzar... *throw
the ball against*
strength
bastante... *fairly
dangerous*

A... *In spite of the
fact*

performance
kills
destreza... *skill and
courage /* **ante...**
*before the beauty
and ferocity of
the beast*

currently
role
earlier / even

Comprensión

1. ¿Cuáles son algunos deportes muy populares en Hispanoamérica? ¿Cuál es el fa-
vorito? ¿Qué importancia tienen los campeonatos mundiales de fútbol?
2. ¿Dónde tiene su origen el jai alai? ¿Cómo tiene que ser el jugador? ¿Cómo es el
juego? ¿En qué países hispanos se juega? ¿Se juega también en este país? ¿Dónde?
3. ¿Qué actividad se considera un espectáculo y no un deporte? ¿Es popular en la
mayoría de los países hispanos? ¿Qué celebra el hispano en la corrida?

Conversación y composición

1. Describe, discuss, and/or write about each of the following sports.

    a. el béisbol   **c.** el tenis   **e.** las carreras de automóviles

    b. el vólibol   **d.** la natación   **f.** el ciclismo

2. Prepare six questions for your classmates about the reading.

3. Say something about Hispanic women in sports.

El mercado al aire libre (*open-air market*) tiene mucha vida. No ofrece comodidad (*comfort*) ni marcas conocidas, pero el movimiento humano de intercambio (*exchange*) social y económico ofrece variedad de experiencias tanto (*as much*) para el comprador como (*as*) para el vendedor. Hay frecuente regateo que se lleva a cabo (*is carried out*) con mucha habilidad. Hay alegría (*happiness*) como también tristeza (*sadness*), especialmente para el vendedor cuyo (*whose*) producto no se vendió. ¿Qué clase de mercado prefiere Ud.? ¿Le gusta regatear? ¿Sabe hacerlo bien?

Los países hispanos tienen supermercados grandes como los de (*like those of*) este país. En ellos se encuentra una gran variedad de productos bien ordenados (*arranged*) en secciones de acuerdo a (*according to*) su categoría. Es verdad que hay menos ayuda personal para encontrar lo que (*what*) se necesita o para recibir información sobre los productos. Por otra parte se ofrece un gran surtido (*selection*) en los supermercados y los precios son casi siempre bastante bajos.

LA COMIDA

Objetivos de la lección

Tema y cultura
1 To talk about food

Gramática
2 To form the preterite of more irregular verbs
3 To form the preterite of stem-changing verbs
4 To use **tener ganas de** and review other **tener** idioms

NOTAS CULTURALES

A. In restaurants, Hispanics normally drink wine with their meals. Those abstaining from wine usually order fruit juices, soft drinks or mineral water. Since Hispanics seldom drink tap water with food, restaurants do not serve water to their patrons.

B. In contrast to North Americans, Hispanics do not customarily eat butter with their bread during meals.

C. While North American etiquette urges diners not to place elbows on the table while eating, Hispanics consider it proper. Indeed, some Hispanics consider it poor manners to keep a hand in one's lap while dining.

D. When calling a waiter in Spanish America, one says *psst!* Since this seems inappropriate to many North Americans, you may prefer to say **camarero, joven** or **señorita.**

Vocabulario

las legumbres

las carnes

las frutas

las postres

Verbos

almorzar (ue) *to eat lunch*
cortar *to cut*
desayunar *to eat breakfast*
engordar *to be fattening*
probar (ue) *to try; to test*
reír (i) *to laugh*
servir (i) *to serve*
sonreír (i) *to smile*

Sustantivos

el **arroz** *rice*
el **azúcar** *sugar*
la **banana** *banana*
el **bistec (biftec)** *steak*
la **botella** *bottle*
el **bróculi** *broccoli*
la **caloría** *calorie*
el **camarero**/la **camarera** *waiter/waitress*
la **carne** *meat*

carne de cerdo *pork*
carne de res *beef*
la **cebolla** *onion*
el **cereal** *cereal*
el **cocinero**/la **cocinera** *cook*
la **coliflor** *cauliflower*
la **copa** *wineglass*
el **cordero** *lamb*
la **cuchara** *spoon*
la **cucharita** *teaspoon*

el **cuchillo** *knife*
el **chocolate** *chocolate*
la **chuleta** *chop (pork, lamb)*
el **dulce (los dulces)** *candy (sweets)*
la **ensalada** *salad*
el **fideo** *noodle, pasta*
la **fresa** *strawberry*
el **frijol** *bean*
la **fruta** *fruit*
la **galleta** *cookie*
el **guisante** *pea*
la **habichuela verde** *green bean*
la **hamburguesa** *hamburger*
el **hielo** *ice*
el **huevo** *egg*
el **invitado** *guest*
el **jamón** *ham*
el **jugo** *juice*
la **lechuga** *lettuce*
la **legumbre** *vegetable*
la **libra** *pound*
el **maíz** *corn*
el **mantel** *tablecloth*

la **mantequilla** *butter*
la **manzana** *apple*
el **marisco** *shellfish*
el **menú** *menu*
la **merienda** *afternoon snack*
la **naranja** *orange*
el **pan** *bread*
la **papa, la patata** *potato*
el **pastel (los pasteles)** *pie (pastries)*
el **pavo** *turkey*
el **pepino** *cucumber*
el **pescado** *fish (caught for eating)*
el **peso** *weight*
la **pimienta** *pepper (spice)*
la **piña** *pineapple*
el **platillo** *saucer*
el **pollo** *chicken*
el **postre** *dessert*
la **propina** *tip*
el **queso** *cheese*
la **receta** *recipe*
la **sal** *salt*
la **salsa** *gravy, sauce*

el **sándwich** *sandwich*
el **servicio** *service*
la **servilleta** *napkin*
la **sopa** *soup*
la **taza** *cup*
el **tenedor** *fork*
el **tocino** *bacon*
el **tomate** *tomato*
la **torta** *cake*
la **tostada** *piece of toast*
los **utensilios** *silverware*
la **zanahoria** *carrot*

Adjetivos
sabroso *delicious*
frito *fried*

Expresiones
aumentar de peso *to gain weight*
bajar de peso *to lose weight*
poner la mesa *to set the table*
tener ganas de + *infinitive to feel like* + *-ing*

Práctica de vocabulario

Asociaciones

See how fast you can associate each brand name with a food item. Some brand names have more than one possible answer.

MODELO Hunt's
 legumbres, frutas...

1. Kraft
2. Cheerios
3. OreIda
4. Sara Lee
5. Oreo
6. V-8
7. Butterball
8. Del Monte
9. Dr. Pepper
10. Eskimo Pie
11. Starkist
12. Campbell's

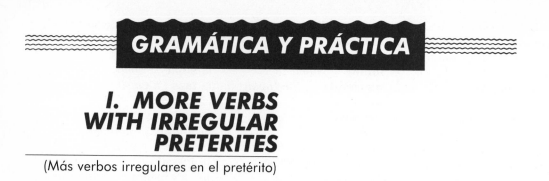

I. MORE VERBS WITH IRREGULAR PRETERITES

(Más verbos irregulares en el pretérito)

You have already learned several verbs that are irregular in the preterite (**ser, ir, dar** and **hacer;** Lección 14, II). Following is a list of verbs that have irregular stems in the preterite. Learn each one individually.

INFINITIVE:	PRETERITE STEM + PRETERITE ENDINGS:		
estar	**estuv**		
poder	**pud**		
poner	**pus**	-e	-imos
querer	**quis**	-iste	-isteis
saber	**sup**	-o	-ieron
tener	**tuv**		
venir	**vin**		
decir	**dij**	-e	-imos
traer	**traj**	-iste	-isteis
		-o	-eron

When the preterite verb stem ends in **-j,** as in **decir** and **traer,** then the third person plural ending is **-eron** rather than **-ieron.**

Pusieron los vasos en la mesa.	*They put the glasses on the table.*
¿Quién vino a verte?	*Who came to see you?*
¿Trajiste las legumbres?	*Did you bring the vegetables?*
¿Dijeron ustedes algo en español?	*Did you say something in Spanish?*

❋ The endings of the first and third person singular forms are unstressed and therefore have no accents. None of the irregular preterite stem verbs has an accent. Compare the following regular and irregular preterite forms.

Preparé la ensalada.	*I prepared the salad.*
Puse sal en la sopa.	*I put salt in the soup.*
Juan cocinó la cena.	*Juan cooked the dinner.*
Ella trajo pollo frito.	*She brought fried chicken.*

✳ The preterite equivalent of **hay** is **hubo. Hubo,** like **hay,** is invariable, and can be followed by singular and plural nouns.

Hubo una reunión anoche. *There was a meeting last night.*
Hubo muchas fiestas este mes. *There were many parties this month.*

MISCELÁNEA

Verbs With Special Meanings in the Preterite
Two verbs actually have different meanings in the present and the preterite.

	PRESENT TENSE MEANING:	PRETERITE MEANING:
conocer	knows, is acquainted with (people, places)	met (for the first time, as in an introduction)
saber	knows (a fact, information or how to)	found out, learned (for the first time)

Conozco a Francisco. *I know Francisco.*
Lo conocí hace dos años. *I met him two years ago.*
Sabemos que el bistec aquí es *We know the steak here is delicious.*
sabroso.
Lo supimos ayer. *We learned it (found out) yesterday.*

PRÁCTICA

A.   Cambios—En un restaurante, ¿hicimos ésto?

1. En un restaurante, ¿pusiste mantequilla en tu bróculi? ¿pudiste beber tres botellas de vino? ¿dijiste *gracias* cuando el camarero trajo la comida? ¿quisiste lavar los platos después de comer? ¿trajiste un sándwich de tu casa? ¿pudiste cortar la carne con el cuchillo?

2. En un restaurante, ¿quisieron ustedes comer la carne sin cocinarla primero? ¿pusieron Uds. leche en las copas? ¿trajeron a todos sus parientes a comer? ¿supieron los precios después de abrir el menú? ¿estuvieron enfermos después de comer algo malo? ¿pagaron la cuenta después de terminar la cena?

3. En un restaurante, ¿quise ver el menú antes de comer? ¿pude comer dos o tres tacos? ¿puse el tenedor debajo del plato? ¿tuve que pagar la cuenta después de terminar la comida? ¿supe el nombre del cocinero? ¿salí del restaurante sin pagar la cuenta?

B. Charlas—Ingredientes y recetas

1. ¿Usaste una receta recientemente para preparar un plato? ¿Más o menos cuántos ingredientes pusiste en la comida? ¿Cómo estuvo la comida, sabrosa, así, así o muy mala? ¿Pudiste comerla?

2. ¿Usas recetas nuevas de vez en cuando? ¿Te gusta cocinar con una receta nueva? ¿Tuviste buena suerte con la última comida que hiciste? ¿Quién la comió?

C. Ingredientes—¿Qué puso usted en su comida?

Say one or two logical things you put in or on each of the following foods the last time you made them.

MODELO   en su tortilla
        Puse huevos, leche y sal en mi tortilla.

1. en su café	**3.** en su cereal	**5.** en su sándwich	**7.** en su ensalada
2. en su sopa	**4.** en su torta	**6.** en su sangría	**8.** en su tostada

D. Ejercicio de memoria—Preguntar, contestar y recordar

Favor de preguntar a... (*otro estudiante*)

1. qué dijo él/ella cuando vio al camarero en el restaurante
2. qué tuvo que hacer él/ella ayer por la tarde

II. THE PRETERITE OF STEM-CHANGING VERBS

(El pretérito de verbos
con cambios radicales)

STEM-CHANGING -AR AND -ER VERBS

Present tense stem-changing **-ar** and **-er** verbs do not have a stem change in the preterite. In the preterite, they follow the same pattern as regular verbs (**Lección 14, I**).

PENSAR (IE)[1]		VOLVER (UE)	
pensé	pensamos	volví	volvimos
pensaste	pensasteis	volviste	volvisteis
pensó	pensaron	volvió	volvieron

[1]The letters in parentheses indicate the present tense stem-change for that particular verb.

Some common **-ar** and **-er** stem-changing verbs that follow this pattern include:

almorzar (ue)	**llover (ue)**
cerrar (ie)	**mover (ue)**
comenzar (ie)	**nevar (ie)**
contar (ue)	**pensar (ie)**
costar (ue)	**perder (ie)**
devolver (ue)	**probar (ue)**
empezar (ie)	**recordar (ue)**
encontrar (ue)	**tronar (ue)**
entender (ie)	**volar (ue)**
jugar (ue)	**volver (ue)**

Las copas no costaron mucho. *The wine-glasses did not cost much.*
Ayer comenzamos a tiempo. *We began on time yesterday.*

STEM-CHANGING -IR VERBS

Stem-changing **-ir** verbs do have a stem change in the preterite but only in the third persons singular and plural. The stem change in the preterite is either **e → i** or **o → u.**

PEDIR (I)		DORMIR (UE)	
pedí	pedimos	dormí	dormimos
pediste	pedisteis	dormiste	dormisteis
pidió	pidieron	durmió	durmieron

The **-ir** stem-changing verbs that follow this pattern include:

dormir (ue)	**repetir (i)**
morir (ue)	**seguir (i)**
pedir (i)	**sentir (ie)**
preferir (ie)	**servir (i)**
reír (i)	**sonreír (i)**

Don Julio murió ayer. *Don Julio died yesterday.*
¿Qué sirvieron en la fiesta? *What did they serve at the party?*

✳ The **nosotros** form of regular and stem-changing **-ar** and **-ir** verbs is identical in the preterite and the present. Context usually clarifies the meaning.

Dormimos bien anoche. *We slept well last night.*
Ayer comenzamos a la una. *We began at one o'clock yesterday.*

✳ **Sonreír** *(to smile)* and **reír** *(to laugh)* have similar accent patterns.

reír   reí, reíste, rio, reímos, reísteis, rieron
sonreír   sonreí, sonreíste, sonrió, sonreímos, soreísteis, sonrieron

PRÁCTICA

A.   Cambios—La comida y las actividades

1. La semana pasada, ¿almorzaste en McDonald's? La semana pasada, ¿comiste suficientes legumbres? ¿aumentaste de treinta libras? ¿bajaste de diez libras? ¿probaste algún plato extranjero? ¿pediste cerveza mexicana con tu comida?

2. El mes pasado, ¿vine a clase con mi desayuno? El mes pasado, ¿pedí fideos en un restaurante italiano? ¿comencé a cocinar en mi oficina? ¿jugué al tenis después de comer una cena muy grande? ¿sonreí cuando el camarero trajo el menú?

B.   ¿Hicieron ustedes esto la última vez que fueron a un restaurante?

Say whether or not you and your friends did the following things the last time you went to a restaurant together.

MODELO   dejar una propina para el camarero
            Sí, dejamos una propina para el camarero.

1. decir buenos días al camarero
2. pedir una mesa cerca de la cocina
3. hacer preguntas sobre el menú
4. devolver el menú después de leerlo
5. probar todos los platos del restaurante
6. jugar al ping pong en las mesas del restaurante
7. recordar sus monederos
8. cortar la carne con una cucharita
9. perder sus monederos
10. cerrar la puerta al salir del restaurante

C.   ¿Qué pidieron Uds. recientemente en estos restaurantes?

Say what you and your friends ordered recently in the following restaurants.

MODELO   Pizza Hut
            Pedimos pizza, ensalada y refrescos.

1. Burger King   3. Taco Bell   5. Domino's
2. Ponderosa   4. Red Lobster   6. Kentucky Fried Chicken

D. **Charlas—¿Eres aventurero(-a) cuando sales a comer?**

1. ¿A qué restaurante fueron tú y tus amigos recientemente? ¿Es... un restaurante extranjero? ¿Pidieron todos ustedes la misma comida? ¿Probaste tú un plato nuevo? ¿Te gusta probar platos nuevos? ¿Tienes miedo de probar platos extranjeros?

2. ¿Probaste alguna comida extranjera el año pasado? ¿Qué fue? ¿Dónde la comiste? ¿Quién la preparó? ¿Pudiste comer toda la comida de tu plato? ¿Te gustó mucho? ¿Vas a pedirla otra vez?

III. TENER GANAS DE AND REVIEW OF TENER IDIOMS

(*Tener ganas de y repaso de expresiones con tener*)

ALREADY FAMILIAR TENER IDIOMS

You are already familiar with numerous **tener** idioms (**Lección 8, III** and **Lección 12, III**). Review them below.

tener		
	calor	**prisa**
	cuidado	**razón**
	frío	**sed**
	hambre	**sueño**
	interés (en)	**suerte**
	miedo (de)	**... años**

¡Tengo miedo de los ascensores!	*I am afraid of elevators!*
Paco siempre tiene suerte.	*Paco is always lucky.*
¿Tienen ustedes frío?	*Are you cold?*

✳ Remember that **tener que** (*to have to, must*) is always followed by an infinitive.

Tenemos que comer más frutas.	*We have to eat more fruits.*
¿Tuvieron que pagar la cuenta?	*Did they have to pay the bill?*

✳ **Tener razón** means *to be right. To be wrong* can be expressed with either **no tener razón** or **estar equivocado(-a)**.

Ellos no tienen razón.	*They're wrong.*
¿Tienes razón?	*Are you right?*
No, estoy equivocado.	*No, I am wrong.*

A NEW TENER *IDIOM:* TENER GANAS DE

Tener ganas de is another common idiomatic expression meaning *to feel like (doing something).* **Tener ganas de,** like **tener que,** is always followed by an infinitive.

tener ganas de + infinitive

¿Tienen ustedes ganas de almorzar temprano?

Did you feel like eating lunch early?

No, no tenemos ganas de hacer eso.

No we didn't feel like doing that.

PRÁCTICA

A. Cambios—Un poco de todo

1. ¿Cuántos años tienes tú? ¿Cuántos años tiene tu abuela? ¿y... (*otro estudiante*)? ¿este país? ¿el presidente de este país?

2. ¿Tuviste que estudiar para el último examen? ¿Tuviste que asistir a clases la semana pasada? ¿que hacer una decisión importante este mes? ¿que pagar una multa esta semana?

3. ¿Tiene usted ganas de comer ahora mismo? ¿Tiene Ud. ganas de cocinar para diez invitados? ¿de comer una cebolla sin cocinarla primero? ¿de pagar la cuenta cuando la comida es muy mala?

B. Charlas—¿Cocinas a menudo?

1. ¿Qué serviste la última vez que vinieron invitados a tu casa? ¿A quiénes invitaste a comer? ¿Trajeron los invitados algo? ¿Dónde comieron ustedes, en la cocina o en el comedor? ¿Tuviste tú que limpiar la cocina o te ayudaron los invitados?

2. ¿Preparó usted una comida recientemente? ¿Qué tuvo que comprar para prepararla? ¿Cuántas personas comieron la comida? ¿Tuvieron ustedes que tomar Rolaids después de comerla?

3. ¿Cocinas bien? ¿Qué plato te gusta preparar? ¿Cuánto tiempo toma prepararlo? ¿Tienes cuidado cuando lo preparas? ¿Cuánto tiempo hace que lo preparaste? ¿Vas a prepararlo otra vez pronto?

4. ¿Cocina usted a menudo? ¿Qué prefiere Ud., hacer la comida o comerla? ¿La hizo Ud. anoche? ¿Quién puso la mesa antes de comer? ¿Quién tuvo que limpiar la cocina?

C. ¿Debemos hacer esto o tenemos que hacerlo?

Say whether we should or whether we have to do the following things.

MODELO   comer bien
          Debemos hacerlo.

1. tener prisa si es tarde
2. estar en forma
3. nacer antes de morir
4. comer un buen desayuno
5. tener cuidado cuando manejamos
6. comer para no tener hambre
7. comer muchas frutas y legumbres
8. usar los pulmones para respirar

De costumbre (*Usually*), las pequeñas tiendas que venden comida son acogedoras (*welcoming*). En ellas hay productos buenos pero expuestos (*displayed*) en un espacio (*space*) muy limitado. No hay mucha variedad de marcas pero el servicio es personal y cortés (*courteous*). El dueño (*owner*) ayuda en las decisiones del comprador. Para mucha gente, eso es más importante que lo que (*what*) ofrecen los supermercados grandes. ¿Tiene Ud. ganas de charlar un poco cuando hace sus compras o prefiere simplemente hacer sus selecciones sin demora (*without delay*), pagar y luego (*then*) salir de la tienda sin decirle mucho a nadie?

COMUNICACIÓN Y ACTIVIDADES

I. COMUNICACIÓN

A. Charlas—Restaurantes y cafeterías

1. ¿Dejaste una buena propina la última vez que comiste en un restaurante? ¿Cuánto por ciento debemos dejar para el camarero? ¿Sirvió bien o mal el camarero? ¿Trajo la comida rápido? ¿Pudiste comer toda la comida que trajo?

2. ¿Salió usted a comer anteayer? ¿Adónde fue? ¿Qué comió? ¿Pagó la cuenta o tuvo que lavar los platos? ¿Dejó una propina para el camarero? ¿Cuánto costó su comida? ¿Piensa Ud. volver allí pronto?

3. ¿Desayunaste hoy en la cafetería de esta universidad? ¿A qué hora desayunaste? ¿Qué sirvieron ellos allí? ¿Es posible pedir algún plato especial allí? ¿Te gustó el desayuno esta mañana? ¿Se debe dejar propina en una cafetería? ¿Hay camareros allí?

B. ¿Quién lo hizo, usted o el camarero?

Say whether you or the waiter did the following things the last time you went to a restaurant.

MODELO   hablar con el cocinero
El camarero habló con el cocinero.

1. cortar la carne
2. poner la mesa
3. traer el menú
4. pedir algo del menú

5. servir la comida
6. aumentar de peso después de comer
7. probar un plato nuevo
8. decir *gracias* al recibir la propina

C. Charlas—¡Qué aburrido es estar a dieta!

1. ¿Aumentaste o bajaste de peso durante las últimas vacaciones? ¿Qué comes cuando estás a dieta? ¿Qué comida engorda? ¿Cuál no engorda? ¿Tienes hambre todo el día cuando estás a dieta?

2. ¿Estuviste a dieta el año pasado? ¿Cuánto tiempo duró la dieta? ¿Cuántas libras perdiste? ¿Quieres perder más? ¿Te gusta estar a dieta? ¿Debes comer dulces cuando estás a dieta? ¿Qué debes comer?

3. ¿Cuál es su postre favorito? ¿Es... sabroso? ¿Engorda... mucho? Generalmente, ¿lo (la) prepara usted o lo (la) compra? ¿Cuántas veces por mes lo (la) come Ud.? ¿Cuánto tiempo hace que lo (la) comió?

4. ¿Compraste algún dulce en los últimos dos días? ¿Lo trajiste a clase hoy? ¿Tienes ganas de comer algún dulce ahora? ¿Te gustan mucho los postres? ¿Debemos comerlos cuando estamos a dieta?

D. Charlas—¿Tienes una bebida favorita?

1. ¿Te gustan los refrescos? ¿Cuál es tu refresco favorito? ¿Te gusta beberlo con o sin hielo? ¿Qué refresco no tiene cafeína? ¿Cuánto cuesta un refresco? ¿Es más caro que el vino? ¿Cuál te gusta mas?

2. ¿Qué bebiste con la cena anoche? ¿Qué bebiste con el desayuno hoy? ¿Cuál es tu bebida favorita cuando tienes mucha sed? ¿Qué te gusta beber cuando hace frío?

Bebidas		
Café		$ .65
Tetera de té		$ .65
Leche . . . . Peq. $ .65	de Chocolate	$ .85
Café Dacafeinado		$ .65
Gaseosas		$ .65
Té Helado		$ .65

¡Qué ambiente más bonito! Sin duda este restaurante mexicano ofrece (*offers*) platos sabrosos típicos de la región. Debido al clima y a la geografía variada de los países hispanos, las frutas y las legumbres cultivadas son muy diferentes. Hay algunas que existen en unos países pero no en otros. Hay muchas frutas y legumbres que originaron aquí en las Américas pero que hoy en día forman parte de la comida del mundo entero (*whole world*). Algunas de las (*of those*) que los conquistadores encontraron al llegar al Nuevo Mundo fueron el tomate, el maíz, el cacahuete (*peanut*), el chocolate, el chile y la calabaza (*pumpkin*). ¿Compró Ud. recientemente algunos de estos productos? ¿Le gustan todos?

II. ACTIVIDADES

A. Charlas para grupos pequeños o para la clase

1. ¿A qué hora desayunaste esta mañana? ¿De qué hora a qué hora almuerzas generalmente? ¿Comes rápido o despacio? ¿Dónde y con quién cenaste anoche?

2. ¿Cuál prefieres, el té o el café? ¿Cuál bebes con más frecuencia? ¿A qué hora lo bebes generalmente? ¿Qué te gusta poner en esta bebida?

3. ¿Quién preparó la comida la última vez que fuiste a un restaurante? ¿Quién la sirvió? ¿Quién pagó la cuenta? ¿Quién dejó la propina?

B. Anuncio de un supermercado

Outside of class, find a supermarket advertisement and prepare four questions about the items advertised. In class, hold up your advertisement and ask the related questions of your classmates.

C. El restaurante

Outside of class prepare five questions you might ask when calling a restaurant for the first time. Another student, playing the part of the owner, will answer your questions. When finished reverse roles. Possible topics for questions:

type of food they serve
expensive or inexpensive (cost of a typical meal)
drinks served
when it opens and closes
where it is located
need for reservation
clothing: formal or informal

DESCRIPCIÓN Y CONVERSACIÓN— UNA VISITA AL RESTAURANTE

Study the following drawing. You may be asked to prepare questions, answer questions and/or write a short composition about it.

La comida y las costumbres

En Hispanoamérica y en España, la compra de los comestibles° se hace con frecuencia en pequeñas tiendas, o almacenes, que venden solamente un producto o varios productos derivados. También es costumbre aún°, especialmente en los pueblos pequeños, comprar la comida a diario°, de
5 manera que° todos los comestibles son frescos.°

Sin embargo, los supermercados están adquiriendo° mucha popularidad en las grandes ciudades, igual que° en los Estados Unidos. Estos supermercados ofrecen° conveniencia y variedad de productos y marcas, a pesar de° que muchos de los productos envasados° son relativamente más caros
10 para el consumidor hispano que para el norteamericano.

Notamos también diferencias fundamentales en la importancia y en el horario de las comidas del día. A diferencia de la costumbre norteamericana, el desayuno hispano es muy liviano° y, en general, se reduce a un simple café con leche que en algunos casos puede incluir tostadas con
15 mantequilla y mermelada. La comida más importante del día es sin duda el almuerzo—o *la comida*—que generalmente se sirve entre la una y las cuatro de la tarde, según cada país. El almuerzo consiste en varios platos abundantes (sopa, carne y legumbres, ensalada y postre—generalmente frutas). El almuerzo tiene también gran valor social. Es el momento en que
20 toda la familia se reúne alrededor de° la mesa y comparte°, no sólo la comida, sino también° las experiencias del día.

En los países hispanos se sirve muy tarde la cena (entre las nueve y las diez y media de la noche). Es muy común tener una merienda a eso de las cinco de la tarde, la cual° puede consistir en café o té con tostadas, pasteles
25 o algún sándwich. La cena no es tan abundante como el almuerzo pero no carece° de importancia, ya que incluye° uno o dos platos (sopa, carne y legumbres). También en esta ocasión toda la familia está presente.

En España y en algunos países de Hispanoamérica, también existe una costumbre muy interesante: ir de tapas. Para el norteamericano esto equi-
30 vale a la famosa hora del *cocktail*. Tiene lugar antes de la comida o de la cena, casi siempre en un bar, o varios bares, donde los tragos° (vino, cerveza o un cóctel) se sirven con entremeses° o con una variada selección de mariscos, papas fritas con salsas especiales, aceitunas y salchichas° pequeñas.

35 A pesar de° la gran diversidad de comidas regionales, hay que notar ciertas comidas universales dentro del mundo hispánico, tales como° las empanadas°, la sopa de fideos, el arroz con pollo, el flan° y las albóndigas°, que forman parte de la dieta habitual de casi todos estos países. También debemos mencionar ciertos platos que son muy conocidos dentro y fuera
40 del mundo hispánico. Entre ellos, tenemos la famosa paella española, plato que incluye arroz, carne de cerdo, pollo, mariscos, pimientos°, guisantes y azafrán° (un condimento muy común en la cocina española); los ingredientes de la paella varían según la región de España donde se prepare. De los platos mexicanos más típicos, hay que mencionar entre otros el taco

---

compra... *purchase of food*
es... *it is still a custom*
a... *daily*
de... *so that / fresh*
están... *are acquiring*
igual... *the same as*
offer / **a...** *in spite of the fact*
canned

light

se... *gathers around / shares*
sino... *but also*

which

lack / **ya...** *since it includes*

drinks
hors d'oeuvres
aceitunas... *olives and sausages*

A... *in spite of*
tales... *such as*
meat or vegetable pies / custard / meatballs

peppers
saffron

¿Quiere Ud. probar una paella española?

45 y la enchilada. Ambas° especialidades cuentan, en su elaboración, con la famosa tortilla mexicana hecha° de maíz. Dentro de la enchilada se pone una sabrosa mezcla° de carne picada y especias° y, encima, una salsa picante.° El taco es una tortilla crocante° doblada° en dos, llena de carne picada, lechuga, tomate y queso. Entre los platos más refinados de México 50 está el mole poblano (originalmente de Puebla, México), una interesante combinación de carne de pavo con salsa de chocolate y especias.

Both
made
*mixture / **carne...** ground beef and spices*
spicy / crunchy / folded

Comprensión

1. ¿Con qué frecuencia compran comestibles muchos hispanos? ¿Cuáles son dos lugares donde se compra comida? ¿Cuál es una de las ventajas de un supermercado? ¿y una desventaja?

2. ¿Qué comida es la más importante del día para los hispanos? ¿A qué hora se come generalmente? ¿Qué comparte la familia durante el almuerzo? ¿Cómo es diferente la cena? ¿Qué se come entre el almuerzo y la cena?

3. ¿Cuáles son algunas comidas universales del mundo hispano? ¿Cuáles son algunos de los ingredientes de la paella española? ¿Qué hay dentro de una empanada? ¿Cuál es un ingrediente interesante del mole poblano? ¿Dónde tiene su origen este plato?

Conversación y composición

1. Define, discuss and/or write about each of the following phrases from the preceding reading.

   a. un trago   **c.** ir de tapas   **e.** el café con leche

   b. la tortilla   **d.** una enchilada   **f.** los entremeses

2. Prepare six questions to ask your classmates about the reading.

3. Describe and compare the three basic Hispanic meals of the day. Then compare them to meals in this country.

¡Qué rana más interesante! ¿Qué piensa Ud. de ella? Tan quieta (*still*) allí encima de la hoja. Tan pequeña y de colores tan vivos. Parece inofensiva, ¿verdad? Pero, ¡cuidado, por favor (*be careful, please*)! No es buena idea tocarla; es aún mejor evitarla por completo (*to avoid it completely*). Este animalito (*small animal*) da miedo a mucha gente, y con razón (*with good reason*), porque es uno de los animales más venenosos de las selvas de Hispanoamérica. Parece increíble, pero su veneno, usado por algunos indios en las puntas de sus flechas (*points of their arrows*), es tan peligroso que una sola onza puede matar (*one ounce alone can kill*) más de cien mil animales. Pues, ¿qué le parece esta rana ahora?

La llama es amiga del indio; tiene su propia personalidad que el indio comprende y respeta. La llama lo ayuda en su trabajo diario. Es mansa mientras el indio no pone demasiado peso en su espalda; pero si siente (*if it feels*) más peso de lo que acostumbra cargar (*than it usually carries*) entonces se echa al suelo y rehúsa (*it lies down on the ground and refuses*) caminar. Si las personas no entienden esta característica y tratan de forzarla (*try to force it*), entonces a menudo este animal escupe (*spits*), algo que siempre coge por sorpresa (*takes by surprise*) a la persona ignorante de la personalidad de este animal. La llama en esta fotografía parece saber adónde ella quiere ir, ¿no?

LOS ANIMALES Y LA NATURALEZA

Animals and nature

NOTAS CULTURALES

A. In most of Spain and Spanish America, the natural environment is both beautiful and fertile. Large landowners can create profitable enterprises from farming or cattle-raising. Smaller landowners, in contrast, often find farming difficult and much less rewarding. Indeed, many agricultural workers have given up on the rural life and migrated to large cities in search of employment and better opportunities for their children.

B. Spanish America is particularly important to conservationists because of its rare animals, many of which are endangered species. Toucans, for example, are birds with multi-colored bills as long as the rest of their bodies. The quetzals have bright tail feathers that extend for almost two feet. This bird's take-offs are so restricted by its tail dragging across tree branches that it begins its flight by jumping backward off tree limbs.

Vocabulario

La Finca

el pájaro — las plantas — el caballo — el burro — el cerdo — los campesinos — el toro — las piedras — la vaca — el pez — el pato — la gallina — el gallo — la culebra — las moscas — el araña — la rana — el ratón

Verbos

encantar[1]   *to be delightful (to someone)*
faltar[1]   *to be lacking (to someone)*
gustar[1]   *to be pleasing (to someone)*
importar[1]   *to be important or to matter (to someone)*
interesar[1]   *to be of interest (to someone)*
morder (ue)   *to bite (said of animals or people)*
odiar   *to hate*
parecer[1]   *to seem (to someone)*
picar   *to bite, to sting (said of insects or snakes)*

Sustantivos

el **ala** (f)   *wing*
la **araña**   *spider*
la **arena**   *sand*
el **bosque**   *forest*
el **burro**/la **burra**[2]   *burro, donkey*
el **caballo**   *horse*
el **campesino**/la **campesina**   *farmer/female farmer; farmer's wife*
el **cerdo**/la **cerda**   *pig*
el **ciervo**/la **cierva**   *deer*
el **cocodrilo**   *crocodile*
la **colina**   *hill*
los **consejos**   *advice*
la **culebra**   *snake*
el **desierto**   *desert*
el **elefante**/la **elefanta**   *elephant*
la **estrella**   *star*
la **finca**   *farm*
el **gallo**/la **gallina**   *rooster/hen*
el **golfo**   *gulf*
la **hoja**   *leaf*
el **huracán**   *hurricane*
el **insecto**   *insect*
la **jirafa**   *giraffe*
la **lana**   *wool*
el **león**/la **leona**   *lion/lioness*
el **mono**/la **mona**   *monkey*
la **mosca**   *fly*
el **mosquito**   *mosquito*
la **naturaleza**   *nature*
el **oso**/la **osa**   *bear*
la **oveja**   *sheep*
el **pájaro**/la **pájara**   *bird*
el **pato**/la **pata**   *duck*
el **pez**[3]   *fish (not yet caught)*
la **piedra**   *stone, rock*
el **planeta**   *planet*
la **planta**   *plant*
la **rana**   *frog*
el **ranchero**/la **ranchera**   *rancher*
el **rancho**   *ranch*
la **rata**   *rat*
el **ratón**/la **ratona**   *mouse*
la **región**   *region*
la **selva**   *jungle*
el **terremoto**   *earthquake*
la **tierra**   *earth, dirt, land*
el **tigre**/la **tigresa**   *tiger/tigress*
la **tormenta**   *storm*
el **tornado**   *tornado*
el **toro**   *bull*
la **tortuga**   *turtle*
la **vaca**   *cow*
el **valle**   *valley*
el **volcán**   *volcano*

Adjetivos

feroz   *wild*
industrial   *industrial*
manso   *tame*
peligroso   *dangerous*
tranquilo   *quiet, peaceful, tranquil*
venenoso   *poisonous*

Pronombres: complemento indirecto

le   *(to) you* (s, form); *(to) him, her, it*
les   *(to) you* (pl); *(to) them*
me   *(to) me*
nos   *(to) us*
te   *(to) you* (s, fam)

Expresiones

dar miedo   *to scare*
estar de vacaciones   *to be on vacation*
montar a caballo   *to ride a horse*
¿Qué te parece...?   *What do you think of ...?*

---

[1]These verbs are similar in use to **gustar;** they are regularly used together with an indirect object pronoun (**No me interesan las películas extranjeras.** *Foreign movies are of no interest to me.*).

[2]In Spanish there are special feminine forms for the names of some, but not all, animals. If it exists, the feminine form is indicated after the masculine.

[3]**El pez (los peces)** refers to a fish that is still alive and swimming. **El pescado** refers to a fish that has been caught for food.

Práctica de vocabulario

Animales famosos

Say what kind of animal each of the following is.

MODELO   Trigger
          Es un caballo.

1. Smokey   4. Elsie   7. Eeyore   10. la señorita Piggy
2. Bambi   5. Elsa   8. Kermit   11. Foghorn Leghorn
3. Dumbo   6. Tony   9. Donald   12. Speedy González

GRAMÁTICA Y PRÁCTICA

I. INDIRECT OBJECT PRONOUNS

(Los pronombres de complemento indirecto)

As you have learned, the direct object answers the question *whom?* or *what?* after the verb (**Lecciones 11** and **12).** The indirect object is usually the word that answers the question *to whom?* after the verb. It often helps to think of the indirect object as *the person (or animal) to whose advantage or disadvantage an action is done.* Compare the direct objects (d.o.) and the indirect objects (i.o.) in the sentences below:

They gave us a nice present.
$\begin{bmatrix} \textit{to whom?} \text{ to us (i.o.)} \\ \\ \textit{what?} \text{ a nice present (d.o.)} \end{bmatrix}$

In order to avoid repetition of nouns, indirect object pronouns often replace indirect object nouns and likewise answer the question *to whom?* after the verb.

I am writing to Juan tonight.   *I am writing to him tonight.*
She gave her children a cat.   *She gave them a cat.*

FORMS OF THE INDIRECT OBJECT PRONOUNS

Indirect Object Pronouns

me	*to me*	**nos**	*to us*
te	*to you*	**os**	*to you*
le	*to you* / *to him, to her, to it*	**les**	*to you* / *to them*

¿Quién va a darte consejos?	*Who is going to give you advice?*
Les dije la verdad.	*I told them the truth.*

✳ Indirect object pronouns agree in number with the noun to which they refer. They do not agree in gender.

¿No puedes hablarme ahora?	*Can't you talk to me now?*
Le traje las flores.	*I brought her the flowers.*

✳ In English, the preposition *to* is often optional before an indirect object pronoun. Many times the preposition is implied.

I write him.	*or*	*I write to him.*
She gave me a present.	*or*	*She gave a present to me.*

In Spanish, however, a preposition never precedes an indirect object pronoun.

Me escribieron una carta.	*They wrote me a letter.* / *They wrote a letter to me.*

✳ The forms of the direct and indirect object pronouns are the same, except for the third person singular and plural **le** and **les.**

Ellos no me ven ahora. *(d.o.)*	*They don't see me now.*
Mi primo me escribe mucho. *(i.o.)*	*My cousin writes me a lot.*

but

La conocí anoche. *(d.o.)*	*I met her last night.*
No le dije nada. *(i.o.)*	*I didn't tell her anything.*

POSITION OF INDIRECT OBJECT PRONOUNS

A. *SINGLE-VERB CONSTRUCTION* Indirect object pronouns normally precede a conjugated verb in a single-verb construction. In a negative sentence, the word **no** precedes the pronoun.

El profesor me prestó su libro.	*The professor lent me his book.*
No te hablo todos los días.	*I don't talk to you everyday.*

B. *DOUBLE-VERB CONSTRUCTION* In a double-verb construction the indirect object pronoun may precede the conjugated verb or follow (attached to) the infinitive or the present participle. Both forms are correct.

Te quiero decir la verdad.

Quiero decirte la verdad.
⎱ *I want to tell you the truth.*

Estoy escribiéndole.

Le estoy escribiendo.
⎱ *I am writing him.*

CLARIFICATION OF THE INDIRECT OBJECT PRONOUNS LE AND LES

As you know, the third person of direct object pronouns, **lo(s)** and **la(s),** can be ambiguous (**Lo veo**: *I see him, I see it*). The third person of indirect object pronouns, **le** and **les,** can be even more ambiguous since they do not even show gender. Note the following possible meanings:

le	*to you* (m); *to you* (f); *to him; to her; to it*
les	*to you* (m, pl); *to you* (f, pl); *to them* (m); *to them* (f)

This ambiguity can be eliminated by using the already familiar *clarification phrase* (**Lección 12, I**): **a** + *prepositional pronoun.*

Les di las fotografías a ellas.	*I gave them the photographs.*
No le dije la verdad a él.	*I didn't tell him the truth.*

Note that the indirect object pronoun **le** or **les** is almost always included in the sentence even when an indirect object noun is used. This use of the indirect object pronoun may seem redundant to English speakers, but it is a very common and preferred construction among native speakers.

Les di las noticias a mis hermanas.	*I gave the news to my sisters.*
Le dije la verdad a Paco.	*I told Paco the truth.*

MISCELÁNEA

"To-Test"

It is important to be able to distinguish between indirect and direct objects. As pointed out earlier, indirect objects will usually answer the question *to whom?* after the verb. However, English does not always use *to* before an indirect object. Therefore, it is not always obvious whether an object is direct or indirect. Applying the "to-test" should, in most cases, correctly identify an object. Add *to* before the object in the English sentence and if it "fits" (sounds right) then the object will most likely be indirect. If the addition of *to* makes the sentence sound incorrect, the object is probably direct. Compare the sentences below.

I write them every week.	*I write to them every week.*
(*to* "fits"; *them* = indirect object)	
I know them well.	*I know to them well.*
(*to* does not "fit"; *them* = direct object)	

A few Spanish verbs are misleading due to the presence of *to* and *for* in their English meaning; the *to* and *for* are part of the meaning of these verbs and not something added later to test for an indirect object. The following verbs always take *direct* objects in Spanish and the English *to* and *for* is never translated into Spanish.

buscar	*to look for, to seek*
esperar	*to wait for, to await*
escuchar	*to listen to*

Voy a buscarlas más tarde.	*I am going to look for them later.*
La esperé casi dos horas.	*I waited for her almost two hours.*

PRÁCTICA

A.   ¿Sí o no?

First decide whether or not the following information is true. Then react to the information according to the model by changing the indirect object nouns into indirect object pronouns.

> MODELO   las vacas/dan leche a los campesinos
> **Sí, las vacas les dan leche.**

1. la vacas/dan lana a los campesinos
2. un ranchero/habla a sus animales
3. los ratones/dan miedo a los osos
4. un campesino/da agua a su caballo
5. los terremotos/dan miedo a la gente
6. los padres/dan regalos a sus hijos para Navidad

B.   ¿De qué le habló Ud. a esta persona?

Tell what you talked to each of the following persons about.

> MODELO   a un actor
> **Le hablé de películas.**

1. a un escritor
2. a un mecánico
3. a una campesina
4. a un compositor
5. a un diseñador
6. a una dependienta
7. a una atleta
8. a un policía
9. a un alcalde

C.   Cambios—Un poco de todo

1. Si estamos viajando, ¿en qué lengua vamos a hablarles a los portugueses? ¿En qué lengua vamos a hablarles a los argentinos? ¿y a los franceses? ¿a los estadounidenses? ¿a los alemanes?
2. ¿Qué va a darles un policía enojado (a ustedes)? ¿Qué va a darles un pariente rico y muy generoso (*generous*)? ¿y yo después del examen final?
3. ¿Te habló recientemente el presidente de los Estados Unidos? ¿Me habló el presidente a mí? ¿Les habló a tus padres? ¿al presidente de la Unión Soviética? ¿a nosotros?
4. ¿Cuánto tiempo hace que yo le di un examen a usted? ¿Cuánto tiempo hace que su novio(-a) le dio un regalo a Ud.? ¿que usted les habló a sus abuelos? ¿que alguien le escribió una carta? ¿que Ud. me hizo una pregunta?

D. Este semestre, ¿van Uds. a pedirme esto?

Say whether or not you are going to ask your instructor for the following things this semester.

MODELO   más tarea
No, no vamos a pedirle más tarea (a Ud.).

1. buenas notas   **3.** lecciones cortas   **5.** dos exámenes por semana

2. consejos   **4.** una semana sin tarea   **6.** un examen final difícil

II. THE VERB GUSTAR AND SIMILAR VERBS

(El verbo *gustar* y verbos similares)

You have already learned that Spanish has no literal translation for the English verb *to like* (**Lección 8, I).** To express likes and dislikes, Spanish makes use of a special idiomatic construction involving the verb **gustar** (*to please, to be pleasing*). First review the verb **gustar;** then learn to use some common verbs which follow the same idiomatic pattern as **gustar.**

THE VERB GUSTAR

Gustar is always used with an indirect object. As with all verbs, **gustar** must agree in person with its subject, which is what pleases or is pleasing (in other words, what is liked in English).

Me gustan estas flores.   *I like these flowers.*
    (*Subject is* **flores**)

With **gustar,** the subject generally appears after the verb in statements and questions. To express dislikes simply add **no** before the indirect object pronoun. Use the following formula:

no (if used) + indirect object pronoun + **gustar** + subject

Me gustan los animales mansos.   *I like tame animals.*
¿No les gusta acampar aquí?   *Don't they like to camp here?*

✱   The third person forms **gusta/gustan** and **gustó/gustaron** are the most widely used forms of **gustar.**

No nos gustan los terremotos.   *We don't like earthquakes.*
Me gusta esta región del país.   *I like this region of the country.*

✳ The singular **gusta** is used if *an activity or action (infinitive or -ing)* is what is pleasing.

Nos gusta caminar en el bosque.   *We like to walk (walking) in the forest.*

✳ The definite article is used when referring to *something in general.*

¿Te gusta la naturaleza?   *Do you like nature?*

VERBS SIMILAR TO GUSTAR

There are several verbs that follow the same pattern as **gustar.** As with **gustar,** these verbs must have an indirect object pronoun even if there is an indirect object noun in the sentences.

> **no** (if used) + indirect object pronoun + verb + subject

A. **ENCANTAR** Encantar means *to be delightful* to someone. Used with an indirect object pronoun, it can be translated as *to love* or *to be crazy about* something.

A Joaquín le encanta acampar.   *Joaquin loves to camp.*

B. **FALTAR** Faltar means *to be lacking* to someone.

Les falta dinero a mis amigos.   *My friends are lacking money.*

C. **IMPORTAR** Importar means *to be important* or *to matter* to someone.
No nos importa el mal tiempo.   *Bad weather doesn't matter to us.*

D. **INTERESAR** Interesar means *to be of interest* to someone.
Me interesan los deportes.   *I am interested in sports.*

E. **PARECER** Parecer means *to seem* or *to appear* to someone.
¿Te parece interesante la vida en   *Does life in the country seem*
   el campo?   *(appear) interesting to you?*

PREPOSITIONAL PHRASES FOR CLARIFICATION OR EMPHASIS

A prepositional phrase (**a** + *prepositional pronoun*) is often used with **gustar** and similar verbs in order to achieve clarity or emphasis. These phrases for clarification or emphasis must start with the preposition **a.** Their location or placement is somewhat flexible.

(A nosotros) nos gusta el campo.   *We like the country.*
Me faltan dos dólares (a mí).   *I'm lacking two dollars.*

✳ An indirect object pronoun must be used with **gustar** and similar verbs, even if there is an indirect object noun or another pronoun in the sentence.

No le gustan las culebras a Chalo.   *Chalo doesn't like snakes.*

PRÁCTICA

A. Cambios—Opiniones y preferencias

1. ¿Le gusta el mar (a usted)? ¿Le gusta el campo? ¿Le gustan los pájaros? ¿las arañas? ¿las culebras? ¿el aire puro? ¿los animales feroces? ¿las ardillas? ¿los tornados?

2. ¿Qué les gusta más (a Uds.), descansar o trabajar? ¿Qué les gusta más, estar aquí o estar de vacaciones? ¿trabajar o hacer un picnic? ¿respirar el aire del campo o respirar el aire de la ciudad? ¿comer o estar a dieta?

3. ¿Me interesa el español (a mí)? ¿Te interesa el español a ti? ¿Les interesa el español a los españoles? ¿y a ustedes? ¿a un oso? ¿a un hispanófilo (a *"lover" of Spanish*)? ¿a un hispanófobo (a *"hater" of Spanish*)? ¿a... y a... (*otros dos estudiantes*)?

B. ¿Cuánto dinero me falta?

Imagine that your instructor has only $10.00. Tell him or her how much he/she is lacking in order to buy each of the following things.

MODELO   un libro ($12.50)
    (A usted) le faltan dos dólares cincuenta centavos.

1. una cinta ($10.75)   3. una radio ($29.98)   5. un televisor ($100.00)
2. un perro ($11.00)   4. una grabadora ($100.00)   6. una chaqueta ($60.00)

C. Charlas—El campo y la ciudad

1. ¿Le interesa vivir en el campo? ¿Le importa si hay una fábrica cerca de su casa? ¿Qué estado le parece ideal? ¿Por qué? ¿Qué le parece la idea de vivir en un estado industrial? ¿Cuál es una ventaja de vivir en una ciudad? ¿y una desventaja?

2. ¿Le encanta la vida en una ciudad grande? ¿Le importan el ruido y la contaminación? ¿Qué ciudad le parece ideal? ¿Qué dos cosas le gustan de las ciudades grandes?

D. Ejercicio de memoria—Preguntar, contestar y recordar

Favor de preguntar a... (*otro estudiante*)

1. qué animal le parece muy bonito
2. qué le encanta hacer a él/ella cuando tiene tiempo libre
3. si me importan los estudiantes perezosos
4. qué animal le da miedo

III. ADJECTIVES: THE SUPERLATIVE CONSTRUCTION

(Los adjetivos: La construcción superlativa)

ADJECTIVES WITH REGULAR SUPERLATIVE CONSTRUCTION

Whereas *unequal comparisons* of adjectives (**Lección 3**) indicate *more* or *less* of a particular characteristic or quality, *the superlative construction* expresses *the most* or *the least* of a particular characteristic or quality. Compare the following sentences.

Este animal es menos peligroso.	*This animal is less dangerous.*
Este animal es el menos peligroso.	*This animal is the least dangerous.*

In Spanish, the superlative construction of regular adjectives is formed by adding a definite article (**el, la, los, las**) to the unequal comparative form of an adjective. Following is the formula for the superlative construction.

$$\left. \begin{array}{l} \textbf{el} \\ \textbf{la} \\ \textbf{los} \\ \textbf{las} \end{array} \right\} + \begin{array}{c} \text{noun} \\ \text{(if expressed)} \end{array} + \left. \begin{array}{c} \textbf{más} \\ \\ \textbf{menos} \end{array} \right\} + \begin{array}{c} \text{adjective} (+ \textbf{de} + \text{group}) \\ \text{(if expressed)} \end{array}$$

¿Cuál es el río más largo del mundo?	*Which is the longest river in the world?*
Él es el campesino más trabajador que conozco.	*He is the hardest-working farmer I know.*

❋ Only one definite article is used per superlative construction and it precedes the noun (if the noun is expressed).

¿Cuál es el insecto más pequeño?	*Which is the smallest insect?*

❋ After the superlative construction, **de** corresponds to the English *in* or *of*.

¿Quién es la persona más rica de este país?	*Who is the richest person in this country?*
Febrero es el mes más corto del año.	*February is the shortest month of the year.*

✳ The noun may be omitted in the superlative construction. Whether expressed or implied, the definite article agrees in gender and number with this noun. When the noun is omitted, the English word *one(s)* is not translated into Spanish.

Él es el hombre más rico de la ciudad, pero es también el más generoso.

He is the richest man in the city, but he is also the most generous one.

ADJECTIVES WITH IRREGULAR SUPERLATIVE CONSTRUCTION

As you have learned, Spanish has only four irregular comparative adjectives: **mejor, peor, mayor,** and **menor.** The superlative of these four adjectives is formed by adding a definite article (**el, la, los, las**) to the unequal comparative form (**Lección 3**).

Comparative Form			Superlative Form	
mejor	*better*		**mejor**	*the best*
peor	*worse*	definite +	**peor**	*the worst*
mayor	*older*	article	**mayor**	*the oldest*
menor	*younger*		**menor**	*the youngest*

✳ **Más** or **menos** is never used before the words **mejor, peor, mayor** or **menor.**

Él es menor que yo.
¿Cuál es el mejor caballo?

He is younger than I.
Which is the best horse?

✳ **Mejor** and **peor** usually precede the nouns they modify. **Mayor** and **menor** normally follow the nouns they modify.

¡Ayer fue el peor día!
¿Quién es la hermana mayor?

Yesterday was the worst day!
Who is the oldest sister?

✳ **Mejor, peor, mayor** and **menor** have the same forms in the feminine as in the masculine. The plurals are formed by adding **-es.**

¿Dónde están las mejores playas?
¿Es ella la mayor?

Where are the best beaches?
Is she the oldest?

MISCELÁNEA

Adjectives Ending in *-ísimo(-a,-os,-as)*

In Spanish you can give intensity or strength to an adjective by using the **-ísimo** form of an adjective. An adjective in the **-ísimo** form conveys a much stronger feeling than simply using **muy** with an adjective. The **-ísimo** form expresses the idea of *extremely, exceedingly, exceptionally, terribly* or *very, very*. Adjectives are intensified with **-ísimo** form as follows:

A. *ADJECTIVES ENDING IN A VOWEL (A, E, I, O, U)* With adjectives ending in a vowel, drop the final vowel and add **-ísimo(-a,-os,-as)**.

Las islas son pequeñísimas.	*The islands are terribly small.*
Su rancho es grandísimo.	*His ranch is extremely big.*

B. *ADJECTIVES ENDING IN CONSONANTS* With adjectives ending in consonants, simply add **-ísimo(-a,-os,-as)**.

El candidato es liberalísimo.	*The candidate is exceptionally liberal.*
Ese trabajo es dificilísimo.	*That job is terribly hard.*

Words ending in **c**, **g** and **z** are slightly irregular (**rico → riquísimo, largo → larguísimo, feliz → felicísimo**).

Aquí hay poquísimo dinero.	*There's very, very little money here.*
Mis padres son felicísimos.	*My parents are very, very happy.*

PRÁCTICA

A. Práctica con -ísimo

1.   ¿Sí o no?

Starting with **Sí,...**, answer the following questions.

> MODELO   ¿Es rico Rockefeller?
> **¡Sí, es riquísimo!**

a. ¿Son lentas las tortugas?

b. ¿Es fea una rata?

c. ¿Es pequeño un mosquito?

d. ¿Es alta una jirafa?

e. ¿Es triste la pobreza?

f. ¿Es mala la contaminación?

2. **¿Puedes identificarlo?**

Identify the following people and things.

> MODELO un revolucionario famosísimo
> **Pancho Villa fue un revolucionario famosísimo.**

a. un animal rapidísimo
b. una estrella grandísima
c. un cantante romantiquísimo

d. dos animales peligrosísimos
e. un desierto famosísimo
f. dos presidentes popularísimos

B. Cambios—Un poco de geografía

1. ¿Cuál es el estado más pequeño de este país? ¿Cuál es el estado más grande? ¿y el más hispánico? ¿el más bonito? ¿el más pobre? ¿el más tropical? ¿el más frío?

2. ¿Cuál es el país más grande de Hispanoamérica? ¿Cuál es el más pequeño? ¿y el más popular con los turistas? ¿el más industrial? ¿el menos democrático?

3. ¿Dónde está la montaña más alta del mundo? ¿las playas más bonitas? ¿el río más largo? ¿la ciudad más grande? ¿los volcanes más peligrosos?

4. ¿Qué estado tiene playas famosísimas? ¿Qué estado tiene una montaña altísima? ¿Cuáles estados tienen un río larguísimo? ¿y árboles viejísimos? ¿un clima buenísimo? ¿muchísima gente? ¿poquísima gente?

C. Charlas—La naturaleza

1. ¿Es el sol un planeta? ¿Es la tierra un planeta? ¿Cuál es el planeta más grande? ¿Hay más de cinco planetas en nuestro sistema solar? ¿Qué hay en el cielo por la noche? ¿Puedes ver las estrellas cuando hace sol? ¿De qué color es el sol?

2. ¿Es la luna más grande que la tierra? ¿Vive alguien en la luna? ¿Qué astronauta caminó sobre la luna? ¿En qué año fue? ¿Cuándo vemos la luna?

Las alturas de los Andes ofrecen sólo nieve y cielo. El condor, el rey (*king*) de los pájaros, vive en este solitario paisaje (*landscape*). Su vuelo hermoso y a veces delicado (*beautiful and at times delicate flight*) da majestuosidad al ambiente (*to the environment*). Su vista penetrante divisa (*piercing look sees*) desde lejos fuentes de alimento (*sources of food*) para él y sus polluelos (*babies*). ¿Qué le parece este pájaro a Ud., feroz, manso, peligroso o qué?

COMUNICACIÓN Y ACTIVIDADES

I. COMUNICACIÓN

A. Cambios—¿Qué sabes de los animales?

1. ¿Qué animal nos dice *muuu*? ¿Qué animal nos dice *miau*? ¿y *guau guau*? (un perro) ¿*pío pío*? (un pájaro)

2. ¿Qué le dan las vacas a un campesino? ¿Qué le da una gallina? ¿Qué le da una oveja? ¿y un pollo? ¿un pavo? ¿una vaca? ¿un cerdo?

3. ¿Qué animal tiene alas para volar? ¿Cuál tiene dientes muy grandes? ¿y orejas grandes? ¿mucha inteligencia? ¿poca inteligencia? ¿una nariz larga?

4. ¿Qué animal o insecto encontramos en un bosque? ¿Cuál encontramos en un parque urbano? ¿y en una casa? ¿en un desierto? ¿en una finca? ¿en el mar?

B. **Charlas—Los animales en general**

   1. ¿Qué animal le gusta a usted? ¿Qué animal no le gusta? ¿Odia usted algún animal? ¿Qué animal le da miedo? De los dos, ¿cuál le gusta menos?

   2. ¿Tiene usted miedo de las arañas? ¿Cuál puede ser venenosa, una araña o una mosca? ¿Cuál tiene alas?

   3. ¿En qué animal piensas cuando oyes la palabra *selva*? ¿Hay selvas en este país? ¿Qué continente tiene una selva famosísima? ¿Qué clima tiene una selva? ¿Cómo son muchos do los animales de la selva? ¿Cuáles son tres animales feroces?

   4. ¿Dónde viven los peces? ¿Pueden respirar fuera del agua? ¿Qué hacen ellos muy bien? ¿Cuál está muerto, un pez o un pescado?

C. **¿Qué debe usted hacer en estas situaciones?**

Imagine that you are in the following situations. Using an indirect object pronoun, say what you should do in each one.

   MODELO   Hoy es el cumpleaños de su madre.
           Debo darle un regalo.

   1. Hoy es el aniversario de sus padres.

   2. Usted es riquísimo(-a) y nosotros somos pobrísimos.

   3. Usted tiene dos refrescos y yo no tengo ninguno.

   4. Su compañero de clase perdió su libro.

   5. Hace dos meses que sus amigos le escribieron una carta a usted.

   6. Alguien le da un regalo a usted.

D. **Charlas—Uds. y yo**

   1. ¿Te gusta estudiar español? ¿Estudiaste español el año pasado? ¿Cuál te parece más difícil, el español o el inglés? ¿Cuántos semestres te faltan para terminar tus estudios de español? ¿Te interesa estudiar otra lengua extranjera?

   2. ¿En qué lengua les hablé yo a ustedes en nuestra última clase? ¿Me hablaron Uds. en italiano? ¿En qué lengua te hablan tus parientes? ¿Les hablas tú a ellos en... también?

   3. ¿Qué me dijeron ustedes cuando me vieron? ¿Qué les dije yo cuando los vi a ustedes? ¿Cuántas veces por semana los veo? ¿Qué estoy enseñándoles? ¿Están Uds. aprendiendo mucho conmigo? ¿Les molestaría estudiar diez años conmigo?

Claro que (*Of course*) hay fincas y ranchos grandes en Hispanoamérica cuyos
dueños (*whose owners*) tienen más que suficiente dinero para vivir cómodamente
en sus casas grandes y aún lujosas (*luxurious*). Pero hay más fincas pequeñas. El
dueño de estas fincas depende de su familia y su pedacito de (*small piece of*)
tierra para ganarse la vida (*to earn a living*). Su casa es humilde (*humble*) pero eso
no quiere decir (*that doesn't mean*) que falta cariño o intimidad en la familia.

II. ACTIVIDADES

A.   ¿Qué soy yo?

Choose one student to pretend to be one of the animals mentioned in this chapter.
The rest of the group will ask yes/no questions until they discover what sort of animal
he or she is.

> MODELO   **¿Vives en la selva?**
>
> **¿Eres más grande que un perro?**

B.   (No) me gusta esto

Take turns saying four things that you like or dislike. The others in the group should
ask questions about each statement made.

Study the following drawing. You may be asked to prepare questions, answer questions, and/or write a short composition about it.

GRAMÁTICA OPCIONAL

INDIRECT AND DIRECT OBJECT PRONOUNS USED TOGETHER

(Complementos indirectos
y directos usados juntos)

In English and Spanish, both indirect and direct object pronouns can be used in the same sentence.

Ella me lo dio.	*She gave it to me.*

In Spanish, the indirect object pronoun always precedes the direct object pronoun in this double object pronoun situation.

Te traigo las flores mañana.	*I'm bringing you the flowers tomorrow.*
Te las traigo mañana.	*I'm bringing them to you tomorrow.*

✳ Double object pronouns (direct and indirect) are never separated by another word and their placement in relation to the verb is the same as that of single object pronouns.

Ellos no me lo piden.	*They don't ask it of me.*
Ella nos las va a traer.	*She is going to bring them to us.*

✳ When two object pronouns are attached to an infinitive, an accent is added to maintain the original stress of the verb.

¿Quiere Paco mandártela?	*Does Paco want to send it to you?*

✳ When both the direct and the indirect object pronoun (in a double object pronoun situation) begin with the letter *l*, the indirect object pronouns **le** and **les** always change to **se.** The direct object pronoun does not change.

$$\text{le(s)} + \begin{bmatrix} \text{lo} \\ \text{la} \\ \text{los} \\ \text{las} \end{bmatrix} = \text{se} + \begin{bmatrix} \text{lo} \\ \text{la} \\ \text{los} \\ \text{las} \end{bmatrix}$$

Yo le di los cuadernos.	*I gave her the notebooks.*
Yo se los di.	*I gave them to her.*

Because **se** can have so many different meanings, a clarification phrase (**a** + *prepositional pronoun*) is often added for clarity or emphasis.

Julio no se lo da a ella.   *Julio doesn't give it to her.*
¿Vas a decírselo a ellos?   *Are you going to tell it to them?*

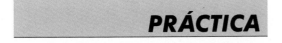

PRÁCTICA

A.   ¿Qué crees, me vas a mostrar esto?
As you say whether you are going to show these things to your instructor, change the direct object nouns into direct object pronouns.

> MODELO   ¿Me vas a mostrar tu perro?
> **No, no se lo voy a mostrar. (No, no voy a mostrárselo.)**

1. tus calcetines   **3.** las fotografías de tu novio(-a)
2. tu tarea de inglés   **4.** tu coche nuevo

B.   En este momento, ¿estoy explicándoles esto a Uds.?
Changing the direct object nouns into direct object pronouns, say whether or not your instructor is explaining the following things at this moment.

> MODELO   los verbos irregulares
> **No, Ud. no está explicándonoslos.**

1. la gramática en general   **3.** las ideas de Freud
2. el verbo *gustar*   **4.** los complementos indirectos

C.   Tú y yo—¿Sí o no?
Changing the direct object nouns into direct object pronouns say whether or not the following is true.

> MODELO   Les traigo exámenes (a Uds.) todos los días.
> **No, Ud. no nos los trae todos los días.**

1. Estoy mostrándote fotografías de mi familia.
2. En... minutos voy a darte la tarea para la próxima clase.
3. Ustedes siempre me explican la gramática a mí.
4. Tú piensas prestarme mil dólares.
5. En este momento, tú estás cantándonos una canción a nosotros.
6. Tú le escribes cartas a... (*otro estudiante*).

LECCIÓN 17

La fiesta de quince años es una ocasión tradicional en la vida de las muchachas hispanas. Para muchas de ellas es una fiesta grande y formal con anuncio en el periódico. Para otras es sólo para la familia y los amigos. Se debe mencionar también que hoy en día (*nowadays*), debido a los muchos cambios sociales, hay muchachas que ni siquiera quieren (*don't even want*) tener la fiesta; prefieren simplemente salir con sus amigos a algún lugar y celebrar la ocasión de una manera sencilla (*simple*) e informal.

Cumplir años en Hispanoamérica significa para los niños un día muy especial. La familia entera (*entire*), más los amiguitos (*young friends*) del niño asisten a la fiesta que consiste en variedad de pasteles, helado y algún refresco delicioso. El bullicio (*excitement*) infantil se intensifica cuando presentan la piñata decorada que contiene dulces y pequeños regalos. Los niños reciben turnos para golpearla (*to hit it*) con un palo (*stick*). El rompimiento (*The breaking*) de ella significa la oportunidad de agarrar (*to grab*) lo más posible de los variados tesoros (*treasures*) que caen al suelo. Es una ocasión feliz en la niñez de cualquier persona.

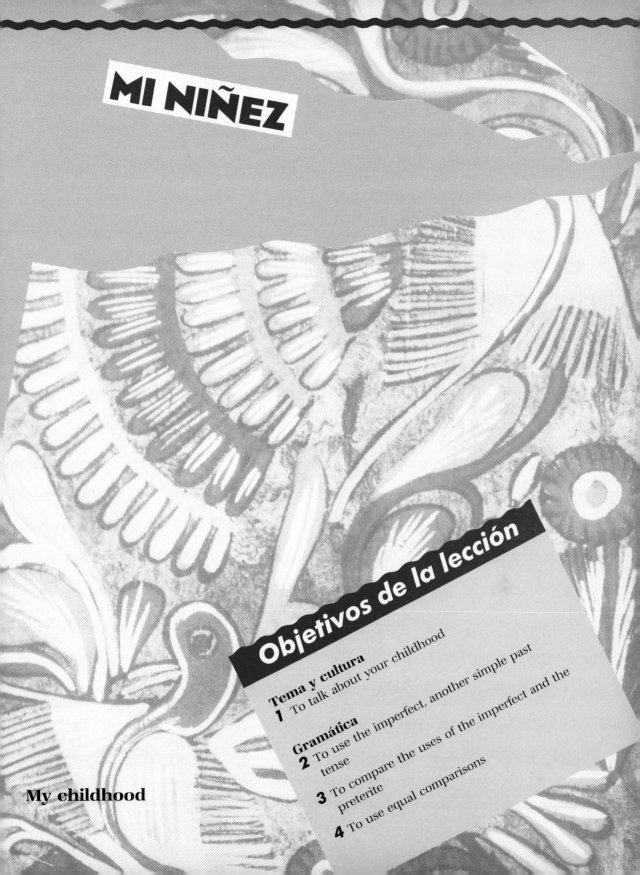

MI NIÑEZ

My childhood

Objetivos de la lección

Tema y cultura
1 To talk about your childhood

Gramática
2 To use the imperfect, another simple past tense

3 To compare the uses of the imperfect and the preterite

4 To use equal comparisons

NOTAS CULTURALES

A. Adding **-ito(-a)** or **-cito(-a)** to a person's name expresses smallness and/or affection, similar to the English *-y* in *Mommy* or *Jimmy*. It is often used among family members, young friends and sweethearts; for example, a young boy named **Juan** would affectionately be called **Juanito.**

B. When a child is baptized in Spain and Spanish America, the parents will normally ask some very close friends or relatives to become godparents to the child. The godfather is known as the **padrino** to the child and the godmother is the **madrina.** This close and very special relationship binds the godparents to oversee the general development and welfare of the child. Should the natural parents die, the godparents may raise the child.

C. In some Hispanic countries, the celebration of Christmas begins before December 25th with parties and the singing of **las Posadas.** The celebration may also extend beyond Christmas Day. Hispanic tradition includes gifts to children on Epiphany, January 6th.

Vocabulario

una niña atrevida   un niño obediente
un niño desobediente

un niño tímido
una niña extrovertida

una niña mimada
y malcriada

Verbos

cumplir + *number* +**años**	**descubrir**	*to discover*	**ladrar**	*to bark*
to turn + *number of years*	**estacionar**	*to park*	**llorar**	*to cry*
(person's age)	**existir**	*to exist*	**obedecer**	*to obey*
	inventar	*to invent*	**respetar**	*to respect*

sonar (ue) *to ring (phone, alarm)*
tratar *to treat*

Sustantivos
el **adulto**/la **adulta** *adult*
el **apodo** *nickname*
la **asignatura** *school subject*
el **barco** *boat, ship*
el **despertador** *alarm clock*
la **fiesta de cumpleaños** *birthday party*
la **fuerza** *strength*
la **graduación** *graduation*
la **independencia** *independence*
la **inteligencia** *intelligence*
la **niñez** *childhood*
la **oportunidad** *opportunity*
la **paciencia** *patience*
el **quehacer** *task, chore*
el **rato** *short period of time (a while)*

Adjetivos
atrevido *bold, daring*
bien educado *well-behaved*

complicado *complicated*
desobediente *disobedient*
extrovertido *extroverted, outgoing*
feliz *happy (used with ser)*
juntos *together*
leal *loyal*
malcriado *badly behaved*
mimado *spoiled (a person)*
obediente *obedient*
obstinado *obstinate, stubborn*
tímido *timid, shy*
torpe *clumsy; slow witted*
travieso *mischievous*

Miscelánea
afuera *outside*
entonces *then*
mientras (que) *while*
tan *so*
tanto *so much*
todavía *still, yet*
ya *already*

Expresiones
a los + *number* + **años** *at* + *number* + *years (of age)*
¿A qué edad...? *At what age . . .?*

de costumbre *usually, generally*
de niño(-a,-os,-as) *as a child (as children)*
de repente *suddenly*
en años pasados *in previous years*
en aquel entonces *at that time*
en aquel tiempo *at that time*
en esos días *in those days*
en total *all in all, as a total; in a word*
sacar la basura *to take out the trash*
tan... como *as . . . as*
tanto(-a)... como *as much as*
tantos(-as)... como *as many as*
tener tiempo para *to have time to*

Práctica de vocabulario

Antónimos
Using new vocabulary, give antonyms for the following words and phrases.

MODELO   bien educado   **malcriado**

1. obediente
2. tímido
3. de adulto
4. triste
5. solo
6. simple
7. mucho tiempo
8. travieso
9. mimado

I. THE IMPERFECT
(El imperfecto)

Spanish has two ways of expressing *simple past tenses* (single-verb construction; that is, with no helping verb): the preterite and the imperfect. You have already studied and used the *preterite* (**Lección 14** and **15**). You will now learn how to form and use the *imperfect*. Grammar section I of this chapter deals with the formation of the imperfect. Later, section II will explain and compare the different uses of the preterite and the imperfect. For now, however, it is enough to think of them in the following general terms:

  Preterite: Narrative past; *what happened at a particular moment* in the past.
  Imperfect: Descriptive or habitual past; *what someone or something was like* or *how things used to be.*

REGULAR FORMS OF THE IMPERFECT
The imperfect of regular verbs is formed by adding the imperfect ending to the infinitive stem (**habl-, com-, viv-**).

HABLAR		COMER		VIVIR	
hablaba	hablábamos	comía	comíamos	vivía	vivíamos
hablabas	hablabais	comías	comíais	vivías	vivíais
hablaba	hablaban	comía	comían	vivía	vivían

Ella siempre hablaba rápido. *She always talked fast. (habitual)*
Vivíamos lejos de aquí. *We lived far from here. (descriptive)*

✳ Since the **yo, usted, él** and **ella** forms are identical in the imperfect, subjects are often used in order to insure clarity.

  ¿Te escribía Juan? *Did Juan use to write to you?*
  Yo le escribía de vez en cuando. *I wrote to her now and then.*

✳ Only the nosotros form of **-ar** verbs has a written accent on the verb ending: **hablábamos.** All **-er** and **-ir** verb endings have written accents on the stressed **í: comías, vivían, escribíamos...**
✳ There are no stem changes in the imperfect.

  Nevaba frecuentemente. *It snowed frequently.*
  Ellos siempre volvían a tiempo. *They always returned on time.*

✳ In the imperfect, the endings are the same for **-er** and **-ir** verbs.

MISCELÁNEA

The Verb Forms *hay* and *había*
The imperfect of **hay** is **había** (*there was, there were, was there?, were there?*).
Había, like **hay,** is a unique verb form that is always used in the singular.

Había un árbol grande en el jardín. — *There was a big tree in the yard.*
¿Había flores allí también? — *Were there flowers there also?*

IRREGULAR FORMS OF THE IMPERFECT
Spanish has only three irregular verbs in the imperfect: **ser, ir** and **ver.**

SER		IR		VER	
era	éramos	iba	íbamos	veía	veíamos
eras	erais	ibas	ibais	veías	veíais
era	eran	iba	iban	veía	veían

Éramos muy buenos amigos. — *We were very good friends.*
Yo los veía los sábados. — *I used to see them on Saturdays.*
¿Ibas de compras con ella? — *Did you use to go shopping with her?*

PRÁCTICA

A. ¿Quién hacía estos quehaceres en tu familia?
Say who used to do the following chores in your family.

MODELO preparar la cena
Mi madre preparaba la cena.

1. sacar la basura
2. ir al supermercado
3. cortar la hierba
4. lavar y secar la ropa
5. cocinar
6. pintar la casa
7. lavar el coche
8. poner la mesa
9. hacer tu cama
10. pagar las cuentas
11. limpiar el garaje
12. limpiar tu cuarto

B.   Charlas—La casa de su niñez

Answer the following questions about your childhood home (at five to ten years of age).

1. ¿En qué ciudad vivía usted? ¿Vivía en una casa o en un apartamento? ¿Cuántos pisos tenía? ¿Era grande? ¿Era nuevo(-a)? ¿De qué color era? ¿Cuantos cuartos tenía?

2. ¿Cuántas alcobas tenía su casa (apartamento)? ¿Tenía usted su propia alcoba? ¿En qué piso estaba su alcoba? ¿Tenía usted su propio baño? ¿Estaba el baño al lado de su cuarto? ¿Le gustaba su cuarto? ¿Por qué?

C.   ¿Que hacían estas personas famosas?

Say what each of the following famous people used to do.

MODELO   Humphrey Bogart
         Actuaba.

1. Jim Thorpe   4. Jessie Owens   7. Mario Andretti
2. Byron Nelson   5. Nat King Cole   8. Fred Astaire
3. Pablo Picasso   6. Andrés Segovia   9. Sócrates

D.   Charlas—Tu niñez

1. ¿Era interesante tu niñez? ¿Tenías que hacer algunos quehaceres en tu casa? ¿Cuáles tenías que hacer? ¿Con qué frecuencia los hacías? ¿Tenías tiempo para jugar? ¿Obedecías a tus padres? ¿En general, ¿eras bien educado(-a) or malcriado(-a)?

2. ¿Quién preparaba la comida en tu casa? ¿Ayudabas a... de vez en cuando? ¿Cocinaba ella/él bien? ¿Qué legumbres no te gustaban entonces? ¿Te gustan esas legumbres hoy? ¿Limpiabas la cocina de vez en cuando?

II. USES OF THE PRETERITE AND THE IMPERFECT

(Los usos del pretérito y el imperfecto)

English has several ways of expressing the past tense. However, in Spanish the simple past is expressed only by the *preterite* or the *imperfect*. Compare the sentences below.

English:	*Type of Past:*	*Spanish:*
He spoke to her.	isolated action	preterite
He did speak to her.	emphatic	preterite
He would speak to her often.	habit	imperfect
He was a good student.	description	imperfect
He used to speak to her.	habit	imperfect
He was speaking to her when...	action in progress	imperfect

In Spanish, when you want to express yourself in the simple past, you must choose between the preterite and the imperfect. They both express past time but they are not interchangeable. Each one conveys its own unique view of the past. The choice between the two depends on what the speaker is trying to communicate in past time.

USES OF THE PRETERITE

Remember that the *preterite* tells *what happened* in the past.

A. The *preterite* expresses *one isolated past action* or sequential past actions that were not habitual in nature (physical or mental "happenings").

Decidieron ir al teatro.	*They decided to go to the theater.*
El ladrón rompió la ventana y entró.	*The thief broke the window and entered.*

B. The *preterite* expresses *the beginning or the end of a past action.*

¿Empezaste los quehaceres?	*Did you begin the chores?*
Julio terminó el trabajo tarde.	*Julio finished the job late.*

C. The *preterite* is used to indicate *when, how long or how many times an action took place in the past.*

Le hablé la semana pasada.	*I spoke to her last week.*
Vivieron allí treinta años.	*They lived there thirty years.*
Salí con él cuatro veces.	*I went out with him four times.*

USES OF THE IMPERFECT

Remember that the imperfect is often called *the descriptive or habitual past* because it tells what someone or something *was like* or how things *used to be.*

A. The *imperfect* expresses *customary or habitual past actions without reference to a definite beginning or end.* In English, such actions are often expressed with the construction *used to* + verb.

Lo veía con frecuencia.	*I would see him frequently.*
Íbamos a la playa cuando hacía calor.	*We used to go to the beach when it was hot.*

B. The *imperfect* is used to indicate that *one or more actions were in progress (or ongoing) in the past.* The imperfect frequently serves as background description by setting the stage upon which another more abrupt action (in the preterite) takes place. English often expresses the action in progress with *was/were* + *-ing.*

Hacía frío y nevaba.	*It was cold and it was snowing.*
Ellos esperaban en la sala.	*They were waiting in the living room.*
Yo dormía cuando llegaron.	*I was sleeping when they arrived.*

C.   The *imperfect* often describes *physical characteristics and conditions in the past.*

Ellos eran muy mimados.   *They were very spoiled.*
Él tenía muchos amigos.   *He had many friends.*

D.   The *imperfect* is used to express *time of day* and *the age of people* in past time.

Eran las diez.   *It was ten o'clock.*
Yo tenía diez años cuando mi   *I was ten years old when my father*
** padre murió.**   * died.*

E.   The *imperfect* expresses *personal attitudes and ongoing mental or emotional states in the past.*

Queríamos vivir en el campo.   *We wanted to live in the country.*
Me gustaban sus ideas.   *I liked his ideas.*
Ellos sabían hablar francés.   *They knew how to speak French.*

Resumen

Summary of Uses of the Preterite and the Imperfect

In Spanish it is often helpful to view the past as you would a movie with the imperfect describing the setting, and the preterite telling *what happened.* In other words, the plot moves forward in time with the preterite. With the imperfect, however, the action stops and there is a *description* of surroundings, situations or people. Review the general uses of the preterite and the imperfect below.

Use the Preterite for:	Use the Imperfect for:
1. physical and mental "happenings"	1. physical and mental states and conditions
2. beginning and end of a past action	2. *used to* + verb
3. when, how long, how many times	3. *was/were* + *-ing*
	4. clock time
	5. age of people or things

PRÁCTICA

A.   ¿Dónde hacían ustedes esto?

Indicate where you and your family used to do the following.

MODELO   escuchar la radio
           Escuchábamos la radio en la sala.

1. ir de compras
2. secar la ropa
3. dormir
4. dar un paseo
5. ir de vacaciones
6. cenar
7. preparar la comida
8. estacionar el coche
9. ver una película
10. mirar la televisión

B.   Charlas—La escuela secundaria

1. ¿Recuerda usted el nombre de su escuela secundaria? ¿De qué año a qué año asistió a... *(escuela secundaria)*? ¿Era una escuela grande? ¿Cuántos estudiantes, más o menos, asistían a la escuela?

2. ¿En qué año comenzaste la escuela secundaria? ¿En cuántos años la terminaste? ¿Estudiabas mucho en esos días? ¿Cuántas asignaturas tenías cada semestre? ¿Estudiabas más entonces que ahora?

C.   ¿Cuántas veces hiciste esto el mes pasado?

Tell how many times you did the following things last month.

MODELO   ir a una fiesta
           Fui a una fiesta tres veces el mes pasado.

1. estudiar para un examen
2. ir al cine
3. hablar con tus padres
4. comer demasiado
5. no hacer tu tarea
6. ver a tu novio(-a)

D.   Charlas—Un poco sobre su nacimiento

1. ¿En qué año nació Ud.? ¿Qué edad tenía su madre cuando usted nació? ¿Lloraba Ud. mucho o era un(-a) bebé muy feliz? ¿A qué edad comenzó Ud. a caminar? ¿Podía hablar cuando nació?

2. ¿Dónde naciste? ¿Sabes a qué hora naciste? ¿Eras un(a) bebé grande o pequeño(-a)? ¿Ya tenían tus padres otros hijos cuando naciste? En total, ¿cuántos hijos tuvieron tus padres? ¿Era usted el (la) mayor?

III. EQUAL COMPARISONS

(Comparaciones de igualdad)

You are already familiar with unequal comparisons (**Lección 3, II**). In this lesson you will learn how to use equal comparisons. An *equal comparison* is a situation where certain people or things have *the same qualities or quantities as others (as much . . . as, as many . . . as, as . . . as)*. In Spanish, equal comparisons are constructed as follows.

TANTO(-A)... COMO (as much . . . as)

Tanto(-a)... como means *as much . . . as*. The word **tanto(-a)** must agree with the noun it introduces.

> **tanto(-a)** + noun + **como**

¿Hay tanta contaminación aquí como en Los Ángeles?	*Is there as much pollution here as in Los Angeles?*
Comíamos tanto como ellos.	*We used to eat as much as they do.*

Used without a noun, **tanto(-a) como** means *as much as*. Used by itself, **tanto** means *so much*.

Yo sé tanto como ellos.	*I know as much as they do.*
¿Por qué hablas tanto?	*Why do you talk so much?*

TANTOS(-AS)... COMO (as many . . . as)

Tantos(-as)... como means *as many . . . as*. The word **tantos(-as)** must also agree with the noun it introduces.

> **tantos(-as)** + noun + **como**

Boston no tiene tantos habitantes como Nueva York.	*Boston does not have as many inhabitants as New York.*
¿Hay tantas mujeres aquí como hombres?	*Are there as many women here as men?*

TAN... COMO (as . . . as)

Tan... como means *as . . . as*. The word **tan** always precedes an ajective or adverb. **Tan** does not agree in gender or number.

> **tan** + adjective/adverb + **como**

María no es tan alta como tú.   *Maria is not as tall as you are.*
¿Hablas tan bien como él?   *Do you speak as well as he does?*

Used by itself, **tan** means *so.*

¡Mi gato es tan divertido!   *My cat is so funny!*

✳ In colloquial or very informal English, one often hears object pronouns after comparisons of equality and inequality.

   He is taller than me. (He is taller than I am.)

   In Spanish, only a subject pronoun may follow a comparison of equality or inequality.

   Él es más alto que yo.

PRÁCTICA

A.   Cambios—Todo es relativo, ¿verdad?

1. ¿Soy tan inteligente como Einstein? ¿Soy tan famoso(-a) como Willie Nelson? ¿tan extrovertido(-a) como Steve Martin? ¿tan alto(-a) como Larry Bird? ¿tan creador(a) como Leonardo Da Vinci?

2. ¿Es usted tan fuerte como Sylvester Stallone? ¿Es Ud. tan rico(-a) como Paul McCartney? ¿tan obstinado(-a) como una mula? ¿tan leal como un perro? ¿tan vivo(-a) como Garfield?

3. ¿Tienes tantos hermanos como hermanas? ¿Tienes tanto dinero como la familia Rockefeller? ¿tanto interés en las lenguas como yo? ¿tanta inteligencia como Einstein?

4. ¿Hay tantos hombres como mujeres en el mundo? ¿tanta contaminación en Idaho como en Ohio? ¿tanta comida en Etiopía como en los Estados Unidos? ¿tanto desempleo en Dallas como en Detroit? ¿tantos habitantes en Utah como en la Florida?

B.   Charlas—¿Recuerdas la escuela primaria?

1. ¿Quién fue tu maestro o maestra en el primer grado? ¿Cómo era él/ella? ¿Aprendiste a leer con él/ella? ¿Era él/ella joven o viejo(-a)? En tu opinión, ¿tenía más de sesenta años? ¿Te gustaba asistir a clase? ¿Aprendiste mucho con él/ella?

2. ¿A cuántas cuadras (millas) estaba su casa de la escuela primaria? Más o menos, ¿cuántos alumnos asistían a su escuela primaria? ¿Caminaba usted a la escuela? ¿Le gustaba caminar o prefería ir en coche?

3. ¿Era tu vida en la escuela primaria menos complicada que ahora? ¿Tenías más amigos en esos días que ahora? En general, ¿había menos problemas en tu vida entonces? ¿Cuál es más complicado, ser niño o ser adulto?

4. ¿Qué edad tenías en el segundo grado? ¿Sabías hablar español en aquel tiempo? ¿En qué grado comenzaste a estudiar una lengua extranjera? ¿Cuántos años pasaste en la escuela primaria?

C. ¿Es uno más importante que el otro?

Using **más... que, menos... que** or **tan... como,** say whether the following are equally important or whether one is more or less important than the other.

> MODELO   la lluvial/el sol
> **La lluvia es tan importante como el sol.**

1. el amor/la comida
2. el español/el inglés
3. el dinero/los amigos

4. el agua/el aire
5. los hombres/las mujeres
6. los libros/la televisión

Es un privilegio para la familia de una ciudad o de un pueblo grande salir al campo en los fines de semana. El lugar escogido (*chosen*) para comer puede ser uno destinado para los picnics o simplemente cualquier lugar en medio (*in the middle*) de la naturaleza en cualquier terreno (*piece of land*). Lo más importante (*The most important thing*) es el uso de la imaginación, alguna comida buena y el deseo de pasar un rato juntos como familia. De niño, ¿iba Ud. al campo con su familia? ¿Adónde preferían ir? ¿Qué les gustaba hacer allí?

COMUNICACIÓN Y ACTIVIDADES

I. COMUNICACIÓN

A. **¿De qué hora a qué hora hiciste esto ayer?**

MODELO almorzar
Almorcé de las doce a la una menos cuarto.

1. dormir   **3.** descansar   **5.** mirar la televisión
2. estudiar   **4.** desayunar   **6.** charlar con tus amigos

B. **Charlas—Vamos a hablar de cumpleaños**

1. De niño(-a), ¿te gustaba tener fiestas de cumpleaños? ¿A cuántos amigos(-as) invitabas de costumbre? ¿Dónde tenían lugar las fiestas? ¿A qué edad tuviste la mejor fiesta? ¿Cuántos amigos asistieron a esa fiesta?

2. ¿En qué año naciste? ¿Cuánto tiempo hace que tuviste una fiesta de cumpleaños? ¿Cuántos amigos vinieron? ¿Cómo estuvo la fiesta? ¿Cuántos años vas a cumplir el año que viene? ¿Cuántos años cumpliste el año pasado? ¿Ya eres viejo(-a)?

C. **Personas famosas**
Paying close attention to the uses of the preterite and the imperfect, see how many questions you can answer about each famous person.

1. **Pablo Picasso (España, 1881–1973)**

¿En qué año nació Pablo Picasso? ¿Cuántos años tenía cuando murió? ¿Cuántos años vivió? ¿En qué país nació? ¿Era viejo cuando murió? ¿Era creador? ¿Era conservador cuando pintaba? ¿Sabía pintar? ¿Pintó más de diez pinturas? ¿Tienes una de sus pinturas? ¿Por qué no?

2. **Pancho Villa (México, 1877–1923)**

¿En qué año murió Pancho Villa? ¿Vivió tantos años como Pablo Picasso? ¿En qué siglos vivió? ¿Hablaba chino? ¿Quería él ayudar a los campesinos mexicanos? ¿Le gustaba el sistema de gobierno (*system of government*) de México? ¿Le gustaban los rancheros ricos de México? ¿Era tan rico como Pablo Picasso? ¿Era idealista? ¿Era tímido?

3. **Cristóbal Colón (Italia, 1446–1506)**

¿Dónde nació Cristóbal Colón? ¿De qué año a qué año vivió? ¿Qué lengua hablaba de niño? ¿Le gustaba viajar? ¿Era tímido o atrevido? ¿Era obstinado? ¿Adónde quería ir? ¿Quiénes le dieron el dinero y los barcos para ir a la India? ¿Llegó finalmente a la India? ¿Adónde llegó? ¿Cuántos barcos tenía? ¿Cuáles fueron los nombres de sus barcos? ¿Eran sus barcos tan grandes como los barcos de hoy? ¿Tenían motor? ¿Necesitaban gasolina? ¿Qué necesitaban?

4. Ponce de León (España, 1460–1521)

¿Qué estado de este país descubrió Ponce de León? ¿Llegó a la Florida en avión? ¿En qué llegó? ¿Cruzó el Pacífico para llegar a la Florida? ¿Qué buscaba en la Florida? (La fuente de la juventud) ¿La encontró? ¿Quería él vivir una vida muy larga? ¿Está vivo hoy? ¿Por qué no? ¿Está usted buscando la fuente de la juventud también? ¿Existe?

D. En tu vida, ¿hiciste esto una vez o lo hacías con frecuencia?

MODELO   hablar por teléfono
Yo hablaba por teléfono con frecuencia.

1. tomar un baño
2. nacer
3. ir al cine
4. aprender a nadar
5. cumplir doce años
6. sacar la basura
7. mirar la televisión
8. salir con tus amigos
9. ver a tus abuelos
10. terminar la escuela secundaria

La primera comunión significa una ocasión muy importante en la vida del niño católico (*Catholic*). Es también para la familia y los amigos una oportunidad de intercambio social donde el cariño expresado al niño en su día especial lo hace sentirse (*makes him feel*) muy feliz y especial. Y a los adultos les da la sensación de estar cumpliendo con los mandatos (*of fulfilling the mandates*) de Dios y con la obligación hacía el prójimo (*toward his fellow man*).

II. ACTIVIDADES

A.   Situaciones

Keeping the uses of the imperfect and the preterite in mind, describe the following situations to your fellow classmates.

1. Say at what time your alarm clock rang this morning. Then say how long you took to prepare breakfast and what you ate for breakfast.
2. Say with whom you spoke on the phone last week. Then indicate who called whom, how long you talked and about whom or what you talked.
3. Say where you and your family used to go on vacation. Indicate how you used to get there and why you liked (or disliked) it.
4. Say at whose house you used to spend Christmas (**la Navidad**) as a child. Say how many people were usually there and with whom you used to spend a lot of time.
5. Say what TV program was your favorite as a child. Then indicate when you used to watch it. Lastly, say how many hours you used to watch TV a week in those days.
6. Say at what age you learned to swim. Indicate where you used to go swimming. Then say how far the pool (beach) was from your house and how you used to get there.

B.   Mis vacaciones favoritas

In eight to ten sentences describe your favorite vacation as a child. Start out by saying when and where you went on this vacation. Then say what you did and describe some of the things and places that you saw.

DESCRIPCIÓN Y CONVERSACIÓN— ¡QUÉ FIESTA!

Study the following drawing. You may be asked to prepare questions, answer questions, and/or write a short composition about it.

¡Qué romántico es estar juntos, solos los dos! Sin interrupciones ni problemas. Hay tanto de que hablar (*there's so much to talk about*), tanto que planear. Es divertido hablar del futuro, de un futuro que parece sólo ofrecer lo bueno (*what's good*). Es en momentos como estos que hacemos algunas de las decisiones más importantes de la vida: por ejemplo, con quién casarse, dónde vivir, qué carrera seguir (*to pursue*), cuántos hijos tener y más, mucho más. Es un momento especial para esta pareja; ellos parecen tener mucho que compartir (*share*).

En el mundo hispano existe la costumbre de dar piropos, palabras o frases de admiración, casi siempre exageradas, que un hombre dice en voz alta (*aloud*) cuando ve a una mujer que le parece especialmente bonita. No importa que él no la conozca a ella; el hombre hispano le da piropos a cualquier (*any*) mujer atractiva. Puede ser que él también chifle (*whistles*). Es un juego inocente entre los hombres y las mujeres hispanos. Para el hombre lo importante es parecer embargado de (*filled with*) admiración; para ella, aunque le guste (*even if she likes*) mucho el piropo, lo importante es parecer distante y reservada. Hoy en día (*today*) muchas mujeres están en contra de (*against*) esta costumbre porque piensan que es una manifestación machista por parte de los hombres. ¿Qué piensa Ud.?

ACTIVIDADES Y EMOCIONES
DE TODOS LOS DÍAS

Everyday activities
and emotions

NOTAS CULTURALES

A. A **piropo** is a flirtatious compliment. Many Hispanic men have the custom of saying **piropos** to women as they walk by. The **piropos** are not considered offensive, but women are expected to ignore them. Hispanic men consider their **piropos** as artistic expressions, sometimes referring to them as **echar flores,** literally, *throwing flowers.*

B. In Hispanic cultures, engagements to marry may last several years while the young couples build financial security. Long engagements are also helpful to gain assurance in the selection of mates. Such selection is particularly important because divorce is not common in most Hispanic countries.

C. In many Hispanic countries, the government does not recognize the religious marriage ceremony of the Church. Similarly, the Church does not recognize the civil ceremony of the government. Consequently, engaged couples go through two ceremonies: a private civil marriage a few days before the more traditional religious ceremony in a church with many invited guests.

Vocabulario

Se enamoran.

Se enojan y se pelean.

Se perdonan.

Se casan.

| **Verbos** | **acostarse (ue)** | *to go to* | **afeitarse** | *to shave* |
| **aburrirse** | *to get bored* | *bed; to lie down* | **apurarse** | *to hurry* |

bañarse   to bathe

cansarse   to get tired, to tire

casarse (con)   to get married (to)

cepillarse[1]   to brush (hair, teeth)

despertarse (ie)   to wake up

divorciarse   to get divorced

dormirse (ue)   to fall asleep

ducharse   to shower, to take a shower

enamorarse (de)   to fall in love (with)

enojarse   to get angry

irse   to go away

levantarse   to get up

llamarse   to be named

peinarse   to comb one's hair

pelearse   to fight, to argue

perdonar   to forgive

ponerse   to put on (clothing); to get (mood; health)

preocuparse (por)   to worry (about)

quedarse   to remain, stay

quejarse (de)   to complain (about)

quitarse   to take off (clothing)

sentarse (ie)   to sit down

sentirse (ie)   to feel (moods; health)

soñar (ue) (con)   to dream (about)

tutear   to use the **tú** form when addressing someone

vestirse (i)   to dress oneself

Sustantivos

la **amistad**   friendship

el **amor**   love

la **boda**   wedding

el **cepillo de dientes**   toothbrush

la **cita**   date; appointment

la **crema de afeitar**   shaving cream

el **divorcio**   divorce

el **espejo**   mirror

la **iglesia**   church

la **invitación**   invitation

el **jabón**   soap

la **luna de miel**   honeymoon

el **matrimonio**   marriage

los **novios**   sweethearts; engaged couple; bride and groom

la **pareja**   couple

la **pasta (crema) dental**   toothpaste

la **pelea**   fight, argument

el **público**   public

el **querido**/la **querida**   lover/mistress

la **recepción**   reception

la **toalla**   towel

Adjetivos

celoso   jealous

fiel   faithful

infiel   unfaithful

sincero   sincere

Pronombres reflexivos

me   myself

nos   ourselves

se   yourself (s, form); himself; herself; itself; yourselves; themselves

te   yourself (s, fam)

Expresiones

dejar de + infinitive   to stop + -ing

en seguida   right away, at once

estar bien (mal) vestido   to be well (badly) dressed

estar comprometido   to be engaged

estar enamorado (de)   to be in love (with)

estar enojado   to be angry

llevarse bien (mal)   to get along well (badly)

por ciento   percent

tener celos   to be jealous

tener la culpa (de)   to be to blame (for); to be at fault

tener vergüenza (de)[2]   to be embarrassed (about); to be ashamed (of)

todo el mundo   everyone

... veces al día (a la semana, al mes)   ... times a day (week, month)

vestirse de + color   to dress in + color

---

[1]Both **cepillarse** and **lavarse** (to wash oneself) can be used when referring to brushing one's teeth.

[2]In Spanish the **u** (in a **ue** or **ui** combination) is pronounced when two dots (**ü**) appear over it.

Práctica de vocabulario

Asociaciones

Using new verbs, tell what activities you associate with the following words.

MODELO   Camay
                bañarse, lavarse, ducharse...

1. Crest   **4.** Zest   **7.** Beauty Rest   **10.** Niagara Falls
2. Nytol   **5.** Lazyboy   **8.** Keepsake   **11.** Reno, Nevada
3. Agree   **6.** Sudafed   **9.** Selsun Blue   **12.** Cannon y Martex

GRAMÁTICA Y PRÁCTICA

I. THE REFLEXIVE CONSTRUCTION

(La construcción reflexiva)

Up to this point, the subject and the object of a verb have been two different people or things. In other words, the subject has done something to someone or something else.

He hits the ball.
subject   direct object

I write (to) her.
subject   indirect object

If the subject *does something to or for itself*, then you have a *reflexive construction*. In a reflexive construction, the action of the verb is "reflected" back on the subject; *the subject and object are one and the same person.*

He talks to himself.
We are going to prepare ourselves well.

REFLEXIVE PRONOUNS

A reflexive construction always consists of a subject, a verb and a reflexive pronoun. In English, reflexive pronouns are the words that end in -*self* and -*selves* such as *myself, herself, themselves*, etc. Learn the following reflexive pronouns in Spanish. Except for **se,** the reflexive pronouns are identical in form to direct and indirect object pronouns.

Reflexive Pronouns

Singular:		Plural:	
me	*myself*	**nos**	*ourselves*
te	*yourself*	**os**	*yourselves*
se	*yourself* *himself* *herself* *itself*	**se**	*yourselves* *themselves*

Reflexive pronouns follow the same rules of placement as direct object and indirect object pronouns. Reflexive pronouns are placed before the conjugated verb in a "single-verb" construction (**Lección 12, I**).

¡Te expresaste bien hoy!	*You expressed yourself well today!.*

In "double-verb" constructions, reflexive pronouns may be placed before the conjugated verb or after (and attached to) the infinitive.

Ellos se van a divertir. **Ellos van a divertirse.**	*They are going to enjoy themselves.*

Reflexive pronouns are always placed after (and attached to) an infinitive when the infinitive is the object of a preposition, or when the inifinitive follows some form of **gustar** or an impersonal expression (**Es** + adjective).

Los llamé después de despertarme.	*I called them after waking up.*
Nos gusta levantarnos tarde.	*We like to get up late.*
Es importante dormirse temprano.	*It's important to fall asleep early.*

REFLEXIVE VERBS

Many verbs in Spanish can be made reflexive. A verb is called *reflexive* if its action is "reflected" back on its subject. All verbs used reflexively require a reflexive pronoun. In a dictionary or in a vocabulary list, the pronoun **se** is attached to the infinitive to indicate that it may be used reflexively (**lavarse, afeitarse, dormirse**). Once the verb is conjugated, the **se** will change to agree in person with the subject.

Corto el pan.	*I cut the bread. (not reflexive)*
Me corto.	*I cut myself. (reflexive)*

Following is a list of some common Spanish reflexive verbs. Note that some of them are not translated as English reflexive verbs; Spanish uses the reflexive construction much more often than English does. Learn the meaning and use of each verb.

acostarse (ue)	*to go to bed; to lie down*
afeitarse	*to shave (oneself)*
bañarse	*to bathe (oneself), to take a bath*
casarse	*to get married*
cepillarse	*to brush (one's teeth or hair)*
cortarse	*to cut oneself*
despertarse (ie)	*to wake up*
divertirse (ie)	*to enjoy oneself, to have fun, to have a good time*
dormirse (ue)	*to go to sleep, to fall asleep*
ducharse	*to shower (oneself), to take a shower*
enojarse	*to get angry*
irse	*to go away, to go off*
lavarse	*to wash (oneself)*
levantarse	*to get up*
llamarse	*to be named, to call oneself*
peinarse	*to comb one's hair*
pelearse	*to fight*
perderse (ie)	*to get lost*
ponerse	*to put on (clothing); to get (moods, health)*
preocuparse	*to worry*
quedarse	*to remain, to stay*
quejarse	*to complain*
quitarse	*to take off, to remove clothing from oneself*
secarse	*to dry oneself*
sentarse (ie)	*to sit down, to seat oneself*
sentirse (ie)	*to feel (moods, health)*
vestirse (i)	*to get dressed, to dress oneself*

Me llamo Juan.	*My name is Juan.*
Él se afeita antes de ducharse.	*He shaves before showering.*
Ellas se bañan temprano.	*They bathe (themselves) early.*
No vamos a preocuparnos.	*We're not going to worry.*
¿Te diviertes en las fiestas?	*Do you enjoy yourself at parties?*

✴ Many already familiar verbs may be used reflexively: **ver, entender, cerrar, mover, mirar, preparar, tocar...**

Ellos no pueden moverse ahora.	*They can't move right now.*
Me veo en el espejo.	*I see myself in the mirror.*

✳ Since the reflexive construction makes it obvious who the owner is, Spanish uses the *definite article* where English uses the possessive adjective with articles of clothing and parts of the body.

Me quito la ropa antes de acostarme.	*I take off my clothes before going to bed.*
Él debe cepillarse los dientes todos los días.	*He should brush his teeth every day.*

✳ Some common reflexive expressions require prepositions. If these verbs are followed by an object, the prepositions must precede those objects.

casarse con	*to marry (someone)*
enamorarse de	*to fall in love with (someone or something)*
preocuparse por	*to worry about (someone or something)*
quejarse de	*to complain about (someone or something)*
soñar con	*to dream about (someone or something)*

¿Vas a casarte con ella?	*Are you going to marry her?*
Ella siempre se queja de la clase.	*She always complains about the class.*

If no object is used after these verbs, Spanish omits the preposition.

Sé que van a preocuparse.	*I know they are going to worry.*
¡Él se enamora cada mes!	*He falls in love every month!*

PRÁCTICA

A. Cambios—La ropa y actividades relacionadas

1. ¿Qué debo ponerme cuando hace frío? ¿Qué debo ponerme cuando hace muchísimo sol? ¿y cuando llueve? ¿cuando nieva? ¿cuando nado en una piscina? ¿cuando voy a un restaurante muy elegante?

2. ¿Qué te quitaste primero ayer, los zapatos o los pantalones? ¿Qué te quitaste primero ayer, los calcetines o los zapatos? ¿la camiseta o la camisa? ¿la camisa (blusa) o el abrigo? ¿los guantes o un anillo?

B. Charlas—Actividades de todos los días

1. ¿Usaste un espejo cuando te peinaste? ¿Es fácil peinarse sin espejo? ¿Tienes espejo contigo ahora? ¿Dónde está?

2. ¿Te apuraste cuando te vestiste hoy? ¿Es buena idea vestirse antes de levantarse? ¿Te vistes en el baño o en tu cuarto? ¿Estás bien vestido(-a) ahora?

3. ¿Usas jabón cuando te duchas? ¿Tienes una marca favorita? ¿Te importa si hay agua cuando te duchas? ¿Cómo debe estar el agua, caliente o fría?

4. ¿A qué hora se duchó Ud. ayer? ¿Se lavó Ud. el pelo también? ¿Qué usó para secarse? ¿Cuántos minutos toma usted para ducharse?

C.   ¡La verdad, por favor! ¿Hacen ustedes esto?

MODELO   enamorarse dos veces al día
No, no nos enamoramos dos veces al día.

1. casarse tres veces al año
2. bañarse cuatro veces al día
3. preocuparse de vez en cuando
4. divorciarse antes de casarse
5. quitarse la ropa antes de ducharse
6. ponerse los guantes en los pies
7. despertarse antes de levantarse
8. divertirse durante las vacaciones

D.   Charlas—¿Duermes suficientes horas?

1. ¿A qué hora te acuestas durante la semana? ¿Te acuestas más tarde los fines de semana? ¿Qué haces antes de acostarte? ¿Te duermes en seguida? ¿Es fácil o difícil dormirse cuando uno se preocupa por algo? ¿Cuántas horas duermes usualmente?

2. ¿Qué hora era cuando usted se acostó anoche? ¿Se durmió en seguida? ¿A qué hora se durmió? ¿Soñó con alguien? ¿Cómo fue el sueño, interesante o aburrido?

3. ¿Te despertaste temprano esta mañana? ¿A qué hora sonó el despertador? ¿Te gusta levantarte temprano o prefieres dormir tarde? ¿Estás levantándote tarde o temprano estos días?

4. ¿Me duermo yo mientras enseño? ¿Se duermen ustedes mientras yo enseño? ¿Es buena idea dormirse cuando estoy enseñando? ¿Qué deben ustedes hacer cuando estoy enseñando?

II. THE RECIPROCAL CONSTRUCTION
(La construcción recíproca)

As you have already learned, reflexive pronouns are used whenever the subject does the action to himself or herself. The *plural reflexive pronouns* **nos** and **se** may also be used to express a mutual or reciprocal action equivalent to the English *each other* or *one another.*

María y Juan se conocen.
Usted y yo nos hablamos a menudo.
¿Se escriben frecuentemente?

Maria and Juan know each other.
You and I talk to one another often.
Do you write one another often?

PRÁCTICA

A.   Cambios—Actividades recíprocas

1. Todos nosotros, ¿nos escribimos cartas? ¿nos hablamos en inglés después de la clase? ¿nos hacemos regalos? ¿nos gritamos? ¿nos llevamos bien?

2. ¿Se ayudan tú y tus amigos con los problems? ¿Se tutean? ¿Se dan consejos? ¿Se entienden? ¿Se escriben cartas a menudo? ¿Se hablan por teléfono? ¿Se ven aquí los domingos?

B.   ¿Quiénes hacen esto?
Using the reciprocal construction, say which of the people you know do the following things.

MODELO   hablarse en inglés
Mi madre y yo nos hablamos en inglés.

1. hablarse en español
2. ayudarse con el español
3. escribirse frecuentemente

4. verse los fines de semana
5. llamarse por teléfono
6. besarse y abrazarse

C.   Charlas—En nuestra clase

1. ¿En qué lengua nos hablamos aquí? ¿Los preocupo a ustedes con mis preguntas? ¿Saben ustedes contestarlas correctamente? ¿Las repito yo si ustedes no contestan en seguida?

2. ¿Se preocupan por mis exámenes? ¿Se acostaron ustedes tarde o temprano antes del último examen? ¿Se prepararon bien para el examen? ¿Se hablaron durante el examen?

3. ¿Dónde te gusta sentarte en la clase, cerca de la ventana o cerca de la puerta? ¿Prefieres irte en seguida cuando la clase termina? ¿Te quedas a veces para hablar con tus compañeros de clase?

III. COMPARISON OF VERBS USED REFLEXIVELY AND NON-REFLEXIVELY

(Comparación de los verbos usados con el reflexivo y sin el reflexivo)

In English, most verbs that are used reflexively can also be used non-reflexively. Without the reflexive pronoun, the action of the verb is no longer reflected back on the subject. Instead, the action is directed forward to a direct or indirect object noun or pronoun. Compare the following sentences (r. = reflexive, d.o. = direct object and i.o. = indirect object).

I bathe myself early. (r.)
I bathe my son early. (d.o.)
I bathe him early. (d.o.)

He wrote himself a note. (r.)
He wrote his uncles a note. (i.o.)
He wrote them a note. (i.o.)

In Spanish, verbs can also be used reflexively and non-reflexively. Compare the following sentences, paying special attention to the use or non-use of the reflexive pronoun.

Me baño temprano. *(r.)*
Baño a mi hijo temprano. *(d.o.)*
Lo baño temprano. *(d.o.)*

Él se escribió una nota. *(r.)*
Él escribió una nota a sus tíos. *(i.o.)*
Él les escribió una nota. *(i.o.)*

Following is a list of some common verbs that are often used both reflexively and non-reflexively in Spanish. Notice that the non-reflexive translation of some of these verbs is significantly different from their reflexive translation. The d.o. and i.o. after each verb indicate the type of object that will most likely be used with these verbs when they are used non-reflexively in Spanish.

acostar (ue)	*to put (someone) to bed (d.o.)*
afeitar	*to shave (someone or something) (d.o.)*
bañar	*to bathe (someone or something) (d.o.)*
casar	*to marry someone (as a minister or priest does) (d.o.)*
cepillar	*to brush (what: d.o., for whom: i.o.)*
cortar	*to cut (someone or something) (d.o.)*
despertar (ie)	*to wake up (someone or something) (d.o.)*
dormir (ue)	*to sleep*
enojar	*to anger (someone) (d.o.)*
ir	*to go*
lavar	*to wash (someone or something) (d.o.)*
levantar	*to lift, to raise (someone or something) (d.o.)*
llamar	*to call (someone) (d.o.)*
peinar	*to comb (someone's hair) (d.o.)*
poner	*to put, to put on (what: d.o., on whom: i.o.)*
preocupar	*to worry (someone or something) (d.o.)*
quitar	*to remove, to take off (what: d.o., of whom: i.o.)*
secar	*to dry (what: d.o., for whom: i.o.)*
sentar (ie)	*to seat (someone or something) (d.o.)*
sentir (ie)	*to be sorry, to regret*
vestir (i)	*to dress (someone) (d.o.)*

Duermo muy mal.	*I sleep very poorly.*
Los desperté temprano.	*I woke them up early.*
Ella está acostándolos.	*She is putting them to bed.*
¿Llamaste a Juliana ayer?	*Did you call Juliana yesterday?*

PRÁCTICA

A.   ¿Para qué usas esto?

Change each of the following words into a direct object pronoun and use it together with a reflexive construction according to the model.

MODELO   un peine
Lo uso para peinarme.

1. una toalla
2. jabón y agua
3. una servilleta
4. una silla
5. un cepillo
6. una bañera
7. la crema de afeitar
8. el despertador
9. la pasta dental

B.   ¿Cómo debe ser tu novio(-a)?

Starting with **Sí, debe...** or **No, no debe...** indicate whether your boyfriend or girlfriend should or should not do or be as follows.

MODELO   ¿ser romántico(-a)?
Sí, debe ser romántico(-a).

1. ¿preocuparte mucho?
2. ¿vestirse mal?
3. ¿serte fiel?
4. ¿traerte flores?
5. ¿quererte mucho?
6. ¿enamorarse de tu mejor amigo(-a)?
7. ¿gritar cuando ustedes se pelean?
8. ¿llamarte frecuentemente?
9. ¿escribirte cartas románticas?
10. ¿quejarse de tu ropa?
11. ¿llevarse bien con tus amigos?
12. ¿odiar a tus parientes?

C.   Charlas—Sentimientos y emociones

1. ¿Se llevan bien usted y sus padres? ¿Con qué frecuencia los ve usted a sus padres? ¿Se hablan ustedes de cosas importantes? ¿Les habla usted a ellos cuando hay problemas?

2. ¿Es la amistad importante para ti? ¿Deben ser sinceros los amigos? ¿Deben darse consejos? ¿Deben tus amigos darte malos consejos? ¿Deben saber escuchar? ¿Deben enojarte?

3. ¿Gritas cuanto te peleas con tu mejor amigo? ¿Son buenas las peleas para la amistad? Para ti, ¿es difícil decir *lo siento*? ¿Te sientes mejor después de decirlo?

4. ¿Te enojas a veces con tus amigos? ¿Cuál de tus amigos te enoja más? ¿Se enoja él/ella contigo también? ¿Quién tiene usualmente la culpa? ¿Tienes vergüenza cuando tú tienes la culpa? ¿Te gusta estar enojado(-a) con él/ella?

D.   ¿Qué vas a hacer en estas situaciones?

Using a reflexive construction, say what you're going to do in the following situations.

> MODELO   Hace calor.
>
> **Voy a ponerme shorts.**

1. Hace mucho frío.
2. Tienes mucho sueño.
3. Oyes el despertador.
4. Estás buscando un sillón.

5. Trabajaste y estás muy sucio(-a).
6. Te llevas muy mal con tu esposo(-a).
7. Sales de la ducha.
8. Hay una fiesta pero no quieres ir.

Parecen buenas amigas, ¿no? ¿De qué están hablando? ¿De una decisión importante? ¿De sus novios? ¿O quizás (*maybe*) de una cita interesante esta noche? ¡No importa (*It doesn't matter*)! Sólo importa que ellas tienen alguien con quien hablar y compartir. Una amiga sabe escuchar pero también está dispuesta a (*she's ready to*) ayudar y a dar consejos. Con seguridad (*Surely*) estas dos amigas se llevan muy bien, pero eso no quiere decir que nunca se pelean. Eso ocurre de vez en cuando, aún (*even*) entre los mejores amigos, ¿verdad? Por otra parte, si hay una verdadera (*real*) amistad, entonces ellas se perdonan y siguen siendo las amigas de siempre.

COMUNICACIÓN Y ACTIVIDADES

I. COMUNICACIÓN

A.   ¿Cuándo hace Ud. esto, siempre, a veces o nunca?
Starting your answers with **siempre, a veces** or **nunca,** say how often you do the following.

> MODELO   quitarse los zapatos en la sala
> **A veces me quito los zapatos en la sala.**

1. enojarse con sus padres
2. quitarse la ropa en público
3. afeitarse la cabeza
4. dormirse en una cita
5. aburrirse en una cita
6. quejarse cuando hace mal tiempo
7. acostarse a las tres de la mañana
8. preocuparse cuando tiene un examen

B.   Charlas—Los problemas entre los novios

1. ¿Te sientes triste después de pelearte con tu novio(-a)? ¿Quién tuvo la culpa la última vez que ustedes se pelearon? ¿Era seria la pelea? ¿Quién dijo *lo siento* primero?
2. ¿Es Ud. una persona celosa? ¿Va Ud. a tener celos si su esposo(-a) decide tener un(a) querido(-a)? ¿Va a enojarse también? ¿Piensa dejarlo(-la) si él/ella es infiel?
3. ¿Te enamoras frecuentemente? ¿Estás enamorado(-a) en este momento? ¿Le eres fiel a tu novio(-a)? ¿Piensas perdonarlo(-la) si él/ella no te es fiel?
4. ¿Se siente usted feliz cuando está enamorado(-a)? ¿Es siempre fácil estar enamorado(-a)? ¿Debe un novio (una novia) ser fiel? ¿Debe ser celoso(-a)? ¿Debe tener un(a) querido(-a)?

C.   ¿Debe tu esposo o tu esposa ser así?

Using **Sí, debe...** or **No, no debe...,** say whether or not your husband or wife should do or be as follows.

> MODELO   hablar contigo
> **Sí, debe hablar conmigo.**

1.   Tu esposo...
   a. tratarte bien
   b. quejarse de tu comida
   c. quererte mucho
   d. llevarse bien con tus padres
   e. enojarse contigo todo el tiempo
   f. ayudarte con los quehaceres

2.   Tu esposa...
   a. ser feminista
   b. pelearse con tu madre
   c. divorciarte después de una pelea
   d. casarse contigo por tu dinero
   e. dormirse cuando tú le hablas
   f. quedarse en casa cuando tú sales

D. Charlas—El matrimonio

1. ¿Piensas casarte algún día? ¿Quieres casarte más de una vez? ¿Terminan muchos matrimonios en divorcio? ¿Para quiénes es peor el divorcio, para los padres o para los hijos?

2. ¿Piensas casarte pronto? ¿Cuándo va a ser la boda? ¿Cuánto tiempo hace que conoces a tu novio(-a)? ¿En qué año lo (la) conociste? ¿Lo (la) quieres mucho?

3. ¿Te casaste la semana pasada? ¿Piensas casarte algún día? ¿Estás comprometido? ¿Piensas casarte sin estar enamorado(-a)? ¿Cómo se llama la persona que nos casa en la iglesia?

E. Ejercicio de memoria—Preguntar, contestar y recordar

Favor de preguntar a... (otro estudiante)

1. cómo él/ella se siente cuando está muy enfermo(-a)
2. si yo me enojo con él/ella si se duerme en mi clase
3. si le gusta levantarse a las cinco de la mañana
4. si me importa si ustedes se hablan durante la clase

Como en este país, el ambiente material y social de la boda hispana varía de acuerdo con (varies according to) el grupo social. La ceremonia tiene lugar en una iglesia, a menudo construida en tiempos coloniales por los españoles. La ceremonia se lleva a cabo por (is carried out by) uno o más sacerdotes (priests) y la música por uno o dos solistas. El número de acompañantes (attendants) e invitados y la cantidad de flores varía según los deseos y la abilidad de pagar de la pareja o de sus familias. Siempre hay un esfuerzo por dar un apariencia elegante. Lo importante de (What's important about) esta ocasión es el sentimiento de amor que existe entre todos los novios, ricos o pobres. El amor es universal, ¿no?

II. ACTIVIDADES

A.   ¿Cómo es el esposo (la esposa) ideal?

Outside of class prepare eight to ten sentences saying what your ideal husband or wife should or should not be like. In class, tell your classmates about him or her.

B.   Situaciones

Describe the following situations to your classmates.

1. Say at what time your alarm clock usually wakes you up. Then say how long you remain in bed before getting up.
2. Say that you always worry before taking an exam because you know that your parents get angry when you get bad grades.
3. Say what your name is. Then say what your boyfriend's (girlfriend's) name is and how long (**Hace... que**) you have been sweethearts.
4. Say that you don't like to fight with your friends. Then say how many times a month you fight and who is usually to blame.
5. Say that you don't feel well right now. Then say that you have a stomachache and that you hope to feel better tomorrow.
6. Say that a rich boy (girl) fell in love with you last month. Then say that you are going to marry him (her) because you are tired of being poor.

DESCRIPCIÓN Y CONVERSACIÓN— ¡QUÉ NOCHE!

Study the following drawing. You may be asked to prepare questions, answer questions, and/or write a short composition about it.

La España del pasado

Desde sus oscuros orígenes la historia y cultura de España presentan una gran diversidad de influencias culturales, un caleidoscopio de civilizaciones que llegaron a la península durante diferentes etapas de evolución cultural y que dejaron sus huellas° en la cultura española.

marks

5 En tiempos prehistóricos varias civilizaciones primitivas ya habitaban la península. Estos primeros pobladores° de origen europeo desarrollaron° su cultura en el norte hace más de veinte mil años. Eran cazadores° primitivos cuya° presencia y talento artístico se revela en sus dibujos° de animales en las paredes de las famosas cuevas° de Altamira.

settlers / developed
hunters
whose / drawings
caves

10 Los iberos y los celtas° fueron los primeros habitantes históricamente conocidos.° Los iberos, de origen mediterráneo, fueron los primeros en poblar° la península, pero no se sabe la época exacta de su llegada.° Más tarde vinieron los celtas, invasores nórdicos que después de haber cruzado° los Pirineos conquistaron° a los iberos. Estas dos civilizaciones se mezcla-
15 ron° y la fusión de las dos culturas dio lugar° a la civilización celtibera.

iberos... Iberians and Celts known
to populate / arrival
después... after having crossed conquered
se... mixed / dio... brought forth

Los próximos en llegar, en el siglo XI a.C.° fueron los fenicios.° Grandes comerciantes y navegantes°, establecieron centros comerciales en las costas del Mediterráneo. Alrededor del siglo VII a.C. aparecieron los griegos° en el este de la península, también en las costas del Mediterráneo. Éstos no sólo
20 fomentaron° un comercio muy activo y un gran desarrollo agrícola, sino que° trajeron las artes y el teatro y establecieron escuelas para poetas y filósofos. Sin embargo, se dedicaron más al aspecto comercial e industrial que a la expansión territorial. Hacia° el siglo III a.C. se siente también la presencia de los cartagineses°, que terminaron por conquistar el resto de
25 la península.

*B.C. (**antes de Cristo**) / Phoenicians*
comerciantes... traders and navigators
aparecieron... the Greeks appeared encouraged
sino... but also About Carthaginians

En el año 218 a.C. los romanos decidieron emprender una conquista° territorial que duró casi 200 años, hasta lograr conquistar toda el área. Fue durante el reinado° de Julio César que la expansión se hizo pacífica, lle- gando España a ser° la colonia más importante del Imperio Romano. La
30 conquista romana trajo con ella por medio° de sus leyes, su lengua (el latín) y su religión, una unificación peninsular hasta entonces desconocida. Los romanos dejaron también, como testimonio de su civilización impresio- nantes obras de ingeniería° tales como° el famoso acueducto de Segovia, y muchos caminos y puentes.°

emprender... un- dertake a con- quest
reign
llegando... with Spain becoming through

*engineering / **tales...** such as bridges*

35 Los visigodos°, aliados° germánicos de los romanos, llegaron a la pen- ínsula en 414 d.C.° con el propósito° de defender el oeste de la península contra tribus hostiles a Roma. Fue por influencia visigoda que se estableció una ley común° para toda la gente. También surgió° en esta época la unión de estado y religión, rasgo° tan característico del gobierno español.

Visigoths / allies
*A.D. (**después de Cristo**) / purpose*
ley... common law / emerged trait

40 A diferencia de la lenta conquista romana, la invasión musulmana° (o árabe), comenzada° en el año 711 d.C., se llevó a cabo° en sólo ocho años. Los musulmanes se mostraron muy tolerantes de otras religiones, sólo exigiendo° respeto a su autoridad y a su fé.° Así y todo°, esta cultura se caracterizó por su intriga constante y por su sed de independencia.

Moorish
*begun / se... was carried out requiring / **autori- dad...** authority and faith / **Así...** Even so*

Un partido de fútbol delante del antiguo acueducto de Segovia

45   Desgraciadamente, la desunión política y las subsecuentes invasiones, alrededor del año 1086, de tribus árabes más fanáticas iniciaron° la destrucción de este reinado. Irónicamente, esto ayudó a la creación de una conciencia española y dio comienzo al movimiento de reconquista de la península. De este deseo de unificar a todo el pueblo español° nacieron los

50 héroes nacionales como el Cid y también el espíritu aventurero que trajo los españoles a las costas de América en 1492.

initiated

pueblo... *Spanish people*

Comprensión

1. ¿Quiénes fueron los iberos y los celtas? ¿Quiénes llegaron primero? ¿Qué se sabe de los iberos? ¿Qué no se sabe de ellos? ¿De dónde llegaron los celtas? ¿Qué hicieron después de llegar a la península?

2. ¿En qué siglo llegaron los fenicios? ¿y los griegos? ¿En qué parte de la península se establecieron?

3. ¿Qué importancia tuvo el año 218 a.C. para España? ¿Por qué vinieron los romanos? ¿Qué trajo la conquista romana a la península?

4. ¿Quiénes eran los visigodos? ¿Por qué llegaron a España? ¿Qué influencia tuvieron ellos en la cultura española?

5. ¿Quiénes fueron los últimos en conquistar España? ¿Qué importancia tuvo el año 1086?

Conversación y composición

1. In four to six sentences discuss and/or write about:
    a. the early prehistoric settlers of the Iberian peninsula.
    b. the influence of the Phoenicians and the Greeks on Spanish culture (similarities, differences . . .).

2. Write a four to six sentence summary and comparison of the influences of the Romans and the Moors on Spanish culture.

Una muestra (*sign*) del progreso de un país es el acceso a un hospital y el cuidado (*care*) que los médicos y las enfermeras ofrecen a sus habitantes. En las ciudades más grandes de Hispanoamérica existe el seguro social (*socialized medicine*) que permite al pobre ser atendido en el hospital en vez de (*instead of*) morir por falta de intervención quirúrgica (*surgical*).

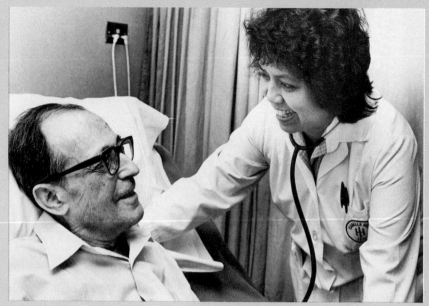

La buena salud es tan importante en nuestra vida diaria (*daily*). Todo el mundo quiere estar en buena forma y, como (*as*) consecuencia, vivir una vida más larga. Para hacer eso hay que comer comida nutritiva. Como adultos, debemos comer diariamente las siguientes porciones de estos grupos básicos alimenticios (*basic food groups*): dos de leche, dos de carne o frijoles, cuatro de frutas o legumbres y cuatro de pan o cereales. ¿Sigue Ud. estas recomendaciones? Si su respuesta es «no», entonces (*then*), ¿por qué no comenzar hoy?

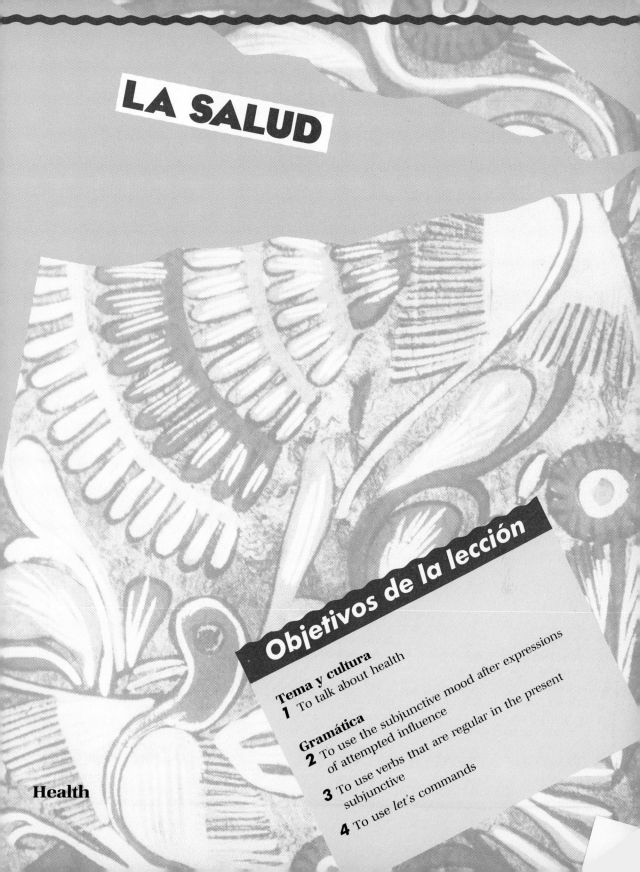

LA SALUD

Health

Objetivos de la lección

Tema y cultura
1 To talk about health

Gramática
2 To use the subjunctive mood after expressions of attempted influence

3 To use verbs that are regular in the present subjunctive

4 To use *let's* commands

NOTAS CULTURALES

A. The shortage of doctors in Spanish America has led to the use of **practi-cantes,** persons with three years of medical training who are licensed for routine treatment of the sick. There is also heavy reliance on **parteras** (*mid-wives*) for the delivery of babies.

B. In many Hispanic cities, one or more **farmacias** are required by law to remain open all night for emergencies. The drugstores take turns staying open. This is referred to as **estar de turno** (*to take one's turn*) or **estar de guardia** (*to have guard duty*).

C. When Hispanics take a person's temperature, they report the results in Centigrade degrees. The formula for converting a Fahrenheit temperature to Centigrade is $F = 9/5C + 32$.

Vocabulario

¿QUÉ TIENE UD?

¿Tose?

¿Tiene dolor de garganta?

¿Tiene fiebre?

¿Tiene náuseas?

Verbos

aconsejar   *to advise*
caerse   *to fall down*
cuidar   *to take care*
doler (ue)   *to ache, to be painful to*
emborracharse   *to get drunk*
enfermarse   *to get sick*
examinar   *to examine*
fumar   *to smoke*
insistir (en)   *to insist (on)*

mandar   *to order, command; to send*
mejorarse   *to improve, to get better*
operar   *to operate*
pesar   *to weigh*
prohibir   *to forbid*
recomendar (ie)   *to recommend*
resfriarse   *to catch a cold*
rogar (ue)   *to beg, plead*

romper   *to break*
sugerir (ie)   *to suggest*
toser   *to cough*

Sustantivos

el **accidente**   *accident*
la **ambulancia**   *ambulance*
la **aspirina**   *aspirin*
el **ataque del corazón**   *heart attack*
el **cigarrillo**   *cigarette*

el **consultorio**   *consulting room (of a doctor, dentist, attorney)*
el **dentista**/la **dentista** *dentist*
la **enfermedad**   *illness, sickness*
la **farmacia**   *pharmacy, drugstore*
la **fiebre**   *fever*
la **garganta**   *throat*
el **hospital**   *hospital*
la **infección**   *infection*
la **medicina**   *medicine*
el **paciente**/la **paciente** *patient*
el **paquete**   *package*

la **pastilla**   *pill*
la **receta**   *prescription*
el **resfriado**   *cold*
la **sala de emergencia** *emergency room*
la **salud**   *health*
el **síntoma**   *symptom*
la **tos**   *cough*
la **visita**   *visit*
la **vitamina**   *vitamin*

Adjetivos
ambos   *both*
borracho   *drunk*
mareado   *dizzy*
nutritivo   *nutritious*

Expresiones
estar embarazada   *to be pregnant*
guardar cama   *to stay in bed*
poner una inyección   *to give a shot*
ser alérgico a   *to be allergic to*
tener fiebre   *to have a fever*
tener náuseas   *to be nauseated*
tratar de + *infinitive to try to* + *infinitive*

Práctica de vocabulario

Asociaciones
What new vocabulary words or phrases do you associate with each of the following items?

1. una inyección
2. la cerveza y el vino
3. el hospital
4. la medicina
5. cigarrillos
6. el consultorio
7. la enfermera
8. la garganta

GRAMÁTICA Y PRÁCTICA

I. THE SUBJUNCTIVE MOOD: INTRODUCTION

(El modo subjuntivo: Introducción)

Both English and Spanish use the *subjunctive.* The subjunctive is not a tense such as past, present or future. The subjunctive is a *mood.* A tense tells you *when* an action or situation takes place. A mood tells you about *the speaker's attitude or feelings toward the action or situation.* All conjugated verbs in English and Spanish show both tense and mood. So far, the indicative mood is the only mood you have used in Spanish. This chapter compares some of the uses of the indicative mood and the subjunctive mood.

THE INDICATIVE
The *indicative* is used to state or report *facts and information;* in other words, that which is real. It is the *mood of reporting about reality.* The indicative is the most widely used mood in both English and Spanish.

John is always on time.
He eats a lot.
She speaks English.

THE SUBJUNCTIVE
The *subjunctive* expresses how we react to reality; that is, what exists only in the mind of the speaker. It is the *mood that expresses influence or attitudes,* rather than reporting reality. The subjunctive mood is regularly used after an expression of *attempted influence;* that is, *when one person attempts to influence the actions or behavior of someone else.* Attempted influence is usually expressed through verbs of *willing, preferring, suggesting, ordering, insisting,* etc. The subjunctive will normally appear in the second part of a sentence if the first part expresses attempted influence. In each of the following examples notice the attempted influence in the first part of the sentence and the use of the subjunctive in the second part.

We insist that John be on time.
They prefer that he eat now.
I suggest that she speak English.

II. THE PRESENT SUBJUNCTIVE: FORMATION AND USE AFTER EXPRESSIONS OF ATTEMPTED INFLUENCE
(El presente del subjuntivo:
Formación y uso después
de expresiones de influencia)

FORMATION: VERBS THAT ARE REGULAR IN THE PRESENT SUBJUNCTIVE
You already know how to form the present indicative (**-a** endings for **-ar** verbs and **-e** endings for **-er** and **-ir** verbs). To form the present subjunctive of most Spanish verbs, take the **yo** form of the present indicative, drop the **-o** and add the "opposite vowel" endings (**-e** endings for **-ar** verbs and **-a** endings for **-er** and **-ir** verbs). Use this formula:

$$\left.\begin{array}{l}\textbf{yo }\text{form of}\\\text{present}\\\text{indicative}\end{array}\right] - \textbf{o} + \text{``opposite vowel''}\atop\text{endings} = \left[\begin{array}{l}\text{present}\\\text{tense}\\\text{subjunctive}\end{array}\right.$$

HABLAR		COMER		VIVIR	
hable	hablemos	coma	comamos	viva	vivamos
hables	habléis	comas	comáis	vivas	viváis
hable	hablen	coma	coman	viva	vivan

✳ Verbs with irregular **yo** forms follow the same formula as regular verbs (**yo** form − **o** + "opposite vowel" endings). This **yo** form irregularity will continue through all persons in the present subjunctive.

Prefiero que ella venga hoy.   *I prefer that she come today.*
Él insiste en que yo los conozca.   *He insists that I meet them.*

✳ Notice that the first and third person singular forms of the present subjunctive are identical. Context or the use of a subject pronoun will help to clarify these forms.

Paco prefiere que $\left[\begin{array}{l}\textbf{yo}\\\textbf{usted}\\\textbf{él}\\\textbf{ella}\end{array}\right.$ **coma.**   *Paco prefers that* $\left[\begin{array}{l}I\\you\\he\\she\end{array}\right.$ *eat.*

✳ In order to show that the sound of the final consonant of the stem is maintained, verbs that end in **-car, -gar, -ger** and **-gir** have the following already familiar spelling changes in the present subjunctive (**Lección 14, I**). Verbs ending in **-zar** also have a change of **z** to **c.**

to**car**	**c** → **qu**	to**que**	prote**ger** **g** → **j**	prote**ja**	
pa**gar**	**g** → **gu**	pa**gue**	comen**zar** **z** → **c**	comien**ce**	

Sugiero que toques el piano.   *I suggest that you play the piano.*
Él prefiere que almuercen ahora mismo.   *He prefers that they eat lunch right now.*

USE OF THE PRESENT SUBJUNCTIVE AFTER EXPRESSIONS OF ATTEMPTED INFLUENCE

As stated earlier, both English and Spanish use the subjunctive mood. In this chapter you will learn to use the subjunctive after expressions of attempted influence such as willing, preferring, suggesting, insisting, ordering, etc.

Preferimos que él descanse.   *We prefer that he rest.*

The above sentence consists of two parts called *clauses* connected by **que** (*that*): an independent (main) clause and a dependent (subordinate) clause. An *independent clause* can stand alone as a complete thought. A *dependent clause* "depends" on the independent clause and cannot stand alone as a complete thought. In the example above, *We prefer* is the independent clause and *that he rest* is the dependent clause. The subjunctive will appear in the verb of the dependent clause. The reason for using the subjunctive (expression of attempted influence) will appear in the independent clause. Following is a list of some common verbs of attempted influence:

aconsejar *to advise*	**preferir (ie)** *to prefer*
decir *to tell*	**prohibir** *to prohibit, to forbid*
desear *to desire, to want*	**querer (ie)** *to want*
insistir (en) *to insist (on)*	**recomendar (ie)** *to recommend*
mandar *to order*	**rogar (ue)** *to beg*
pedir (i) *to ask for, to request*	**sugerir (ie)** *to suggest*
permitir *to permit*	

✳ **Que** *(that)* is the most widely used connective word in Spanish. The connective word *that* is often left out in English, but never in Spanish.

> **Recomiendan que yo no fume.**   *They recommend that I not smoke.*
> **Sugiero que te cuides mejor.**   *I suggest (that) you take better care of yourself.*

✳ Not all two clause sentences in Spanish use the subjunctive in the dependent clause. If the verb in the first (independent) clause just reports facts or information contained in the second clause then the verb in the second (dependent) clause will be in the indicative. Compare the following sentences.

> **Yo sé que él vive cerca.**   *I know (that) he lives nearby. (factual statement)*
>
> **Prefiero que él viva cerca.**   *I prefer that he live nearby. (attempted influence)*

✳ A *communication verb* is a verb that indicates that you are talking to someone else (*to advise, to tell, to suggest, to ask* . . .) In Spanish, an indirect object pronoun is often used with a communication verb, and the person to whom it refers is also the subject of the following subjunctive clause.

Él nos aconseja que descansemos más.	*He advises us to rest more.*
Su madre siempre le dice que coma más.	*His mother always tells him to eat more.*

MISCELÁNEA

Ways of Expressing Attempted Influence in English and in Spanish
English has three ways of completing a sentence after an expression of attempted influence:

1. English *dependent clause* construction (exactly like Spanish construction)

    We suggest (that) he return soon.

2. English *dependent infinitive* construction

    He wants us to read the book.

3. English *dependent -ing* construction

    I insist on your paying the bill.

In contrast, after an expression of attempted influence, Spanish regularly completes the sentence in one way: **que** plus a verb in the *subjunctive mood*.

Sugerimos que él regrese pronto.	*We suggest that he return soon.*
Él quiere que leamos el libro.	*He wants us to read the book.*
Insisto en que pagues la cuenta.	*I insist on your paying the bill.*

Just remember that Spanish will use the subjunctive in the second clause of a two clause sentence (**... que...**) if there is *a change of subject after an expression of attempted influence.*

verb of attempted influence + **que** + *change of subject* + subjunctive

Do not confuse the two following English infinitive constructions.

Yo quiero descansar.	*I want to rest. (one subject)*
Yo quiero que tú descanses.	*I want you to rest. (change of subject)*

PRÁCTICA

A.   Cambios—Deseos, sugerencias y preferencias

1. ¿Qué prefieres hacer, trabajar o descansar? ¿Qué prefieres hacer, ir a clases o ir de vacaciones? ¿ir al médico o ir al dentista? ¿enfermarte o enamorarte? ¿tener dolor de estómago o dolor de cabeza? ¿comer o estar a dieta? ¿tener náuseas o tener fiebre?

2. ¿Sabes tú que aquel estudiante se llama...? ¿Sabes que hoy es... (*día de la semana*)? ¿que... (*otro estudiante*) no vino a clase el otro día? ¿que tenemos exámenes finales pronto?

3. ¿Permito yo que ustedes fumen en la clase? ¿Permito que coman su almuerzo durante la clase? ¿que pronuncien bien? ¿que charlen mientras yo enseño? ¿que se quiten la ropa en la clase?

4. ¿Quieren ustedes que yo prepare exámenes fáciles? ¿Quieren Uds. que yo hable despacio? ¿que yo explique la gramática en francés? ¿que termine la clase temprano? ¿que yo enseñe esta clase los domingos? ¿que un profesor de ruso prepare el examen final? ¿que yo les traiga un examen todos los días?

5. ¿Les sugiero a... (*otros dos estudiantes*) que vengan a clase a tiempo? ¿Les sugiero a ellos que estudien la lección antes de llegar? ¿que lean el periódico aquí? ¿que descansen aquí en la clase? ¿que contesten en alemán? ¿que traigan a todos sus parientes? ¿que escuchen bien?

6. ¿Desean tus padres que digas la verdad? ¿Desean ellos que salgas con tus amigos todas las noches? ¿que manejes después de emborracharte? ¿que fumes? ¿que los llames de vez en cuando? ¿que les escribas a veces? ¿que saques una «A» en esta clase?

B.   ¿Qué prefieres tú que nosotros hagamos?

MODELO   ¿hablar o escribir en la pizarra?
   Prefiero que hablemos.

1. ¿charlar o estudiar?
2. ¿tener una fiesta o tener un examen?
3. ¿venir a clase todos los días o venir una vez por semana?
4. ¿vivir o morir?
5. ¿resfriarnos o tener un ataque del corazón?
6. ¿asistir a clase o asistir a un concierto de rock?
7. ¿descansar o trabajar?
8. ¿respirar aire puro o respirar aire contaminado?

C. ¿Quiero yo hacer esto o quiero que ustedes lo hagan?

Tell your instructor whether you think he/she wants to do the following things or whether he/she wants all of you to do them.

MODELO estudiar mucho
Ud. quiere que nosotros estudiemos mucho.
explicar la gramática
Ud. quiere explicar la gramática.

1. preparar mis exámenes
2. prepararse para mis exámenes
3. aprender español
4. comenzar y terminar la clase
5. tener cuidado durante un examen
6. leer y estudiar sus cuadernos

D. Charlas—Un poco sobre los médicos y los dentistas

1. ¿Insistes en que tu médico te diga la verdad? ¿Quieres que te explique todo claramente? ¿Prefieres que tenga un consultorio grande y elegante? ¿Le pides que conteste todas tus preguntas?

2. ¿Qué prefieres, que el doctor te examine o que te ponga una inyección? ¿Cuál te duele más, la inyección del doctor o la inyección del dentista? ¿Qué te gusta más, visitar al doctor o visitar al dentista? ¿A cuál visitas con más frecuencia?

3. ¿A quién ve Ud. cuando tiene resfriado? ¿Qué debe Ud. tomar si tiene fiebre? ¿Recomienda el médico que Ud. descanse? ¿Quiere él que Ud. tome mucho jugo? ¿Sugiere que coma comida nutritiva?

4. ¿Qué necesita usted quitarse si el médico quiere escuchar su corazón? ¿Tiene usted vergüenza cuando se quita la ropa? ¿Hay que quitarse la ropa cuando se visita al dentista? ¿Qué quiere el dentista que usted abra? ¿Qué examina él?

III. LET'S COMMANDS

(Los mandatos de nosotros)

A *let's* command is *a command given to yourself and to one or more other persons.*

Let's eat now.
Let's not argue so much.

Both English and Spanish use this kind of command. Spanish has two very different but equally acceptable ways of expressing the English *let's:*

1. **nosotros** command
2. **vamos a** + infinitive

THE NOSOTROS *COMMAND*

The **nosotros** form of the *present subjunctive* can be used to express both *let's* and *let's not* commands.

Comamos ahora.	*Let's eat now.*
Compremos este disco.	*Let's buy this record.*
No discutamos tanto.	*Let's not argue so much.*

In this *let's* construction, the object pronouns (direct, indirect, and reflexive) follow and are attached to the verb in an affirmative command and precede the verb in a negative command. When the object pronoun is attached to an affirmative *let's* command, an accent mark is added to show that the original stress of the verb is maintained. In addition, the final **-s** on the verb form is dropped if **nos** is the pronoun added to the verb.

Lavémoslas.	*Let's wash them.*
No lo comamos.	*Let's not eat it.*
Despertémonos temprano.	*Let's wake up early.*

VAMOS A + *INFINITIVE*

Vamos a + *infinitive* may also be used to express the affirmative *let's* command. However, there is no equivalent negative form. *Let's not* is always expressed with the present subjunctive construction discussed above.

Vamos a bailar.	*Let's dance.*
No bailemos.	*Let's not dance.*

❋   The English phrase *let's* does not translate literally in Spanish; in Spanish, the present **nosotros** subjunctive ending or the **vamos a** is equivalent to the English *let's*.

❋   *Let's go* is an exception to the above rule. *Let's not go* follows the regular pattern.

¡Vamos!	*Let's go!*
¡No vayamos!	*Let's not go!*

PRÁCTICA

A. Alternativas—¿Cuál de los dos prefieres?

React to each question below with a **nosotros** command.

> MODELO ¿Leemos o charlamos?
> **¡Charlemos!**

1. ¿Caminamos o manejamos a la Florida?
2. ¿Trabajamos o descansamos ahora?
3. ¿Nos secamos o nos lavamos con una toalla?
4. ¿Nos cepillamos o nos peinamos con un cepillo?
5. ¿Comemos en un restaurante o en una sala de emergencia?
6. ¿Hacemos la tarea o hacemos un picnic?
7. ¿Nos quitamos o nos ponemos la ropa antes de ducharnos?
8. ¿Hablamos español o italiano?

B. ¿Vamos a hacer esto?

Change each direct object noun into a direct object pronoun as you react to each suggestion below.

> MODELO preparar la tarea
> **¡Sí, preparémosla!** **(¡No, no la preparemos!)**

1. hacer nuestra tarea
2. pagar la cuenta del dentista
3. secar la ropa en la lavadora
4. pronunciar el español bien
5. obedecer a nuestros padres
6. cruzar la autopista a pie
7. poner el helado en el horno
8. llamar al médico todos los días

C. Sugerencias—¿Qué deben hacer tú y tus amigos en estas situaciones?

Using a **nosotros** command, suggest what you and your friends should do in the following situations.

> MODELO Hace mucho calor.
> **¡Abramos las ventanas!**

1. Es la noche antes de un examen.
2. Ustedes tienen dolor de cabeza.
3. Hay mucha comida en la mesa y ustedes tienen hambre.
4. Usted compró unos discos nuevos.
5. Uds. están caminando a clase y es tarde.
6. Hay una gran liquidación de jeans.
7. Uds. están en una fiesta y la música es buenísima.
8. Hay un buen programa de televisión esta noche.

El descubrimiento (*discovery*) y el uso de plantas medicinales se debe en gran parte a la angustia (*distress*) de querer ayuda a una persona enferma y de no saber cómo ni por qué se enfermó el individuo. Es fácil encontrar una variedad de remedios destinados a darnos alivio (*relief*). Algunos de ellos prometen ayudarnos con la tensión diaria, el insomnio o los ardores en el estómago (*heartburn*). ¿Puede Ud. imaginarse la variedad de sabores (*tastes*) en todas estas bebidas preparadas con agua hervida (*boiling*)? Algunas pueden ser deliciosas; otras, pues, es mejor no tratar de describirlas... ¿Qué piensa Ud. de estos remedios?

COMUNICACIÓN Y ACTIVIDADES

I. COMUNICACIÓN

A. Charlas—¿Te cuidas bien?

1. ¿Cómo se llama el médico de tu familia? ¿Más o menos cuántos años tiene? ¿Te explica él/ella todo claramente? ¿Quieres que él/ella te explique todo? En general, ¿te cuidas bien o te cuidas mal?

2. ¿Debemos ver al doctor regularmente? ¿Con qué frecuencia sugiere tu doctor que lo visites? ¿Cuánto cuesta una visita al doctor? ¿Vas al doctor cuando no te sientes bien?

3. ¿Fuma Ud.? ¿Le gusta fumar? ¿Cuestan mucho los cigarrillos? ¿A qué edad comenzó a fumar? ¿Quiere dejar de fumar? ¿Quiere su familia que Ud. deje de fumar? ¿Piensa dejar de fumar algún día?

4. ¿Quién aquí no fuma? ¿Por qué no fumas? ¿Te gusta si otra persona fuma cerca de ti en un restaurante? ¿Quieres que esa persona se siente más lejos de ti?

B.   ¿Qué me duele?

Your instructor will read the following statements. Tell your instructor what is hurting him or her.

MODELO   Estoy buscando las aspirinas.
Le duele la cabeza.

1. Escribí ocho cartas.
2. Comí algo malo anoche.
3. Me caí en la acera.
4. Tengo un resfriado.
5. Leí el periódico sin usar mis gafas.
6. Caminé dos millas sin mis zapatos.
7. Me corté mientras que preparaba la cena.
8. Bebí demasiado y no me siento bien.

C.   ¿Qué van a pedirte tus padres?

Say what your parents might ask you to do or not to do in the following situations.

MODELO   Tienes un resfriado.
(Mis padres) van a pedirme que yo guarde cama.

1. Tu cuarto está sucio.
2. Dijiste una mentira.
3. Estás demasiado delgado.
4. Volviste a casa muy tarde.
5. Tu abuela está en el hospital.
6. Recibiste un regalo de tus tíos.

D.   Preguntas ridículas

First answer each ridiculous question negatively. Then, using the same verb in a **nosotros** command, suggest a better idea.

MODELO   ¿Quieren Uds. manejar en la acera?
No, no queremos manejar en la acera. ¡Manejemos en la calle!

¿Quieren Uds....

1. bailar en la cocina?
2. beber gasolina?
3. dormirse en un parque?
4. entrar por la ventana?
5. poner los zapatos en el refrigerador?
6. cortar la carne con una cuchara?

Tanto en la ciudad como en los pueblos existen clínicas que tratan de ayudar a los niños con las inmunizaciones necesarias contra muchas de las enfermedades erradicadas ya casi por completo en los Estados Unidos. Es un paso positivo para el progreso de países considerados parte del tercer mundo.

II. ACTIVIDADES

A.   Consejos

Outside of class, prepare a list of six problems (real or imaginary). Working in small groups, state your problems one at a time. The other students in the group will take turns giving advice to each of your problems.

MODELO   Tengo sed.
Te aconsejo que bebas algo.

B. Situaciones

1. Say what your doctor's name is. Then say how long ago you went to see him (her). Then say how long he/she saw you and how much your visit cost.

2. Say that your throat hurts and that you are going to see your doctor tomorrow morning. Say that you want your doctor to recommend some strong medicine.

3. Say that you had an accident ten minutes ago. Say that you cut your arm and that it hurts you a lot. Say that you want the nurse to help you but that you do not want him (her) to give you a shot.

4. Say that you broke your leg while you were playing football. Then say that you had to go to the hospital in an ambulance. Say that the doctor wants you to stay in bed for a few days.

5. Say that your stomach hurts after eating in the cafeteria. Then ask another student what he/she recommends that you do. Then suggest to him (her) that he/she not eat there today.

6. Tell your classmates that you are sick and that you should not be here. Give them two symptoms and ask if they can help you. Then say that you want to leave because you don't want them to get sick.

DESCRIPCIÓN Y CONVERSACIÓN— UNA VISITA AL MÉDICO

Study the following drawing. You may be asked to prepare questions, answer questions and/or write a short composition about it.

No es fácil encontrar el empleo ideal y las entrevistas ponen nerviosa a la gente, ¿no? El individuo que desea progresar necesita un buen empleo con oportunidades de ascenso. Es necesario que el aspirante tenga confianza en sí mismo (*confidence in himself*); debe sentirse capaz de realizar (*able to carry out*) el trabajo. Las entrevistas no siempre traen los resultados esperados (*expected*). Pero otras veces las compañías consideran las cartas de recomendación y la capacidad (*abilities*) del aspirante y ofrecen un empleo con buen sueldo. ¿Está Ud. buscando trabajo en este momento?

La firma moderna con ojo al futuro ofrece buenas oportunidades tanto a las mujeres como a los hombres de acuerdo a sus capacidades. Es cierto que todavía existe la descriminación contra la mujer pero hoy en día en menos grado (*degree*) que hace veinte o treinta años. Hay tantas mujeres ejecutivas como hombres ejecutivos. En este país, ¿hay también más oportunidades para la mujer de hoy? ¿Qué le parece la liberación femenina y sus consecuencias?

BUSCANDO EMPLEO

Looking for a job

Objetivos de la lección

Tema y cultura
1 To talk about jobs and employment

Gramática
2 To use the present subjunctive of stem-changing verbs and verbs that are irregular in the present subjunctive
3 To use the subjunctive after expressions of emotion and doubt
4 To use the subjunctive after impersonal expressions

Gramática opcional
5 To give commands

NOTAS CULTURALES

A. Given the usual inflationary conditions in many Hispanic countries, wages are often insufficient to purchase even the basic necessities. Consequently, almost one-third of the labor force in Hispanic countries hold more than one job. It is not only common laborers who do this. Even doctors and lawyers may take a second job as teachers; middle managers may tend bars or work in restaurants. For some, the extra income of **pluriempleo** (*moonlighting*) is necessary for economic survival.

B. Like most women in the world, Hispanic women have been stereotyped in the role of good wife and mother, dependent on the husband. However, in urban areas this tradition is gradually changing with more and more women entering the work force. Women are also earning college degrees and entering such professional fields as law, medicine or pharmacy. It is clear that the women's liberation movement has reached the Hispanic world.

Vocabulario

graduarse

llenar una solicitud

escribir a máquina

Verbos
ahorrar   *to save*
alegrarse (de)   *to be happy (about), glad (about)*
cambiar   *to change*

conseguir (i)   *to get, obtain*
despedir (i)   *to fire*
despedirse (i) (de)   *to say goodbye (to)*

dudar   *to doubt*
firmar   *to sign*
gastar   *to spend (money); to waste*
graduarse   *to graduate*

jubilarse   *to retire*
llenar   *to fill; to fill out*
     (forms, applications)
mentir (ie)   *to lie*
molestar   *to bother*
negar (ie)   *to deny*
temer   *to fear*

Sustantivos

el **ascenso**   *raise,*
     promotion
el **aspirante**/la **aspirante**
     job applicant
el **aumento (de sueldo)**
     (salary) raise
el **banquero**/la **banquera**
     banker
la **calculadora**   *calculator*
el **camionero**/la **camionera**
     truck driver
la **carta de recomendación**
     letter of recommendation
el **cartero**/la **cartera**
     mail carrier
el **contador**/la **contadora**
     accountant
el **criado**/la **criada**
     servant
el **cheque**   *check*
la **decisión**   *decision*
la **discriminación**
     discrimination
el **dueño**/la **dueña**   *owner*
el **ejecutivo**/la **ejecutiva**
     executive
el **empleado**/la **empleada**
     employee
la **entrevista**   *interview*
el **futuro**   *future*
la **inflación**   *inflation*
el **ingeniero**/la **ingeniera**
     engineer
el **jefe**/la **jefa**   *boss*
los **negocios**   *business*
el **peluquero**/la **peluquera**
     hairdresser
el **plomero**/la **plomera**
     plumber

el **préstamo**   *loan*
el **programador**/la
     programadora de
     computadoras
     computer programmer
la **responsabilidad**
     responsibility
el **resumen**   *resumé*
el **secretario**/la **secretaria**
     secretary
el **sentido del humor**
     sense of humor
el **siquiatra**/la **siquiatra**
     psychiatrist
la **solicitud**   *form,*
     application form
el **sueldo**   *salary*
el **veterinario**/la **veterinaria**
     veterinarian

Adjetivos

asombrado   *amazed*
dudoso   *doubtful*
entusiasmado   *enthused,*
     excited
esencial   *essential*
evidente   *evident*
extraño   *strange*
improbable   *imrobable*
increíble   *incredible*
justo   *fair, just*
obvio   *obvious*
preferible   *preferable*
ridículo   *ridiculous*
seguro   *sure*
sorprendido   *surprised*
terrible   *terrible*
urgente   *urgent*

Miscelánea

a menos que   *unless*
antes (de) que   *before*
con tal (de) que
     provided
contra   *against*
ojalá (que)   *I hope (we*
     hope) (that)
para que   *so that*

quizá, quizás   *perhaps*
sin que   *without*

Expresiones

cambiar de trabajo   *to*
     change jobs
con cuidado   *carefully*
conseguir trabajo   *to get*
     work, to get a job
dormir la siesta   *to take*
     a nap
escribir a máquina   *to*
     type
es lástima (que)   *it's a*
     shame (that)
estar de acuerdo (con)
     to agree (with)
hablar bien (mal) de   *to*
     speak well (badly) of
tal vez   *maybe, perhaps*
trabajar de + *profession*
     to work as a + *profession*

Práctica
de
vocabulario

Empleos y profesiones

Say what job or profession you associate with each of the following.

MODELO   una computadora
          un programador de computadoras

1. el campo
2. el pelo
3. una iglesia
4. una pintura
5. una multa
6. la televisión

7. una gasolinera
8. Wáshington D.C.
9. un consultorio
10. un restaurante
11. escribir a máquina
12. la universidad

13. edificios
14. un hospital
15. los dientes
16. una calculadora
17. un partido de fútbol
18. los animales enfermos

GRAMÁTICA Y PRÁCTICA

I. THE PRESENT SUBJUNCTIVE OF STEM-CHANGING AND IRREGULAR VERBS

(El presente del subjuntivo de
los verbos con cambios radicales
y de los verbos irregulares)

THE PRESENT TENSE SUBJUNCTIVE OF STEM-CHANGING VERBS

All stem-changing verbs (**-ar**, **-er** and **-ir**) follow the already familiar "opposite vowel" ending pattern of verbs that are regular in the present tense subjunctive mood (**Lección 19, II**). Stem-changes in the present subjunctive are explained below.

A.   *STEM-CHANGING* **-AR** *AND* **-ER** *VERBS* Stem-changing **-ar** and **-er** verbs maintain the same stem-changing pattern of the present indicative; that is, they have stem changes in all persons except **nosotros** and **vosotros** (forming an *L*-pattern; see **Lección 13, I**).

RECORDAR (UE)		PERDER (IE)	
recuerde	recordemos	pierda	perdamos
recuerdes	recordéis	pierdas	perdáis
recuerde	recuerden	pierda	pierdan

Prefiere que pensemos en otra cosa.	*She prefers that we think about something else.*
Quiero que recuerdes el número.	*I want you to remember the number.*

B. *STEM-CHANGING* **-IR** *VERBS* Stem-changing **-ir** verbs also maintain the present indicative *L*-pattern stem changes. However, they also undergo an additional and different stem change in the **nosotros** and **vosotros** forms only (**e** → **i** and **o** → **u**).

DORMIR (UE, U)[1]		PREFERIR (IE, I)		PEDIR (I, I)	
duerma	durmamos	prefiera	prefiramos	pida	pidamos
duermas	durmáis	prefieras	prefiráis	pidas	pidáis
duerma	duerman	prefiera	prefieran	pida	pidan

Él recomienda que durmamos ocho horas.	*He recommends that we sleep eight hours.*
El doctor quiere que me sienta mejor.	*The doctor wants me to feel better.*
Sugieren que pidamos ayuda.	*They suggest that we ask for help.*

VERBS THAT ARE IRREGULAR IN THE PRESENT SUBJUNCTIVE

The following verbs have irregular forms in the present subjunctive.

DAR		ESTAR		IR	
dé	demos	esté	estemos	vaya	vayamos
des	deis	estés	estéis	vayas	vayáis
dé	den	esté	estén	vaya	vayan

SABER		SER	
sepa	sepamos	sea	seamos
sepas	sepáis	seas	seáis
sepa	sepan	sea	sean

[1]The first stem change listed in parentheses refers to the present tense indicative (**duermo, duermes, duerme...**). The second stem change listed refers to the preterite (**dormí, dormiste, durmió...**).

Él me aconseja que vaya a casa.	*He advises me to go home.*
Voy a rogarle que sea más obediente.	*I'm going to beg him to be more obedient.*
Ellos siempre nos piden que estemos aquí a tiempo.	*They always ask us to be here on time.*

✳ **Haya** is the present subjunctive of **hay**.

Quiero que haya clases mañana.	*I want there to be class tomorrow.*
Prefiero que no haya papas en la sopa.	*I prefer that there not be potatoes in the soup.*

PRÁCTICA

A. Cambios—Un poco de todo

1. ¿Desea usted que haga buen tiempo hoy? ¿Desea que llueva? ¿Desea que nieve? ¿que truene y relampaguee? ¿que esté nublado? ¿que haga sol y esté despejado?

2. ¿Quiere un jefe que sus empleados sean perezosos? ¿Quiere él que sus empleados vuelvan del almuerzo a tiempo? ¿Quiere que duerman la siesta en la oficina? ¿que pidan un aumento todos los días? ¿que sepan escribir a máquina? ¿que pierdan documentos importantes?

B. ¿Quién te pide esto?

Using the connective word **que** in your answer, say who usually asks you to do the following.

MODELO   preparar la lección bien
           Ud. me pide que prepare la lección bien.

1. ir al cine
2. vestirte bien en la oficina
3. conseguir empleo
4. graduarse en la universidad
5. saber escribir a máquina
6. probar algo nuevo en el menú

C. ¿Les sugiere a Uds. esto el dueño de un restaurante?

MODELO   pagar la cuenta
           Sí, (él) nos sugiere que paguemos la cuenta.

1. pedir algo caro del menú
2. probar un plato especial
3. quejarse de la comida
4. almorzar rápido
5. volver a su restaurante pronto
6. lavar los platos si no tienen dinero
7. irse a comer a otro restaurante
8. dejar una propina al camarero

D. ¿Se recomienda esto a un aspirante?

Starting with either **Sí, se recomienda que...** or **No, no se recomienda que...**, indicate whether or not one normally recommends the following to a job applicant.

> MODELO hablar claramente
> **Sí, se recomienda que hable claramente.**

1. llenar las solicitudes sin leerlas
2. saber usar una computadora
3. mentir durante las entrevistas
4. empezar a cantar durante las entrevistas
5. preparar un buen resumen
6. conseguir varias cartas de recomendación

II. USE OF THE SUBJUNCTIVE AFTER EXPRESSIONS OF EMOTION AND DOUBT

(Uso del subjuntivo después de las expresiones de emoción y de duda)

As you know, Spanish uses the subjunctive mood after expressions of attempted influence provided that they are followed by a change of subject.

Preferimos que él se jubile pronto.	*We prefer that he retire soon.*
Quiero que ella busque trabajo.	*I want her to look for work.*

In addition to using the subjunctive after expressions of attempted influence, *Spanish also uses the subjunctive after expressions of emotion and doubt.* As with expressions of attempted influence, the subjunctive will appear in the dependent (second) clause of a sentence if the independent (first) clause does not just report on the second, but reacts emotionally to it. The reason for using the subjunctive (verb of emotion or doubt) will appear in the independent (first) clause. Also, there must be a change of subject after the expression of emotion or doubt in order for one to use the subjunctive. If there is no change of subject, Spanish uses the already familiar dependent infinitive construction (**Yo espero ir a España.** *I hope to go to Spain.*). Read the following sentences.

Me alegro que él esté bien ahora.	*I'm happy (that) he is well now.*
Dudamos que él nos llame.	*We doubt (that) he will call us.*

Note that English often uses the present or future indicative after an expression of emotion or doubt; Spanish uses only the present subjunctive in those same situations.

THE SUBJUNCTIVE AFTER EXPRESSIONS OF EMOTION

In Spanish, the *subjunctive mood* is regularly used *after expressions of emotion* (to be happy, sad, hopeful, excited, sorry, surprised, fearful . . .). Following is a listing of some common verbs of emotion. In Spanish, the subjunctive will be used after these verbs if they are followed by a *change of subject.*

alegrarse (de) *to be glad*	**odiar** *to hate*
enojarse *to be angry*	**sentir (ie)** *to be sorry*
esperar *to hope*	**temer** *to fear*
gustar *to please, to be pleasing*	**tener miedo** *to be afraid*

Están contentos que seamos amigos.	*They're happy (that) we're friends.*
Temo que ella no pueda ir conmigo.	*I'm afraid she can't go with me.*

The subjunctive will also be used after **estar** + *an adjective of emotion.* Following are some common adjectives of emotion.

asombrado *amazed*	**sorprendido** *surprised*
contento *happy*	**emocionado** *excited*
enojado *angry*	**triste** *sad*

Estoy triste que ella esté enferma.	*I'm sad (that) she is sick.*
Estamos sorprendidos que tú quieras casarte.	*We're surprised that you want to get married.*

MISCELÁNEA

Ojalá

You have learned that **esperar** means *to hope.* The word **ojalá** is another way of expressing hopes in Spanish. **Ojalá** is a special one-word expression which translates into English as *I hope, let's hope* or *it is hoped.* It is a general expression of "wishful thinking" and it does not refer to any one person in particular. **Ojalá** is never conjugated nor is it ever preceded by the word **no.** The connective word **que** sometimes follows **ojalá** but is not required. **Ojalá** is always followed by the subjunctive.

Ojalá (que) él no traiga su perro.	*I hope he doesn't bring his dog.*
Ojalá (que) no te despidan.	*Let's hope they will not fire you.*

THE SUBJUNCTIVE AFTER EXPRESSIONS OF DOUBT

In Spanish, the *subjunctive* is also used after *expressions of doubt* (uncertainty, disbelief, denial of something, etc.) provided they are followed by a *change of subject.* Below are a few common expressions which regularly call for the subjunctive in the dependent clause in Spanish.

dudar *to doubt*	**no creer** *not to believe*
negar (ie) *to deny*	**no pensar (ie)** *not to think*

Dudamos que ellos canten bien. *We doubt (that) they sing well.*
No creo que ella me conozca. *I don't believe (that) she knows me.*

It is important to note that the *indicative,* and not the subjunctive, will be used after an expression of *certainty or belief.* All of the above listed expressions of doubt can be changed into expressions of certainty or belief by either adding or removing the word **no.** Following are some expressions of certainty or belief which call for indicative in the dependent clause.

no dudar *to not doubt*	**pensar (ie)** *to think*
no negar (ie) *to not deny*	**estar seguro** *to be sure*
creer *to believe*	

No niego que estudia mucho. *I don't deny (that) he studies a lot.*
Está seguro que hoy es lunes. *He is sure (that) today is Monday.*

In questions, the preceding expressions of certainty and belief may be followed by the indicative or the subjunctive. The choice of indicative or subjunctive depends on the amount of doubt or uncertainty present in the mind of the speaker.

Indicative:

¿Crees que él es perezoso? *Do you think he is lazy? (The speaker believes he is.)*

Subjunctive:

¿Crees que él sea perezoso? *Do you think he is lazy? (The speaker doubts or does not know whether he is.)*

MISCELÁNEA

Tal Vez and Quizá(s)

Quizá, quizás and **tal vez** all mean *perhaps, maybe.* When **quizá, quizás** and **tal vez** start a sentence, they are generally followed by the *subjunctive* in a single clause sentence. The connective word **que** is never used after **quizá, quizás** or **tal vez.**

Tal vez esté en casa de Julio.	*Perhaps he is at Julio's house.*
¡Quizá(s) trabajen demasiado!	*Maybe they work too much!*

When either **quizá, quizás** or **tal vez** follows the verb as an afterthought, the indicative is used.

Ellos me visitan esta tarde, tal vez.	*They will visit me this afternoon, maybe.*
Voy a su casa mañana, quizás.	*I'm going to her house tomorrow, perhaps.*

PRÁCTICA

A.   Cambios—¿Cuál es su opinión?

1. ¿Cree usted que es importante hacer ejercicios? ¿Cree Ud. que es importante vestirse bien? ¿que es importante tener interés en la política? ¿ir de vacaciones de vez en cuando? ¿graduarse en la universidad?

2. ¿Piensas tú que es importante ahorrar para el futuro? ¿Piensas que un ingeniero necesita más educación que un médico? ¿que una criada recibe menos sueldo que un banquero? ¿que uno debe jubilarse antes de tener ochenta años? ¿que va a aumentar el desempleo en el futuro?

3. ¿Creo yo que un criminal diga la verdad? ¿Creo que un abogado firme algo sin leerlo primero? ¿que todo el mundo sea feliz en el año 2000? ¿que uno pueda graduarse sin asistir a clase? ¿que un profesor pueda ahorrar cien mil dólares al año?

4. ¿Esperan ustedes que haya poca inflación en el futuro? ¿Esperan que las computadoras hagan todo nuestro trabajo? ¿que sus jefes no los despidan a ustedes después de una semana? ¿que no haya discriminación contra ustedes en el empleo?

B. ¿Lo crees o lo dudas?

React to each statement below with either **Sí, creo que...** or **No, dudo que...**

MODELO   La inflación es mala.
Sí, creo que la inflación es mala. (No, dudo que la inflación sea mala.)

1. Las secretarias ganan más que los siquiatras.
2. Un cartero tiene más responsabilidad que un peluquero.
3. Los ejecutivos generalmente ahorran mucho dinero.
4. Los camioneros tienen miedo del tráfico.
5. Una secretaria puede despedir a su jefe.
6. Los peluqueros están parados casi todo el día.

C. Charlas—La graduación

1. ¿Ya te graduaste en esta universidad? ¿Cuándo esperas graduarte? ¿Vas a buscar empleo después de graduarte? ¿Esperas que alguien te dé un buen empleo?
2. ¿Crees que uno pueda graduarse en esta universidad después de sólo un año? ¿Dudas que todos ustedes se gradúen en menos de diez años? ¿Dudas que todos se gradúen el año que viene? Más o menos, ¿cuánto cuesta asistir a esta universidad por cuatro años?

D. ¿Está usted seguro de eso?

Starting with **Sí, estoy seguro(-a) que...** or **No, no estoy seguro(-a) que...** , say whether or not you are sure about the following facts.

MODELO   Madrid es la capital de España.
Sí, estoy seguro(-a) que Madrid es la capital de España.
No, no estoy seguro(-a) que Madrid sea la capital de España.

1. Un niño de dos años sabe usar una calculadora.
2. Hay más hambre en la India que en África.
3. El dueño de un negocio puede despedir a sus empleados.
4. El futuro va a ser mejor que el presente.
5. Hay más oportunidades en este país que en la Unión Soviética.
6. Es importante saber leer y escribir.

III. USE OF THE SUBJUNCTIVE AFTER IMPERSONAL EXPRESSIONS

(El uso del subjuntivo después de las expresiones impersonales)

In both English and Spanish, an *impersonal expression* is an *expression which does not have a person as the subject.* In English, impersonal expressions usually start with the pronoun *it.* This impersonal *it* acts as a *general, indefinite subject* which does not refer to any specific thing.

It is (it's) necessary that ...
It is (it's) true that ...
It is (it's) doubtful that ...

In Spanish, impersonal expressions usually start with **Es...** (*It is, It's*). The English subject *it* is only implied in Spanish and is not translated separately.

Es necesario que...
Es verdad que...
Es dudoso que...

In Spanish, an impersonal expression may be followed by:

1. an infinitive
2. a clause with the subjunctive
3. a clause with the indicative

Following are some rules which will help you make the right choice.

IMPERSONAL EXPRESSION + INFINITIVE
If no other subject is stated or implied after the impersonal expression, an infinitive will be used in Spanish.

No es bueno ser perezoso.	*It is not good to be lazy.*
Es triste verlo enfermo. (Lo *is an object, not a subject).*	*It is sad to see him sick.*

IMPERSONAL EXPRESSIONS + CLAUSE WITH THE SUBJUNCTIVE
If there is another subject after the impersonal expression, Spanish always uses a two-clause construction connected by **que.** The subjunctive will be used in the dependent clause if the impersonal expression is one of *attempted influence, emotion,* or *doubt.*

Es importante que (él) coma bien.	*It's important for him to eat well.*
Es triste que (tú) no puedas verlo.	*It's sad that you cannot see him.*

Following is a list of some common impersonal expressions which take the subjunctive if they are followed by another subject.

A. *ATTEMPTED INFLUENCE*

es importante *it's important*
es necesario *it's necessary*
es preciso *it's necessary*

es preferible *it's preferable*
es urgente *it's urgent*

B. *EMOTION*

es bueno *it's good*
es extraño *it's strange*
es increíble *it's incredible*
es lástima *it's a pity (shame)*
es malo *it's bad*

es mejor *it's better*
es peor *it's worse*
es ridículo *it's ridiculous*
es terrible *it's terrible*
es triste *it's sad*

C. *DOUBT*

es dudoso *it's doubtful*
es imposible *it's impossible*
es improbable *it's improbable*
es posible *it's possible*

es probable *it's probable*
no es cierto *it's not certain*
no es verdad *it's not true*

IMPERSONAL EXPRESSION + CLAUSE WITH THE INDICATIVE

If there is another subject after the impersonal expression, then Spanish always uses a two-clause construction connected by **que.** The indicative will be used provided that the impersonal expression is one which reports *facts, information, belief,* or *certainty.*

Es verdad que (él) come bien.   *It's true (that) he eats well.*
Es evidente que (ellos) son amigos.   *It's evident that they're friends.*

Following is a list of some common impersonal expressions which will take the indicative if followed by another subject. They all relate facts, information, belief, or certainty.

es cierto *it's certain*
es claro *it's clear*
es evidente *it's evident*

es indudable *it is without doubt*
es seguro *it's sure (certain)*
es verdad *it's true*

✳   Spanish has a number of special connectives which are always followed by the subjunctive in a dependent clause.

a menos que *unless*
antes (de) que *before*

con tal (de) que *provided (that), providing (that)*
para que *so (that), in order that*
sin que *without*

Ellos me llaman a menos que   *They call me unless they are sick.*
 estén enfermos.
Quiero hablarle antes (de) que se   *I want to talk to him before he goes*
 acueste.   *to bed.*

PRÁCTICA

A. Cambios—Un poco de todo

1. ¿Es necesario asistir a la universidad para ser plomero? ¿Es necesario asistir a la universidad para ser criado? ¿y para ser programador de computadoras? ¿para ser contador? ¿para ser ama de casa?

2. ¿Cuál es mejor, que los empleados sean honestos o deshonestos? ¿Cuál es mejor, que ahorren gran parte de su sueldo o que lo gasten? ¿que trabajen o que duerman la siesta en la oficina? ¿que mientan o que digan la verdad? ¿que tengan sentido del humor o que sean muy serios?

B. Para un empleado, ¿es esto importante?

Starting with **Sí, es importante que...** or **No, no es importante que...**, say whether or not each of the following is important for an employee.

MODELO   ser trabajador
         Sí, es importante que un empleado sea trabajador.

1. no hablar mal del jefe
2. llegar a tiempo
3. quejarse todo el tiempo
4. hacer su trabajo cada mes
5. cambiar de·trabajo cada mes
6. saber usar una computadora

C. Charlas—¡Ahora usted es el jefe y yo soy el empleado!

Answer the following questions from a boss' viewpoint.

1. ¿Voy a hablar bien de usted para que Ud. me dé un ascenso? ¿Debo quedarme en casa sin que usted lo sepa? ¿Puedo llegar tarde con tal que usted me dé permiso (*permission*)? ¿Debo irme a casa antes de que usted se vaya?

2. ¿Me va usted a dar el puesto que quiero con tal que yo siempre esté de acuerdo con usted? ¿Me va a dar el puesto sin que yo le dé unas cartas de recomendación?

D. ¿Es esto cierto o no?

Starting with **Es cierto que...** or **Es dudoso que...**, react to each statement according to the model below.

MODELO   Los jefes siempre son justos.
         Es dudoso que los jefes siempre sean justos.

1. Los empleados pueden despedir al jefe.
2. Los jefes ganan más que sus empleados.
3. Mucha gente se jubila a los sesenta y cinco años.
4. Los ejecutivos tienen muchas responsabilidades.
5. Los banqueros dan préstamos a la gente.
6. Los empleados se alegran al recibir un aumento.

El trabajo manual que realizan los trabajadores de fábrica *(the factory workers carry out)* es muy importante para la economía de cualquier *(any)* país. Hay países que tienen sus propias fábricas de automóviles u otros productos. Los empleados realizan sus rutinas con exactitud y responsabilidad. Por otra parte, como se puede ver en esta fotografía, también disfrutan *(they enjoy)* con sus compañeros los momentos de descanso durante el almuerzo.

COMUNICACIÓN Y ACTIVIDADES

I. COMUNICACIÓN

A. ¿**Qué profesión asocia usted con estas descripciones?**

MODELO   Hay que saber escribir a máquina.
Es una secretaria.

1. Es peligroso.
2. Tiene mucho prestigio.
3. Se gana muchísimo.
4. Se gana muy poco.

5. Se trabaja con dinero todo el día.
6. Uno debe querer a los animales.
7. Hay que saber manejar bien.
8. Hay que saber escribir a máquina.

B.   Charlas—La jubilación

1. ¿A qué edad se jubilan muchas personas? ¿Qué esperan hacer estas personas después de jubilarse? ¿A qué estado se van muchas personas después de jubilarse? ¿Por qué se van allí?

2. ¿Qué regalo reciben muchas personas que se jubilan? ¿Es a veces triste jubilarse? ¿Por qué es triste? En general, ¿se gana más antes de jubilarse o después de jubilarse?

C.   Durante una entrevista, ¿es bueno que Ud. haga esto?

Starting with **Sí, es bueno que...** or **No, no es bueno que...**, say whether or not it is a good idea for you to do the following during a job interview.

MODELO   llegar a tiempo
Sí, es bueno que (yo) llegue a tiempo.

1. estar nervioso(-a)
2. llegar borracho(-a)
3. decir la verdad
4. estar bien vestido(-a)
5. morderse las uñas
6. rogar y llorar
7. contestar con cuidado
8. quitarse los zapatos
9. tutear al jefe
10. parecer inteligente
11. aplaudir y bailar
12. traer su resumen
13. pedir un préstamo
14. sentarse en el suelo
15. dormirse
16. estar de acuerdo con el jefe

D.   Charlas—El trabajo

1. En general, ¿cuántas horas se trabaja por semana? ¿Crees que se debe ganar más si se trabaja más de cuarenta horas por semana? ¿Cuántas semanas de vacaciones se recibe al año? ¿Se recibe sueldo durante las vacaciones?

2. Generalmente, ¿quiénes ganan más, las mujeres o los hombres? ¿Debe un hombre ganar más si él hace el mismo trabajo que una mujer? ¿Cuál es una profesión donde hay pocos hombres? ¿Cuál es una profesión donde hay pocas mujeres?

3. ¿Dónde se gana menos, en las ciudades grandes o en los pueblos pequeños? ¿Dónde cuesta más vivir? ¿En cuál esperas encontrar trabajo tú? ¿Por qué?

4. En tu opinión, ¿es mejor que un empleado se quede en un trabajo muchos años o es mejor que cambie de trabajo frecuentemente? ¿Qué se debe hacer si uno odia su trabajo? ¿Es lástima que muchas personas odien su trabajo?

El dueño de una pequeña finca depende de sus propios recursos *(resources)*. La tierra y el clima son las bases esenciales para una buena cosecha *(harvest)*. La fuerza física *(physical strength)* y la cooperación de los miembros de su familia son parte importante del trabajo aquí. Si el clima o la ayuda manual falla *(fails)*, el futuro del campesino es negro y de permanente pobreza. Todavía queda mucho que hacer para mejorar su situación. Y el pequeño campesino en este país, ¿cómo es su vida? ¿Qué problemas tiene él?

II. ACTIVIDADES

A. ¿Cómo debe ser un empleado?

Outside of class, prepare a list of four "dos" and four "don'ts" for a new employee. Tell your classmates about them.

B. Situaciones

1. Tell your classmates that you don't like your boss. Say that he wants you to work over fifty hours a week. Say that you asked for a raise last week and that he said that he only gives a raise after ten years of employment.
2. Tell your classmates that there are two employees in your office who are very, very lazy. Say that they arrive late and that they go home early. Then say that you hope your boss is going to fire them soon.
3. Tell your classmates that you have an important interview tomorrow at 8:00 in the morning. Say that you are sure that the job pays well. Then say that you are afraid that they won't give you the job.

C. La entrevista

Outside of class, prepare six interview questions for group use. In class, take turns interviewing each other for hypothetical jobs. (Possible topics for question: name, age, address, telephone number, education, general background and interests, salary, reason for wanting the job, etc.).

DESCRIPCIÓN Y CONVERSACIÓN— ¿CÓMO VA TODO EN LA OFICINA?

Study the following drawing. You may be asked to prepare questions, answer questions and/or write a short composition about it.

GRAMÁTICA OPCIONAL

COMMANDS

(Los mandatos)

As you have already learned (**Lección 13, IV**), English and Spanish have two similar ways of telling someone else to do something: commands and simplified command phrases.

1. Commands:

Por favor, cierre (Ud.) la puerta.   *Please, close the door.*

2. Simplified Command Phrases:

Hazme (Hágame, Háganme) el favor   *Do me the favor of closing the door.*
  de cerrar la puerta.

Until now, commands have been presented for recognition only. You will now learn
how to form and use commands. A *command* is *an order that one person gives di-
rectly to another.* A command is less gentle and often less polite than a simplified
command phrase since it orders rather than requests. Commands can be divided
into two basic categories.

  Formal commands: used with people whom you address as **Ud.** or **Uds.**
  Informal commands: used with people whom you address as **tú.**

FORMAL COMMANDS

Formal commands are often called **usted/ustedes** commands. They use the same
forms as the present subjunctive. Therefore, the **Ud./Uds.** commands will show the
same irregularities, stem-changes and spelling changes found in the already familar
present tense subjunctive. The use of **por favor** will soften this command. Subject
pronouns may also be used for politeness or emphasis.

Señorita, firme el cheque, por favor.   *Miss, sign the check, please.*
Traiga Ud. su resumen.   *Bring your resume.*
Señores, no vuelvan tarde.   *Gentlemen, don't return late.*

INFORMAL COMMANDS

Informal commands are often called *familiar commands* or **tú** commands. As can be
seen below, affirmative and negative **tú** commands are formed differently. The use
of **por favor** will also soften this command.

A. *NEGATIVE* **TÚ** *COMMANDS* To form a negative **tú** command, simply add
    an **-s** to the **Ud.** command.

    Mamá, no compres más hoy.   *Mom, don't buy any more today.*
    Delia, no toques la estufa.   *Delia, don't touch the stove.*

B. *AFFIRMATIVE* **TÚ** *COMMANDS* Most affirmative **tú** commands are iden-
    tical to the third person singular (*Ud., él, ella*) of the present indicative.

    Pepito, limpia tu cuarto.   *Pepito, clean your room.*
    Ana, come más despacio, por   *Ana, eat slower, please.*
      favor.

A few verbs have irregular affirmative **tú** command forms.

Infinitive	Tú Command	English	Infinitive	Tú Command	English
decir	**di**	*say*	salir	**sal**	*leave, go out*
hacer	**haz**	*do*	ser	**sé**	*be*
ir	**ve**	*go*	tener	**ten**	*have, take*
poner	**pon**	*put*	venir	**ven**	*come*

Some of the above irregular commands can be misleading since they sound like other already familiar words. Context and tone of voice should clarify the meaning. Compare the following sentences.

Di la verdad.	*Tell the truth.*
Le di el número a Juan.	*I gave the number to Juan.*
Ven conmigo.	*Come with me.*
Ven a sus amigos a menudo.	*They see their friends often.*
¡Sal ahora mismo!	*Leave right now!*
¿Dónde está la sal?	*Where is the salt?*

MISCELÁNEA

Position of Object Pronouns With Commands

The position of object pronouns in relation to a verb in a command depends on whether one is giving an affirmative command or a negative command.

A. *POSITION OF OBJECT PRONOUNS WITH AFFIRMATIVE COMMANDS* Direct object, indirect object and reflexive pronouns follow (and are attached to) affirmative commands. If this results in a word of more than two syllables, an accent mark is added in order to maintain the original stress of the verb form.

Tráigalos Ud. esta noche.	*Bring them tonight.*
Juan, despiértate a las seis.	*Juan, wake up at six o'clock.*

B. *POSITION OF OBJECT PRONOUNS WITH NEGATIVE COMMANDS* Direct object, indirect object and reflexive pronouns precede negative commands.

No los traiga esta noche.	*Don't bring them tonight.*
Juan, no te despiertes a las seis.	*Juan, don't wake up at six o'clock.*

PRÁCTICA

A.   ¿Es buena idea o no?

Using an affirmative or a negative **Uds.** command, tell your classmates whether or not they should do the following.

> MODELO   manejar con cuidado
> **Sí, manejen (Uds.) con cuidado.**

1. dormir ocho horas
2. acampar en las montañas
3. vestirse antes de salir de su casa
4. descansar de vez en cuando
5. nadar de Nueva York a París
6. buscar un empleo interesante

B.   ¿Debo yo hacer esto?

Using the **usted** command, tell your instructor to do or not to do the following things, changing the direct object nouns into direct object pronouns.

> MODELO   ahorrar mi dinero
> **Sí, ahórrelo (Ud.).   (No, no lo ahorre (Ud.).)**

1. llenar las solicitudes con cuidado
2. dormir la siesta en la oficina
3. comprar una calculadora para el trabajo
4. recordar el nombre de mi jefe
5. perder una carta de recomendación
6. leer revistas en la oficina en vez de trabajar

C.   Dile esto a tu compañero(-a) de clase

Addressing him (her) by name and using a **tú** command, tell a classmate to do the following.

> MODELO   Dile que te llame esta noche.
> **¡..., llámame esta noche!**

Dile a... (*otro estudiante*)

1. que te escriba pronto
2. que no te llame hoy
3. que te preste un dólar
4. que venga a tu casa esta tarde
5. que no me llame a mí
6. que no se duerma en esta clase

¿Le gustaría *(Would you like)* viajar sin pasaporte, aire acondicionado, cheques de viajero, cinturón de seguridad? ¡Quizás no! Pero hay muchas personas que para llegar a su destino tienen que ir en autobús, unas veces nuevos y cómodos y otras veces viejos, sucios y desmantelados *(dilapidated)*. Y los caminos ofrecen variedad también; algunos son anchos y pavimentados, otros estrechos y con piedras, no más. ¿Puede Ud. encontrar el autobús en la fotografía? Casi no se ve; está allí en medio. En este caso el camino es un corte *(cut)* en la montaña y nada más, ¿verdad? ¿Le parece peligroso o interesante? ¿Le gustaría viajar así?

¡Qué delicioso es disfrutar *(to enjoy)* del sol y del calor! En Hispanoamérica hay tantos lugares donde se puede hacer exactamente eso. Debido a la proximidad con México, muchísimos turistas estadounidenses viajan a ese país cada año, no sólo en el invierno sino también en el verano. Hay playas tropicales, comida excelente y variada, tiendas y mercados con gangas irresistibles, abundancia de lugares de interés histórico y mucho, mucho más. No es extraño *(No wonder)* que tantas personas opten por visitar México. Hay de todo allí. ¿A Ud. le gustaría visitar México? Entonces de verdad podría *(you could really)* usar el español, no?

VIAJANDO

Objetivos de la lección

Tema y cultura
1 To talk about traveling

Gramática
2 To use the future tense (*I will/shall ...*)
3 To use the conditional (*I would ...*)
4 To review all personal pronouns

Gramática opcional
5 To use imperfect subjunctive and *if* clauses

Traveling

NOTAS CULTURALES

A. The type of transportation system developed in Spanish America has been determined largely by geography. In relatively flat terrain the development of surface transportation has been possible. But in areas covered by dense tropical forest or towering mountains, surface transportation has been severely limited. In these regions, where building road and train systems has been practically impossible, air transport has become the most important means of intercity travel. Consequently, all countries in Spanish America have developed commercial airlines and modern international airports.

B. Many South American countries have become connected by the famous Pan American Highway. This highway, supplemented by some necessary ferryboat rides, extends from Mexico to Argentina. It permits travel through the spectacular mountains of the Andes, the pampas of Argentina, and the tropical jungles of Central America. While it connects many of the capitals of Spanish America, this highway is not always paved or lined with travelers' aids like service stations or motels. Near the cities, all varieties of lodging are available, ranging from expensive hotels to **pensiones** (small boarding houses for long- or short-term visitors).

Vocabulario

Verbos

alquilar   to rent
arreglar   to fix; to arrange
chocar (con)   to bump, crash (into)
facturar   to check (luggage)
proteger   to protect
robar   to steal

Sustantivos

el **acelerador**   accelarator
la **aerolínea**   airline
el **aeropuerto**   airport
la **agencia de viajes**   travel agency
el **agente**/la **agente de viajes**   travel agent
el **aire acondicionado**   air conditioning
la **boletería**   ticket office

el **boleto de ida y vuelta**   round-trip ticket
el **boleto simple**   one-way ticket
la **cámara**   camera
el **cinturón de seguridad**   seatbelt
el **cuarto doble**   double room (room for two)
el **cuarto para uno**   single room (room for one)
el **cheque de viajero**   traveler's check
la **dirección**   address
el **equipaje**   luggage
los **faros**   headlights
el **folleto**   brochure
los **frenos**   brakes
el **galón**   gallon
el **guía**/la **guía**   tour guide; guidebook (f)
el **hotel**   hotel

el **jardín zoológico**   zoo
la **licencia para manejar**   driver's license
la **luz**   light
la **llanta**   tire (of a car)
la **llave**   key
la **maleta**   suitcase
el **maletero**/la **maletera**   porter
el **medio de transporte**   mode of transportation
el **monumento**   monument
el **motor**   motor
el **paisaje**   landscape
el **parabrisas**   windshield
el **pasaporte**   passport
la **placa**   license plate
el **plan**   plan
el **recuerdo**   souvenir, memento; memory
la **reservación**   reservation

el **rollo de película**   *roll of film*
las **ruinas**   *ruins*
el **sello**   *stamp*
el **sobre**   *envelope*
la **tarjeta postal**   *postcard*
la **tintorería**   *dry cleaner's*
el **turista**/la **turista**   *tourist*
el **volante**   *steering wheel*

Adjetivos
antiguo   *antique, ancient, old*

nacional   *national*
siguiente   *following*

Expresiones
¿A qué distancia está(n)...?   *How far away is (are) ...?*
¿A qué velocidad...?   *How fast ...?*
cerrar con llave   *to lock*
la clase turista   *tourist class*
hacer autostop   *to hitchhike*
hacer las maletas   *to pack*
hacer un viaje   *to go on a trip*

ir al extranjero   *to go abroad*
parar en un hotel   *to stay, stop at a hotel*
en primera clase   *first class (travel)*
sacar fotografías   *to take pictures*
tomar (el) sol   *to lie in the sun*

Práctica de vocabulario

Asociaciones con marcas famosas

See how many associations you can come up with for each of the following brand names. You may use any part of speech (noun, verb, expression, adjective, etc.).

MODELO   Checkerboard
taxi, manejar, medio de transporte, ...

1. AAA
2. Pan Am
3. Fotomat
4. Minolta
5. Samsonite
6. Ticketron
7. JFK y O'Hare
8. Hertz y Avis
9. Holiday Inn
10. Pacific Princess
11. Goodyear y Firestone
12. American Express

GRAMÁTICA Y PRÁCTICA

I. THE FUTURE TENSE
(El tiempo futuro)

The *future tense* expresses *what will happen*. English and Spanish express future time in similar ways. One way has been used since **Lección 9: ir a** + *infinitive* (English *going to* + infinitive). You will now learn another way to indicate future time: the *future tense*. In English, the future tense is formed with the helping verbs *will* or *shall* (*I will/shall call you*). In Spanish, the future tense is a simple tense and no helping verb is used. Instead, the future of most Spanish verbs is formed by adding the future endings (**-é, -ás, -á, -emos, -éis, -án**) directly to the infinitive.

REGULAR FORMS OF THE FUTURE

Most Spanish verbs have regular forms in the future tense. Except for the **nosotros** form, all future endings have written accents.

HABLAR		COMER		VIVIR	
hablaré	hablar**emos**	comeré	comer**emos**	viviré	vivir**emos**
hablarás	hablar**éis**	comerás	comer**éis**	vivirás	vivir**éis**
hablará	hablar**án**	comerá	comer**án**	vivirá	vivir**án**

Spanish has no equivalent of the English *will* or *shall*. In Spanish, the future endings indicate future time.

¿Te llamará más tarde?	*Will he call you later?*
Ellas le darán las noticias.	*They will give him the news.*

✳ The future endings are identical for all verbs (**-ar, -er, -ir,** irregular, stem-changing, etc.).

Esta noche comeré, estudiaré y escribiré una carta.	*Tonight I shall eat, study, and write a letter.*
Irá a casa a las dos y dormirá la siesta allí.	*He will go home at two o'clock and he will take a nap there.*

IRREGULAR FORMS OF THE FUTURE

A few verbs have irregular future forms. These verbs do not use the entire infinitive to form the future tense. Instead, they add the future endings to irregular stems.

decir	**dir-**		
hacer	**har-**		
poder	**podr-**		
poner	**pondr-**	**-é**	**-emos**
querer	**querr-**	**-ás**	**-éis**
saber	**sabr-**	**-á**	**-án**
salir	**saldr-**		
tener	**tendr-**		
venir	**vendr-**		

Although the above verbs have irregular future stems, they have regular future endings.

¿Saldrás con él otra vez?   *Will you go out with him again?*
¿Qué haremos si él nos llama?   *What shall we do if he calls us?*

✸   The future of **hay** is **habrá** (*there will be; will there be?*).

     ¿Habrá un viaje el sábado?   *Will there be a trip on Saturday?*

ESPECIALES PARA EL
CARNAVAL DE ECUADOR:
$**399** IDA Y VUELTA
Salidas: 2, 3 y 4 de febrero

COLOMBIA $525⁰⁰
ECUADOR $399⁰⁰
PERU $425⁰⁰

Repaso

Expressing Future Time

Spanish has three ways of expressing future time.

A. **IR A** + *INFINITIVE* The present tense of **ir a** + *infinitive* is a very common way of implying future time.

Voy a enseñarte las ruinas.	*I'm going to show you the ruins.*
¿Van a comprar maletas nuevas?	*Are they going to buy new suitcases?*

B. *PRESENT TENSE + FUTURE TIME ELEMENT* The simple present tense can express future time if used in connection with an adverb referring to future time.

Te veo esta noche.	*I'll see you tonight.*
¿Me llevas al museo pronto?	*Will you take me to the museum soon?*

C. *FUTURE TENSE* The Spanish future tense expresses the English future tense (*will/shall*).

Le daré los boletos mañana.	*I'll give him the tickets tomorrow.*
¡Te diré la verdad!	*I shall tell you the truth!*

PRÁCTICA

A. **Cambios—¿Tienes muchos planes para el futuro?**

1. Este verano, ¿se graduarán todos ustedes? Este verano, ¿viajarán Uds. a Europa juntos? ¿trabajarán de guías en un parque nacional? ¿Irán a las selvas del Brasil? ¿vivirán todos juntos en un apartamento pequeñísimo?

2. En cincuenta años, ¿serán... y... (*otros dos estudiantes*) bastante viejos? En cincuenta años, ¿pesarán ellos/ellas más que ahora? ¿querrán asistir a la universidad otra vez? ¿podrán correr tan rápido como ahora? ¿tendrán más experiencia (*experience*) que ahora? ¿sabrán más que ahora?

B. Tu opinión, por favor—¿Haré yo esto la semana que viene?
Say whether or not you think your instructor will do the following things next week.

MODELO   darles tarea a Uds.
Sí, Ud. nos dará tarea.

1. sacar fotografías de los Andes
2. visitar las ruinas mayas
3. viajar en barco a la Argentina
4. ir al extranjero
5. usar los frenos de mi coche
6. trabajar de agente de viajes
7. darles mi pasaporte a Uds.
8. hacer autostop a México

C. Charlas—Las vacaciones

1. ¿Irás de vacaciones en los próximos doce meses? ¿Adónde irás? ¿Ya hiciste reservaciones? ¿Harás autostop a...? ¿Será tu primer viaje a...? ¿Tomarás el sol allí?
2. ¿Ya tiene Ud. planes para las próximas vacaciones? ¿En qué mes viajará? ¿Qué tiempo hará allí? ¿Cuánto tiempo se quedará allí? ¿Qué hará allí? ¿Quién pagará el viaje?
3. ¿Cuál de tus parientes o amigos irá de vacaciones a un lugar interesante este año? ¿Adónde va...? ¿Cómo viajará? En tu opinión, gastará... mucho dinero en el viaje?

D. Ejercicio de memoria—Preguntar, contestar y recordar
Favor de preguntar a... *(otro estudiante)*

1. dónde él/ella tendrá que ir para comprar un rollo de película
2. si él/ella podrá sacar fotografías si no tiene cámara
3. de qué le gusta sacar fotografías
4. si le gusta que otras personas saquen su fotografía

II. THE CONDITIONAL
(El condicional)

The *conditional* expresses *what would happen in a given situation.* In English, the conditional is formed with the helping verb *would (I would buy a car . . .).* In Spanish, the conditional tense is a simple tense and no helping verb is used. Instead, the conditional of most Spanish verbs is formed by adding the conditional endings (**-ía, -ías, -ía, -íamos, -íais, -ían**) directly to the whole infinitive.

REGULAR FORMS OF THE CONDITIONAL
Most verbs in Spanish have regular forms in the conditional. All forms of the conditional have written accents.

HABLAR		COMER		VIVIR	
hablar**ía**	hablar**íamos**	comer**ía**	comer**íamos**	vivir**ía**	vivir**íamos**
hablar**ías**	hablar**íais**	comer**ías**	comer**íais**	vivir**ías**	vivir**íais**
hablar**ía**	hablar**ían**	comer**ía**	comer**ían**	vivir**ía**	vivir**ían**

Do not attempt to translate the English word *would* into Spanish. The meaning of *would* is already expressed by using the conditional endings in Spanish.

¡Ellos nunca vivirían allí!	*They would never live there!*
¿Qué comprarías con diez mil pesos?	*What would you buy with ten thousand pesos?*

✳ The endings for the conditional are the same as those of the imperfect tense of **-er** and **-ir** verbs. Remember, however, that for the conditional these endings are added to the infinitive. Compare the sentences below:

Yo viviría en México.	*I would live in Mexico.*
Yo vivía en México.	*I used to live in Mexico.*

IRREGULAR FORMS OF THE CONDITIONAL

Some verbs do not use the entire infinitive to form the conditional tense. Instead, they add the conditional ending to irregular stems. The irregular stems of the conditional are identical to those of the future.

decir	**dir-**		
hacer	**har-**		
poder	**podr-**		
poner	**pondr-**	**-ía**	**-íamos**
querer	**querr-**	**-ías**	**-íais**
saber	**sabr-**	**-ía**	**-ían**
salir	**saldr-**		
tener	**tendr-**		
venir	**vendr-**		

The endings of regular and irregular forms of the conditional are the same.

Ellos no sabrían qué hacer.	*They wouldn't know what to do.*
Yo no viajaría en autobús.	*I would not travel by bus.*

MUDANZAS A PUERTO RICO STO. DOMINGO MIAMI, CALIFORNIA y LOCALES

CARIBE SHIPPING

DOT 1953 ICCMC 129443

24 DODSWORTH ST., BROOKLYN, N.Y.

MISCELÁNEA

The Conditional of *hay: habría*

A. The conditional of **hay** is **habría** (*there would be; would there be?*); **habría,** like **hay,** is always used in the singular form.

¿Cuántos guías habría en el viaje?	*How many guides would there be on the trip?*
Pues, habría dos o tres.	*Well, there would be two or three.*

B. You have now seen **hay, hubo, había, habrá, habría** and **haya.** Review their meanings below.

Hay muchos accidentes en esta esquina.	*There are a lot of accidents on this corner.*
Hubo un accidente aquí ayer.	*There was an accident here yesterday.*
Había tres coches en el accidente.	*There were three cars in the accident.*
¡Habrá otro accidente aquí pronto!	*There will be another accident here soon!*
Habría más accidentes durante mal tiempo, ¿no?	*There would be more accidents during bad weather, wouldn't there?*
Espero que no haya un accidente hoy.	*I hope (that) there won't be an accident today.*

PRÁCTICA

A. Cambios—¿Qué haría y dónde lo haría?

1. ¿Podría usted nadar de los Estados Unidos a Europa? ¿Podría Ud. caminar de aquí a la biblioteca? ¿Podría correr una cuadra sin parar? ¿arreglar una computadora? ¿leer un libro en chino? ¿contar de cero a cien en español? ¿explicar el subjuntivo a un compañero de clase? ¿tomar el sol cuando llueve?

2. ¿Adónde irían ustedes para comprar una cámara? ¿Adónde irían Uds. para arreglar su coche? ¿para hacer reservaciones de hotel? ¿para tomar el sol en diciembre? ¿para ver muchos animales diferentes? ¿para cambiar su dinero antes de hacer un viaje? ¿para sacar fotografías de animales exóticos?

B. ¿Harías esto durante tus vacaciones?

Starting with **Sí,...** or **No,...** and the conditional of the verb given, say whether or not you would do the following during your vacation.

> MODELO   viajar sin dinero
> **No, no viajaría sin dinero.**

1. hacer autostop
2. hacer reservaciones
3. llevar muchísimo equipaje
4. volar sin facturar las maletas

5. mandar tarjetas postales sin sellos
6. buscar paisajes lindos
7. parar en hoteles carísimos
8. visitar lugares exóticos

C. Charlas—¿Adónde te gustaría viajar?

1. ¿Te gustaría viajar a un país extranjero? ¿Qué país visitarías primero? ¿A qué país no viajarías? ¿Por qué no? ¿Tendrías miedo de viajar solo(-a) a un país extranjero? ¿Sería mejor viajar con un(a) amigo(-a)? ¿Viajarías sin mapa?
2. ¿Qué ciudad extranjera le interesaría visitar? ¿Qué le gustaría ver en...? ¿En qué país está...? ¿Qué lengua se habla en...? ¿Sería buena idea aprender la lengua antes de ir?

D. ¿Qué haríamos en estos lugares?

Using the conditional, say what we would do in the following places.

> MODELO   restaurante
> **Cenaríamos en un restaurante.**

1. hotel
2. museo
3. parque
4. ruinas
5. boletería
6. monumento
7. tintorería
8. carretera
9. aeropuerto
10. jardín zoológico
11. agencia de viajes
12. desierto

III. REVIEW OF PERSONAL PRONOUNS

(Repaso de los pronombres personales)

You have now learned five types of personal pronouns: *subject pronouns* (**Lecciones 1, 2,** and **9**), *prepositional pronouns* (**Lección 10**), *direct object pronouns* (**Lección 12**), *indirect object pronouns* (**Lección 16**), and *reflexive pronouns* (**Lección 18**). In this chapter you will review their forms and uses.

REVIEW OF THE USES OF PERSONAL PRONOUNS

Each type of personal pronoun has its own specific purpose in a sentence. Their uses are never interchangeable! Review these uses below.

A. SUBJECT PRONOUN ("Doer") It precedes the verb in an English sentence and controls the verb ending. It may be left out in Spanish.

(Ella) viaja mucho.   *She travels a lot.*

B.   DIRECT OBJECT PRONOUN ("Receiver") It answers *whom?* or *what?* after the verb.

Jacinto no la conoce.   *Jacinto doesn't know her.*

C.   INDIRECT OBJECT PRONOUN ("Receiver") It answers *to whom?* after the verb. (apply "to-test", **Lección 16, I**)

Sus primos le escriben.   *Her cousins write (to) her.*

D.   REFLEXIVE PRONOUN ("-self-pronoun") It is used when the action of a verb is "reflected" back on the subject (when the subject and the object are one and the same person or thing).

Ella siempre se escribe notas.   *She always writes herself notes.*

E.   PREPOSITIONAL PRONOUN It follows and is the object of a preposition.

Este recuerdo es para ella.   *This souvenir is for her.*

REVIEW OF THE FORMS OF THE PERSONAL PRONOUNS

Review and compare the forms of the personal pronouns in the chart below.

Subject	Direct Object	Indirect Object	Reflexive	Prepositional
yo	**me**	**me**	**me**	**mí**
tú	**te**	**te**	**te**	**ti**
usted	**lo, la**	**le**	**se**	**usted**
él	**lo**	**le**	**se**	**él**
ella	**la**	**le**	**se**	**ella**
nosotros	**nos**	**nos**	**nos**	**nosotros**
vosotros	**os**	**os**	**os**	**vosotros**
ustedes	**los, las**	**les**	**se**	**ustedes**
ellos	**los**	**les**	**se**	**ellos**
ellas	**las**	**les**	**se**	**ellas**

Ellos van a comprar un recuerdo para mí.   *They're going to buy a souvenir for me.*

Me visitaron en su último viaje.   *They visited me on their last trip.*

Estoy escribiéndoles unas tarjetas postales.   *I am writing them some postcards.*

No queremos perdernos en un país extranjero.   *We don't want to get lost in a foreign country.*

Estos boletos son para ellos.   *These tickets are for them.*

✳ The prepositional pronouns except for **mí** and **ti** have the same forms (but not the same uses) as subject pronouns.

✳ The direct object, indirect object and reflexive pronouns have the same form (but not the same use) except in the third persons singular and plural.

✳ Object pronouns (direct, indirect, reflexive) precede a conjugated verb and follow (are attached to) an infinitive or a present participle.

PRÁCTICA

A. Cambios—Un poco de todo

1. ¿Me gustaría darles una «A» a todos ustedes? ¿Me gustaría llevarlos a un país hispánico? ¿verlos otra vez en diez años?

2. ¿Le hablaría yo a un agente de viajes sobre un viaje a España? ¿Le hablaría a mi familia sobre un viaje a España? ¿les hablaría a los otros profesores de español? ¿a ustedes? ¿a un ladrón?

3. Su próximo viaje, ¿será con ellos (*otros dos estudiantes*)? Su próximo viaje, ¿será sin mí? ¿será con todos nosotros? ¿será con su familia? ¿Con quién será?

4. Después de ganar la lotería, ¿dejarías de ser estudiante? Después de ganar la lotería, ¿te comprarías muchas cosas? ¿te irías a otra ciudad? ¿les darías un poco a los pobres? ¿Me darías todo a mí? ¿darías una fiesta? ¿nos invitarías a una fiesta? ¿comprarías regalos para nosotros?

B. Charlas—¿Cómo viajarías?

1. ¿Te interesaría viajar a Sudamérica? ¿Lo harías sólo(-a)? ¿Preferirías viajar con nosotros? ¿Pagarías por nosotros? ¿Comprarías un recuerdo para nosotros? ¿Para quién lo comprarías?

2. ¿Te gustaría siempre viajar en primera clase? ¿Qué se necesita para viajar en primera clase? ¿Es menos cómodo viajar en clase turista? ¿Te molesta tener que viajar en clase turista? ¿Es más rápido viajar en primera clase?

C. ¿Sabes qué parte del coche es?

Listen to your instructor and identify the part of a car which is being described.

MODELO   Las manos lo tocan mientras se maneja.
Es el volante.

1. Los usamos cuando paramos el coche.
2. Es algo que nos protege mientras manejamos.
3. Lo usamos si queremos ir más rápido.
4. Los usamos cuando manejamos por la noche.
5. Es bueno tenerlo si hace mucho calor.
6. Tiene letras y números y cada coche tiene una diferente.

D. Charlas—Las cartas y las tarjetas postales

1. ¿Cuál de tus amigos o parientes va a hacer un viaje pronto? ¿Te gustaría ir con él/ella? ¿Quieres que él/ella te mande una tarjeta postal durante el viaje? ¿Piensas escribirle a él/ella si tú viajas? ¿Sabes su dirección? ¿Sabe él/ella tu dirección?

2. ¿Van ustedes a mandarme una tarjeta postal si viajan a Hispanoamérica? ¿Qué describirían Uds. en la tarjeta? ¿En qué lengua la escribirían? ¿Me gustaría recibir una tarjeta de ustedes?

3. En general, ¿cuál es más larga, una carta o una tarjeta postal? ¿Cuál necesita más sellos? ¿Cuál se puede leer sin abrir el sobre? ¿Cuál prefieren mandar los turistas? ¿Por qué?

4. ¿Cuánto tiempo hace que hiciste un viaje? ¿A quiénes les escribiste durante el viaje? ¿Dónde llevabas la dirección de ellos? ¿Les compraste también un recuerdo de tu viaje?

¿Qué haría Ud. antes de viajar a un país hispano? Sería buena idea buscar la ayuda de algún agente de viajes para recibir de él los consejos e información necesaria. Hechas las reservaciones *(Reservations made)*, con los boletos y el pasaporte en mano, sólo necesitaría obtener dinero, comprar varios rollos de película y hacer su maleta. Con seguridad Ud. llevaría lo indispensable pero también se acompañaría de una buena actitud mental que le ofrecerían experiencias de primera clase durante su viaje. No hay más que decir ¡adiós y buen viaje!

COMUNICACIÓN Y ACTIVIDADES

I. COMUNICACIÓN

A. ¿Cuesta mucho viajar?

Starting with **Costaría(n) unos...**, say how much you think the following would cost you while traveling.

MODELO   diez galones de gasolina
            Costarían unos doce dólares.

1. un cuarto en el Holiday Inn
2. dos entradas para el teatro
3. cambiar el aceite del auto
4. cuatro llantas para un auto
5. comer tres veces al día
6. un rollo de película

B. Charlas—Viajando en coche

1. ¿Cuáles son dos compañías que alquilan autos? ¿Es más barato alquilar un auto con o sin aire acondicionado? ¿Cuál es más cómodo? ¿Más o menos cuánto cuesta alquilar un auto por un día? ¿Alquilarías un coche sin volante? ¿Sería posible manejarlo? ¿Es necesario tener una licencia para manejar para alquilar en coche?

2. ¿Tienes coche? ¿Está tu coche listo para hacer un viaje largo? ¿Qué debemos cambiar cada cuatro mil millas? ¿Es buena idea cambiar el aceite antes de hacer un viaje? ¿Es importante que las llantas estén en buenas condiciones? ¿Te gustaría chocar con otro coche? ¿Es peligroso hacerlo?

3. ¿A qué velocidad se debe manejar en las carreteras? ¿Es peligroso manejar demasiado rápido? ¿Nos recómienda la policía que usemos los cinturones de seguridad? ¿Hay que usarlos en este estado? (¿Qué recibiremos si no los usamos?) ¿Te molesta tener que usarlos? ¿Crees que es buena idea usarlos?

4. ¿Tienes un coche viejo? ¿Cuánto tiempo hace que lo compraste? ¿Funciona bien? ¿Quién lo arreglará si no funciona? ¿Llamarías a un mecánico para cambiar una llanta? ¿Por qué (no)?

C. Ejercicio de memoria—Preguntar, contestar y recordar

Favor de preguntar a... *(otro estudiante)*

1. si manejaría sin usar su cinturón de seguridad
2. cómo se protege contra los ladrones

D. Charlas—Te gusta viajar?

1. ¿A qué hora te gusta levantarte cuando viajas? ¿Te apuras de un lugar a otro o prefieres quedarte en un lugar por varios días? ¿Qué medio de transporte prefieres usar cuando viajas? ¿Por qué? ¿Te parece más interesante visitar el campo o una ciudad?

2. ¿Te gusta volar? ¿Te enfermas cuando vuelas? ¿Te da miedo volar? ¿Crees que es peligroso? ¿Qué medio de transporte es más peligroso, el coche o el avión? ¿Cuál prefieres tú? ¿Cuál es una aerolínea norteamericana? ¿Podrías decirme el nombre de una aerolínea extranjera? ¿De qué país es?

3. ¿Viajó Ud. en avión el año pasado? ¿Adónde fue? ¿Llevó cheques de viajero? ¿Cuántas maletas llevó? ¿La(s) facturó? ¿Cuesta mucho viajar? ¿Qué medio de transporte es el más barato?

4. ¿Viajabas mucho de niño(-a)? ¿A qué edad viajaste en avión por primera vez? ¿Con quién viajaste? ¿Adónde fuiste? ¿Cuánto tiempo duró el viaje? ¿Recuerdas el viaje? ¿Piensas viajar pronto?

E. Cuando se viaja ¿se permite o se prohibe esto?

MODELO   manejar a cien millas por hora en las autopistas
Se prohibe manejar a cien millas por hora en las autopistas.

1. manejar sin licencia
2. ir al Canadá sin pasaporte
3. volver de Europa con frutas y legumbres en el equipaje
4. manejar un coche sin placa
5. sacar fotografías de paisajes magníficos
6. traer y beber su propia cerveza en los aviones

El paisaje rural, con ausencia *(absence)* de caminos y carreteras, no impide *(prevents)* al campesino hacer sus viajes para llevar a cabo *(to carry out)* sus negocios o comprar su comida. Ellos tienen como fieles compañeros de transporte sus generosos burros o llamas. A los indios les toma mucho tiempo ir de un lugar a otro, pero si son pobres en dinero, no lo son en tiempo.

II. ACTIVIDADES

A.   ¡Vamos a viajar!
Bring in a travel ad from the newspaper. Tell your classmates all about the trip: where?, when?, how long?, how much? ...

B.   ¿Qué clase de hotel prefieres?
Outside of class prepare four questions that you might ask when arriving at a hotel (price, type and number of rooms, food, pool, etc.). One of your classmates will take the part of hotel manager and answer your questions.

DESCRIPCIÓN Y CONVERSACIÓN— UNA VISITA AL MUSEO

Study the following drawing. You may be asked to prepare questions, answer questions and/or write a short composition about it.

GRAMÁTICA OPCIONAL

THE IMPERFECT SUBJUNCTIVE AND IF CLAUSES

(El imperfecto del subjuntivo y las cláusulas que comienzan con si)

As you know, Spanish has two simple indicative past tenses (preterite and imperfect). The subjunctive has only one simple past tense, the imperfect (or past) subjunctive. In Spanish, the imperfect subjunctive has two main uses.

A. *THE IMPERFECT SUBJUNCTIVE AFTER A PAST TENSE EXPRESSION OF ATTEMPTED INFLUENCE, EMOTION OR DOUBT* In Spanish, the imperfect subjunctive is generally used to express situations or actions which follow a past tense expression of attempted influence, emotion or doubt.

He suggested that we study more. (attempted influence)
She was happy that we wrote her. (emotion)
I doubted that they knew the truth. (doubt)

B. *THE IMPERFECT SUBJUNCTIVE IN A CONTRARY-TO-FACT OR HYPOTHETICAL IF-CLAUSE* In Spanish, the imperfect subjunctive is generally used in an *if-clause* that expresses a contrary-to-fact or hypothetical action or situation.

If I were you, I . . . (contrary-to-fact)
If we had a million dollars, . . . (contrary-to-fact)
If they were to arrive today, . . . (hypothetical)

FORMATION OF THE IMPERFECT SUBJUNCTIVE

The imperfect subjunctive of all verbs (regular, stem-changing and irregular) is formed by dropping the **-ron** ending of the **ellos** form of the preterite indicative and by adding the imperfect **-ra** endings: **-ra, -ras, -ra, ́-ramos, -rais, -ran.**

ellos *form*   *imperfect*
of the preterite − **-ron** + **-ra** *ending = subjunctive*

HABLAR		COMER		VIVIR	
hablara	habláramos	comiera	comiéramos	viviera	viviéramos
hablaras	hablarais	comieras	comierais	vivieras	vivierais
hablara	hablaran	comiera	comieran	viviera	vivieran

All verbs in Spanish follow this same pattern when forming the imperfect subjunctive. Therefore, all irregularities, stem-changes and spelling changes which are present in the **ellos** form of the preterite will also be present in all persons of the imperfect subjunctive. Following are a few verbs illustrating this point.

Infinitive	*Preterite*	*Subjunctive*
decir	**dije**ron	**dijera, dijeras, dijera, dijéramos,...**
hacer	**hicie**ron	**hiciera, hicieras, hiciera, hiciéramos,...**
morir	**murie**ron	**muriera, murieras, muriera, muriéramos,...**
pedir	**pidie**ron	**pidiera, pidieras, pidiera, pidiéramos,...**
creer	**creye**ron	**creyera, creyeras, creyera, creyéramos,...**

GENERAL USE OF THE IMPERFECT SUBJUNCTIVE

A.   In Spanish, the imperfect subjunctive, like the present subjunctive, is used after an expression of attempted influence, emotion, or doubt provided there is a change of subject. Whereas the present subjunctive follows a main clause in the present tense, the imperfect subjunctive will follow a main clause in the past tense. Compare the uses of the present and of the imperfect (past) subjunctive in the following sentences.

Él sugiere que estudiemos más.	*He suggests that we study more.*
Él sugirió que estudiáramos más.	*He suggested that we study more.*
Es triste que no me escriba.	*It's sad that he doesn't write me.*
Era triste que no me escribiera.	*It was sad that he didn't write me.*

B.   English often uses an infinitive construction or an *-ing* form after an expression of attempted influence which is followed by a change of subject. In the same situation, Spanish regularly uses a two-clause construction connected by **que.**

Ella quería que yo fuera a casa.	*She wanted me to go home.*
¡Insistieron en que viniéramos!	*They insisted on our coming!*

C.   In Spanish, the imperfect subjunctive will sometimes translate into English as *might* or *would.*

¿Esperabas que yo pagara la cuenta?	*Did you hope that I might (would) pay the bill?*
¡No creíamos que él dijera tantas mentiras!	*We did not think he would tell so many lies!*

IMPERFECT SUBJUNCTIVE AFTER CONTRARY-TO-FACT IF CLAUSES

You have been using *if* clauses for some time now. Most *if* clauses in English and Spanish are expressed in the indicative. Following are some general rules about the uses of indicative or subjunctive in *if* clauses.

A.   *PRESENT TENSE IF CLAUSES* In Spanish, all present-tense *if* clauses are in the indicative.

Si Ana tiene dinero, lo gasta.	*If Ana has money, she spends it.*
Voy al cine si tengo tiempo.	*I'm going to the movies if I have time.*

B. *PAST TENSE* IF *CLAUSES* In Spanish, past tense *if* clauses may be in the indicative or in the subjunctive. When a past tense *if* clause refers to something hypothetical, contrary-to-fact or highly doubtful, and the independent clause contains the conditional, then the *if* clause will be in the imperfect subjunctive in Spanish. The independent clause will be in the conditional since it expresses what one would do or would say if a given situation were true.

Si yo fuera usted, yo no iría.	*If I were you, I would not go.*
Si tuviéramos un millón de	*If we had a million dollars, we would*
dólares, viajaríamos mucho.	*travel a lot.*

but

Ellos no salían si hacía frío.	*They didn't go out if it was cold.*
Yo siempre las llamaba si estaban	*I always called them if they were*
enfermas.	*sick.*

✳ **Hubiera** is the imperfect subjunctive of **hay.** The phrase **Si hubiera...** means *If there were ...* It is used together with a conditional verb form to express the existence of a contrary-to-fact or hypothetical situation or action.

Si hubiera comida aquí, yo la	*If there were some food here, I would*
comería.	*eat it.*
Yo me alegraría si hubiera menos	*I would be happy if there were fewer*
exámenes.	*exams.*

PRÁCTICA

A. El semestre pasado, ¿quería yo que ustedes hicieran esto?

Say whether or not your instructor wanted all of you to do the following.

> MODELO ¿Quería yo que ustedes estudiaran mucho?
> **Sí, Ud. quería que estudiáramos mucho.**

¿Quería yo que Uds. ...

1. vinieran tarde a clase?
2. leyeran sus lecciones con cuidado?
3. sacaran malas notas?

4. trajeran a sus amigos a clase?
5. aprendieran muchísimo?
6. hicieran toda su tarea?

B. ¿Qué harías si tuvieras esto?

Say what you would do in the following contrary-to-fact situations.

> MODELO ¿Qué harías si tuvieras mucha prisa?
> **Yo correría.**

¿Qué harías si tuvieras...

1. dolor de cabeza?
2. mucho sueño
3. mucha hambre?

4. un examen final?
5. un pasaporte y muchos cheques de viajero?
6. algunas cintas nuevas?

C. ¿Qué haría yo?

Say what you think your instructor would do in the following situations.

> MODELO si hiciera muchísimo frío
> **Si hiciera muchísimo frío, Ud. se pondría un abrigo.**

1. si lloviera (hiciera sol) ahora
2. si no hubiera clase hoy
3. si hiciera muchísimo calor (frío)

4. si alguien me diera un regalo
5. si yo tuviera un accidente
6. si mi amigo me pidiera dinero

La noticia de un desastre natural causado por terremotos, erupciones de algún volcán, inundaciones *(floods)* o huracanes siempre es triste porque los pobres parecen ser en su mayoría las víctimas que más sufren. El periódico que se ve en esta fotografía se refiere al *(refers to the)* terremoto que tuvo lugar en la ciudad de México en 1986, y durante el cual murieron más de veinte mil personas. ¿Qué desastre natural ha ocurrido en los últimos doce meses? ¿Conoce Ud. a alguien que ha sobrevivido *(has survived)* un desastre natural? ¿Qué pasó?

Se crearon las Naciones Unidas *(The United Nations were created)* para dar a las naciones del mundo la oportunidad de expresar y solucionar sus conflictos internacionales sin recurrir a *(without resorting to)* la guerra. Esta institución internacional trata de encontrar soluciones pacíficas y da la oportunidad a cada nación de expresarse ante los demás *(in front of the rest)*. En esta foto vemos a la representante de Nicaragua que se está quejando de la intervención estadounidense en su país. ¿Cree Ud. que esta organización tiene suficiente poder para resolver los diferentes y complejos *(complex)* problemas del mundo?

LAS NOTICIAS

Objetivos de la lección

Tema y cultura
1 To talk about the news and current events

Gramática
2 To use the present perfect indicative (*I have finished, he has eaten . . .*)

3 To use past participles as adjectives

The news

NOTAS CULTURALES

A. The Hispanic world has many different types of government. Spain, after decades under the dictatorship of Francisco Franco, has created a constitutional monarchy with democratic elections. Mexico claims to be a democratic state, even though one political party dominates. While some Hispanic countries have fairly long-standing democratic governments, many others have military dictatorships of capitalist, socialist or communist ideologies. Chile had a democracy until its elected Marxist president was overthrown by a military coup in 1973. Argentina had a succession of military dictatorships until its defeat by Great Britain in the 1982 war over the Falkland Islands discredited the military regime and led to the restoration of democratic elections in 1983.

B. Spanish American governments traditionally play a larger role in economic affairs than the United States government does. They often designate industries to be susidized and then formulate government policies for such industrial development. For example, Venezuela and Mexico both nationalized the petroleum industry to avoid exportation of profits by oil firms from the United States. Venezuela planned and developed a new industrial city with aluminum and steel mills.

Vocabulario

Verbos
asesinar   *to assassinate*
defender   *to defend*
discutir   *to discuss*
luchar   *to fight*
matar   *to kill*
mencionar   *to mention*
mostrar (ue)   *to show*
prometer   *to promise*
protestar   *to protest*
votar   *to vote*

Sustantivos
el **acontecimiento**
  happening

el **anuncio**   *commercial;*
  announcement;
  ad(vertisement)
el **asesinato**
  assassination, murder
el **asesino**/la **asesina**
  assassin, murderer, killer
la **bomba**   *bomb*
la **cámara de**
  representantes   *house*
  of representatives
la **campaña electoral**
  election campaign
el **candidato**/la **candidata**
  candidate
la **cárcel**   *prison*

la **censura**   *censorship*
el **ciudadano**/la **ciudadana**
  citizen
el **congreso**   *congress*
la **corte**   *court*
la **corte suprema**
  supreme court
la **crisis**   *crisis*
el **demócrata**/la **demócrata**
  democrat
el **desastre**   *disaster*
el **discurso**   *speech*
la **división**   *division*
la **droga**   *drug*
el **drogadicto**/la **drogadicta**
  drug addict

la manifestación, estar en contra de algo

el reportero y el candidato político

la mujer juez y el testigo

votar en las elecciones

el **ejemplo** *example*	el **partido político** *political party*	**Adjetivo**

el **ejemplo**   *example*
el **ejército**   *army*
la **elección**   *election*
el **funcionario**/la **funcionaria** *bureaucrat*
el **gobernador**/la **gobernadora** *governor*
el **gobierno**   *government*
la **guerra (civil)**   *(civil) war*
el **impuesto**   *tax*
el **juez**/la **juez**   *judge*
el **jurado**   *jury*
la **ley**   *law*
el **líder**/la **líder**   *leader*
la **manifestación**   *public protest, demonstration*
el **motín**   *riot*
el **noticiero**   *newscast*

el **partido político** *political party*
el **poder**   *power*
la **política**   *politics*
la **prensa**   *press*
el **proceso**   *trial; process*
el **reportero**/la **reportera** *reporter*
el **republicano**/la **republicana** *republican*
el **rey**/la **reina**   *king/ queen*
el **senado**   *senate*
el **senador**/la **senadora** *senator*
el **soldado**/la **mujer soldado**   *soldier*
el **terrorista**/la **terrorista** *terrorist*
el **testigo**/la **testigo**   *witness*

Adjetivo
actual   *current*

Preposición
en medio de   *in the middle of*

Expresiones
acabar de + *infinitive*   *to have just* + *past participle*
apagar   *to turn off (radio, TV . . .)*
estar a favor de   *to be in favor of*
estar en contra de   *to be against*
hoy (en) día   *nowadays*
lo que   *what; that which*
poner   *to turn on (radio, TV . . .)*
ya no   *no longer*

Práctica de vocabulario

¿Qué persona asocias con esto?

Using new vocabulary, tell what person you associate with each of the following.

1. la guerra
2. un noticiero
3. un proceso
4. la droga
5. el senado
6. el asesinato
7. una corte
8. un discurso

GRAMÁTICA Y PRÁCTICA

THE PRESENT PERFECT

(El presente perfecto)

In both English and Spanish, the present perfect is a compound tense (two-verb construction). In English the *present perfect* consists of the present tense of *to have* *plus the past participle* (verb form often, but not always, ending in *-ed*):

I have studied.
She has written.

Similarly, the Spanish *present perfect* is formed with the *present tense of the helping* verb **haber** *(to have) plus the past participle* (verb form usually, but not always, ending in **-do**):

(Yo) he estudiado.
Ella ha escrito.

I have studied.
She has written.

The Spanish present perfect generally corresponds to the English present perfect since they convey approximately the same meaning.

REGULAR FORMS OF THE PRESENT PERFECT

In English the past participle often ends in *-ed* (*I have finished*). Many English verbs, however, have irregular past participles (*I have written, paid, made, broken, fallen, known*, etc.). The past participle of most Spanish verbs is formed by adding **-ado** to the present tense stem of **-ar** verbs (**hablar → hablado**) and *-ido* to the present tense stem of **-er** and **-ir** verbs (**comer → comido, vivir → vivido**). Use the following formula to form the present perfect in Spanish.

Present Tense of **Haber** + *Past Participle* = *Present Perfect*

HABER		*PAST PARTICIPLE*	TO HAVE	*PAST PARTICIPLE*	
he	hemos	hablado	*I have*	*we have*	*spoken*
has	habéis	comido	*you have* (s)	*you* (pl) *have*	*eaten*
ha	han	vivido	*he, she, it has*	*you* (pl), *they have*	*lived*

The past participle always ends in **-o** when it follows a form of **haber.** It does not agree with the subject in gender or number. The verb **haber** agrees with the subject of the sentence.

He vivido en muchos países.   *I have lived in many countries.*
Me han prometido un regalo.   *They have promised me a present.*
¡Ella ya me ha mostrado eso!   *She has already shown me that!*

✳ **Haber** and **tener** both mean *to have* but they are not interchangeable. **Haber** means *to have* only as a helping verb before a past participle. **Tener** means *to have* in a *possessive* sense.

He terminado la novela.   *I have finished the novel.*
Tengo la novela aquí.   *I have the novel here.*

✳ Notice the past participles of **ser** and **ir.**

¿Cómo ha sido este año?   *How has this year been?*
¿Adónde han ido?   *Where have they gone?*

✳ The helping verb **haber** and the past participle are not usually separated by another word as is often the case in English. Negative words and object pronouns usually precede **haber.**

Siempre le he hablado en francés.   *I have always spoken to him in French.*
Ya hemos votado.   *We have already voted.*

✳ An accent mark is used on **-ido** when the stem ends in **-a, -e** or **-o** (**traído, leído, caído, oído, creído**).

✳ The idiomatic phrase **acabar de** means *to have just.* **Acabar de** is always followed by an infinitive and not by a past participle as in English. Compare the following sentences.

¡Alguien acaba de robar el banco!   *Someone has just robbed the bank!*
Acabo de ver esa película.   *I have just seen that movie.*

IRREGULAR FORMS OF THE PRESENT PERFECT

There are only a few irregular past participles in Spanish. They include:

abrir	**abierto**	morir	**muerto**
cubrir	**cubierto**	poner	**puesto**
decir	**dicho**	romper	**roto**
escribir	**escrito**	ver	**visto**
hacer	**hecho**	volver	**vuelto**

¿Has abierto el paquete?	*Have you opened the package?*
¿Qué han hecho?	*What have they done?*

＊ The present perfect of **hay** is **ha habido.**

Ha habido muchos desastres naturales este año.	*There have been many natural disasters this year.*

PRÁCTICA

A.   Cambios—Las noticias de este mes

1. Este mes, ¿han mencionado los periódicos el nombre del presidente de nuestro país? ¿Han dicho los periódicos algo sobre el Congreso? ¿Han mostrado fotografías de algún desastre? ¿Han escrito mucho sobre la Guerra Civil de los Estados Unidos?

2. Este mes, ¿hemos oído algo sobre una crisis en Panamá? ¿Hemos leído algo sobre una manifestación en algún lugar? ¿Hemos visto fotografías de un terremoto en Arizona? ¿Nos hemos enojado con el líder de otro país? ¿Nos hemos aburrido con algunas noticias?

B.   Profesiones y empleos—¿Qué ha hecho recientemente cada una de estas personas?

Say what you think each of the following people has done recently. Try not to use any one verb more than once.

MODELO   cocinero
Ha preparado una comida.

1. un camarero	**5.** una locutora	**9.** un mecánico
2. un asesino	**6.** un político	**10.** un beisbolista
3. una actriz	**7.** un banquero	**11.** un ladrón
4. un peluquero	**8.** una dependienta	**12.** un funcionario

C. Charlas—La presidencia

1. ¿Más o menos cuántos presidentes hemos tenido en nuestro país? ¿Han sido todos excelentes? ¿Han muerto algunos de ellos en la presidencia? ¿Han querido muchos de ellos ayudar a nuestro país?

2. ¿Quién fue presidente en el siglo XVIII? ¿y en el siglo XIX? ¿y en el siglo actual? En su opinión, ¿quién ha sido nuestro mejor presidente? ¿Por qué? En su opinión, ¿será una mujer presidenta algún día?

3. ¿Cuántos años hay que tener para ser presidente de este país? ¿Hay que ser ciudadano de este país? ¿Dónde hay que nacer para ser presidente? ¿Cuántas veces se puede ser presidente? ¿Qué presidente ha ganado las elecciones cuatro veces?

D. ¿Ha hecho esto nuestro presidente?

MODELO   enojarse con otro país
Sí, se ha enojado con otro país.

1. prometernos muchas cosas   **4.** tomar parte en una manifestación

2. ayudar a la gente pobre   **5.** dar un discurso en esta universidad

3. besar a muchos bebés   **6.** ver a la reina de Inglaterra

E. Charlas—Las noticias en general

1. ¿Quién ha visto algún noticiero en la televisión esta semana? ¿Quién es tu locutor favorito? ¿Qué locutor no te gusta? ¿De qué hora a qué hora hay noticias nacionales en la televisión? ¿Piensas ver las noticias esta noche? ¿Las viste anoche? En general, ¿qué piensas de las noticias?

2. ¿Qué acontecimiento importante ocurrió este mes? ¿Dónde tuvo lugar? ¿Cómo lo supiste? ¿Todavía están hablando de ese acontecimiento en la televisión? ¿Podrías explicar el acontecimiento a otra persona?

II. PAST PARTICIPLES USED AS ADJECTIVES

(Los participios pasados
usados como adjetivos)

In both English and Spanish, the past participle is often used as an adjective to modify a noun. When used as an adjective, the Spanish past participle must agree in number and gender with the noun it modifies.

La maleta cerrada es de Pepe.	*The closed suitcase is Pepe's.*
El sillón roto costó cien dólares.	*The broken chair cost one hundred dollars.*

The verb **estar** is frequently used with the past participle *to describe a condition which is the result of a previous action.* When used with **estar,** the past participle must agree in gender and number with the noun or pronoun it modifies.

Las ventanas están abiertas.	*The windows are open.*
El edificio está cerrado hoy.	*The building is closed today.*

PRÁCTICA

A. ¿Qué es? ¿Puedes identificarlo?

MODELO   algo prohibido
el asesinato, manejar a cien millas por hora,...

1. un pintor bien conocido
2. un político aburrido
3. una actriz divorciada
4. una ciudad contaminada
5. algo descubierto en 1492

6. un coche hecho en Francia
7. algo visto en la televisión
8. algo inventado en el siglo actual
9. un líder político muy respetado
10. un escritor español muy conocido

B. Cambios—Un poco de todo

1. ¿Cuál es el nombre de un beisbolista muerto? ¿Cuáles son los nombres de dos actrices muertas? ¿de tres presidentes muertos? ¿de una escritora muerta? ¿de un dictador muerto?

2. ¿Cuál es un vino hecho en Italia? ¿Cuál es una cerveza hecha en Alemania? ¿y un televisor hecho en el Japón? ¿un reloj hecho en Suiza?

3. ¿Está abierta o cerrada la puerta de esta clase? ¿Están abiertas las ventanas? ¿y tu libro? ¿el cuaderno de... (otro estudiante)? ¿mi libro? ¿mis manos? ¿los ojos de... (otro estudiante)?

4. ¿Estás tú vivo(-a) o muerto(-a)? ¿y Betsy Ross? ¿Albert Einstein? ¿... y... (otros dos estudiantes)? ¿yo? ¿todos ustedes?

C. Charlas—Las elecciones

1. ¿Has recibido alguna vez una carta firmada por un candidato político? ¿La recibiste durante su campaña electoral? ¿Era la carta de un político bien conocido? ¿Quién fue? Generalmente, ¿cuándo están más preocupados los candidatos, antes o después de las elecciones? ¿Crees que ellos están cansados durante las campañas electorales?

2. ¿Has votado alguna vez? ¿Qué edad hay que tener para votar? ¿Más o menos de qué hora a qué hora están abiertos los lugares para votar? Por lo general, ¿estamos parados o sentados cuando votamos? ¿Estamos solos o con otra persona? ¿Es buena idea estar despiertos cuando votamos?

En esta fotografía vemos al rey Juan Carlos con su atractiva esposa la reina Sofía.
Aquí están representando a su país en actividades sociales de orden oficial *(of an
official nature)*. Estas responsabilidades pasarán a su hijo mayor que algún día
será rey de España. El rey de España, como los otros de Europa, no es un
monarca absoluto; no es el creador de las leyes de su páis, sino más bien el
defensor *(but rather the defender)* de ellas, símbolo del gobierno español y de una
herencia orgullosa *(proud heritage)*.

COMUNICACIÓN Y ACTIVIDADES

I. COMUNICACIÓN

A.   Charlas—Problemas actuales del mundo

1. ¿Es peligroso viajar por el mundo hoy día? ¿Temes que un terrorista ponga una bomba
cerca de ti? ¿Qué medio de transporte te parece más seguro? ¿Hay muchos terroristas
por aquí? ¿En qué países piensas cuando oyes la palabra *terrorista*?

2. ¿Piensas viajar al extranjero algún día? ¿De qué tienes miedo en el extranjero? ¿A
qué país no viajarías hoy día? ¿Por qué? ¿Qué harías para protegerte en el extranjero?
¿Piensas que es mejor quedarse aquí en los Estados Unidos?

B. ¿Han hecho esto los locutores de la televisión?

Say whether or not you think the television announcers have done the following.

> MODELO   darnos malas noticias
> **Sí, nos han dado malas noticias.**

1. decirnos la verdad
2. decirnos si va a llover
3. hablar de los motines en África
4. dormirse durante el noticiero
5. inventar las noticias
6. mencionar acontecimientos importantes

C. Charlas—Las leyes y las cortes

1. ¿Quién se viste de negro en un proceso? ¿Cómo se llama el grupo que decide si una persona es inocente o no? ¿Quién hace esta decisión si es un proceso sin jurado? Generalmente, ¿cuántas personas hay en un jurado? ¿Quién defiende al criminal? ¿Adónde va el criminal si es culpable?

2. ¿Cuántos jueces hay en la Corte Suprema de los Estados Unidos? ¿Hay una mujer en la Corte Suprema? ¿Cómo se llama? ¿Tiene esta corte mucho poder? ¿Han hecho decisiones muy importantes estos jueces? ¿Están ellos siempre de acuerdo con el presidente del país? ¿Tienen que hacer lo que quiere el presidente? ¿Tiene el presidente que obedecer las decisiones de la Corte Suprema?

3. ¿Tenemos prensa libre en este país? ¿Qué existe si no hay prensa libre? ¿Te gustaría vivir en un país con censura? ¿Qué no se puede hacer cuando hay censura? ¿Puedes darnos el nombre de dos países con censura? En estos países, ¿quién decide lo que se lee en los periódicos?

D. Nuestros representantes en el congreso—¿Han hecho esto muchas veces o casi nunca?

> MODELO   pedirnos dinero
> **(Ellos) Nos han pedido dinero muchas veces.**

1. cambiar algunas leyes
2. ser honestos
3. gastar el dinero del país
4. decir lo que queremos oír
5. prometer un futuro mejor
6. tener reuniones
7. votar a favor de los impuestos altos
8. dar discursos
9. querer nuestros votos
10. tratar de ayudar a los pobres

E. Charlas—Un poco sobre los gobiernos y los ejércitos

1. ¿Qué forma de gobierno te parece la mejor? ¿Cuál te parece la peor? ¿Qué forma de gobierno tiene Inglaterra? ¿y Rusia? ¿Cómo llamamos al líder de una monarquía? ¿y al líder de una democracia? En tu opinión, ¿qué país tiene un dictador?

2. ¿Podría existir este país sin ejército? ¿En cuántas guerras hemos estado en este siglo? ¿Contra quiénes luchamos en la Segunda Guerra Mundial? ¿Hemos ganado todas las guerras de este siglo?

3. ¿Es divertido ser soldado? ¿Es peligroso? ¿Gana un soldado mucho dinero? ¿Deberíamos pagarle más? ¿Cuántos años hay que tener para ser soldado? ¿Dónde sería muy peligroso ser soldado hoy en día?

4. ¿Cuántos años hace que tuvimos una guerra? ¿Acabamos de tener una guerra mundial? Más o menos, ¿cuántos años hace que tuvimos una guerra mundial? ¿Es posible que tengamos otra en este siglo?

En la historia de Hispanoamérica ha habido una larga lucha para adquirir los derechos humanos *(to acquire human rights)*. Desgraciadamente *(Unfortunately)* hay mucha gente que todavía no los tiene. Han ocurrido numerosos asesinatos de ciudadanos y funcionarios del gobierno. Para defender sus derechos, los ciudadanos protestan en las calles y los policías los ponen en la cárcel o tiran *(fire)* bombas de gas para dispersar las masas. Es siempre triste cuando esto ocurre. Pero según muchos, vale la pena sufrir *(it's worth suffering)* para conseguir los derechos básicos que son una parte integral de una sociedad democrática.

II. ACTIVIDADES

A.   Las noticias actuales

Bring in a newspaper or magazine clipping about a major news story. Show the headline to your group and ask four to six already prepared questions about the news item.

B.   Situaciones

Describe the following situations.

1. Tell your classmates that you are sure that there was an earthquake last night. Say that you were watching TV when you felt something. Say that it happened in the middle of your favorite show but that you turned the TV set off and left the house right away.

2. Say that you haven't turned on the TV this week because you don't like the news recently. Say that you have seen too many riots, protests and natural disasters this month. Then say that it is sad that television does not show more good news.

3. Say that you think the leaders of the United States and the Soviet Union should have a meeting in order to discuss their problems. Then say that you cannot understand why these two countries cannot get along. Say that you want them to stop being so stubborn.

C.   ¿Qué sabes de este acontecimiento político?
Choose any major political world event and prepare eight to ten sentences describing
it (who, what, when, where, how, etc.). Tell your group about the event. Maintain eye
contact and do not simply read your sentences.

DESCRIPCIÓN Y CONVERSACIÓN—UN DÍA EN EL PARQUE

Study the following drawing. You may be asked to prepare questions, answer questions
and/or write a short composition about it.

Las grandes civilizaciones indias de Hispanoamérica

En el siglo XVI, cuando los españoles comenzaron sus exploraciones en el
continente americano, encontraron algunas civilizaciones indias con un
nivel° de desarrollo y expansión incalculable. A pesar de que° existía un
gran número de pequeñas tribus° indias en el territorio americano, muchas
⁵ ya habían desaparecido o se habían integrado a° las civilizaciones más
avanzadas. Las tres civilizaciones indias de mayor magnitud fueron la maya,
la azteca y la inca.

*level / **A...** Although*
tribes
habían... *had dis-*
appeared or had
been incorpo-
rated into

La civilización maya es la más antigua de todas éstas. Originada en Centroamérica, llegó a su apogeo° entre los años 317 y 899 d. C. De carácter
10 pacífico, los mayas adoraban° la naturaleza y desarrollaron un culto de los
cuerpos celestes° y de los elementos del tiempo. Los sacerdotes° constituían una clase especial; eran los astrónomos, los matemáticos, los profetas,
los ritualistas y los administradores. A los sacerdotes debemos° la invención

peak
worshiped
desarrollaron...
they developed a
worship of celes-
tialbodies / priests
we owe

El templo maya de Chichén Itzá

del calendario maya, que en algunos aspectos era más avanzado que el de
15 Europa en esa época. Los mayas empleaban° el papel y una forma de
escritura jeroglífica.° También se destacaron° en la ciencia, la arquitectura,
el arte. Desgraciadamente°, su cultura comenzó a decaer° alrededor del
siglo IX d. C. y todavía no se sabe el por qué de la caída° de esta gran
civilización. Cuando los españoles llegaron a América, la civilización maya
20 ya había desaparecido.

made use of
escritura... *hiero-*
glyphic writing /
se... *distin-*
guished them-
selves
unfortunately / de-
cline
fall

Sin embargo, cuando Hernán Cortés se aventuró° a las costas de México
en 1519, la civilización azteca estaba en pleno apogeo.° Los aztecas aparecieron en la meseta central de México alrededor del año 1200 d. C. Guerreros y sanguinarios°, no lograron convivir° con las tribus vecinas y, en
25 1312 d. C., se establecieron en islas en medio del lago Texcoco; allí fundaron
la ciudad de Tenochtitlán (cuyo nombre significa «cerca del cactus»), sitio
actual de la ciudad de México.

ventured
en... *at its highest*
level

guerreros... *war-*
loving and blood-
thirsty / **no...** *they*
could not live
side by side

La sociedad azteca se dividía en clanes, cuyos representantes formaban
parte del consejo° de la tribu. El rey poseía° una autoridad absoluta. Los
30 sacerdotes y los militares constituían la nobleza y el resto del pueblo° la
clase obrera. Había también, como resultado de las conquistas aztecas, un
gran número de esclavos°; éstos hacían los trabajos inferiores y también
servían de víctimas para los dioses aztecas.

council / possessed
common people

slaves

El dios más importante de los aztecas era Huitzilopochtli, un dios con
35 una sed insaciable de sangre humana.° En su afán de complacer° a este
dios, los aztecas se dedicaban por completo a la guerra y a la adquisición
de nuevos territorios; cada conquista proporcionaba° al dios nuevas vícti-
mas. El dios azteca requería° miles de sacrificios al año; para la inaugura-
ción del templo de Huitzilopochtli en Tenochtitlán se ofreció a este dios
40 guerrero unas cincuenta mil víctimas en un día.

En contraste a su religión sangrienta,° los aztecas contaban con° una
lengua escrita y cultivaban un fuerte interés en la educación formal y en
la estética.° Moctezuma II era el emperador de los aztecas cuando los
españoles llegaron al continente americano. No creía en los aspectos san-
45 grientos de la religión azteca del momento y por eso esperaba la llegada°
de Quetzalcóatl, antiguo dios (parte hombre y parte divinidad°) que había
prometido° regresar victorioso para una fecha muy aproximada a° la llegada
de los españoles. Así es que°, cuando Hernán Cortés comenzó su marcha
hacia° la ciudad azteca, el emperador creyó que era el regreso del dios
50 Quetzalcóatl y les permitió a los conquistadores la entrada a la ciudad. Este
hecho° marcó el fin de la civilización azteca.

Unos años después, en 1532, Francisco Pizarro, otro conquistador es-
pañol, avanzó° hacia el sur y, en lo que hoy en día es el Perú, encontró el
extenso imperio inca. Los incas aparecieron alrededor del año 1200 d. C.
55 Durante el siglo XIII lograron extender sus fronteras y su cultura en todas
direcciones, resultando en una gran expansión territorial. A diferencia de
la civilización azteca, los incas consolidaron° a las tribus vecinas sin gran
derramamiento de sangre.° A los conquistados los incas les prometían
cierta independencia de gobierno y religión, bajo supervisión incaica°, a
60 cambio de una alianza pacífica°.

insaciable... insatiable for human blood/En... In their efforts to please
supplied
demanded

bloody/contaban... possessed
beauty

arrival
divinity
had promised/muy... on a date very close to
Así... That's how
toward
deed

advanced

consolidated
derramamiento... bloodshed of the Incas
a... in exchange for a peaceful alliance

Las ruinas de Machu Picchu, monumentos a la civilización de los incas

El imperio incaico gozaba de una organización total. Su emperador era considerado descendiente directo del sol, de ahí° su nombre *el Inca* «hijo del sol». La sociedad° inca estaba dividida en *ayllús*, unidad básica que compartía° un antepasado común. La tierra, las cosechas° y los bienes° se
65 dividían en proporción al número de miembros en el ayllú. Las tierras del imperio, y también sus ganancias°, se dividían en tres partes: una destinada al dios, otra para el Inca, y la última para los ayllús. El trabajo era obligatorio y el estado mantenía a los huérfanos°, a los enfermos y a los ancianos.

Se estima que alrededor del año 1500 d. C., el imperio inca fue devastado
70 por una gran epidemia, que aceleró su caída algunos años antes de la llegada de los españoles a la región.

hence
society
shared / harvests / property
earnings
orphans

Comprensión

1. ¿Qué encontraron los conquistadores cuando llegaron a América? ¿Dónde se originó la civilización maya? ¿Qué importancia tenían los sacerdotes? ¿Cuándo comenzó a decaer su civilización?

2. ¿Por qué fue importante el año 1519? ¿Por qué se establecieron los aztecas en islas en el lago Texcoco? ¿Qué se encuentra allí hoy? ¿Cómo se dividía la sociedad azteca? ¿Qué hacían los aztecas para complacer a su dios?

3. ¿Por qué les permitió Moctezuma la entrada a la ciudad a los españoles? ¿Qué importancia tuvo esto para la civilización azteca?

4. ¿Qué lograron los incas hacer en el siglo XIII? ¿Cómo trataban los incas a las tribus conquistadas?

5. ¿Qué importancia tenía el trabajo en la sociedad incaica? ¿Qué les pasaba a los huérfanos y a los enfermos? ¿Por qué comenzó a decaer su imperio? ¿Cuándo fue?

Conversación y composición

1. Define, discuss and/or write about each of the following words and phrases from the reading.
   a. *ayllús*
   b. *el Inca*
   c. Quetzalcóatl
   d. Tenochtitlán
   e. el calendario maya
   f. Huitzilopochtli

2. Discuss the social structure of the Incas.

3. Write a ten to twelve sentence composition summarizing and comparing the Aztec and Inca civilizations.

VERBOS

REGULAR VERBS

SIMPLE TENSES

INFINITIVE PRESENT PARTICIPLE PAST PARTICIPLE		INDICATIVE			
		PRESENT	**IMPERFECT**	**PRETERITE**	**FUTURE**
		I speak, do speak, am speaking, etc.	*I was speaking used to speak, spoke, etc.*	*I spoke, did speak, etc.*	*I shall (will) speak, etc.*
hablar	*to speak*	hablo	hablaba	hablé	hablaré
hablando	*speaking*	hablas	hablabas	hablaste	hablarás
hablado	*spoken*	habla	hablaba	habló	hablará
		hablamos	hablábamos	hablamos	hablaremos
		habláis	hablabais	hablasteis	hablaréis
		hablan	hablaban	hablaron	hablarán
comer		como	comía	comí	comeré
comiendo		comes	comías	comiste	comerás
comido		come	comía	comió	comerá
		comemos	comíamos	comimos	comeremos
		coméis	comíais	comisteis	comeréis
		comen	comían	comieron	comerán
vivir		vivo	vivía	viví	viviré
viviendo		vives	vivías	viviste	vivirás
vivido		vive	vivía	vivió	vivirá
		vivimos	vivíamos	vivimos	viviremos
		vivís	vivíais	vivisteis	viviréis
		viven	vivían	vivieron	vivirán

INDICATIVE	SUBJUNCTIVE		IMPERATIVE
CONDITIONAL	PRESENT	IMPERFECT	
I would speak, etc.	*(that) I (may) speak, etc.*	*(that) I (might) speak, etc.*	*speak don't speak let's speak*
hablaría	hable	hablara	
hablarías	hables	hablaras	habla (tú), no hables
hablaría	hable	hablara	hable Ud.
hablaríamos	hablemos	habláramos	hablemos
hablaríais	habléis	hablarais	—
hablarían	hablen	hablaran	hablen Uds.
comería	coma	comiera	
comerías	comas	comieras	come (tú), no comas
comería	coma	comiera	coma Ud.
comeríamos	comamos	comiéramos	comamos
comeríais	comáis	comierais	—
comerían	coman	comieran	coman Uds.
viviría	viva	viviera	
vivirías	vivas	vivieras	vive (tú), no vivas
viviría	viva	viviera	viva Ud.
viviríamos	vivamos	viviéramos	vivamos
viviríais	viváis	vivierais	—
vivirían	vivan	vivieran	vivan Uds.

PERFECT TENSES

INDICATIVE		
PRESENT PERFECT	**Past Perfect**	**FUTURE PERFECT**
I have spoken, etc.	*I had spoken, etc.*	*I shall (will) have spoken, etc.*
he has ha ⎱ hablado hemos ⎰ comido habéis vivido han	había habías había ⎱ hablado habíamos ⎰ comido habíais vivido habían	habré habrás habrá ⎱ hablado habremos ⎰ comido habréis vivido habrán

PROGRESSIVES

INDICATIVE	
I am speaking, etc.	*I was speaking, etc.*
estoy estás está ⎱ hablando estamos ⎰ comiendo estáis viviendo están	estaba estabas estaba ⎱ hablando estábamos ⎰ comiendo estabais viviendo estaban

STEM-CHANGING, SPELLING-CHANGING, AND IRREGULAR VERBS

INFINITIVE PRESENT PARTICIPLE PAST PARTICIPLE	INDICATIVE			
	PRESENT	**IMPERFECT**	**PRETERITE**	**FUTURE**
buscar (qu) buscando buscado	busco buscas busca buscamos buscáis buscan	buscaba buscabas buscaba buscábamos buscabais buscaban	busqué buscaste buscó buscamos buscasteis buscaron	buscaré buscarás buscará buscaremos buscaréis buscarán

INDICATIVE	SUBJUNCTIVE
CONDITIONAL PERFECT	**PRESENT PERFECT**

I would have spoken, etc.

habría
habrías
habría   { hablado
habríamos   comido
habríais   vivido
habrían

(that) I (may) have spoken, etc.

haya
hayas
haya   { hablado
hayamos   comido
hayáis   vivido
hayan

INDICATIVE	SUBJUNCTIVE		IMPERATIVE
CONDITIONAL	**PRESENT**	**IMPERFECT**	
buscaría	busque	buscara	
buscarías	busques	buscaras	busca (no busques)
buscaría	busque	buscara	busque Ud.
buscaríamos	busquemos	buscáramos	busquemos
buscaríais	busquéis	buscarais	—
buscarían	busquen	buscaran	busquen Uds.

STEM-CHANGING, SPELLING-CHANGING, AND IRREGULAR VERBS

INFINITIVE PRESENT PARTICIPLE PAST PARTICIPLE	INDICATIVE			
	PRESENT	**IMPERFECT**	**PRETERITE**	**FUTURE**
caer cayendo caído	caigo caes cae caemos caéis caen	caía caías caía caíamos caíais caían	caí caíste cayó caímos caísteis cayeron	caeré caerás caerá caeremos caeréis caerán
cerrar(ie) cerrando cerrado	cierro cierras cierra cerramos cerráis cierran	cerraba cerrabas cerraba cerrábamos cerrabais cerraban	cerré cerraste cerró cerramos cerrasteis cerraron	cerraré cerrarás cerrará cerraremos cerraréis cerrarán
comenzar (ie) comenzando comenzado	comienzo comienzas comienza comenzamos comenzáis comienzan	comenzaba comenzabas comenzaba comenzábamos comenzabais comenzaban	comencé comenzaste comenzó comenzamos comenzasteis comenzaron	comenzaré comenzarás comenzará comenzaremos comenzaréis comenzarán
conocer (zc) conociendo conocido	conozco conoces conoce conocemos conocéis conocen	conocía conocías conocía conocíamos conocíais conocían	conocí conociste conoció conocimos conocisteis conocieron	conoceré conocerás conocerá conoceremos conoceréis conocerán
contar (ue) contando contado	cuento cuentas cuenta contamos contáis cuentan	contaba contabas contaba contábamos contabais contaban	conté contaste contó contamos contasteis contaron	contaré contarás contará contaremos contaréis contarán
continuar continuando continuado	continúo continúas continúa continuamos continuáis continúan	continuaba continuabas continuaba continuábamos continuabais continuaban	continué continuaste continuó continuamos continuasteis continuaron	continuaré continuarás continuará continuaremos continuaréis continuarán

INDICATIVE	SUBJUNCTIVE		IMPERATIVE
CONDITIONAL	PRESENT	IMPERFECT	
caería	caiga	cayera	
caerías	caigas	cayeras	cae (tú), no caigas
caería	caiga	cayera	caiga Ud.
caeríamos	caigamos	cayéramos	caigamos
caeríais	caigáis	cayerais	—
caerían	caigan	cayeran	caigan Uds.
cerraría	cierre	cerrara	
cerrarías	cierres	cerraras	cierra (tú), no cierres
cerraría	cierre	cerrara	cierre Ud.
cerraríamos	cerremos	cerráramos	cerremos
cerraríais	cerréis	cerrarais	—
cerrarían	cierren	cerraran	cierren Uds.
comenzaría	comience	comenzara	
comenzarías	comiences	comenzaras	comienza, no comiences
comenzaría	comience	comenzara	comience Ud.
comenzaríamos	comencemos	comenzáramos	comencemos
comenzaríais	comencéis	comenzarais	—
comenzarían	comiencen	comenzaran	comiencen Uds.
conocería	conozca	conociera	
conocerías	conozcas	conocieras	conoce (tú), no conozcas
conocería	conozca	conociera	conozca Ud.
conoceríamos	conozcamos	conociéramos	conozcamos
conoceríais	conozcáis	conocierais	—
conocerían	conozcan	conocieran	conozcan Uds.
contaría	cuente	contara	
contarías	cuentes	contaras	cuenta (no cuentes)
contaría	cuente	contara	cuente Ud.
contaríamos	contemos	contáramos	contemos
contaríais	contéis	contarais	—
contarían	cuenten	contaran	cuenten Uds.
continuaría	continúe	continuara	
continuarías	continúes	continuaras	continúa (tú), no continúes
continuaría	continúe	continuara	continúe Ud.
continuaríamos	continuemos	continuáramos	continuemos
continuaríais	continuéis	continuarais	—
continuarían	continúen	continuaran	continúen Uds.

STEM-CHANGING, SPELLING-CHANGING, AND IRREGULAR VERBS

INFINITIVE PRESENT PARTICIPLE PAST PARTICIPLE	INDICATIVE			
	PRESENT	IMPERFECT	PRETERITE	FUTURE
creer (**y**) creyendo creído	creo crees cree creemos creéis creen	creía creías creía creíamos creíais creían	creí creíste creyó creímos creísteis creyeron	creeré creerás creerá creeremos creeréis creerán
dar dando dado	doy das da damos dais dan	daba dabas daba dábamos dabais daban	di diste dio dimos disteis dieron	daré darás dará daremos daréis darán
decir diciendo dicho	digo dices dice decimos decís dicen	decía decías decía decíamos decíais decían	dije dijiste dijo dijimos dijisteis dijeron	diré dirás dirá diremos diréis dirán
dormir (**ue, u**) durmiendo dormido	duermo duermes duerme dormimos dormís duermen	dormía dormías dormía dormíamos dormíais dormían	dormí dormiste durmió dormimos dormisteis durmieron	dormiré dormirás dormirá dormiremos dormiréis dormirán
empezar (**ie**) (**c**) empezando empezado	empiezo empiezas empieza empezamos empezáis empiezan	empezaba empezabas empezaba empezábamos empezabais empezaban	empecé empezaste empezó empezamos empezasteis empezaron	empezaré empezarás emperzará empezaremos empezaréis empezarán
estar estando estado	estoy estás está estamos estáis están	estaba estabas estaba estábamos estabais estaban	estuve estuviste estuvo estuvimos estuvisteis estuvieron	estaré estarás estará estaremos estaréis estarán

INDICATIVE	SUBJUNCTIVE		IMPERATIVE
CONDITIONAL	**PRESENT**	**IMPERFECT**	
creería	crea	creyera	
creerías	creas	creyeras	cree (tú), no creas
creería	crea	creyera	crea Ud.
creeríamos	creamos	creyéramos	creamos
creeríais	creáis	creyerais	—
creerían	crean	creyeran	crean Uds.
daría	dé	diera	
darías	des	dieras	da (tú), no des
daría	dé	diera	dé Ud.
daríamos	demos	diéramos	demos
daríais	deis	dierais	—
darían	den	dieran	den Uds.
diría	diga	dijera	
dirías	digas	dijeras	di (tú), no digas
diría	diga	dijera	diga Ud.
diríamos	digamos	dijéramos	digamos
diríais	digáis	dijerais	—
dirían	digan	dijeran	digan Uds.
dormiría	duerma	durmiera	
dormirías	duermas	durmieras	duerme (tú), no duermas
dormiría	duerma	durmiera	duerma Ud.
dormiríamos	durmamos	durmiéramos	durmamos
dormiríais	durmáis	durmierais	—
dormirían	duerman	durmieran	duerman Uds.
empezaría	empiece	empezara	
empezarías	empieces	empezaras	empieza (tú), no empieces
empezaría	empiece	empezara	empiece Ud.
empezaríamos	empecemos	empezáramos	empecemos
empezaríais	empecéis	empezarais	—
empezarían	empiecen	empezaran	empiecen Uds.
estaría	esté	estuviera	
estarías	estés	estuvieras	está (tú), no estés
estaría	esté	estuviera	esté Ud.
estaríamos	estemos	estuviéramos	estemos
estaríais	estéis	estuvierais	—
estarían	estén	estuvieran	estén Uds.

STEM-CHANGING, SPELLING-CHANGING, AND IRREGULAR VERBS

INFINITIVE PRESENT PARTICIPLE PAST PARTICIPLE	INDICATIVE			
	PRESENT	IMPERFECT	PRETERITE	FUTURE
haber habiendo habido	he has ha hemos habéis han	había habías había habíamos habíais habían	hube hubiste hubo hubimos hubisteis hubieron	habré habrás habrá habremos habréis habrán
hacer haciendo hecho	hago haces hace hacemos hacéis hacen	hacía hacías hacía hacíamos hacíais hacían	hice hiciste hizo hicimos hicisteis hicieron	haré harás hará haremos haréis harán
ir yendo ido	voy vas va vamos vais van	iba ibas iba íbamos ibais iban	fui fuiste fue fuimos fuisteis fueron	iré irás irá iremos iréis irán
jugar (ue) (gu) jugando jugado	juego juegas juega jugamos jugáis juegan	jugaba jugabas jugaba jugábamos jugabais jugaban	jugué jugaste jugó jugamos jugasteis jugaron	jugaré jugarás jugará jugaremos jugaréis jugarán
llegar (gu) llegando llegado	llego llegas llega llegamos llegáis llegan	llegaba llegabas llegaba llegábamos llegabais llegaban	llegué llegaste llegó llegamos llegasteis llegaron	llegaré llegarás llegará llegaremos llegaréis llegarán
oír oyendo oído	oigo oyes oye oímos oís oyen	oía oías oía oíamos oíais oían	oí oíste oyó oímos oísteis oyeron	oiré oirás oirá oiremos oiréis oirán

INDICATIVE	SUBJUNCTIVE		IMPERATIVE
CONDITIONAL	**PRESENT**	**IMPERFECT**	
habría	haya	hubiera	
habrías	hayas	hubieras	
habría	haya	hubiera	
habríamos	hayamos	hubiéramos	
habríais	hayáis	hubierais	
habrían	hayan	hubieran	
haría	haga	hiciera	
harías	hagas	hicieras	haz (tú), no hagas
haría	haga	hiciera	haga Ud.
haríamos	hagamos	hiciéramos	hagamos
haríais	hagáis	hicierais	—
harían	hagan	hicieran	hagan Uds.
iría	vaya	fuera	
irías	vayas	fueras	ve (tú), no vayas
iría	vaya	fuera	vaya Ud.
iríamos	vayamos	fuéramos	vayamos
iríais	vayáis	fuerais	—
irían	vayan	fueran	vayan Uds.
jugaría	juegue	jugara (-se)	
jugarías	juegues	jugaras (-ses)	juega (no juegues)
jugaría	juegue	jugara (-se)	juegue Ud.
jugaríamos	juguemos	jugáramos (-semos)	juguemos
jugaríais	jugéis	jugarais (-seis)	—
jugarían	jueguen	jugaran (-sen)	jueguen Uds.
llegaría	llegue	llegara	
llegarías	llegues	llegaras	llega (tú), no llegues
llegaría	llegue	llegara	llegue Ud.
llegaríamos	lleguemos	llegáramos	lleguemos
llegaríais	lleguéis	llegarais	—
llegarían	lleguen	llegaran	lleguen Uds.
oiría	oiga	oyera	
oirías	oigas	oyeras	oye (tú), no oigas
oiría	oiga	oyera	oiga Ud.
oiríamos	oigamos	oyéramos	oigamos
oiríais	oigáis	oyerais	—
oirían	oigan	oyeran	oigan Uds.

STEM-CHANGING, SPELLING-CHANGING, AND IRREGULAR VERBS

INFINITIVE PRESENT PARTICIPLE PAST PARTICIPLE	INDICATIVE			
	PRESENT	IMPERFECT	PRETERITE	FUTURE
pagar (gu) pagando pagado	pago pagas paga pagamos pagáis pagan	pagaba pagabas pagaba pagábamos pagabais pagaban	pagué pagaste pagó pagamos pagasteis pagaron	pagaré pagarás pagará pagaremos pagaréis pagarán
pedir (i, i) pidiendo pedido	pido pides pide pedimos pedís piden	pedía pedías pedía pedíamos pedíais pedían	pedí pediste pidió pedimos pedisteis pidieron	pediré pedirás pedirá pediremos pediréis pedirán
pensar (ie) pensando pensado	pienso piensas piensa pensamos pensáis piensan	pensaba pensabas pensaba pensábamos pensabais pensaban	pensé pensaste pensó pensamos pensasteis pensaron	pensaré pensarás pensará pensaremos pensaréis pensarán
perder (ie) perdiendo perdido	pierdo pierdes pierde perdemos perdéis pierden	perdía perdiás perdía perdíamos perdíais perdían	perdí perdiste perdió perdimos perdisteis perdieron	perderé perderás perderá perderemos perderéis perderán
poder (ue) pudiendo podido	puedo puedes puede podemos podéis pueden	podía podías podía podíamos podíais podían	pude pudiste pudo pudimos pudisteis pudieron	podré podrás podrá podremos podréis podrán
poner poniendo puesto	pongo pones pone ponemos ponéis ponen	ponía ponías ponía poníamos poníais ponían	puse pusiste puso pusimos pusisteis pusieron	pondré pondrás pondrá pondremos pondréis pondrán

INDICATIVE	SUBJUNCTIVE		IMPERATIVE
CONDITIONAL	**PRESENT**	**IMPERFECT**	
pagaría	pague	pagara	
pagarías	pagues	pagaras	paga (no pagues)
pagaría	pague	pagara	pague Ud.
pagaríamos	paguemos	pagáramos	paguemos
pagaríais	paguéis	pagarais	—
pagarían	paguen	pagaran	paguen Uds.
pediría	pida	pidiera	
pedirías	pidas	pidieras	pide (tú), no pidas
pediría	pida	pidiera	pida Ud.
pediríamos	pidamos	pidiéramos	pidamos
pediríais	pidáis	pidierais·	—
pedirían	pidan	pidieran	pidan Uds.
pensaría	piense	pensara	
pensarías	pienses	pensaras	piensa (tú), no pienses
pensaría	piense	pensara	piense Ud.
pensaríamos	pensemos	pensáramos	pensemos
pensaríais	penséis	pensarais	—
pensarían	piensen	pensaran	piensen Uds.
perdería	pierda	perdiera	
perderías	pierdas	perdieras	pierde (no pierdas)
perdería	pierda	perdiera	pierda Ud.
perderíamos	perdamos	perdiéramos	perdamos
perderíais	perdáis	perdierais	—
perderían	pierdan	perdieran	pierdan Uds.
podría	pueda	pudiera	
podrías	puedas	pudieras	
podría	pueda	pudiera	
podríamos	podamos	pudiéramos	
podríais	podáis	pudierais	
podrían	puedan	pudieran	
pondría	ponga	pusiera	
pondrías	pongas	pusieras	pon (tú), no pongas
pondría	ponga	pusiera	ponga Ud.
pondríamos	pongamos	pusiéramos	pongamos
pondrías	pongáis	pusierais	—
pondrían	pongan	pusieran	pongan Uds.

STEM-CHANGING, SPELLING-CHANGING, AND IRREGULAR VERBS

INFINITIVE PRESENT PARTICIPLE PAST PARTICIPLE	INDICATIVE			
	PRESENT	**IMPERFECT**	**PRETERITE**	**FUTURE**
prohibir (í) prohibiendo prohibido	prohíbo prohíbes prohíbe prohibimos prohibís prohíben	prohibía prohibías prohibía prohibíamos prohibíais prohibían	prohibí prohibiste prohibió prohibimos prohibisteis prohibieron	prohibiré prohibirás prohibirá prohibiremos prohibiréis prohibirán
proteger (j) protegiendo protegido	protejo proteges protege protegemos protegéis protegen	protegía protegías protegía protegíamos protegíais protegían	protegí protegiste protegió protegimos protegisteis protegieron	protegeré protegerás protegerá protegeremos protegeréis protegerán
querer queriendo querido	quiero quieres quiere queremos queréis quieren	quería querías quería queríamos queríais querían	quise quisiste quiso quisimos quisisteis quisieron	querré querrás querrá querremos querréis querrán
reír (i, i) riendo reído	río ríes ríe reímos reís ríen	reía reías reía reíamos reíais reían	reí reíste rió reímos reísteis rieron	reiré reirás reirá reiremos reiréis reirán
saber sabiendo sabido	sé sabes sabe sabemos sabéis saben	sabía sabías sabía sabíamos sabíais sabían	supe supiste supo supimos supisteis supieron	sabré sabrás sabrá sabremos sabréis sabrán
sacar (qu) sacando sacado	saco sacas saca sacamos sacáis sacan	sacaba sacabas sacaba sacábamos sacabais sacaban	saqué sacaste sacó sacamos sacasteis sacaron	sacaré sacarás sacará sacaremos sacaréis sacarán

INDICATIVE	SUBJUNCTIVE		IMPERATIVE
CONDITIONAL	**PRESENT**	**IMPERFECT**	
prohibiría	prohíba	prohibiera	
prohibirías	prohíbas	prohibieras	prohíbe (no prohíbas)
prohibiría	prohíba	prohibiera	prohíba Ud.
prohibiríamos	prohibamos	prohibiéramos	prohibamos
prohibiríais	prohibáis	prohibierais	—
prohibirían	prohíban	prohibieran	prohíban Uds.
protegería	proteja	protegiera	
protegerías	protejas	protegieras	protege (tú), no protejas
protegería	proteja	protegiera	proteja Ud.
protegeríamos	protejamos	protegiéramos	protejamos
protegeríais	protejáis	protegierais	—
protegerían	protejan	protegieran	protejan Uds.
querría	quiera	quisiera	
querrías	quieras	quisieras	quiere (tú), no quieras
querría	quiera	quisiera	quiera Ud.
querríamos	queramos	quisiéramos	queramos
querríais	queráis	quisierais	—
querrían	quieran	quisieran	quieran Uds.
reiría	ría	riera	
reirías	rías	rieras	ríe (tú), no rías
reiría	ría	riera	ría Ud.
reiríamos	riamos	riéramos	riamos
reiríais	riáis	rierais	—
reirían	rían	rieran	rían Uds.
sabría	sepa	supiera	
sabrías	sepas	supieras	sabe (tú), no sepas
sabría	sepa	supiera	sepa Ud.
sabríamos	sepamos	supiéramos	sepamos
sabríais	sepáis	supierais	—
sabrían	sepan	supieran	sepan Uds.
sacaría	saque	sacara	
sacarías	saques	sacaras	saca (tú), no saques
sacaría	saque	sacara	saque Ud.
sacaríamos	saquemos	sacáramos	saquemos
sacaríais	saquéis	sacarais	—
sacarían	saquen	sacaran	saquen Uds.

STEM-CHANGING, SPELLING-CHANGING, AND IRREGULAR VERBS

INFINITIVE PRESENT PARTICIPLE PAST PARTICIPLE	INDICATIVE			
	PRESENT	IMPERFECT	PRETERITE	FUTURE
salir saliendo salido	salgo sales sale salimos salís salen	salía salías salía salíamos salíais salían	salí saliste salió salimos salisteis salieron	saldré saldrás saldrá saldremos saldréis saldrán
seguir (i, i) (ga) siguiendo seguido	sigo sigues sigue seguimos seguís siguen	seguía seguías seguía seguíamos seguíais seguían	seguí seguiste siguió seguimos seguisteis siguieron	seguiré seguirás seguirá seguiremos seguiréis seguirán
sentire (ie, i) sintiendo sentido	siento sientes siente sentimos sentís sienten	sentía sentías sentía sentíamos sentíais sentían	sentí sentiste sintió sentimos sentisteis sintieron	sentiré sentirás sentirá sentiremos sentiréis sentirán
ser siendo sido	soy eres es somos sois son	era eras era éramos erais eran	fui fuiste fue fuimos fuisteis fueron	seré serás será seremos seréis serán
servir (i, i) sirviendo servido	sirvo sirves sirve servimos servís sirven	servía servías servía servíamos servíais servían	serví serviste sirvió servimos servisteis servieron	serviré servirás servirá serviremos serviréis servirán
tener teniendo tenido	tengo tienes tiene tenemos tenéis tienen	tenía tenías tenía teníamos teníais tenían	tuve tuviste tuvo tuvimos tuvisteis tuvieron	tendré tendrás tendrá tendremos tendréis tendrán

INDICATIVE	SUBJUNCTIVE		IMPERATIVE
CONDITIONAL	**PRESENT**	**IMPERFECT**	
saldría	salga	saliera	
saldrías	salgas	salieras	sal (tú), no salgas
saldría	salga	saliera	salga Ud.
saldríamos	salgamos	saliéramos	salgamos
saldríais	salgáis	salierais	—
saldrían	salgan	salieran	salgan Uds.
seguiría	siga	siguiera	
seguiría	sigas	siguieras	sigue (tú), no sigas
seguiría	siga	siguiera	siga Ud.
seguiríamos	sigamos	siguiéramos	sigamos
seguiríais	sigáis	siguierais	—
seguirían	sigan	siguieran	sigan Uds.
sentiría	sienta	sintiera	
sentirías	sientas	sintieras	siente (tú), no sientas
sentiría	sienta	sintiera	sienta Ud.
sentiríamos	sintamos	sintiéramos	sintamos
sentiríais	sintáis	sintierais	—
sentirían	sientan	sintieran	sientan Uds.
sería	sea	fuera	
serías	seas	fueras	sé (tú), no seas
sería	sea	fuera	sea Ud.
seríamos	seamos	fuéramos	seamos
seríais	seáis	fuerais	—
serían	sean	fueran	sean Uds.
serviría	sirva	sirviera	
servirías	sirvas	sirvieras	sirve (tú), no sirvas
serviría	sirva	sirviera	sirva Ud.
serviríamos	sirvamos	sirviéramos	sirvamos
serviríais	sirváis	sirvierais	—
servirían	sirvan	sirvieran	sirvan Uds.
tendría	tenga	tuviera	
tendrías	tengas	tuvieras	ten (tú), no tengas
tendría	tenga	tuviera	tenga Ud.
tendríamos	tengamos	tuviéramos	tengamos
tendríais	tengáis	tuvierais	—
tendrían	tengan	tuvieran	tengan Uds.

STEM-CHANGING, SPELLING-CHANGING, AND IRREGULAR VERBS

INFINITIVE PRESENT PARTICIPLE PAST PARTICIPLE	INDICATIVE			
	PRESENT	IMPERFECT	PRETERITE	FUTURE
tocar (qu) tocando tocado	toco tocas toca tocamos tocáis tocan	tocaba tocabas tocaba tocábamos tocabais tocaban	toqué tocaste tocó tocamos tocasteis tocaron	tocaré tocarás tocará tocaremos tocaréis tocarán
traer trayendo traído	traigo traes trae traemos traéis traen	traía traías traía traíamos traíais traían	traje trajiste trajo trajimos trajisteis trajeron	traeré traerás traerá traeremos traeréis traerán
ver viendo visto	veo ves ve vemos veis ven	veía veías veía veíamos veíais veían	vi viste vio vimos visteis vieron	veré verás verá veremos veréis verán
venir viniendo venido	vengo vienes viene venimos venís vienen	venía venías venía veníamos veníais venían	vine viniste vino vinimos vinisteis vinieron	vendré vendrás vendrá vendremos vendréis vendrán
volver (ue) volviendo vuelto	vuelvo vuelves vuelve volvemos volvéis vuelven	volvía volvías volvía volvíamos volvíais volvían	volví volviste volvió volvimos volvisteis volvieron	volveré volverás volveré volveremos volveréis volverán

INDICATIVE	SUBJUNCTIVE		IMPERATIVE
CONDITIONAL	**PRESENT**	**IMPERFECT**	
tocaría	toque	tocara	
tocarías	toques	tocaras	toca, no toques
tocaría	toque	tocara	toque Ud.
tocaríamos	toquemos	tocáramos	toquemos
tocaríais	toquéis	tocarais	—
tocarían	toquen	tocaran	toquen Uds.
traería	traiga	trajera	
traerías	traigas	trajeras	trae (tú), no traigas
traería	traiga	trajera	traiga Ud.
traeríamos	traigamos	trajéramos	traigamos
traeríais	traigáis	trajerais	—
traerían	traigan	trajeran	traigan Uds.
vería	vea	viera	
verías	veas	vieras	ve (tú), no veas
vería	vea	viera	vea Ud.
veríamos	veamos	viéramos	veamos
veríais	veáis	vierais	—
verían	vean	vieran	vean Uds.
vendría	venga	viniera	
vendrías	vengas	vinieras	ven (tú), no vengas
vendría	venga	viniera	venga Ud.
vendríamos	vengamos	viniéramos	vengamos
vendríais	vengáis	vinierais	—
vendrían	vengan	vinieran	vengan Uds.
volvería	vuelva	volviera	
volverías	vuelvas	volvieras	vuelve (tú), no vuelvas
volvería	vuelva	volviera	vuelva Ud.
volveríamos	volvamos	volviéramos	volvamos
volveríais	volváis	volvierais	—
volverían	vuelvan	volvieran	vuelvan Uds.

VOCABULARIO

The **vocabulario** includes all words that appear on chapter vocabulary lists in the text. Please note the following:

1. The boldface number after an entry refers to the lesson in which the word is first introduced. **LP** preceding a number refers to a *Lección preliminar*.
2. Where a verb is followed by more than one lesson number, the last refers to the lesson in which the infinitive was introduced; preceding numbers indicate the introduction of singular present tense verb forms.
3. In Spanish, **ch, ll** and **ñ** are considered separate letters. Therefore, words beginning with **ch, ll** and **ñ** are listed under separate headings following the letters **c, l** and **n** respectively. Likewise, within a word, **ch, ll** and **ñ** will also follow **c, l,** and **n** *respectively*.
4. Stem-changes are indicated by **(ie), (ue),** or **(i).**
5. The following abbreviations are used:

adj	adjective	*n*	noun
adv	adverb	*pl*	plural
conj	conjunction, connective	*poss*	possessive
d. o.	direct object	*prep*	preposition, prepositional
f	feminine	*pron*	pronoun
fam	familiar	*refl*	reflexive
form	formal	*recip*	reciprocal
i. o.	indirect object	*s*	singular
inf	infinitive	*subj*	subject
m	masculine	*v*	verb

Español-Inglés

A
a to; at (+ *clock time*) **4;**
  a cuadros checked
  (*design or pattern*) **12;**
  a eso de la(s)... at
  about, at around
  (+ *clock time*) **4; a**
  menos que unless **20;**
  a menudo often **4;**
  ¿a qué hora...? At
  what time ...? **4;**
  a pie on foot **4;**
  a tiempo on time **4;**
  a veces at times,
  sometimes **4;**

abierto open **5**
el **abogado**/la **abogada**
  lawyer **2**
abrazar to embrace, to
  hug **13**
el **abrigo** coat **12**
abril April **7**
abrir to open **10**
la **abuela** grandmother **3**
el **abuelo** grandfather **3;**
  los **abuelos**
  grandparents **3**
aburrido boring (*with* **ser**)
  1; bored (*with* **estar**)
  5

aburrirse to get bored
  18
acabar de (+ *inf*) to have
  just (+ *past participle*)
  22
académico academic **9**
acampar to camp, to go
  camping **14**
el **accidente** accident **19**
el **aceite** oil **11**
el **acelerador** accelarator
  21
acelerar to accelerate,
  speed up **11**
la **acera** sidewalk **6**

aconsejar to advise **19**

el **acontecimiento** happening **22**

acostarse (ue) to go to bed, to lie down **18**

la **actividad** activity **14**

el **actor** actor **LP1**

la **actriz** actress **LP1**

actual current **22**

actuar to act **11**

acuerdo: estar de acuerdo (con) to agree (with) **20**

adiós goodbye **LP2**

admirar to admire **12**

admitir to admit **10**

¿**adónde?** where?, to what place? **4**

adulto adult **8**

el **adulto/**la **adulta** adult **17**

la **aerolínea** airline **21**

el **aeropuerto** airport **21**

afeitarse to shave **18**

afuera outside **17**

las **afueras** suburbs **11**

la **agencia de viajes** travel agency **21**

el, la **agente de viajes** travel agent **21**

agosto August **7**

el **agua** *f* water **6**

ahora now **LP3**; **ahora mismo** right now **8**

ahorrar to save **20**

el **aire** air **8**; el **aire acondicionado** air conditioning **21**

el **ajedrez** chess **14**

al to the (*contraction of* **a** + **el**) **LP2**; **al** + *inf* on (upon) + –*ing* **9**; **al lado de** beside **5**

el **ala** *f* wing **16**

el **alcalde/**la **alcaldesa** mayor **11**

la **alcoba** bedroom **6**

alegrarse (de) to be happy (about), glad (about) **20**

alemán/alemana German **1**

Alemania Germany **2**

alérgico: ser alérgico a to be allergic to **19**

la **alfombra** rug, carpet **6**

algo something **5**

alguien somebody, anybody **5**

alguno (*shortened form* **algún**) some, any **11**

allí there **LP3**

el **almacén** department store **11**; el **almacén de descuento** discount store **11**

almorzar (ue) to eat lunch **15**

el **almuerzo** lunch **6**

alquilar to rent **21**

alto tall, high **1**

el **ama de casa** *f* homemaker, housewife **2**

amarillo yellow **7**

ambos both **19**

la **ambulancia** ambulance **19**

el **amigo/**la **amiga** friend **LP2**

la **amistad** friendship **18**

el **amor** love **18**

anaranjado orange **7**

anciano very old, ancient **3**

el **anillo** ring **12**

el **animal** animal **9**

anoche last night **14**

anteayer the day before yesterday **7**

antes beforehand **4**; **antes de** *prep* before **4**; **antes (de) que** *conj* before **20**

antiguo antique, ancient, old **21**

antipático not nice, unpleasant (*people*) **1**

el **antónimo** antonym **LP2**

el **anuncio** commercial; announcement; ad(vertisement) **22**

el **año** year **4**; **a los...años** at ... years of age **17**; **en años**

pasados in previous years **17**; **el año que viene** next year **7**; **tener...años** to be ... years old **8**;

apagar to turn off (*radio, TV, lights*) **22**

el **aparato doméstico** household appliance **10**

el **apartamento** apartment **6**

el **apellido** surname, last name **3**

aplaudir to applaud **14**

el **apodo** nickname **17**

aprender to learn **6, 10**

apurarse to hurry **18**

aquel, aquella that (over there) **2**; **en aquel entonces, en aquel tiempo** at that time **17**

aquí here; in here **LP3**

la **araña** spider **16**

el **árbol** tree **9**

la **ardilla** squirrel **9**

la **arena** sand **16**

el **arete** earring **12**

arreglar to fix; to arrange **21**

el **arroz** rice **15**

el **artículo** article (*of clothing, etc.*) **12**

el **ascenso** promotion **20**

el **ascensor** elevator **11**

asesinar to assassinate **22**

el **asesinato** assassination, murder **22**

el **asesino/**la **asesina** assassin, murderer, killer **22**

así thus, that way **16**; **así, así** so-so **LP2**

la **asignatura** school subject **17**

asistir (a) to attend **10**

asociar associate **7**

asombrado amazed **20**

la **aspiradora** vacuum cleaner **10**

el **aspirante**/la **aspirante** job applicant **20**
la **aspirina** aspirin **19**
el **ataque del corazón** heart attack **19**
el **atleta**/la **atleta** athlete **2**
  atrevido bold, daring **17**
  aumentar de peso to gain weight **15**
el **aumento (de sueldo)** raise **20**
el **autobús** bus; **en autobús** by bus **4**
la **autopista** expressway **11**
  autostop: hacer autostop to hitchhike **21**
la **avenida** avenue **11**
el **avión** airplane **4; en avión** by plane **4**
  ayer yesterday **7**
  ayudar to help **12**
el **azúcar** sugar **15**
  azul blue **7**

B
  bailar to dance **13**
el **baile** dance **14**
  bajar to go down **10; bajar de peso** to lose weight **15**
  bajo short (*stature*); low **1**
la **banana** banana **15**
el **banco** bench; bank (commercial) **9**
la **bandera** flag **7**
el **banquero**/la **banquera** banker **20**
  bañarse to bathe **18**
la **bañera** bathtub **10**
el **baño** bathroom **10**
  barato inexpensive, cheap **1**
el **barco** boat, ship **17**
el **barrio** neighborhood **11**
el **básquetbol** basketball **14**
el **basquetbolista**/la **basquetbolista** basketball player **2**
  bastante *adj* enough **2;** *adv* rather, quite; enough **2**

la **basura** trash, garbage **6; sacar la basura** to take out the garbage **17**
la **bata** robe **12**
el **bebé** baby **3**
  beber to drink **6, 10**
el **béisbol** baseball **14**
el **beisbolista**/la **beisbolista** baseball player **LP1**
  besar to kiss **13**
la **biblioteca** library **3**
la **bicicleta** bicycle **14; montar en bicicleta** to ride a bicycle **14**
  bien well, fine **LP2; estar bien vestido** to be well dressed **18; hablar bien de** to speak well of **20; bien educado** well-behaved **17**
el **bistec (bistec)** steak **15**
  blanco white **7**
la **blusa** blouse **12**
la **boca** mouth **13**
la **boda** wedding **18**
la **boletería** ticket office **21**
el **boleto** ticket (*travel*); el **boleto de ida y vuelta** round-trip ticket **21;** el **boleto simple** one-way ticket **21**
el **bolígrafo** ballpoint pen **LP3**
la **bomba** bomb **22**
  bonito pretty **1**
  borracho drunk **19**
el **borrador** eraser **LP3**
  borrar to erase **9**
el **bosque** forest **16**
la **bota** boot **12**
la **botella** bottle **15**
el **boxeo** boxing **14**
el **brazo** arm **13**
  brillante brilliant **LP2**
el **bróculi** broccoli **15**
  bueno good **1; buenos días** hello, good day **LP2; buenas tardes (noches)** good afternoon (night) **LP2**

la **bufanda** scarf (*for warmth*) **12**
el **burro**/la **burra** burro, donkey **16**
  buscar to look for, to seek **9**

C
el **caballo** horse **16**
la **cabeza** head **13**
  cada each, each and every **3**
  caer to fall **12; caerse** to fall down **19**
la **cafetería** cafeteria **9**
el **café** coffee **6**
los **calcetines** socks **12**
la **calculadora** calculator **20**
  caliente hot, warm **8**
el **calor** heat, warmth **8; hace (mucho) calor** it's (very) hot, warm (*weather*) **8; tener (mucho) calor** to be (very) hot (*one's reaction to temperature*) **8**
la **caloría** calorie **15**
los **calzoncillos** undershorts **12**
los **calzones** panties, underpants **12**
la **calle** street **6**
la **cama** bed **6; guardar cama** to stay in bed **19**
la **cámara** camera **21**
la **cámara de representantes** house of representatives **22**
la **camarera** waitress **15**
el **camarero** waiter **15**
  cambiar to change **20; cambiar de trabajo** to change jobs **20**
  caminar to walk **6, 9**
el **camino** road **11**
el **camionero**/la **camionera** truck driver **20**
la **camisa** shirt **12**

la **camiseta** T-shirt; undershirt **12**

el **camisón** nightgown **12**

la **campaña electoral** election campaign **22**

la **campesina** female farmer; farmer's wife **16**

el **campesino** farmer **16**

el **campo** country(side); field **11**

el **canal** channel (*TV, radio*) **4**; canal **5**

la **canción** song **2**

la **cancha** court, playing field (*sports*) **14**

el **candidato**/la **candidata** candidate **22**

cansado tired **5**

cansarse to get tired, to tire **18**

el, la **cantante** singer **LP1**

cantar to sing **11**

la **capital** capital **5**

la **cara** face **13**

la **cárcel** prison **22**

cariñoso loving, affectionate **3**

la **carne** meat **15**; la **carne de cerdo** pork **15**; la **carne de res** beef **15**

caro expensive **1**

la **carretera** highway **11**

la **carta** letter **9**; la **carta de recomendación** letter of recommendation **20**

la **cartera** purse **12**

el **cartero**/la **cartera** mail carrier **20**

la **casa** house **3**; a **casa** home (*after a verb of motion*) **4**; **en casa** at home **3**; la **casa de apartamentos** apartment house **6**

casado married **3**

casarse (con) to get married (to) **18**

casi almost **8**

castaño brown (*hair; eyes*) **7**

catorce fourteen **4**

la **cebolla** onion **15**

celoso jealous **18**

la **cena** dinner, supper (*evening meal*) **6**

cenar to eat dinner (supper) **9**

la **censura** censorship **22**

el **centavo** cent **4**

el **centro** center **5**; downtown **11**; el **centro comercial** shopping center **11**

Centroamérica Central America **5**

cepillarse to brush (*hair, teeth*) **18**

el **cepillo** brush **18**; el **cepillo de dientes** toothbrush **18**

cerca de near, close to **5**

el **cerdo**/la **cerda** pig **16**

el **cereal** cereal **15**

el **cerebro** brain **13**

cero zero **LP2**

cerrado closed **5**

cerrar (ie) to close **13**; **cerrar con llave** to lock **21**

la **cerveza** beer **6**

el **cesto de papeles** wastepaper basket **6**

el **cielo** sky **8**

cien one hundred **4**; **ciento** one hundred (*+ part of next hundred*) **6**

el **científico**/la **científica** scientist **2**

cierto true **LP2**

el **ciervo** deer **16**

el **cigarrillo** cigarette **19**

cinco five **LP2**

cincuenta fifty **4**

el **cine** movies, movie theater **4**

la **cinta** tape **14**

el **cinturón** belt **12**; el **cinturón de seguridad** seat belt **21**

la **cita** date; appointment **18**

la **ciudad** city **LP1**

el **ciudadano**/la **ciudadana** citizen **22**

claro light (*color*); clear **12**

la **clase** class; kind, type **LP2**; **¿qué clase de...?** what kind of ...? **6**; la **clase turista** tourist class **21**; **en primera clase** first class **21**

el **clima** climate **8**

la **cocina** kitchen **10**

cocinar to cook **10**

el **cocinero**/la **cocinera** cook **15**

el **cocodrilo** crocodile **16**

el **coche** car **2**; **en coche** by car **4**

la **coliflor** cauliflower **15**

la **colina** hill **16**

el **coliseo** arena; performance hall **14**

el **color** color **7**; **¿de qué color es...?** what color is ...?, what's the color of ...? **7**

la **combinación** slip **12**

el **comedor** dining room **10**

comenzar (ie) to begin **4, 13**

comer to eat **6, 10**

la **comida** food; meal; dinner **4**

como like **9**

¿cómo how? **LP3**; **¿cómo es...?** what's ... like? **LP3**; **¿cómo se dice...?** how do you (does one) say ...? **LP3**; **¿cómo se llama Ud.?** what's your name? **LP1**

la **cómoda** chest of drawers **6**

cómodo comfortable **6**

el **compañero**/la **compañera de clase** classmate **3**; el **compañero de cuarto** roommate **14**

complicado complicated **17**

el **compositor**/la

compositora composer **2**

comprar to buy **6, 9; comprar a crédito** to buy on credit **12; comprar al contado** to buy with cash **12**

comprender to understand **10**

comprometido: estar comprometido to be engaged **18**

común common **4**

con with **1; con cuidado** carefully **20; con frecuencia** frequently **8 ¿con qué frecuencia...?** how often ...?, how frequently ...? **10; con tal (de) que** provided that **20**

el **concierto (de rock)** (rock) concert **14**

la **conferencia** lecture; conference **9**

el **congelador** freezer **10**

el **congreso** congress **22**

conmigo with me **10**

conocer to know, to be acquainted with (*people, places*) **11**

el **conocido**/la **conocida** acquaintance **3**

conseguir (i) to get, obtain **20; conseguir trabajo** to get work, to get a job **20**

los **consejos** advice **16**

conservador/ conservadora conservative **1**

el **consultorio** consulting room (*of a doctor, dentist, attorney*) **19**

contado; comprar al contado to buy with cash **12**

el **contador**/la **contadora** accountant **20**

la **contaminación** pollution **8**

contaminado contaminated **11**

contar (ue) to count; to narrate, tell (*a story*) **13**

contento happy **5**

contestar to answer **9**

contigo with you *s fam* **10**

el **continente** continent **5**

contra against **20; estar en contra de** to be against **22**

la **copa** wineglass **15**

el **corazón** heart **13**

la **corbata** tie **12**

el **cordero** lamb **15**

correctamente correctly **9**

correr to run **10**

el **correr** running **14**

cortar to cut **15**

la **corte** court **22; la corte suprema** supreme court **22**

la **cortina** curtain **6**

corto short (*length*) **3**

la **cosa** thing, item **LP3**

la **costa** coast **5**

costar (ue) to cost **4, 13**

costumbre: de costumbre usually, generally **17**

crédito: comprar al crédito to buy on credit **12**

creador/creadora creative **1**

creer to believe **10**

la **crema de afeitar** shaving cream **18; la crema dental** toothpaste **18**

el **criado**/la **criada** servant **20**

el **crimen** crime **11**

el, la **criminal** criminal **2**

la **crisis** crisis **22**

cruzar to cross **13**

el **cuaderno** notebook **LP3**

la **cuadra** city block **11**

¿cuál? which? **LP1**

cuando *conj* when **4**

¿cuándo? when? **3**

¿cuánto? how much? **LP3**

¿cuántos? how many? **LP3**

cuarenta forty **4**

el **cuarto** quarter of an hour; room **4;** fourth **7;** el **cuarto doble** double room (room for two) **21;** el **cuarto para uno** single room (room for one) **21**

cuartro four **LP2**

cuatrocientos four hundred **6**

la **cuchara** spoon **15**

la **cucharita** teaspoon **15**

el **cuchillo** knife **15**

la **cuenta** bill **12**

el **cuerpo** body **13**

cuidar to take care **19**

la **culebra** snake **16**

el **cumpleaños** birthday **7**

cumplir to turn (number of years) **17**

la **cuñada** sister-in-law **3**

el **cuñado** brother-in-law **3**

el **cura** priest **2**

la **chaqueta** jacket, coat **12**

charlar to chat **9**

el **cheque** check **20;** el **cheque de viajero** traveler's check **21**

la **chica** girl **3**

el **chico** boy **3**

chino Chinese **1**

chocar (con) to bump, crash (into) **21**

el **chocolate** chocolate **15**

la **chuleta** chop (*pork, lamb*) **15**

D

dar to give **11; dar miedo** to scare **16; dar un paseo** to go for a walk **14**

de of, from, about **LP1; de costumbre** usually, generally **17; ¿de dónde?** from where? **LP1; de mediana edad** middle-aged **1; de nada** you're welcome **LP2;** **de niño(s)** as a child (as children) **17;** **¿de quién?** whose? (of whom?) **2;** **¿de qué color es...?** what color is ...?, what's the color of ...? **7;** **de qué marca es...?** what brand is ...? **7;** **de repente** suddenly **17;** **de todo** everything (*as object of verb*) **12;** **de vez en cuando** from time to time **11**

debajo *adv* underneath **5;** **debajo de** *prep* under, below, beneath **5**

deber should, ought to (+ *inf*); to owe **10**

débil weak **1**

la **década** decade **7**

decidir to decide **10**

décimo tenth **7**

decir to say, tell **12**

la **decisión** decision **20**

el **dedo** finger; toe **13**

defender to defend **22**

dejar to leave (behind) **12;** **dejar de** + *inf* to stop + –*ing* **18**

del of the, from the (*contraction of* **de** + **el**) **LP2**

delante de ahead of, in front of **5**

delgado slender, slim **1**

demasiado too; too much **2**

el, la **demócrata** democrat **22**

el, la **dentista** dentist **19**

dentro de inside of, in **5**

el **dependiente**/la **dependienta** salesclerk **11**

el **deporte** sport **8**

derecho straight ahead **13;** **a la derecha (de)** to the right (of) **5**

el **desastre** disaster **22**

desayunar to eat breakfast **15**

el **desayuno** breakfast **6**

descansar to rest **9**

desconocido unknown **1**

describir to describe **10**

descubrir to discover **17**

desear to want **9**

el **desempleo** unemployment **11**

deshonesto dishonest **2**

el **desierto** desert **16**

desnudo naked **12**

desobediente disobedient **17**

despacio slowly **6**

despedir (i) to fire (from a job) **20**

despedirse (i) (de) to say goodbye (to) **20**

despejado; Está (muy) despejado It's (very) clear (*weather*) **8**

el **despertador** alarm clock **17**

despertarse (ie) to wake up **18**

después *adv* afterward **4;** **después de** *prep* after **4**

la **desventaja** disadvantage **11**

detrás de behind, in back of **5**

devolver (ue) to return, to give back **13**

el **día** day **4;** **en esos días** in those days **17;** **todo el día** all day **9;** **todos los días** every day **4**

diciembre December **7**

el **dictador**/la **dictadora** dictator **2**

el **diente** tooth **13**

dieta; estar a dieta to be on a diet **13**

diez ten **LP2**

diez y nueve (diecinueve) nineteen **4**

diez y ocho (dieciocho) eighteen **4**

diez y seis (dieciséis) sixteen **4**

diez y siete (diecisiete) seventeen **4**

diferente different **2**

difícil difficult **LP3**

el **dinero** money **6**

la **dirección** address **21**

el **disco** record (*music*) **8**

la **discriminación** discrimination **20**

el **discurso** speech **22**

discutir to discuss **22**

el **diseñador**/la **diseñadora** designer **2**

diseñar to design **12**

distancia; ¿a qué distancia está(n)...? how far away is (are) ...? **21**

la **diversión** amusement **14**

divertido amusing, funny, fun **1**

la **división** division **22**

divorciarse to get divorced **18**

el **divorcio** divorce **18**

doblar to turn (*a page, a corner*) **13**

doce twelve **4**

el **doctor**/la **doctora** doctor **2**

el **dólar** dollar **4**

doler (ue) to ache, to be painful **19**

el **dolor: el dolor de cabeza** headache **8;** el **dolor de estómago** stomachache **8**

domingo Sunday **7**

el **dominó** dominoes **14**

donde *conj* where **6**

¿dónde? where? **3**

dormir (ue) to sleep **6, 13;** **dormir la siesta** to take a nap **20;** **dormirse (ue)** to fall asleep **18**

dos two **LP2**

doscientos two hundred **6**

la **droga** drug **22**

el **drogadicto**/la **drogadicta** drug addict **22**

la **ducha** shower **10**
  ducharse to shower, to take a shower **18**
  dudar to doubt **20**
  dudoso doubtful **20**
el **dueño**/la **dueña** owner **20**
el **dulce** candy **15**; los **dulces** sweets **15**
  durante during **9**
  durar to last **9**

E

e and (*replaces* **y** *before words beginning with* **i** *or* **hi 6**
la **edad** age **8**; **¿a qué edad...?** at what age ...? **17**; **de mediana edad** middle-aged **1**; **¿qué edad tiene Ud.?** how old are you? **8**
el **edificio** building **6**
el **ejecutivo**/la **ejecutiva** executive **20**
el **ejemplo** example **22**
el **ejercicio** exercise **14**; **hacer ejercicios** to exercise, to do exercises **14**
el **ejército** army **22**
  el *m s definite article* the **LP1**
  él *subj pron* he **1**; *prep pron* him, it (*m*) **10**
la **elección** election **22**
el **elefante**/la **elefanta** elephant **16**
  elegante elegant **12**
  ella *subj pron* she **1**; *prep pron* her, *f* **10**
  ellas *subj pron* they *f* **9**; *prep pron* them *f* **10**
  ellos *subj pron* they *m* **9**; *prep pron* them *m* **10**
  embarazada: estar embarazada to be pregnant **19**
  emborracharse to get drunk **19**
el **embotellamiento** traffic jam **11**

emocionante exciting **14**
empezar (ie) to begin **13**
el **empleado**/la **empleada** employee **20**
el **empleo** job, employment **2**
en in, on; at (+ *a place*) **LP3**; **en aquel entonces** at that time **17**; **en aquel tiempo** at that time **17**; **en autobús** by bus **4**; **en avión** by plane **4**; **en años pasados** in previous years **17**; **en coche** by car **4**; **en esos días** in those days **17**; **en este momento** right now, at this moment **11**; **en general** in general **2**; **en medio de** in the middle of **22**; **en punto** on the dot; sharp **4**; **en seguida** right away, at once **18**; **en su opinión...** in your (his, her, their) opinion ... **LP3**; **en total** all in all, as a total; in a word **17**; **en vez de** instead of **9**
enamorado: estar enamorado (de) to be in love (with) **18**
enamorarse (de) to fall in love with **18**
encantar to be delightful (to someone) **16**
encima de on top of **5**
encontrar (ue) to find **13**
enero January **7**
enfermarse to get sick **19**
la **enfermedad** illness, sickness **19**
el **enfermero**/la **enfermera** nurse **2**
enfermo sick **5**; **ponerse enfermo** to get sick **18**;
enfrente de in front of, opposite, facing **5**

engordar to be fattening **15**
enojado angry, mad **5**
enojarse to get angry **18**
la **ensalada** salad **15**
enseñar to teach **6, 9**
entender (ie) to understand **13**
entonces then **13**; **en aquel entonces** at that time **17**
la **entrada** entryway, entrance **10**; ticket (*movies, theater*) **14**
entrar (en, a) to enter **9**
entre between, among **5**
la **entrevista** interview **20**
entusiasmado enthusiastic, excited **20**
el **equipaje** luggage **21**
el **equipo** team **14**
equivocado mistaken, wrong **5**
la **escalera** stairs, staircase **10**
escribir to write **6, 10**; **escribir a máquina** to type **20**
el **escritor**/la **escritora** writer **2**
el **escritorio** desk **LP3**
escuchar to listen (to) **9**
la **escuela: la escuela primaria** elementary school **7**; **la escuela secundaria** high school **7**
ese, esa that (*used before nouns*) **LP3**
eso that (*in general*) **LP3**; **a eso de la(s)...** at around ... (+ *clock time*) **4**
esos, esas those **2**
esencial essential **20**
la **espalda** back (*of body*) **13**
España Spain **LP1**
el **español** Spanish (language) **LP3**
español española Spanish **1**
especial special **13**

la **especialidad** major (field of study) **9**

el **espectador** spectator **14**

el **espejo** mirror **18**

esperar to hope; to wait (for) **9**

la **esposa** wife **1**

el **esposo** husband **1**

esquiar to ski **14**

el **esquí** skiing **14**

la **esquina** corner (*of a city block*) **11**

estacionar to park **17**

la **estación** season **7;** la **estación de policía** police station **11**

el **estadio** stadium **14**

el **estado** state **LP1;** el **estado libre asociado** commonwealth **5**

los **Estados Unidos (EE.UU.)** The United States **LP1**

estadounidense American (from the United States) **3**

el **estante de libros** bookcase **9**

estar to be (*location; current states or conditions*) **5, 11; estar a...** (*time or distance*) **de...** to be ... (*time or distance*) from ... **11; estar a dieta** to be on a diet **13; estar a favor de** to be in favor of **22; estar a la moda** to be stylish, to be in style (*a person*) **12; estar bien (mal) vestido** to be well (badly) dressed **18; estar comprometido** to be engaged **18; estar de acuerdo (con)** to agree (with) **20; estar de moda** to be stylish, to be in style (*clothing*) **12; estar de vacaciones** to be on vacation **16; estar**

embarazada to be pregnant **19; estar en contra de** to be against **22; estar en forma** to be in shape **14; estar enamorado (de)** to be in love (with) **18; estar enojado** to be angry **18; ¿cómo está Ud.?** how are you? **5**

el **este** east **5**

este, esta this (*used before nouns*) **LP3**

el **estéreo** stereo **14**

esto this (*in general*) **LP3**

estos, estas these **2**

el **estómago** stomach **13**

la **estrella** star **16**

el **estudiante/la estudiante** student **LP2**

estudiar to study **6, 9**

los **estudios** studies **9**

estudioso studious **1**

la **estufa** stove **10**

Europa Europe **5**

europea European **3**

evidente evident **20**

el **examen** exam **3**

examinar to examine **19**

excelente excellent **LP2**

excepto except **10**

existir to exist **17**

explicar to explain **9**

extranjero foreign **9**

el **extranjero/la extranjera** foreigner **3; ir al extranjero** to go abroad **21**

extraño strange **20**

extrovertido extroverted, outgoing **17**

F

la **fábrica** factory **11**

fácil easy **LP3**

facturar to check (*luggage*) **21**

la **falda** skirt **12**

falso false **LP2**

faltar to be lacking **16**

la **familia** family **2**

famoso famous **1**

fantástico fantastic **1**

la **farmacia** pharmacy, drugstore **19**

los **faros** headlights **21**

fascinante fascinating **LP3**

favor: estar a favor de to be in favor of **22**

favorito favorite **1**

febrero February **7**

la **fecha** date **7**

feliz happy (*used with* **ser**) **17**

feo unattractive, ugly **1**

feroz wild **16**

el **fideo** noodle, pasta **15**

la **fiebre** fever **19**

fiel faithful **18**

la **fiesta** party **4** la **fiesta de cumpleaños** birthday party **17**

la **fila** row **7**

el **fin de semana** weekend **4**

final final **6**

la **finca** farm **16**

firmar to sign **20**

la **flor** flower **9**

el **folleto** brochure **21**

formal formal **12**

la **fotografía (la foto)** photograph (photo) **3; sacar fotografías** to take pictures **21**

Francia France **2**

el **francés** French (*language*) **LP3**

francés/francesa French **1**

la **frase** sentence; phrase **LP2**

frecuencia: con frecuencia frequently **8; ¿con qué frecuencia ...?** how often ...? **10**

frecuentemente frequently **4**

el **fregadero** sink (*kitchen, laundry*) **10**
los **frenos** brakes **21**
la **fresa** strawberry **15**
el **fresco** coolness **8; hace (mucho) fresco** it's (very) cool (*weather*) **8**
el **frijol** bean **15**
frío cold **8**
el **frío** cold **8; hace (mucho) frío** it's (very) cold (*weather*) **8; tener (mucho) frío** to be (very) cold (*one's reaction to temperature*) **8**
frito fried **15**
la **fruta** fruit **15**
fuera de outside of **9**
fuerte strong **1**
la **fuerza** strength **17**
fumar to smoke **19**
funcionar to run, work (*of a machine*) **10**
el **funcionario**/la **funcionaria** bureaucrat **22**
el **fútbol** soccer **14;** el **fútbol (norteamericano)** football (*U.S.*) **14**
el **futbolista**/la **futbolista** football or soccer player **2**
el **futuro** future **20**

G

las **gafas (de sol)** glasses (sunglasses) **12**
el **galón** gallon **21**
la **galleta** cookie **15**
la **gallina** hen **16**
el **gallo** rooster **16**
ganar to win; to earn **14**
la **ganga** bargain **12**
el **garaje** garage **10**
la **garganta** throat **19**
la **gasolina** gasoline **11**
la **gasolinera** gas station **11**
gastar to spend (*money*); to waste **20**

el **gato**/la **gata** cat **9**
generalmente generally **2**
la **gente** people **11**
la **geografía** geography **9**
el **gobernador**/la **gobernadora** governor **22**
el **gobierno** government **22**
el **golf** golf **14**
el **golfo** gulf **16**
gordo fat **1**
la **grabadora** tape recorder **14**
gracias thank you **LP2**
el **grado** grade (*in school*) **7**
la **graduación** graduation **17**
graduarse to graduate **20**
los **grafitos** graffiti **11**
la **gramática** grammar **9**
grande (**gran** *before a noun*) big, large; great **LP2**
gris gray **7**
gritar to yell, to scream **14**
el **grupo** group **2**
los **guantes** gloves **12**
guapo good-looking, handsome **1**
guardar: guardar cama to stay in bed **19**
la **guerra (civil)** (civil) war **22**
el **guía**/la **guía** tour guide; guidebook (*m*) **21**
el **guisante** pea **15**
la **guitarra** guitar **14**
gustar to be pleasing (*to someone*); to like **16** **¿le gusta(n)...?** do you like ...? **8; me gusta(n)...** I like ... **8**
el **gusto** taste **12**

H

la **habichuela verde** green bean **15**
el, la **habitante**/la **habitante** inhabitant **5**

hablar to speak, talk **6, 9; hablar bien (mal) de** to speak well (badly) of **20; hablar por teléfono** to talk on the phone **10**
hacer to do, to make **6, 9; hace (mucho) calor (fresco, frío, sol)** it's (very) hot (cool, cold, sunny) **8; hacer ejercicios** to exercise, to do exercises **14; hacer el autostop** to hitchhike **21; hacer las maletas** to pack **21; hacer un picnic** to go on a picnic **14; hacer un viaje** to go on a trip **21; hacer una pregunta** to ask a question **13**
el **hambre** (*f*) hunger **8**
la **hamburguesa** hamburger **15**
hasta until; as far as, up to **9; hasta luego** see you later **LP2; hasta mañana** see you tomorrow **LP2**
hay there is, there are, is there?, are there? **LP3; hay que** + *inf* one has to, it is necessary to + *inf* **12**
el **helado** ice cream **6**
la **hermana** sister **3**
el **hermano** brother **3**
el **hielo** ice **15**
la **hierba** grass **9**
la **hija** daughter **3**
el **hijo** son **3**
hispánico, hispano Hispanic **5**
la **historia** history **9**
la **hoja** leaf **16**
hola hi **LP2**
el **hombre** man **1;** el **hombre de negocios** businessman **2**
honesto honest **2**

la **hora** hour; time (*clock time*) **4; ¿a qué hora...?** at what time ...? **4; ¿qué hora es?** what time is it? **4**
el **horario** schedule **LP3**
el **horno** oven **10**
el **hospital** hospital **19**
el **hotel** hotel **21**
hoy today **3; hoy (en) día** nowadays **22**
el **huevo** egg **15**
el **huracán** hurricane **16**

I

la **idea** idea **11**
la **iglesia** church **18**
el **impermeable** raincoat **12**
importante important **LP2**
importar to be important, to matter (to someone) **16**
imposible impossible **9**
improbable improbable **20**
el **impuesto** tax **22**
increíble incredible **20**
la **independencia** independence **17**
independiente independent **5**
la **industria** industry **11**
industrial industrial **16**
la **infección** infection **19**
infiel unfaithful **18**
la **inflación** inflation **20**
informal informal **12**
el **ingeniero**/la **ingeniera** engineer **20**
Inglaterra England **1**
el **inglés** English (language) **LP3**
inglés/inglesa English **1**
el **inodoro** toilet **10**
el **insecto** insect **16**
insistir (en) to insist (on) **19**
el **instrumento** instrument **14**

la **inteligencia** intelligence **17**
inteligente intelligent, smart **LP2**
el **interés** interest **8**
interesante interesting **LP3**
interesar to be of interest **16**
inventar to invent **17**
el **invierno** winter **7**
la **invitación** invitation **18**
el **invitado** guest **15**
invitar to invite **11**
inyección: poner una inyección to give a shot **19**
ir to go, to be going **11; ir al centro** to go downtown **11; ir al extranjero** to go abroad **21; ir de compras** to go shopping **6; ir de vacaciones** to go on vacation **7; irse** to leave; to go away, to go off **18**
la **isla** island **5**
Italia Italy **1**
italiano Italian **1**
izquierdo: a la izquierda (de) to the left (of) **5**

J

el **jabón** soap **18**
jamás never, not ... ever **5**
el **jamón** ham **15**
el **jardín** garden, yard **10; el jardín zoológico** zoo **21**
los **jeans** jeans **12**
el **jefe**/la **jefa** boss **20**
la **jirafa** giraffe **16**
joven young **1**
el **joven** young man **3**
la **joven** young woman **3**
jubilarse to retire **20**
el **juego** game **14; los juegos de video** video games **14**

jueves Thursday **7**
el **juez**/la **juez** judge **22**
el **jugador**/la **jugadora** player (*of a game or sport*) **LP1;** el **jugador**/la **jugadora de golf** golfer **LP1**
jugar (ue) to play (*game, sport*) **13**
el **jugo** juice **15**
julio July **7**
junio June **7**
junto a next to **5**
juntos together **17**
el **jurado** jury **22**
justo fair, just **20**

K

el **kilómetro** kilometer **6**

L

la *f s definite article* the **LP1;** *d. o. pron* you *f s form;* her; it *f* **12**
el **labio** lip **13**
el **laboratorio** laboratory **7**
ladrar to bark **17**
el **ladrón**/la **ladrona** thief **11**
el **lago** lake **5**
la **lámpara** lamp **6**
la **lana** wool **16**
el **lápiz** (los **lápices**) pencil (pencils) **LP3**
largo long **3**
las *f pl definite article* the **LP2;** *d. o. pron* you *f pl;* them *f* **12**
lástima: es lástima (que) it's a shame (that) **20**
el **lavadero** laundry area (room) **10**
la **lavadora** washer **10**
el **lavamanos** sink (*bathroom*) **10**
el **lavaplatos** dishwasher **10**
lavar to wash **10**
le *i. o. pron* (to) you *s form;* (to) him, her, it **16**
leal loyal **17**
la **lección** lesson **LP1**

la **leche** milk **6**

la **lechuga** lettuce **15**

leer to read **10**

la **legumbre** vegetable **15**

lejos de far from **5**

la **lengua** language **LP3**

lento slow **1**

el **león** lion **16**

la **leona** lioness **16**

les *i. o. pron* (to, for) you *pl*; (to, for) them **16**

levantar to raise, lift **13**; **levantarse** to get up **18**

la **ley** law **22**

liberal liberal **1**

la **libra** pound **15**

libre free (having freedom) **14**

la **librería** bookstore **9**

el **libro** book **LP3**

la **licencia para manejar** driver's license **21**

el **líder**/la **líder** leader **22**

limpiar to clean **10**

limpio clean **3**

la **liquidación** sale **12**

listo clever, "sharp" (*with ser*); ready (*with estar*) **5**

lo *d. o. pron* you (*m s form*); him, it *m* **12**; **lo siento** I'm sorry **13**

el **locutor**/la **locutora** announcer (*T.V. and radio*) **2**

los *m pl definite article* the **LP2**; *d. o. pron* you *m pl*; them *m* **12**

luchar to fight **22**

el **lugar** place **6**

la **luna** moon **8**; la **luna de miel** honeymoon **18**

lunes Monday **7**

la **luz** light **21**

LL

llamar: llamar por teléfono to call (by phone) **10**; **¿cómo se llama Ud.?** what's your name? **LP1**; **¿cómo te llamas tú?** what's your name? *fam* **2**; **llamarse** to be named **18**; **Me llamo...** My name is . . . **LP1**; **se llama...** his, her name is . . . **LP1**

la **llanta** tire (*of a car*) **21**

la **llave** key **21**

llegar to arrive **6, 9**

llenar to fill; to fill out (*forms, applications* . . .) **20**

llevar to wear; to carry, to take (*transport*) **9**

llevarse bien (mal) to get along well (badly) **18**

llorar to cry **17**

llover (ue) to rain **13**; **llueve** it's raining; it rains **8**

la **lluvia** rain **8**

M

la **madre** mother **LP1**

el **maestro**/la **maestra** teacher (*elementary or secondary school*) **7**

el **maíz** corn **15**

mal badly **LP2** poorly **5**; ill (*with estar*) **5**

malcriado badly behaved **17**

la **maleta** suitcase **21**; **hacer las maletas** to pack **21**

el **maletero**/la **maletera** porter **21**

malo bad **1**

la **mamá** mom **3**

mandar to order, command; to send **19**

manejar to drive **6, 9**

la **manifestación** public protest, demonstration **22**

la **mano** hand **LP3**

manso tame **16**

el **mantel** tablecloth **15**

la **mantequilla** butter **15**

la **manzana** apple **15**

la **mañana** morning **4**; *adv* tomorrow **4**; **pasado mañana** the day after tomorrow **7**; **por la mañana** in the morning **4**

el **mapa** map **LP3**

el **mar** sea **5**

la **marca** brand name **4**; **¿de qué marca es?** what brand is it? **7**

mareado dizzy **19**

el **marisco** shellfish **15**

marrón brown **7**

martes Tuesday **7**

marzo March **7**

más more; plus **LP2**

matar to kill **22**

las **matemáticas** mathematics **9**

materno maternal **3**

el **matrimonio** marriage **18**

mayo May **7**

mayor older **3**

me *d. o. pron* me **12**; *i. o. pron* (to, for) me **16**; *refl pron* myself **18**

el **mecánico**/la **mecánico** mechanic **2**

la **medianoche** midnight **4**

la **medicina** medicine **19**

el, la **médico** doctor **2**

medio: es la (son las)...y media it's . . . thirty **4**; **en medio de** in the middle of **22**

el **medio de transporte** mode of transportation **21**

el **mediodía** noon **4**

mejor better; best **3**

mejorarse to improve, to get better **19**

mencionar to mention **22**

el **mendigo**/la **mendiga** beggar **11**

menor younger **3**

menos less, fewer; minus
LP2; **a menos que**
unless **20**

mentir (ie) to lie **20**

la **mentira** lie **3**

el **menú** menu **15**

la **merienda** afternoon snack
15

el **mes** month **4**

la **mesa** table **LP3**

la **mesita** end table, coffee
table **10**

el **metro** subway **11**

mexicano Mexican **1**

México Mexico **LP1**

mi my **LP1**

mí *prep pron* me **10**

miedo: dar miedo to scare
16; **tener miedo** to be
afraid **8**

el **miembro** member **3**

mientras (que) while **17**

miércoles Wednesday **7**

mil thousand **6**

la **milla** mile **6**

millón million **6**

mimado spoiled (*a person*)
17

el **minuto** minute **4**

mío (of) mine **19**

mirar to look at, watch **9**

mismo same **13**

la **moda** fashion **12**; **estar
a la moda** to be stylish,
to be in style (*a person*)
12; **estar de moda** to
be stylish, to be in style
(*clothing, things*) **12**

el **modelo**/la **modelo** model
2

molestar to bother to **20**

el **monedero** wallet **12**

el **mono**/la **mona** monkey
16

la **montaña** mountain **5**

montar: montar a caballo
to ride a horse **16**;
montar en bicicleta to
ride a bicycle **14**

el **monumento** monument
21

morder (ue) to bite (*said
of animals or people*)
16

moreno brunette **1**

morir (ue) to die **13**

la **mosca** fly **16**

el **mosquito** mosquito **16**

mostrar (ue) to show **22**

el **motín** riot **22**

el **motor** motor **21**

mover (ue) to move **13**

la **muchacha** girl **3**

el **muchacho** boy **3**

mucho much **LP3**

muchos many **LP3**

el **mueble** piece of furniture
10; los **muebles**
furniture **10**

muerto dead **5**

la **mujer** woman **LP1**; la
mujer de negocios
businesswoman **2**

la **multa** fine, (traffic) ticket
11

el **mundo** world **5**

el **museo** museum **11**

la **música** music **8**

musical musical **14**

muy very **LP3**

N

nacer to be born **13**

la **nación** nation **5**

nacional national **21**

la **nacionalidad** nationality
2

nada nothing, not
anything **5**; **de nada**
you're welcome **LP2**

nadar to swim **13**

nadie nobody, not . . .
anybody **3**

los **naipes** (playing) cards **14**

la **naranja** orange **15**

la **nariz** nose **13**

la **natación** swimming **14**

la **naturaleza** nature **16**

necesario necessary **9**

necesitar to need **9**

negar (ie) to deny **20**

los **negocios** business **20**

negro black **7**

nervioso nervous **5**

nevar (ie) to snow **13**;
nieva it is snowing, it
snows **8**

ni...ni neither . . . nor **11**

la **nieta** granddaughter **3**

el **nieto** grandson **3**

la **nieve** snow **8**

ninguno (*shortened form*
ningún) none, not any
11

la **niñez** childhood **17**

el **niño**/la **niña** child **3**; **de
niño(s)** as a child (as
children) **17**

no no, not **LP1**

la **noche** night; evening **4**;
esta noche tonight **4**;
por la noche in the
evening, night **4**

el **nombre** name **LP1**; **el
nombre (de pila)** first
name, given name **3**;
¿cuál es su nombre?
what's your name?
LP1

normalmente normally **2**

el **norte** north **5**

Norteamérica North
America **5**

norteamericano North
American **1**

nos *d. o. pron* us **12**; *i.
o. pron* (to) us **16**; *refl
pron* ourselves **18**;
recip pron each other,
one another **18**

nosotras/nosotros we **9**;
prep pron us f **10**

la **nota** grade (*on a test*) **7**;
**sacar buenas (malas)
notas** to get good (bad)
grades **9**

las **noticias** news **4**

el **noticiero** newscast **22**

novecientos nine hundred
6

noveno ninth **7**

noventa ninety **4**

noviembre November **7**

la **novia** girlfriend; fiancée; bride **1;**

el **novio** boyfriend; fiancé; groom **1;** los **novios** sweethearts; engaged couple; bride and groom; newlyweds **18**

la **nube** cloud **8**

nublado: está (muy) nublado it's (very) cloudy **8**

la **nuera** daughter-in-law **3**

nuestro our **10;** (of) ours **19**

nueve nine **LP2**

nuevo new **1**

el **número** number **LP2**

nunca never, not ... ever **5**

nutritivo nutritious **19**

O

o or **LP2; o...o** either ... or **11**

obedecer to obey **17**

obediente obedient **17**

el **obrero**/la **obrera** worker (*blue collar*) **2**

obstinado obstinate, stubborn **17**

obvio obvious **20**

el **océano** ocean **5**

octavo eighth **7**

octubre October **7**

ocupado occupied, busy **5**

ochenta eighty **4**

ocho eight **LP2**

ochocientos eight hundred **6**

odiar to hate **16**

el **oeste** west **5**

la **oficina** office **6**

oír to hear **12**

ojalá (que) I hope (we hope) that, it is hoped that **20**

el **ojo** eye **7**

once eleven **4**

operar to operate **19**

la **oportunidad** opportunity **17**

la **oreja** ear (*external*) **13**

oscuro dark **12**

el **oso**/la **osa** bear **16**

el **otoño** autumn, fall **7**

otro other, another **1;** **otra vez** again **14**

la **oveja** sheep **16**

P

la **paciencia** patience **17**

el **paciente**/la **paciente** patient **19**

el **padre** father **LP1;** los **padres** parents **LP1**

pagar to pay (for) **10**

la **página** page **7**

el **país** country **LP1**

el **paisaje** landscape **21**

el **pájaro**/la **pájara** bird **16**

la **palabra** word **LP3**

el **pan** bread **15**

los **pantalones** slacks **12**

las **pantimedias** pantyhose **12**

el **pañuelo** handkerchief; head or neck scarf **12**

la **papa (la patata)** potato **15**

el **papá** dad **3**

el **papel** paper **LP3;** el **papel higiénico** toilet paper **10**

el **paquete** package **19**

el **par** pair **12**

para by (*deadline*); for (*purpose, destination*) **6;** to; in order to **10; para que** *conj* so that **20**

el **parabrisas** windshield **21**

parado standing **5**

el **paraguas** umbrella **12**

parar to stop **11; parar en un hotel** to stay, stop at a hotel **21**

parecer to seem **16**

la **pared** wall **LP3**

la **pareja** couple **18**

el, la **pariente** relative **3**

el **parque** park **10**

la **parte** part **3**

participar to participate **14**

el **partido** game, match (*sports*) **14;** el **partido político** political party **22**

pasado last (*just finished, the one before this one*) **7; pasado mañana** the day after tomorrow **7**

el **pasaporte** passport **21**

pasar to pass; to spend (*time*) **13**

el **pasatiempo** pastime **14**

el **paseo** walk, stroll **14**

el **pasillo** hallway **10**

la **pasta dental** toothpaste **18**

el **pastel** pie; los **pasteles** pastries **15**

la **pastilla** pill **19**

el **pastor**/la **pastora** minister **2**

paterno paternal **3**

el **patio** patio **10**

el **pato**/la **pata** duck **16**

el **pavo** turkey **15**

el **pecho** chest, breast **13**

pedir (i) to ask for, to request **13**

peinarse to comb one's hair **18**

la **pelea** fight, argument **18**

pelearse to fight, to argue **18**

la **película** movie, film **2;** el **rollo de película** roll of film **21**

peligroso dangerous **16**

el **pelo** hair **2**

la **pelota** ball **14**

el **peluquero**/la **peluquera** hairdresser **20**

la **península** peninsula **5**

pensar (ie) to think **13; pensar** + *inf* to intend, to plan (*to do something*) **13;**

pensar en to think about, of **13;** **¿qué piensa Ud. de...?** what do you think about (of) ...? **13;** **pienso que...** I think (that) ... **13**

peor worse; worst **3**

el **pepino** cucumber **15**

pequeño small **1**

perder (ie) to lose **13**

perdonar to forgive **18**

perezoso lazy **1**

perfecto perfect **13**

el **periódico** newspaper **9**

el, la **periodista** newspaper reporter **2**

permitir to permit **10**

pero but **3**

el **perro**/la **perra** dog **6**

la **persona** person **1**

pesar to weigh **19**

el **pescado** fish (*caught for eating*) **15**

el **peso** weight **15;** **aumentar de peso** to gain weight **15**

el **pez** (los **peces**) fish (*not yet caught*) **16**

el **piano** piano **14;** **tocar el piano** to play the piano **14**

picar to bite (*said of snakes and insects*) **16**

el **pie** foot **13;** **a pie** on foot **4**

la **piedra** stone, rock **16**

la **piel** skin **13**

la **pierna** leg **13**

el **pijama** pajama **12**

la **pimienta** pepper (*spice*) **15**

el **ping pong** ping pong **14**

pintar to paint **11**

el **pintor**/la **pintora** painter **2**

la **pintura** painting **11**

la **piña** pineapple **15**

la **piscina** swimming pool **14**

el **piso** floor (*1st floor, 2nd floor* ...); floor (of a room) **7**

la **pizarra** chalkboard, blackboard **LP3**

la **placa** license plate **21**

el **plan** plan **21**

el **planeta** planet **16**

la **planta** plant **16;** la **planta baja** ground floor **7**

el **platillo** saucer **15**

el **plato** plate, dish **10**

la **playa** beach **5**

el **plomero**/la **plomera** plumber **20**

la **pluma** pen **LP3**

pobre poor **1**

la **pobreza** poverty **11**

pocos few; a few **LP3**

el **poder** power **22**

poder (ue) can, to be able to **13**

el **policía**/la **mujer policía** police officer **2**

la **política** politics **22**

el **político**/la **política** politician **LP1**

el **pollo** chicken **15**

poner to put; to turn on (*radio, light*) **12;** **poner la mesa** to set the table **15;** **poner una inyección** to give a shot **19;** **ponerse** to put on (*clothing*); to get (*mood; health*) **18**

popular popular **LP2**

por for (*duration*), during; times (*multiplication*); per **LP2;** **by** (*means of transportation*) **4;** around, through **9;** because of, on account of, for the sake of; in exchange for **10;** **por aquí** around here **8;** **por ciento** percent **18;** **por favor** please **LP2;** **por la mañana (tarde, noche)** in the morning (afternoon, evening) **4;** **por primera (última) vez** for the first (last) time

4; **¿por qué?** why? **3**

porque because **3**

el **portugués** Portuguese (language) **5**

posible possible **9**

el **postre** dessert **15**

practicar to practice **9**

el **precio** price **12;** **precio fijo** fixed (set) price **12**

preferible preferable **20**

preferir (ie) to prefer **13**

la **pregunta** question **9;** **hacer una pregunta** to ask a question **13**

preguntar to ask (*a question*) **9**

la **prensa** press **22**

preocupado worried **5**

preocuparse (por) to worry (about) **18**

preparado prepared **11**

preparar to prepare **9**

el **presidente**/la **presidenta** president **LP2**

el **préstamo** loan **20**

prestar to lend **9**

la **primavera** spring **7**

primero (*shortened form* **primer**) first **4**

el **primo**/la **prima** cousin **3**

principal main, principal **9**

probable probable **13**

probar (ue) to try; to test **15**

el **problema** problem **1**

el **proceso** trial; process **22**

el **producto** product **5**

la **profesión** profession **2**

el **profesor**/la **profesora** professor, instructor, teacher **LP2**

el **programa** program, show **4**

el **programador**/la **programadora de computadoras** computer programmer **20**

prohibir to forbid **19**

prometer to promise **22**

pronto soon **4**
pronunciar to pronounce **9**
la **propina** tip **15**
propio own **14**
proteger to protect **21**
protestar to protest **22**
próximo next **4**
público public **11**
el **público** public **18**
el **pueblo** town; people (of a nation) **11**
la **puerta** door **LP3**
el **puerto** port **5**
puertorriqueño Puerto Rican **5**
el **pulmón** lung **13**
punto: en punto on the dot, sharp (*clock time*) **4**
puro pure **11**

Q

que (*conj*) that **LP3;** which, who, whom **6**
¿qué? what? **LP1;** **¿qué clase (tipo) de...?** what kind (type) of ...? **6; ¿qué fecha es?** what's the date? **7; ¿qué hay (de nuevo)?** what's new? **LP2; ¿qué hora es?** what time is it? **4; ¿qué piensas de...?** what do you think of (about) ...? **13; ¿qué significa...?** what does ... mean? **LP3; ¿qué te parece...?** what do you think of ...? **16; ¿qué tal?** how's it going? **LP2**
quedarse to remain, stay **18**
el **quehacer** task, chore **17**
quejarse (de) to complain (about) **18**
querer (ie) to want; to love (*people*) **3, 13**
la **querida** mistress **18**
el **querido** lover **18**
el **queso** cheese **15**

la **química** chemistry **9**
quien *relative pron* who **6**
¿quién? who? **LP1;** (*after prep*) whom **6**
quince fifteen **4**
quinientos five hundred **6**
quinto fifth **7**
quitarse to take off (*clothing*) **18**
quizá, quizás perhaps, maybe **20**

R

el **rabino** rabbi **2**
el **radio** radio (*set*) **9**
la **radio** radio (*programming*) **9**
la **rana** frog **16**
el **ranchero**/la **ranchera** rancher **16**
el **rancho** ranch **16**
rápido fast **1**
la **raqueta** racquet **14**
raramente rarely **4**
el **rascacielos** skyscraper **11**
la **rata** rat **16**
el **rato** short period of time (a while) **17**
el **ratón**/la **ratona** mouse **16**
rayado striped **12**
la **recepción** reception **18**
la **receta** recipe **15;** prescription **19**
recibir to receive **10**
reciente recent **13**
recomendar (ie) to recommend **19**
recordar (ue) to remember **13**
el **recuerdo** souvenir, memento; memory **21**
el **refresco** soft drink **6**
el **refrigerador** refrigerator **10**
el **regalo** gift **7; la tienda de regalos** gift store **12**
regatear to haggle, to bargain **12**

la **región** region **16**
regresar to return **6, 9**
la **reina** queen **22**
reír (i) to laugh **15**
relampaguea (*form of* **relampaguear**) it is lightening **8**
el **relámpago** lightning **8**
el **reloj** clock; watch **LP3**
repente: de repente suddenly **17**
repetir (i) to repeat **13**
el **reportero**/la **reportera** reporter **22**
el **republicano**/la **republicana** republican **22**
la **reservación** reservation **21**
el **resfriado** cold **19**
resfriarse to catch a cold **19**
la **residencia** dorm, dormitory **6**
el **residente** resident **5**
respetar to respect **17**
respirar to breathe **13**
la **responsabilidad** responsibility **20**
la **respuesta** answer **9**
el **restaurante** restaurant **6**
el **resumen** resumé **20**
la **reunión** meeting **9**
la **revista** magazine **9**
el **rey** king **22**
rico rich **1**
ridículo ridiculous **20**
el **río** river **5**
robar to steal **21**
rogar (ue) to beg, plead **19**
rojo red **7**
el **rollo de película** roll of film **21**
romántico romantic **3**
romper to break **19**
la **ropa** clothing, clothes **6;** la **ropa interior** underwear **12**
el **ropero** closet **6**
rosado pink **7**
rubio blonde **1**

el **ruido** noise 9
las **ruinas** ruins 21
rural rural 11
Rusia (la Unión Soviética)
Russia (the Soviet Union)
2
ruso Russian 1

S

el **sábado** Saturday 7
saber to know (*facts*); to
know how 11
sabroso delicious 15
**sacar: sacar buenas
(malas) notas** to get
good (bad) grades 9;
sacar fotografías to
take pictures 21;
sacar la basura to take
out the trash 17
el **saco** coat (suit) 12
la **sal** salt 15
la **sala** living room 10;
la **sala de emergencia**
emergency room 19
salir to leave, to go out 4,
12
el **salón de concierto**
concert hall 14;
el **salón de estar** family
room 10
la **salsa** gravy, sauce 15
la **salud** health 19
la **sandalia** sandal 12
el **sándwich** sandwich 15
se *general subj* one 6;
refl pron yourself *form*,
himself, herself,
yourselves, themselves
18; *recip pron* each
other, one another 18
la **secadora** dryer 10
secar to dry 10
el **secretario**/la **secretaria**
secretary 20
la **sed** thirst 8; **tener sed**
to be thirsty 8
seguida: en seguida right
away, at once 18
seguir (i) to follow, to
continue 13

según according to 3
el **segundo** second (*clock
time*) 4
segundo second 7
seguro sure 20
seis six LP2
seiscientos six hundred
6
la **selva** jungle 16
el **sello** stamp 21
el **semáforo** traffic light 11
la **semana** week 4
el **semestre** semester LP3
el **senado** senate 22
el **senador**/la **senadora**
senator 22
sentado seated 5
sentarse (ie) to sit down
18
el **sentido del humor** sense
of humor 20
sentirse (ie) to feel
(*moods; health*) 18
el **señor** Mr., sir, gentleman
LP1
la **señora** Mrs., woman, lady
LP1
la **señorita** Miss, young
woman LP1
septiembre September 7
séptimo seventh 7
ser to be (*basic or inherent
qualities, telling time,
origin, possession*) LP1,
2, 4, 11
serio serious 1
el **servicio** service 15
la **servilleta** napkin 15
servir (i) to serve 15
sesenta sixty 4
setecientos seven
hundred 6
setenta seventy 4
sexto sixth 7
los **shorts** shorts 12
si if 1
sí yes LP1
siempre always 5
siete seven LP2
el **siglo** century 4
siguiente following 21

la **silla** chair LP3
el **sillón** easy chair 6
similar similar 8
simpático likeable, nice
(*persons*) 1
sin *prep* without 4; **sin
que** *conj* without 20
sincero sincere 18
el **sinónimo** synonym LP3
el **síntoma** symptom 19
el, la **siquiatra** psychiatrist 20
el **sobre** envelope 21
sobre on, upon 9
la **sobrina** niece 3
el **sobrino** nephew 3
el **sofá** sofa 10
el **sol** sun 8; **hace
(mucho) sol** it's (very)
sunny 8; **tomar el
sol** to sunbathe, to lie in
the sun 21
el **soldado**/la **mujer soldado**
soldier 22
la **solicitud** form, application
form 20
solo alone 4
sólo only 13
soltero single (unmarried)
3
el **sombrero** hat 12
sonar (ue) to ring (*phone,
alarm*) 17
sonreír (i) to smile 15
soñar (ue) (con) to dream
(about) 18
la **sopa** soup 15
sorprendido surprised
20
el **sostén** bra, brassiere 12
el **sótano** basement, cellar
10
su(s) your, his, her LP1;
your *pl*; their 10
subir to go up, climb 10
sucio dirty 3
Sudamérica South
America 5
la **suegra** mother-in-law 3
el **suegro** father-in-law 3
el **sueldo** salary 20
el **suelo** floor (of a room) 7

el **sueño** sleepiness; dream 8; **tener sueño** to be sleepy 8

la **suerte** luck 8

el **suéter** sweater 8

suficiente sufficient 13

sugerir (ie) to suggest 19

el **supermercado** supermarket 11

el **sur** south 5

suyo (of) yours (s, form), (of) his, hers, its; (of) yours (pl) 19

T

los **tacones** high heels, heels 12

tal vez maybe, perhaps 20

la **talla** size 12

también too, also LP3

el **tambor** drum 14

tampoco neither, not . . . either 5

tan so 17; **tan...como** as . . . as 17;

tanto as much, so much 17; **tanto...como** as much as 17; **tantos...como** as many as 17

tarde late LP3

la **tarde** afternoon 4; **por la tarde** in the afternoon 4

la **tarea** homework 6

la **tarjeta de crédito** credit card 12

la **tarjeta postal** postcard 21

el **taxi** taxi 11

la **taza** cup 15

te d. o. pron you (s fam) 12; i. o. pron (to) you (s fam) 16; refl pron yourself (s, fam) 18

el **té** tea 6

el **teatro** theater 4

el **teléfono** telephone 8; **hablar por teléfono** to talk on the phone 10;

llamar por teléfono to call on the phone 10

la **telenovela** soap opera 14

la **televisión** television (medium) 4

el **televisor** television (set) 4

temer to fear 20

temprano early LP3

el **tenedor** fork 15

tener to have 3, 12; **no tener razón** to be wrong, to be mistaken 8; **tener...años** to be . . . years old 8; **tener calor** to be hot 8; **tener celos** to be jealous 18; **tener cuidado** to be careful 8; **tener dolor de cabeza** to have a headache 8; **tener dolor de estómago** to have a stomachache 8; **tener fiebre** to have a fever 19; **tener frío** to be cold 8; **tener ganas de** + inf to feel like (doing something) 15; **tener hambre** to be hungry 8; **tener interés (en)** to be interested (in) 8; **tener la culpa (de)** to be to blame (for), to be at fault 18; **tener lugar** to take place 6; **tener miedo (de)** to be afraid (of) 8; **tener mucho (poco, tanto) que** + inf to have a lot (little, so much) + inf 14; **tener náuseas** to be nauseated 19; **tener que** to have to, must 12; **tener razón** to be right 8; tener prisa to be in a hurry 8; **tener sed** to be thirsty 8; **tener sueño** to be sleepy 8;

tener suerte to be lucky 8; **tener tiempo para** to have time to (do something) 17; **tener vergüenza (de)** to be embarrassed (about); to be ashamed (of, to) 18

el **tenis** tennis 14

el **tenista**/la **tenista** tennis player 2

tercero (shortened form **tercer**) third 7

terminar to finish 6, 9

el **terremoto** earthquake 16

terrible terrible 20

el, la **terrorista** terrorist 22

el, la **testigo** witness 22

ti prep pron you s fam 10

la **tía** aunt 3

el **tiempo** time (in general) 4; **a tiempo** on time 4; **en aquel tiempo** at that time 17; **hace (muy) buen tiempo** it's (very) good weather 8; **hace (muy) mal tiempo** it's (very) bad weather 8; **¿qué tiempo hace?** what's the weather like?, how's the weather? 8; el **tiempo libre** free time, spare time 14

la **tienda** store 6; la **tienda de regalos** gift store 12

la **tierra** earth, dirt, land 16

el **tigre** tiger 16

la **tigresa** tigress 16

tímido timid, shy 17

la **tintorería** dry cleaner's 21

el **tío** uncle 3

típico typical 1

la **tiza** chalk LP3

la **toalla** towel 18

el **tocadiscos** record player 8

tocar to touch; to play (a musical instrument) 11

el **tocino** bacon 15

todavía still, yet **17**

todo all, everything **3;**
  de todo everything, a
  little of everything
  (*object of verb*) **12;**
  toda la noche all night,
  evening (long) **9; toda
  la mañana (tarde)** all
  morning (afternoon) **9;**
  todo el día all day **9;**
  todo el mundo
  everyone **18; todos
  los días** everyday **4**

tolerante tolerant **1**

tomar to take; to drink **9;**
  tomar el sol to
  sunbathe, to lie in the
  sun **21**

el **tomate** tomato **15**

la **tormenta** storm **16**

el **tornado** tornado **16**

el **toro** bull **16**

  torpe clumsy; slow-witted
  17

la **torta** cake **15**

la **tortuga** turtle **16**

la **tos** cough **19; tener tos**
  to have a cough **19**

  toser to cough **19**

la **tostada** piece of toast **15**

el **tostador** toaster **10**

  trabajador/trabajadora
  hardworking **1**

  trabajar to work **6, 9;**
  trabajar de +
  profession to work as a
  + *profession* **20**

el **trabajo** work; job **6**

  traer to bring **12**

el **tráfico** traffic **11;** el
  tráfico intenso rush
  hour **11**

el **traje** suit **12;** el **traje de
  baño** bathing suit **12**

  tranquilo quiet, peaceful,
  tranquil **16**

el **transporte** transportation
  11; el **medio de
  transporte** mode of
  transportation **21**

tratar to treat **17;**
  tratar de + *inf* to try to
  + *inf* **19**

travieso mischievous **17**

trece thirteen **4**

treinta thirty **4**

el **tren** train **11**

tres three **LP2**

trescientos three hundred
  6

triste sad **5**

la **trompeta** trumpet **14**

tronar (ue) to thunder
  13; truena it is
  thundering, it thunders
  8

el **trueno** thunder **8**

tu your *s fam* **2**

tú *subj pron* you *s fam* **2**

el, la **turista** tourist **21;** la
  clase turista tourist
  class **21**

tutear to use the *tú* form
  when addressing
  someone **18**

tuyo (of) yours *s fam* **19**

U

u or (*replaces* o *before
  words beginning with* o
  or ho) **6**

último last (*in a series*) **4**

un (*indefinite article*) a, an
  m **LP2**

una (*indefinite article*) a, an
  (*f*) **LP2;** one (*f*) **LP2**

unas some (*f*) **1**

la **universidad** university
  LP3

universitario *adj*
  university **9**

uno one *m* **LP2**

unos some *m* **1**

la **uña** nail (*finger, toe*) **13**

urbano urban **11**

urgente urgent **20**

usar to use **9**

usted (*abbreviation* Ud.)
  subj pron you *s form*
  1; *prep pron* you
  s form **10**

ustedes (*abbreviation* **Uds.**)
  subj pron you pl **9;**
  prep pron you pl **10**

usualmente usually **2**

los **utensilios** silverware **15**

V

la **vaca** cow **16**

las **vacaciones** vacation **7**

el **valle** valley **16**

el **vaso** glass **10**

el **vecino**/la **vecina** neighbor
  10

  veinte twenty **4**

  **velocidad: ¿a qué
  velocidad...** how fast
  …? **21**

  vender to sell **10**

  venenoso poisonous **16**

  venir to come **4, 12**

la **ventaja** advantage **11**

la **ventana** window **LP3**

  ver to see **11**

el **verano** summer **7**

la **verdad** truth **3**

  verde green **7**

  vestido dressed **12;**
  estar bien (mal) vestido
  to be well (poorly)
  dressed **12**

el **vestido** dress **12**

  vestirse (i) to dress **18;**
  vestirse de + *color* to
  dress in + *color* **18**

el **veterinario**/la **veterinaria**
  veterinarian **20**

la **vez** (las **veces**) time(s)
  (*number of times*) **4;**
  a veces at times,
  sometimes **4; en vez
  de** instead of **9**

  viajar to travel **9**

  viaje: hacer un viaje to go
  on a trip **21**

la **vida** life **2**

el **video** video games **14**

  viejo old **1**

el **viento** wind **8; hace (mucho) viento** it's (very) windy **8**

viernes Friday **7**

el **vino** wine **6**

violento violent **14**

el **violín** violin **14**

la **visita** visit **19**

visitar to visit **11**

la **vitamina** vitamin **19**

la **viuda** widow **3**

el **viudo** widower **3**

vivir to live **6, 10**

vivo clever, sharp (*with* **ser**); alive (*with* **estar**) **5**

el **volante** steering wheel **21**

volar (ue) to fly **13**

el **volcán** volcano **16**

volver (ue) to return (*to a place*) **13**

votar to vote **22**

Y

y and **LP1**

ya already **17**

el **yerno** son-in-law **3**

yo *subj pron* I **1**

Z

la **zanahoria** carrot **15**

el **zapato** shoe **9**

ÍNDICE GRAMATICAL

Photographic Credits

Realia Credits

APUNTES

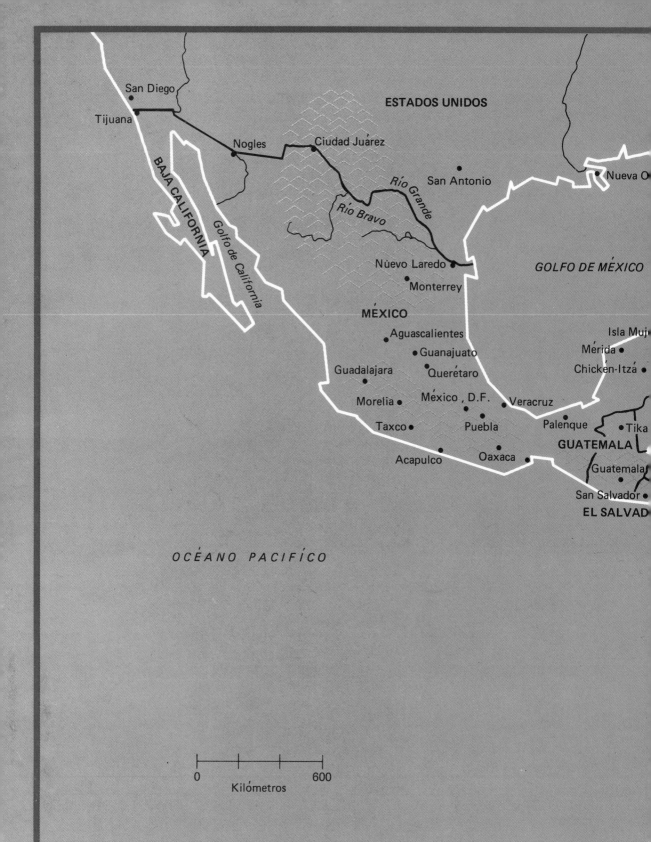